DE LA

COLONISATION

DU

NORD DE L'AFRIQUE.

DE LA
COLONISATION
DU
NORD DE L'AFRIQUE;

NÉCESSITÉ

D'UNE ASSOCIATION NATIONALE

POUR L'EXPLOITATION AGRICOLE ET INDUSTRIELLE

DE L'ALGÉRIE.

PAR ARISTIDE GUILBERT.

> Vous pouvez recueillir des avantages immenses de nos possessions dans le nord de l'Afrique, sous les rapports commerciaux, agricoles, industriels et maritimes.
>
> M. THIERS, Président du Conseil des Ministres (Discours prononcé à la Chambre des Députés, dans la séance du 9 juin 1836).

PARIS,

PAULIN, LIBRAIRE-ÉDITEUR,

33, RUE DE SEINE.

1839.

DE LA
COLONISATION
DU
NORD DE L'AFRIQUE;

NÉCESSITÉ

D'UNE ASSOCIATION NATIONALE

POUR L'EXPLOITATION AGRICOLE ET INDUSTRIELLE

DE L'ALGÉRIE.

PAR ARISTIDE GUILBERT.

> Vous pouvez recueillir des avantages immenses de nos possessions dans le nord de l'Afrique, sous les rapports commerciaux, agricoles, industriels et maritimes.
>
> M. THIERS, Président du Conseil des Ministres (Discours prononcé à la Chambre des Députés, dans la séance du 9 juin 1836).

PARIS,
PAULIN, LIBRAIRE-ÉDITEUR,
33, RUE DE SEINE.
1839.

Ceci est une œuvre de conscience sur une question qui intéresse au plus haut point l'honneur, la dignité, la puissance et la richesse du pays. Ne voulant pas rester au-dessous de la tâche qui nous était dévolue, nous avons fait de grandes recherches, non pas en vue d'un système, mais dans l'intérêt de la vérité : homme d'étude et entièrement étranger aux spéculations de l'industrie, nous ne nous sommes associé aux honorables fondateurs de la société pour la colonisation de l'Afrique française, que parce qu'il s'agissait d'une entreprise véritablement nationale.

Nous avons pensé qu'il serait bien, en nous adressant au pays, de soumettre aussi à son examen les observations et les faits de tout ordre, sur lesquels se fonde notre projet d'association. Nous confondons d'autant plus volontiers nos intérêts industriels avec les intérêts généraux de l'Algérie, que si la colonisation est mauvaise en soi, notre société, qui en dérive, part nécessairement d'un principe vicieux.

Dans l'accomplissement de notre tâche, nous nous sommes presque toujours effacé volontairement pour faire parler les anciennes relations, les documens officiels ou les mémoires publiés par des administrateurs de la colonie ; de sorte que chacune de nos déductions est basée sur la discussion des témoignages les plus importans ou sur l'accord des autorités les plus graves.

Et, à ce sujet, nous ferons une observation qui nous a surtout frappé dans le cours de nos recherches et qui n'a pas peu contribué à nous affermir dans nos convictions : c'est que l'Afrique septentrionale a toujours inspiré une vive sympathie à tous les étrangers qui se sont le plus appliqués à la connaître, comme voyageurs, géographes, savans, agronomes, administrateurs, militaires ou artistes.

Cela est vrai, des hommes de tous les pays, de tous les temps et de toutes les croyances, dont nous avons, en ce moment, les écrits ou les témoignages sous les yeux. Il nous suffira de rappeler, pour les temps antérieurs à notre époque, les Pline, les Strabon, les Edrisy, les Léon Africain, les Marmol, les Laugier de Tassy, les Hebenstreit, les Shaw, les Desfontaines, les Poiret ; et, pour le siècle où nous vivons, les William Shaler, les Pananti, les Ritter, les Heeren, les Pélissier, les Rozet, les Genty de Bussy, les Davesac, les Clauzel, les Damrémont, les Caraman, les Mortemart et les Emile Grand.

Quelques-uns de ces hommes, comme le général Denis Damrémont et le capitaine Émile Grand, ont scellé de leur sang la foi profonde qu'ils avaient dans les grandes et belles destinées de l'Afrique septentrionale. Ils ont été frappé mortellement sur le seuil d'un avenir, dont ils avaient entrevu toute la grandeur par cette remarquable prévision qui est une des facultés distinctives des esprits éminens; et, en succombant, ils ont donné une dernière consécration à notre conquête, celle qui s'attache aux champs où reposent les braves morts glorieusement pour la France.

Ce n'est pas que cette belle cause n'ait rencontré, parmi nous, quelques contradicteurs. Depuis huit ans, il s'est trouvé un petit nombre d'hommes qui, par une politique étroite et une sorte d'opposition maladive, se sont appliqués à combattre la consolidation de la puissance française dans le nord de l'Afrique; et qui ont été assez malheureusement inspirés pour ne voir qu'une calamité publique dans la plus glorieuse acquisition territoriale que notre nation ait jamais faite en dehors du continent européen.

L'un d'eux a eu même le triste courage de composer un livre, d'ailleurs très-savamment écrit, pour engager la France à déserter une plage, où la Providence l'a conduite comme par la main, et où elle est appelée à continuer son existence de peuple par la filiation coloniale, et à travailler à la régénération morale d'un monde trop long-temps déshérité des bienfaits de la civilisation. Mais il est échappé à l'auteur de cet ouvrage un aveu d'une haute importance et dont nous devons prendre acte ici. Les affections populaires, il le confesse, sont acquises à la colonie d'Alger; et, dès ses premières pages, il en est réduit à s'attaquer à l'opinion publique elle-même, qui, dit-il, dans cette circonstance, s'est laissée prendre aux exagérations de l'engouement ou aux artifices du mensonge.

Voilà, certes, pour un homme grave, une singulière logique et une accusation encore plus étrange. Est-il donc si facile, par le temps qui court, de donner le change à une nation toute entière sur ses véritables intérêts ? Y a-t-il au monde une intelligence plus fine, plus pénétrante et plus sûre que ne l'est cette espèce de sens intellectuel auquel on donne le nom d'instinct populaire ? N'est-ce pas ce puissant mobile qui a constamment soutenu les sociétés modernes dans les grandes entreprises et les circonstances périlleuses dont leur existence a été si diversement parsemée ? Et ne peut-on pas dire avec raison, que si les décrets généraux de la providence se manifestent par quelque faculté commune chez les nations, c'est par la puissance de l'instinct populaire ?

Aujourd'hui même, à moins d'être invinciblement fasciné par l'esprit de système, on ne peut donner une autre interprétation aux dispositions favorables de la grande majorité de la France pour la conservation et la colonisation de l'Algérie. C'est une voix intérieure qui pousse notre nation à réclamer la succession de Carthage et de Rome sur la côte d'Afrique ; c'est une voix secrète qui l'avertit que là elle pourra étendre sa gloire militaire, développer sa vie morale, et compléter son existence physique ; c'est une voix intérieure, enfin, qui la porte à devancer la marche de l'Occident vers l'Orient et à prendre une position qui domine les mers, où doivent prochainement se heurter et se débattre les intérêts matériels et moraux de ces deux grandes portions du monde.

Paris, ce 15 août 1839.

PREMIERE SECTION.

Gouvernement, administration, colonisation, agriculture, commerce et industrie de l'Afrique française, depuis la conquête.

I.

SUPÉRIORITÉ DE L'AFRIQUE SEPTENTRIONALE SUR LES ANCIENNES COLONIES DE LA FRANCE.

En 1826, il parut de l'autre côté de l'océan Atlantique, à Boston, un ouvrage du plus haut intérêt sur le royaume d'Alger. Ce livre était écrit par William Shaler, qui, pendant longtemps, avait été consul-général des États-Unis dans l'ancienne régence. Une étude approfondie des avantages naturels du pays, de sa situation géographique, de son climat, de son sol et de ses inépuisables ressources, avait rempli le diplomate américain de la plus vive admiration; il s'étonnait que l'Angleterre, la France et la Hollande n'eussent pas songé à tourner leurs armes et leurs entreprises commerciales et industrielles de ce côté. « J'ai peine à concevoir que les grandes puissances maritimes de l'Europe, disait-il, soient allées, au prix de sacrifices immenses d'hommes et d'argent, établir des colonies aux dernières limites du monde, *tandis qu'une poignée de misérables pirates conservait, sous leurs yeux, la jouissance paisible de la plus belle portion du globe.* [1] »

C'était là un précieux témoignage de la part d'un homme d'état dont le caractère froid et sévère était ennemi de toute exagération. Cependant William Shaler avait beaucoup voyagé. Il connaissait les magnifiques plaines de l'Amérique, les plus belles contrées de l'Europe et les principales îles de l'ancien et du nouveau continent.

Malgré la prédilection si connue des Américains pour leur terre natale, l'Algérie lui paraissait même préférable aux possessions que la France, l'Angleterre, la Hollande et l'Espagne s'étaient disputées pendant deux siècles au delà de l'océan Atlantique : il la mettait, sans hésiter, au dessus des colonies pour la conquête ou la conservation desquelles ces puissances avaient dépensé plusieurs milliards et sacrifié au moins un million d'hommes. En un mot, il pensait qu'elle offrait infiniment plus d'avantages à l'esprit d'entreprise, d'industrie et de commerce,

---

[1] *Esquisses de l'État d'Alger, considéré sous les rapports politique, historique et civil*, etc., par William Shaler. Ch. II, p. 55, et ch. VI, p. 210. Paris, 1830.

que les établissemens coloniaux les plus célèbres fondés par les Européens dans les mers de l'Amérique, de l'Asie ou de l'Afrique.

L'empereur Napoléon, dont le coup d'œil d'aigle embrassait à la fois toutes les parties du monde, avait remarqué aussi l'heureuse disposition du littoral de la régence d'Alger.

Dès l'année 1808, il en méditait la conquête, et déjà dans son ardente imagination la nouvelle expédition africaine se rattachait aux glorieux souvenirs de la campagne d'Égypte. Après la paix de Tilsitt, le colonel du génie Boutin se rendit par son ordre sur les côtes de la Barbarie, pour y faire des travaux de reconnaissance, dans la prévision d'une guerre prochaine avec le dey, qui d'ailleurs n'observait pas avec assez de déférence les rigoureuses prohibitions du système continental.

L'importance, la beauté et la richesse de la grande région maritime de l'Atlas n'avaient pas non plus échappé à l'observation du plus illustre de nos économistes.

Sous la Restauration, Jean-Baptiste Say, dans le temps même où il conseillait aux États maritimes de l'Europe, d'abandonner des possessions coloniales trop éloignées du siége de leur puissance et dont la prospérité factice reposait presque toujours sur les ruineuses combinaisons du monopole, signalait la réunion de toutes les conditions favorables que présentait le nord de l'Afrique pour la formation de nouveaux établissemens plus rationnels dans leurs principes et plus avantageux dans leurs résultats [1].

Ainsi avant la glorieuse conquête de la régence par nos troupes, le plus grand de nos capitaines et le plus profond de nos économistes avaient conçu une opinion aussi avantageuse de l'Algérie que le diplomate américain William Shaler.

En effet, parmi les nombreuses contrées que le génie entreprenant des Européens a transformées en colonies agricoles, commerciales ou militaires, en est-il une seule qui puisse soutenir la comparaison avec l'Afrique septentrionale? En est-il une seule avec laquelle les communications soient aussi rapides, et dont le ciel soit aussi beau et les productions aussi variées? En est-il une seule qui soit plus accessible à l'émigration, plus capable de recevoir un vaste développement colonial, et qui, en cas de guerre, puisse opposer à l'ennemi des points de défense aussi sûrs et des moyens d'attaque aussi formidables?

---

[1] *Cours complet d'économie politique pratique*, par Jean-Baptiste Say. T. III, IVe part., ch. XXII, p. 424 et 425; et t. IV, VIe part., ch. XII, p. 450 et 451.

II.

IRRÉSOLUTIONS DU POUVOIR ET FAUTES DES PREMIERS COLONS.

Il y a donc eu quelque chose de providentiel dans l'enchaînement des circonstances qui conduisirent une armée française sur cette terre privilégiée de l'Algérie, et qui firent tomber en son pouvoir le siége orgueilleux de la piraterie barbaresque, le 5 juillet 1830.

Ce jour-là, la Restauration ajouta une belle page aux fastes de nos expéditions militaires, et acquit un titre glorieux à la reconnaissance de la postérité, car *la conquête d'Alger, digne sœur de l'expédition de Morée,* comme on l'a dit récemment à la tribune législative, *restera un acte grand et honoré dans l'avenir* [1]. Ce jour-là, nos

---

[1] *Discours prononcé par* M. Mérilhou, *à la Chambre des pairs, dans la discussion du projet de loi relatif aux crédits d'Afrique.* Séance du 5 juillet 1838.

jeunes soldats plantèrent en face de la France, sur l'autre rive de la Méditerranée, les premiers jalons d'une puissance, d'une grandeur et d'une prospérité que ne pourront arrêter ni le fanatisme de la race indigène, ni les hauteurs de l'Atlas, ni les plaines du Sahara. Ce jour-là, notre brave armée ouvrit, à quelques journées de la côte où elle s'était embarquée, une carrière sans bornes à l'esprit aventureux de notre nation, aux spéculations de nos capitalistes, aux expéditions de notre commerce, au travail de nos populations et à l'extension des sciences, des arts et de la civilisation de l'Europe.

La réduction d'Alger, entreprise par la Restauration, et accomplie par nos soldats, fut plus qu'un beau fait d'armes; ce fut une de ces révolutions morales qui, par leurs résultats, sont appelées à marquer dans l'histoire de l'humanité, à changer la face d'une partie du monde, à infuser une vie nouvelle dans le sang des peuples rapprochés par la conquête, à donner un caractère plus décisif aux luttes de la guerre, et à créer de nouveaux intérêts entre toutes les nations.

Or, comment se fait-il que la France, après huit ans de règne sur l'Afrique, n'ait recueilli que de faibles avantages dans ce champ immense, où elle devait moissonner à pleines mains? Comment se fait-il qu'une terre, toujours prête à récompenser le travail de l'homme au centuple, soit restée jusqu'à présent sans culture sur presque tous les points ? Comment se fait-il que la colonisation, avec toutes les garanties et tous les élémens de succès, ne se soit manifestée que par un petit nombre de travaux, au lieu de prendre un essor rapide et un vaste développement ?

Ce n'est pas que la colonie ait manqué à ses promesses, c'est au contraire l'intelligence qui a manqué à l'exploitation de la colonie. Dès les commencemens de l'occupation, de graves erreurs et des fautes multipliées ont été commises par le gouvernement, par ses délégués et par les individus.

Le gouvernement n'a point rempli l'attente de la nation, parce qu'il a marché sans confiance, sans pensée et sans système, à l'accomplissement d'une œuvre qui voulait, avant tout, un esprit de fermeté, de suite et de sagesse [1]. Des troupes

---

[1] C'est ce qui a été dit hautement à la Chambre des députés et devant M. le président du conseil, dans la séance du 8 juin 1838. M. Guizot, ancien ministre lui-même, n'a pas craint de porter un jugement dont le blâme retombait, en grande partie, sur les actes de son administration. Il a avoué franchement « que le défaut de plan et de système, qui a existé depuis 1830, à l'égard de l'Afrique, était cause du peu de résultats que nous avons obtenus ».

M. Berryer, ayant pris la parole après M. Guizot, a exprimé la même pensée, avec ces formes éloquentes qui n'appartiennent

nombreuses, des sommes considérables ont été mises à sa disposition, et, avec ces moyens d'action, il n'a su ni étendre notre puissance par les armes, ni l'affermir par des alliances avec la race indigène, ni la féconder par la colonisation. Ses continuelles et déplorables irrésolutions se sont manifestées dans ses discours comme dans sa conduite, dans les entreprises de la

---

qu'à lui. — « Messieurs, je veux tout dire, s'est-il écrié : je dis que tout le mal de nos affaires vient de ces incertitudes, de ces contradictions dont vous êtes témoins chaque année. On a beau prétendre qu'il ne se fait pas de système général en politique. J'en demande bien pardon ; il faut un système. Quand on n'en a pas, on ne gouverne pas, et quand on ne gouverne pas, on perd toutes choses. »

Au commencement de l'année 1834, la commission d'Afrique, dans son rapport à la Chambre des députés, s'était déjà élevée avec force contre les déplorables irrésolutions du pouvoir.

Elle reprochait au gouvernement « une politique indécise et quelquefois marquée par la violence, la guerre conduite sans système arrêté et sans but déterminé, les hostilités violentes des tribus indigènes et les sanglantes représailles de nos troupes ». Elle lui attribuait « le dégoût des officiers, qui saisissaient toutes les occasions de rentrer en France, le découragement des spéculateurs, qui ne savaient point si la France ne songeait pas à abandonner la plage africaine, et le manque de sécurité dans le présent et de confiance dans l'avenir pour tous les habitans indigènes, français ou étrangers. » — *Procès-verbaux et rapports de la commission d'Afrique, instituée par ordonnance du roi, du* 12 *décembre* 1833. Rapport adopté dans la séance du 7 mars 1834, p. 391, 393.

guerre comme dans les travaux de l'administration, dans l'emploi des hommes comme dans la direction des choses. Sans parler des fâcheuses mutations qui ont renouvelé si souvent le personnel de ses employés subalternes, le pouvoir a changé jusqu'à neuf fois le gouverneur-général de la colonie, c'est-à-dire, que jusqu'à neuf fois il a détruit le travail d'organisation commencé par ses lieutenans dans un esprit d'unité plus ou moins heureux et plus ou moins éclairé [1]. Cependant quoi de plus contraire à la prospérité de notre établissement, que de révoquer les agens de l'autorité française, aussitôt qu'ils ont acquis quelque connaissance du pays, de ses besoins, de ses mœurs et de son langage?

Une des conséquences les plus déplorables des hésitations du pouvoir a été d'encourager les

---

[1] Avant le maréchal Vallée, gouverneur actuel de l'Algérie, M. de Bourmont, le maréchal Clausel, le duc de Rovigo, le général Berthezène, le comte d'Erlon et le général de Damrémont ont successivement dirigé les affaires de notre colonie africaine. Il faut aussi tenir compte du commandement des généraux Avizard et Voirol, qui ont occupé cette haute position provisoirement ou par intérim, du mois de mars 1833 au mois de septembre 1834. Quant aux fonctions de l'intendance civile, elles ont été tour à tour exercées par MM. Pichon, Genty de Bussy, Lepasquier, Bresson et Waisse. M. Vallette-Chevigny a eu, en outre, la direction des affaires civiles, comme intérimaire, pendant l'intervalle qui s'est écoulé entre la gestion de M. Lepasquier et celle de M. Bresson.

ennemis de nos possessions d'outre-Méditerranée.

Ceux-ci, avec une mauvaise foi évidente, ont conclu contre l'Algérie des fautes de nos gouvernans et contre sa conservation des dépenses inséparables de la formation d'un établissement colonial [1]. Ils ont osé conseiller l'abandon complet ou partiel de cette glorieuse conquête qu'ils qualifient de *legs funeste de la Restauration*. En présence de la puissante végétation dont le ciel a doué cet heureux climat et qui parle si énergiquement à tous les yeux, ils n'ont pas craint de nier l'existence de ses ressources productives. Et chaque année, à l'époque de la discussion du budget, ils ont reproduit les mêmes argumens, sans s'inquiéter du démenti formel

---

[1] Dès le 25 janvier 1834, M. le général Damrémont combattait, devant la commission d'Afrique, l'erreur si perfidement accréditée, « qu'il faudrait sacrifier hommes et argent dans des proportions effrayantes, pour tirer quelque parti des possessions d'Afrique. »—*Procès-verbaux et rapports de la commission d'Afrique.* N° XVI, p. 94 et 95.

Du reste, M. Berryer a fait justice de cet esprit étroit, « qui demande la solution de la question d'Afrique, à de misérables détails de chiffres. Quelle est l'entreprise qui, pouvant faire la gloire et la force d'un peuple, si elle eût été jugée par ses commencemens, et traduite d'abord en écus, n'eût pas été repoussée ? » — *Discours prononcé à la Chambre des députés sur la question d'Afrique,* dans la séance du 8 juin 1838.

que leur donnaient le temps, l'expérience et les faits [1].

Sous le point de vue agricole, industriel et commercial, le littoral africain s'est ressenti de ces irrésolutions, de ces fautes et de ces attaques.

Le mouvement de la colonisation a été arrêté par l'indifférence de l'administration locale, par les troubles de la guerre, par le découragement des travailleurs, par les craintes des capitalistes, et surtout par la concentration des terres dans les mains les moins habiles à les cultiver.

Parmi les Européens qui pénétrèrent dans l'Algérie à la suite de nos armées, il s'est trouvé d'abord beaucoup d'hommes plus disposés à spéculer sur le trafic des propriétés qu'à les rendre productives par le travail. Ceux-ci, en faisant l'acquisition de toutes sortes d'immeubles, ont cherché à constituer un monopole qui leur permît de réaliser des bénéfices considérables à la revente. Des portions de terrain fort étendues ont passé de la sorte par tous les degrés du brocantage et ont atteint un prix nominal hors de toute proportion avec leur valeur réelle.

---

[1] *Procès-verbaux et rapports de la commission d'Afrique*, p. 24, 25, 400 et 501. — *La question d'Alger. Politique, colonisation, commerce*, par M. A. Desjobert, ch. XI, p. 262, 276. Paris, 1837.

Dès lors, il s'est élevé une classe d'agioteurs sans caractère et sans moralité entre le sol et le colon, et ce dernier n'a pu devenir propriétaire qu'en acceptant des conditions onéreuses, et par conséquent funestes à la production [1].

Mais les exigences des spéculateurs faisant obstacle à la revente des terres, et l'insuffisance de leurs ressources ne leur permettant pas de les cultiver pour leur propre compte, il est souvent arrivé que les plus belles propriétés de la régence sont restées sans culture et dans un état déplorable d'abandon. Nous pourrions invoquer, entre autres exemples, la situation de sept mille cent trente-huit hectares des plus belles terres du district de Bone, qui sont condamnés,

---

[1] *Rapport sur la colonisation de l'ex-régence, par* M. de la Pinsonnière, *député d'Indre-et-Loire, membre de la commission envoyée en Afrique.* Ire part., p. 10 et 11. 1854.

« En général, nos possessions d'Afrique n'ont pas été exploitées dans le sens colonial. Les Européens, qui se sont occupés de culture jusqu'ici, sont peu nombreux. La plupart arrivaient en Afrique avec l'idée de réaliser promptement et sans travail une fortune : c'étaient le plus souvent des aventuriers, n'ayant aucune ressource d'argent et qui ont nui bien plus qu'ils n'ont été utiles. Il importe que le gouvernement avise aux moyens de se procurer une meilleure espèce de colons, et qu'il fasse succéder de véritables travailleurs aux gens sans aveu qui infestent la colonie. » — M. de Caraman, maréchal-de-camp d'artillerie. *Procès-verbaux et rapports de la commission d'Afrique,* p. 86 et 87.

depuis la conquête, à ne rien produire, et à ne rien rapporter, parce qu'ils ont été accaparés par douze grands propriétaires. Les maîtres de ces richesses territoriales, au lieu de les couvrir de magnifiques plantations d'oliviers, de mûriers, d'orangers, de vignes, de jujubiers, etc., se bornent à y laisser croître spontanément des foins qui sont achetés par l'administration militaire [1].

D'un autre côté, le manque de bras a contribué beaucoup à maintenir le prix des salaires à un taux élevé et à augmenter les frais d'exploitation [2].

La plupart des cultivateurs n'ayant point d'autre avance que la perspective du travail, ont été dans l'impossibilité de se hasarder sur une terre où il ne leur était permis de mettre le pied, d'après les termes de l'avis officiel du 30 août 1833, « qu'en fournissant la preuve qu'ils avaient *les*

---

[1] *Annales de la régence d'Alger*, par le capitaine Pelissier, chef du bureau arabe. T. Ier, p. 33. Voyez aussi le grand ouvrage sorti des bureaux du ministère de la guerre et publié au mois de février 1838, sous ce titre : *Tableau de la situation des établissemens français dans l'Algérie, précédé de l'exposé des motifs et du projet de loi portant demande de crédits extraordinaires au titre de l'exercice* 1838. IIe part., § XIII, p. 181 et 182.

[2] *Procès-verbaux et rapports de la commission d'Afrique,* p. 171.

moyens de pourvoir à leur subsistance pendant au moins un an du jour de leur arrivée [1] ».

Enfin, au nombre des causes qui, en dehors de l'action du gouvernement, se sont opposées à la culture du sol, il faut mettre aussi, en première ligne, la rareté des capitaux et la pénurie du crédit.

---

[1] *Alger sous la domination française, son état présent et son avenir*, par M. Pichon, ancien intendant civil. Liv. Ier, ch. VI, p. 88 et 89. 1833.

III.

LE GOUVERNEMENT SE DÉCLARE ENFIN POUR LA CO-
LONISATION. — TRAVAUX EXTRAORDINAIRES D'ÉTA-
BLISSEMENT.

Malgré les fautes du pouvoir, de ses agens et des premiers colons, le développement agricole, industriel et commercial de notre établissement d'Alger a suivi constamment une progression ascendante, depuis le jour où la France a succédé à la domination des Turcs. Tant cette terre calomniée par des esprits malades et méconnue par d'étroits calculateurs, recèle dans son sein de forces vitales et d'élémens de grandeur!

C'est même aux résultats favorables et aux magnifiques preuves de fécondité, données par l'ancienne régence, qu'il faut attribuer la récente conversion du gouvernement à une politique plus nationale et la résolution énergiquement manifestée par les deux Chambres, pendant la session de 1838, de conserver nos possessions d'Afrique comme une portion intégrale du territoire français.

Cette année, les ministres ne se sont pas bornés à demander aux représentans du pays légal des subsides considérables pour porter l'effectif du corps d'occupation à près de 50,000 hommes, c'est-à-dire à la septième partie des forces générales de notre armée active [1] : aux garanties de sécurité morale que donne à la colonisation le formidable déploiement de cette puissance militaire, ils ont voulu ajouter des assurances d'amélioration matérielle.

Voici le résumé des travaux extraordinaires d'établissement que le gouvernement se propose d'entreprendre, et de répartir successivement sur les dépenses annuelles du budget de la colonie :

Armement des places et construction de magasins.	5,300,000 fr.
Casernes, hôpitaux, fortifications permanentes.	6,100,000
Routes à ouvrir ou à continuer.	3,300,000
Desséchement des plaines marécageuses.	2,500,000
Prolongation du môle d'Alger.	9,000,000
Lazaret d'Alger.	600,000
Total.	26,800,000

---

[1] *Tableau de la situation des établissemens français dans l'Algérie.* Exposé des motifs, p. ii.

Sur ces 26 millions, dans lesquels ne sont pas comprises les dépenses du port de Mers-el-Kébir et de la route de Constantine au golfe de Stora, le ministre de la guerre a demandé une première allocation de 1,500,000 fr. pour l'exercice de 1838. Il a annoncé qu'un autre crédit de 3,000,000 fr. serait consacré au même objet en 1839, et que ces premières dépenses seraient suivies, chaque année, de nouvelles allocations, dont le chiffre varierait, jusqu'à l'achèvement complet des travaux prévus, selon la grandeur et l'urgence des besoins, les moyens d'exécution et l'état de nos finances [1].

---

[1] *Tableau de la situation des établissemens français dans l'Algérie.* Exposé, p. xi et xii.

L'exécution de ces grands travaux avait été comme arrêtée, il y a quatre ans, par la commission d'Afrique. « Les travaux à exécuter sont de deux sortes, disait M. le général Montfort, son rapporteur; ceux qui sont destinés au développement de la colonie et ceux qui doivent la garantir des attaques de ses ennemis indigènes ou étrangers.

» Ce sont donc : les fortifications permanentes et passagères, soit dans les villes, soit au pied de l'Atlas, soit dans tous les points désignés par nos ingénieurs; le complément des établissemens militaires et civils, les divers camps, les routes stratégiques et autres, les places, les marchés, les fontaines, les aqueducs, les travaux maritimes, tels que curage et construction de ports, quais, etc., le desséchement des marais de la Mitidja et de Bone.

» Le devis estimatif de ces travaux, devis qui repose sur l'expérience de ce qui a été fait jusqu'à présent, établit la dépense ainsi

Le général Bernard n'a pas voulu qu'on pût se méprendre sur la portée des sacrifices et de la sanction qu'il réclamait des représentans de la France.

« Les propositions que nous vous apportons, a-t-il ajouté, répondent dans une juste mesure aux nécessités du pays ; elles prévoient et préparent l'avenir ; elles pourvoient à la défense et à la garde du littoral africain, assurent à ses habitans protection, sécurité, salubrité, ouvrent au commerce des communications faciles et libres, à nos vaisseaux des abris commodes et sûrs. Il vous appartient, messieurs, en les adoptant, *d'affermir la puissance française en Algérie, et de consacrer sur cette terre, arrachée aux pirates,* LA FONDATION D'UN ÉTABLISSEMENT DURABLE, *qui*

qu'il suit : A Alger, y compris 1,500,000 francs pour la Mitidja, 10,880,000 fr.; à Oran, 4,360,000 fr.; à Bone, y compris les marais, 2,570,000 fr.; à Bougie, 3,000,000 fr. Total général, 20,810,000 fr.

» Dans un avenir peu éloigné, les travaux doivent donc s'élever à 21 millions environ, et, plus tard, peut-être à 29 millions et même à 35, si l'on construit des ports à Oran et à Alger. Les travaux de première nécessité d'Alger, Bone et Oran, peuvent être faits en six ans, c'est-à-dire par sixième, et ceux de Bougie et de la Mitidja par cinquième, ce qui fera une dépense annuelle de 3,594,000 fr. » — *Colonisation de l'ex-régence d'Alger. Documens officiels déposés sur le bureau de la Chambre des députés.* P. 89 et 90. 1834.

compense les sacrifices faits par la France pour fixer sur le sol de l'Afrique la civilisation de la vieille Europe [1]. »

M. le président du conseil des ministres s'est exprimé en termes aussi nets et aussi positifs à la Chambre des pairs, sur la résolution de garder définitivement Alger.

« Il y a deux élémens de succès dont nous prétendons également nous servir pour féconder notre conquête, a-t-il dit. Ces deux élémens, messieurs, sont la population européenne qu'il faut attirer pour cultiver et posséder la terre, et les indigènes qui pourront aussi prendre assez de confiance pour la posséder et la cultiver sous notre autorité. *En résumé, les germes de production et de prospérité que nous pouvons développer en Afrique, consistent dans le* COMMERCE, *et nous avons toutes les côtes, et la* CULTURE DU TERRITOIRE *par les colons et les indigènes* [2]. »

M. Molé a terminé son remarquable discours en promettant à la Chambre des pairs « que les ministres n'épargneraient rien pour présenter à la session prochaine des vues plus arrêtées

---

[1] *Tableau de la situation des établissemens français.* Exposé, p. XII.

[2] *Discussion du projet de loi relatif aux crédits d'Afrique.* Séance du 5 juillet 1838.

sur le développement à donner à nos établissemens d'Afrique et sur les moyens d'assurer leur avenir [1]. »

Comme on le voit, rien de plus formel que ces déclarations faites du haut de la tribune et à la face de l'Europe.

Le pouvoir veut enfin asseoir profondément dans le sol les bases d'un établissement durable, élever un système de fortifications pour l'avenir, ouvrir de nouvelles routes, rendre à la production les champs inondés, aplanir les voies à la culture, et préparer même un plan de colonisation.

Mais ce qui est, selon nous, d'une toute autre importance, c'est que la Chambre des députés et la Chambre des pairs, par l'organe de leurs commissions et par le vote intégral des crédits extraordinaires d'Afrique, ont donné une sanc-

---

[1] « Nous n'avons pas présenté, dit-on, cette année, de système de colonisation. Messieurs, deux systèmes ont été développés à la tribune de la Chambre des députés : la colonisation militaire et la colonisation civile. Nous ne rejetons ni l'un ni l'autre. Je citerai une autorité fort grave à mes yeux, celle de notre gouverneur-général, M. le maréchal Vallée.

» Ces deux systèmes lui paraissent devoir être essayés, mais non pas en grand et de manière à entraîner des dépenses trop considérables. L'essai devra se faire sagement, graduellement. C'est ce qui va devenir, durant l'intervalle des sessions, l'objet de notre constante étude. »—M. Molé, séance du 5 juillet 1838.

tion solennelle aux déclarations et aux mesures des ministres relativement à la conservation et à la colonisation de l'Algérie [1].

Les journaux les plus influens, de toutes les opinions, ont applaudi à un vote qui donne pleine satisfaction aux sympathies de la France [2]. Car le pays, avec son admirable sentiment des grandes choses, avait décidé depuis long-temps qu'il fallait garder et coloniser nos possessions de l'Afrique septentrionale.

N'oublions pas de dire que le gouvernement a donné dernièrement un autre témoignage du

---

[1] *Le Moniteur universel.* IIIe supplément au n° 152 du vendredi 1er juin 1838.

[2] Les journaux se prononcèrent avec la même unanimité pour la colonisation de l'Algérie. Voyez le *Journal des Débats, la Charte de 1830, le Journal de Paris, le Constitutionnel, le Courrier Français, le Commerce, l'Europe industrielle, le National, le Bon Sens, le Siècle, la Gazette de France,* etc., du 8 au 10 juin 1838.

« Nous ignorons le système que l'on suivra pour consolider notre domination en Afrique, remarquait le *Courrier Français;* mais ce qui demeure évident, après le débat, c'est que l'on ne peut remettre en question dans une chambre française la conservation d'Alger. »

La *Gazette de France* faisait cette observation importante : « que pendant la discussion du budget de la colonie, *les journaux ministériels ont cité des extraits de toutes les feuilles de province, pour prouver que la conservation de l'Algérie était un intérêt national* ».

changement qui s'est fait dans sa politique, en prenant la résolution d'envoyer à Alger une commission d'enquête composée d'hommes éminens dans les sciences.

Depuis cinq ans, on songeait à organiser une expédition scientifique qui aurait mission de faire pour l'Afrique française, ce que l'élite de nos corps savans avait déjà accompli pour l'Egypte et la Morée. Deux communications du ministère de la guerre avaient été adressées, à ce sujet, à l'Académie des Inscriptions et Belles-Lettres, l'une, par le maréchal Soult, le 18 novembre 1833, l'autre, par le duc de Trévise, le 22 janvier 1835 [1]. C'est ce projet d'exploration, auquel la conquête de l'ancienne Numidie vient d'ajouter encore plus d'importance, qu'il s'agit aujourd'hui de réaliser.

L'Académie des Inscriptions et Belles-Lettres s'est hâtée de répondre à l'appel du gouvernement, et de lui envoyer par l'intermédiaire de MM. Raoul-Rochette et Hase, une série d'instructions archéologiques et un plan d'itinéraire fort étendus. L'illustre compagnie a même désigné, au choix du ministre de la guerre, les

---

[1] *Recueil des renseignemens pour l'expédition et l'établissement des Français dans la province de Constantine.* Par M. Dureau de La Malle, membre de l'Institut. Introduction, p. 10 et 11. 1837.

savans qui lui ont paru le plus dignes de coopérer activement au succès de l'expédition [1].

Au milieu de l'esprit de recherches que nous voyons se manifester de toutes parts, les différentes branches de l'administration locale, en Afrique, ne restent pas oisives. Elles s'occupent de la formation du cadastre algérien sur les bases les plus larges. Cette grande opération aura pour objet d'établir d'une manière exacte l'étendue et la nature des cultures par la connaisssance des terres incultes et incultivables, des parties boisées et à repeupler, des prairies et des marais; de tracer la délimitation des propriétés, dont les contenances sont en général très-peu connues, et de rechercher, dans l'intérêt du domaine public, les immeubles abandonnés par les indigènes ou usurpés sur l'État. Le cadastre embrassera, en outre, toutes les con-

---

[1] *Journal des Débats*, du 28 octobre 1838. Les savans désignés par l'Académie, sont :

MM. Léon Vaudoyer, architecte; Berbrugger, bibliothécaire de la ville d'Alger; Falbe, capitaine de vaisseau; Paul Prieur, payeur militaire de la place d'Oran; Carette, capitaine de génie; Brenel, lieutenant au 10e régiment d'artillerie; Puillon-Bollaye, capitaine d'état-major; Casimirski et Honoré de Laporte, orientalistes.

Tous ces noms sont honorablement connus en France et en Afrique.

naissances relatives à l'existence des carrières, des mines et des eaux minérales, aux travaux d'hygiène générale et aux entreprises de desséchement; enfin, à la pente et à la force des eaux qui, plus tard, pourront être converties au service des usines et employées à l'arrosement des terres [1].

[1] *Situation des établissemens français dans l'Algérie*, IIe partie, ch. XII, p. 275 et 276.

IV.

SITUATION ACTUELLE DE L'ALGÉRIE. — PACIFICATION INTÉRIEURE. — LIGNE DE PROTECTION MILITAIRE

Examinons maintenant si la situation actuelle de l'Algérie, d'après les renseignemens que le gouvernement a recueillis avec beaucoup de soins, et communiqués récemment aux Chambres, n'est pas de nature à favoriser la formation d'une grande entreprise agricole et industrielle sur les différens points du littoral, où la souveraineté de la France est reconnue.

Deux événemens capitaux, en 1837, ont donné un nouvel aspect et de nouvelles limites à notre établissement : la fameuse convention de la Tafna, d'une part, œuvre impolitique du pouvoir, et de l'autre part, la prise de Constantine, œuvre glorieuse de nos soldats. L'un, dans l'ouest, a pacifié la régence par l'abandon d'une partie de nos possessions territoriales, tandis que l'autre, dans l'est, a compensé nos pertes, en soumettant à notre autorité une province d'une merveilleuse richesse.

Le traité de la Tafna a été la conséquence du principe de *l'occupation restreinte*, auquel le gouvernement paraît s'être arrêté définitivement, après avoir poursuivi pendant longtemps un système *d'envahissemens successifs.*

Pour bien comprendre la position que cette convention nous a faite, quant à l'occupation du sol, il ne faut pas oublier la circonscription territoriale de la régence, au temps de la domination des Turcs. Alors l'Algérie, composée des quatre grandes provinces d'Alger, de Titterie, d'Oran et de Constantine, présentait une superficie d'environ 15,000 lieues carrées. Ayant pour limites, au nord, les côtes de la Méditerranée, à l'est, les États de Tunis, à l'ouest, l'empire de Maroc, et au sud, les solitudes du désert, elle était protégée par des frontières naturelles sur ses deux principales lignes de prolongement. Les plages de la mer, les montagnes de l'Atlas, et les sables mouvans du Sahara, dans ce système politique, formaient, au revers de chacun de ses côtés, comme autant de remparts contre l'invasion.

Le traité de la Tafna nous a fait perdre ces avantages, en brisant l'unité du littoral africain, en isolant les uns des autres les points occupés par nos troupes, et en resserrant notre souveraineté dans les bornes étroites d'une ligne conventionnelle [1]. Bref, le territoire dont la France

[1] Voici les principaux articles du traité de la Tafna, en ce qui touche la délimitation du territoire :

« La France se réserve dans la province d'Oran : Mostaganem, Mazagran, et leurs territoires ; Oran, Arzew, plus un territoire ainsi délimité : à l'est, par la rivière de la Macta et le marais d'où elle sort ; au sud, une ligne partant du marais ci-dessus mentionné, passant par le bord sud du lac Sebgha et se prolongeant jusqu'à l'Oued-Malah (Rio-Salado), dans la direction de Sidi-Saïd, et de cette rivière jusqu'à la mer, de manière à ce que tout le terrain compris dans ce périmètre soit territoire français.

» Dans la province d'Alger : Alger, le Sahel, la plaine de la Mitidja, bornée à l'est jusqu'à l'Oued-Kadra et au-delà ; au sud, par la première crête de la première chaîne du Petit-Atlas jusqu'à la Chiffa, en y comprenant Blidah et son territoire ; à l'ouest, par la Chiffa jusqu'au coude de Mazafran, et de là, par une ligne droite jusqu'à la mer, renfermant Coléoh et son territoire, de manière à ce que tout le terrain compris dans ce périmètre soit territoire français.

» L'émir administrera la province d'Oran, celle de Titerie et la partie de celle d'Alger qui n'est pas comprise, à l'ouest, dans les limites indiquées à l'article 2. Il ne pourra pénétrer dans aucune autre partie de la régence. La France lui cède : Rachgoun, Tlemsen, le Méchouar et les canons qui étaient anciennement dans cette dernière citadelle. Et de son côté, il s'oblige à faire transporter à Oran tous les effets, ainsi que les munitions de guerre et de bouche, de la garnison de Tlemsen. »

Par une autre clause, l'émir « s'engage à ne concéder aucun point du littoral à une puissance quelconque sans l'autorisation de la France. » — *Convention du 30 mai 1837, art. 2, 3, 9 et 13.*

s'est réservé la domination directe, ne comprend qu'une superficie de 200 lieues carrées, au lieu de l'imposant développement de l'ancienne régence [1].

Le gouvernement, pendant la dernière session, a invoqué l'aspect favorable des affaires, sous l'influence du nouvel état de choses, comme une justification complète de sa politique; mais, la paix également possible à des conditions plus avantageuses, aurait été beaucoup plus rassurante pour l'avenir, si elle eût été basée sur la ruine de la puissance de nos ennemis et la conservation de toutes les parties du territoire conquis par notre brave armée.

« Le traité nous assure la possession tranquille de la portion de pays dans laquelle l'autorité française circonscrit volontairement son action immédiate, lit-on dans l'exposé des motifs présenté par le ministre de la guerre, à l'appui de la demande des crédits extraordinaires d'Afri-

---

[1] Non compris la province de Constantine, la plus belle peut-être de l'Algérie. Cette contrée a une étendue de 130 lieues de côtes et une profondeur de 85 à 200 lieues.

« Le traité de la Tafna, sur 1,400 lieues de territoire que vous possédiez, ne vous en a laissé que 200, faisait observer M. Mauguin à la Chambre des députés, dans la séance du 9 juin 1838. Encore, quelles parties du territoire avez-vous conservées? Des enclaves qui ne communiquent les unes avec les autres que par la mer. »

que. Ce territoire suffit à la population européenne, qui est venue attacher ses destinées à celles de l'occupation, et à des émigrations bien plus nombreuses. Il suffit encore aux efforts de la civilisation qui, de là, peut, par des conquêtes pacifiques s'avancer et s'étendre vers l'intérieur [1]. »

Nous aimons à reconnaître, tout en condamnant les concessions que le gouvernement a faites à l'émir Ab-el-Kader, pour mettre un terme aux malheurs de la guerre, que la pacification de la colonie a été un bienfait dont chaque jour on ressent davantage les heureuses conséquences.

Aujourd'hui, la sécurité publique, le premier et le plus indispensable de tous les élémens de travail, a deux garanties, celle de la paix conclue avec l'émir et celle de la ligne de protection formée par notre établissement militaire [2].

---

[1] *Situation des établissemens français dans l'Algérie.* Exposé du ministre de la guerre, p. 3 et 4.

[2] « Une occupation dont toutes les vues seraient militaires, et qui se concentrerait dans les forteresses, ne répondrait point à l'attente de la France. Elle serait à la merci des hostilités de terre et de mer, et les ressources qui ne sauraient où s'alimenter, seraient bientôt épuisées. Il faut supposer alors que le cercle d'occupation sera agrandi, qu'il sera étendu de manière à donner à l'agriculture assez de latitude pour se développer, que vous appellerez enfin à l'aide de cette occupation militaire une colonisation agricole qui pourra fournir à ses besoins, et la mettre à

Une armée de 48,000 hommes et de 11,372 chevaux, avec une formidable artillerie, de nombreux équipages militaires et de rapides moyens de transports, assurent l'occupation et

l'abri du danger de l'isolement; il en résultera une sorte d'assurance mutuelle, car l'agriculture ne peut prospérer qu'à l'ombre protectrice de nos drapeaux.

» Si l'on envisage la colonisation sous le point de vue commercial, on reconnaîtra que dans la régence, comme partout ailleurs, le commerce sera un moyen d'enrichir les colons et de multiplier les ressources de l'occupation militaire; mais qu'il n'y aurait pas de commerce non plus, s'il n'y avait ni protection, ni production. La colonisation commerciale entre donc nécessairement dans la mutualité d'assistance que les divers systèmes doivent se prêter. L'absence de l'un des trois compromet l'existence des deux autres ; réunis, ils sont puissans; séparés, ils succombent. En un mot, sans commerce, point d'encouragement à l'agriculture qui produit; sans agriculture, point de sécurité pour l'occupation militaire ; sans occupation militaire, rien ; et dès lors, point d'influence.

» Quant à l'application, elle doit être modifiée dans ses détails, suivant les exigeances des localités, suivant les circonstances souvent éventuelles, souvent imprévues, et enfin suivant les idées gouvernementales du chef de la colonie. Le mode d'application ressortira de l'aspect moral et physique du pays, et l'on peut dire ici, par exemple, que la nuance militaire dominera à Oran et à Bougie, que les développemens agricoles l'emporteront à Bone, que l'un et l'autre s'établiront fortement à Alger, et que le commerce s'étendra partout avantageusement. »—M. de la Pinsonnière, *Rapport sur la colonisation de l'ex-régence d'Alger*. Ire part., p. 17 et 18.

la garde du pays. De ces forces considérables, une partie forme comme autant de corps de réserve et occupe les positions et les places importantes d'Alger, de Blidah, d'Oran, de Mersel-Kébir, d'Arzew, de Mostaganem, de Constantine, de Stora, de Bone, de Bougie et de la Calle; et l'autre partie, toujours en observation ou en mouvement, par des camps fortifiés, des patrouilles, des reconnaissances et des incursions fréquentes, maintient les communications de la capitale avec les ports, les villes et les établissemens de la colonie [1].

---

[1] *Tableau officiel de la situation des établissemens français dans l'Algérie.* Exposé des motifs, p. 7 et 18. Documens divers, p. 158 et 278.

L'armée d'occupation, en 1831, se composait seulement de 17,939 hommes. Les deux années suivantes, l'occupation de Bone et de Bougie la fit porter d'abord à 22,431, et, bientôt après, à 27,762 soldats. En 1834, l'effectif des troupes françaises s'éleva à 31,863 hommes, et, en 1835, époque de l'expédition de Mascara, à 30,885. Pendant l'année 1836, marquée par les expéditions de la Tafna, de Tlemcen et de Constantine, l'armée d'occupation a présenté un total de 31,450 soldats. La glorieuse campagne, qui a fait tomber la capitale de l'ancienne Numidie en notre pouvoir, en 1837, a élevé le chiffre de nos forces militaires à 42,067 hommes. Le nombre des chevaux, qui n'était en 1831, que de 1,413, avait été porté, en 1837, à 7,204; et les corps étrangers, formés à la première de ces deux époques, de 3,023 hommes, se composaient à la seconde, de 5,825. — *Situation des établissemens français,* Ire part., ch. VII, p. 126 et 127.

S'il existe plusieurs points où la sûreté des relations laisse encore beaucoup à désirer, il en est d'autres où les rapports sont mieux établis. D'Alger, on communique, par terre, avec Oran, par la plaine, avec Blidah, l'une située à douze, l'autre à soixante-seize lieues du siége du gouvernement central [1]; et de Constantine, par les voies militaires improvisées depuis deux ans, on peut se rendre aux ports de Bone et de Stora, séparés de la capitale de l'est, celui-ci, par un intervalle de dix-huit, celui-là, par une distance de trente-cinq lieues.

Vers le commencement de l'année 1839, plusieurs courriers arrivèrent à Alger, après avoir traversé le littoral sur plus d'un tiers de sa longueur : c'étaient des estafettes qui apportaient les dépêches du général Galbois et des principaux chefs de la province de Constantine. Ils avaient mis onze jours, en passant par Hamza, à parcourir une ligne irrégulière de cent à cent vingt lieues [2].

Il importait surtout de protéger contre les entreprises et les incursions de l'ennemi la grande plaine qui s'étend au-delà du massif

---

[1] *De l'établissement des Français dans la régence d'Alger,* par M. Genty de Bussy, ex-intendant civil. T. Ier, ch. II, p. 73.

[2] Le *Journal des Débats* du 14 janvier 1839.

d'Alger. « Notre territoire à nous, et notre quartier-général en Afrique, c'est la Mitidja », a dit admirablement un jeune officier dont l'armée française regrette encore la fin prématurée [1]. En effet, la prospérité et la consolidation de nos possessions d'outre-Méditerranée ne peuvent être assurées que par l'occupation militaire et la culture pacifique de cette belle portion de l'ancienne régence.

Le système de défense qui couvre les travaux agricoles des colons d'Europe, dans la plaine de la Mitidja, se développe sur deux lignes d'inégale longueur et dans la forme d'un triangle.

Au point de départ des deux lignes, on remarque, à l'est, le camp de l'Hamise, à l'ouest, celui du Massafran, et, à l'extrême point où elles se rencontrent, au sud, les troupes cantonnées dans le district et la ville de Blidah. Le camp de l'Hamise est relié par un blockhauss à la maison carrée, et, par un autre poste intermédiaire, au corps établi au pied du contre-fort des montagnes des Beni-Moussa, sur le prolongement de la ceinture de l'est.

A notre frontière du sud et du sud-ouest,

---

[1] *Défense et occupation de la ville d'Alger.* Notes laissées par le capitaine Emile Grand, et publiés par le capitaine du génie Guillemon, p. 114. Toulon, 1837.

sont, d'un côté, le corps d'occupation de Coléah, et, un peu en arrière de cette ville, le camp chargé de garder les deux seuls gués du Mazafran; et, de l'autre côté, de forts détachemens de troupes occupés à surveiller tous les endroits que laissent à découvert les travaux d'escarpement élevés sur les bords de l'Oued-Bouffarick, de la Chiffa et des marais de la plaine.

Le camp central de Bouffarick, posté dans l'intérieur de la Mitidja, vers le sud, se tient prêt pour toutes les éventualités; aussi est-il un des jalons les plus importans de la ligne télégraphique, qui communique avec les hauteurs d'Alger, par Bouzaréah, Delhy-Ibrahim et Douéira [1].

Tout fait présager qu'entre les divers camps fortifiés de la plaine, il en est qui deviendront le principe de nouvelles villes. Les populations indigènes s'accoutument elles-mêmes à leur voisinage et font aussi leurs moissons sous la protection de nos soldats. Elles fréquentent volontiers et approvisionnent abondamment les marchés improvisés au centre de ces agrégations militaires. « Il faut voir le mouvement du charroi, rapportait dernièrement un journal officiel, qui, dans la direction des camps, sillonne

---

[1] *Tableau officiel*, 1re part., p. 158, 159. — *Le National* du 18 février 1839.

les routes à dix, à douze lieues de notre capitale. On se croirait en Europe. Ce ne sont que voitures de planches, de poutres, de farines, de vins, de barriques, de sucre, etc. [1] »

Souvent nos troupes font des reconnaissances qui embrassent un parcours de plus de soixante lieues, sans avoir à tirer un seul coup de fusil [2]. Ces espèces d'explorations militaires ont même été exécutées par les généraux Voirol, Négrier et Galbois, avec des colonnes mobiles, composées en grande partie d'auxiliaires musulmans [3]. Pour attirer les indigènes sous nos dra-

---

[1] Le *Moniteur universel* du 7 juillet 1838.

[2] Le *Journal des Débats* du 14 octobre 1838.

[3] Les corps indigènes au service de la France se composent de Zouaves, de Spahis et de Turcs. Les Zouaves forment plusieurs bataillons d'infanterie, au nombre de 1,242, et les Spahis et les Turcs composent un corps de cavalerie de 1,352 hommes. Quoique les Français soient admis dans ces corps étrangers, ils y sont en minorité. Ainsi, sur les dix compagnies de Zouaves, huit sont indigènes et deux seulement françaises.

« Les Zouaves sont une espèce d'hommes robustes et agiles, qui ont toujours rendu les plus signalés services, lit-on, dans un recueil périodique. La connaissance parfaite qu'ils ont acquise du pays et de la manière d'y faire la guerre, l'audace intrépide dont ils ont donné tant de preuves, leur adresse à surprendre l'ennemi et à le poursuivre à travers les halliers, leur ont valu l'honorable sobriquet de *Chacals*. Le lieutenant-colonel Lamoricière commande ce beau corps et veille avec un soin tout paternel au bien-être de ses soldats dont il est adoré. » — *Revue africaine*, IIe liv., décembre 1835, p. 45.

peaux, il a suffi de leur donner quelques burnous rouges, ou de leur assurer la paie la plus modique pendant la durée de la campagne [1].

Presque tous les chefs des tribus arabes de la province de l'Est, en recevant une nouvelle investiture de la France, se sont engagés à travailler au maintien de la paix, à veiller à la sûreté des routes, à opérer pour notre compte la perception du tribut d'usage, et à nous soutenir en cas de guerre contre nos ennemis [2].

---

[1] *Nouvel aperçu sur l'Algérie.* Par M. Léon Blondel, directeur des finances à Alger. Ch. V, p. 115. 1838.

[2] Le *Journal des Débats* du 28 octobre 1838, et le *Nouvelliste* du 18 février 1839.

Le système d'administration que le maréchal Valée vient d'organiser dans la province de Constantine, est à la fois un retour aux traditions hiérarchiques du passé et une innovation d'une haute importance dans les formes du gouvernement colonial. S'il a l'inconvénient de constituer entre nous et les Arabes des pouvoirs intermédiaires, qui peut-être ne s'associeront pas toujours assez franchement à nos idées, il a aussi l'avantage d'affermir la paix intérieure, en conciliant les susceptibilités de la fierté indigène avec les devoirs de l'obéissance envers l'autorité française.

Conformément à l'arrêté du 30 septembre 1828, l'administration de la province, divisée en plusieurs circonscriptions, a été déléguée à des chefs indigènes. Trois khalifas, outre celui qui commandera les Arabes du désert, sous le nom de Cheick-el-Arab, ont été chargés de la direction des tribus de la Medjiana, de Ferdjiona et du Sahel : et toutes les peuplades indigènes, non comprises dans ces divisions administratives, ont été rangées sous les ordres de trois autres chefs, qui prennent le titre de

Le prélèvement de l'impôt sur les habitans, dans le cercle de Bone, s'accomplit en notre nom et sans opposition, par les troupes indigènes [1]. Un commissaire français, au port de la Calle, où nos pères ont laissé tant de souvenirs, commande une garnison exclusivement formée de musulmans [2]. Et, suivant les termes de la convention faite le 13 juin 1835, au camp du Figuier, entre le général Trézel et les chefs des Douairs et des Smélas, ces cavaliers arabes, soldés par notre administration militaire, sont toujours prêts à prendre les armes pour s'associer aux expéditions des Français [3].

Les Arabes ont repris partout leurs travaux, et chez eux, toutes les terres sont culti-

---

Caïds des Amers-Cheraga, des Haractas et des Hennenchas. La ville de Constantine doit être, en outre, administrée par un hachem, ayant le rang de khalifa.

Au nombre des fonctions et des devoirs des khalifas et des caïds, il faut mettre, en première ligne, la perception de l'impôt soit en argent, soit en nature, et son versement dans le trésor ou dans les magasins de l'Etat; l'exercice de la police des routes, le maintien de la tranquillité du pays; et, comme moyen de répression et de défense, l'organisation et l'entretien, dans chaque tribu, d'un corps de cavaliers qui devra marcher à la guerre sur la première convocation du commandant-général des troupes françaises.—Arrêté du 30 septembre 1838, art. 3, 4, 5, 7, 8 et 10.

[1] Le *Moniteur algérien* du 1er juin 1838.
[2] *Tableau des établissemens français*, Ire part., p. 31.
[3] *Tableau officiel*, p. 137.

vées. Ainsi, en deçà comme en delà de notre ligne de points fortifiés [1], la culture du sol est en pleine activité.

A Alger, Bone et Oran, les relations de commerce établies entre nous et les autres tribus de l'intérieur, qui viennent échanger les produits de leurs récoltes contre ceux de l'industrie européenne, prennent chaque jour une plus grande extension [2]. L'abondance des denrées envoyées de tous les points aux Français, a déjà produit une diminution considérable dans le prix des objets de consommation. Nous ajouterons, toujours sur la foi des déclarations officielles, que dans le temps même où les habitans de l'intérieur apprennent le chemin de nos villes, les négocians français commencent à pénétrer, pour les affaires de leur commerce, dans les pays occupés par les Arabes qui avoisinent nos frontières [3].

---

[1] *Situation des établissemens français dans l'Algérie.* Exposé du ministre de la guerre, p. VII.

[2] Le *Moniteur algérien* du 1er juin 1838.

[3] *Tableau officiel.* Exposé, p. IV.

V.

DÉVELOPPEMENT DU MOUVEMENT COLONIAL. — PROSPÉRITÉ AGRICOLE.

Dès l'année 1833, les travaux de la colonisation avaient acquis une remarquable activité. A la ville, comme dans les campagnes, la propriété avait changé de maîtres, et les nouveaux acquéreurs avaient beaucoup à faire pour effacer les traces des dévastations de la guerre. On déblayait, on remuait le sol, et des constructions et des plantations s'élevaient de tous côtés. Mais renfermée d'abord dans le cercle très-restreint des points occupés, ce ne fut guère que deux ans plus tard que la culture commença à se hasarder au loin, et à prendre assez d'assurance pour exploiter ou pour créer des établissemens agricoles au-delà de nos avant-postes et, par conséquent, isolés au milieu des Arabes [1].

[1] *Situation des établissemens français dans l'Algérie*, Ire part., ch. II, p. 16 et 27.

C'est dans la banlieue d'Alger, de tous les points de la régence celui qui avait le plus souffert des suites de l'invasion, que l'heureuse influence de la reprise des travaux s'est fait d'abord le plus sentir. Le massif de belles habitations qui forme autour de la ville une large ceinture de maisons de plaisance et de jardins pittoresques, a recouvré insensiblement toute la richesse de son ancien aspect et tout le luxe de sa végétation africaine.

Dans les campagnes, on retrouve les mêmes signes de prospérité. L'agriculture a pris un développement énergique et rapide, assurent les rapports officiels; et « les céréales croissent aujourd'hui sur des terres où, de mémoire d'homme, jamais charrue n'était venue tracer un sillon [1] ».

Cela est vrai non-seulement du Sahel et de la plaine d'Alger, mais d'un grand nombre de points beaucoup plus éloignés. C'est surtout du côté de l'est que se portent le plus volontiers les entreprises des colons. Quelques-uns, franchissant la plaine, ont été s'établir jusqu'aux pieds de l'At-

---

[1] *Voyage pittoresque dans la régence d'Alger, pendant l'année* 1834, par MM. C. Lessore et W. Wyld, liv. I, p. 1, 1835. — *Tableau de la situation des établissemens français*, IIe part., ch. XIII, p. 277 et 278. — *De Constantine et de la domination française en Afrique*, par E. Desmarest et H. Rodriguez, p. 155 et 156. 1837.

las, sur le territoire de Khachna et des Beni-Moussa. Vers l'ouest et le sud, où il y a pourtant de si belles terres, la culture n'a pas fait les mêmes progrès [1].

D'après les recherches statistiques de l'administration, la superficie des terrains en état de culture et de rapport, dans les communes déjà formées, ou dans les chefs-lieux d'exploitation occupés par les Européens, derrière la ligne de

---

[1] *Situation des établissemens français dans l'Algérie*, p. 278 et 282.

« Pendant plusieurs années, la province de Bone a joui d'une tranquillité plus grande qu'aucune de nos provinces. Depuis deux ans, des forces considérables ont été dirigées de ce côté, quelquefois égales, souvent supérieures à celles qui se trouvaient à Alger. Cependant, ni cette tranquillité, ni cet accroissement de troupes qui devaient ouvrir un plus grand débouché aux ressources du pays, n'ont excité à produire le petit nombre des colons de Bone.

» C'est à la manière dont la propriété, à Bone, est répartie entre les colons européens, qu'il faut attribuer un semblable état de choses. Là, surtout, se montre à nu cette plaie de l'accaparement des terres qui menaçait de s'étendre plus loin à la suite de nos armées, si l'administration, par des prohibitions formelles, n'avait arrêté les progrès du mal.

» Au contraire, la division du sol aux environs d'Alger, a influé sur les bons résultats que les colons ont obtenus; dans cette circonscription, on voit peu de grands propriétaires. Les petites et les moyennes propriétés dominent, et sur celles-là on plante la vigne, on greffe l'olivier; celles-là aussi produisent le plus de céréales et fournissent les meilleurs fourrages.» — Ibid., p. 281 et 282.

protection militaire, peut se résumer comme il suit :

NOMBRE D'HECTARES.

	CULTIVÉS.	CULTIVABLES et non cultivés.	NON cultivables.	TOTAL.
Terrains des communes d'Alger.				
Pointe Pescade..	473	253	191	917
Boudzaréah.....	436	2,026	492	2,954
El Biar.........	848	335	810	1,993
Delhy-Ibrahim..	425 ½	1,000	1,000	2,425
Mustapha-Pacha.	950	»	210	1,160
Bir-Mad-Reïs...	113	173	154	440
Hussein-Dey....	1,422	2,845	24	4,291
Kouba..........	419	474	78	971
Bir-Kadem.....	563	345	300	1,208
Kaddouss......	1,275	1,098	1,048	3,421
Bouffarick.....	111	507	»	618
Totaux...	6,935	9,056	4,307	20,298
Terrains des autres provinces.				
Bone...........	597	8,632	3,061	12,290
Oran..........	157	275	26	458
Mostaganem....	438	138	»	576
Totaux généraux.	8,127	18,101	7,394	33,722

Dans ce chiffre total, les principales communes du massif d'Alger et de la plaine de la Mitidja, comptent pour 6,935 hectares [1], et les établissemens de Bone, d'Oran et de Mostaganem, seulement pour 10,292 [2].

La culture des céréales, dans les exploitations de la province d'Alger, a pris 3,793 hectares, plus de la moitié des terres; l'autre moitié a été transformée en prairies, en potagers, en vignobles, ou réservée à la production des fèves et de la pomme de terre. Quelques plantations de cotonniers, premières tentatives de ce genre, ont réussi de manière à donner les plus belles espérances.

L'administration nous fait aussi connaître le nombre des arbres fruitiers de toute espèce, dont le relevé a été fait, ou qui ont été plan-

---

[1] Le territoire du Sahel ou du massif d'Alger est divisé en quatorze communes rurales, savoir : Pointe-Pescade, Boudzaréah, Delhy-Ibrahim, Mustapha, El-Biar, Bir-Mad-Réïs, Kadouss, Bir-Kadem, Kouba, Bir-el-Touta, Hussein-Dey, Douéira, Deschioued et Mazafran.

[2] *Tableau des établissemens français dans l'Algérie,* Ire part., p. 280, 285.

Quelques erreurs d'addition se sont glissées dans la composition originale du tableau que nous venons de donner. Mais nous avons dû reproduire ces relevés tels qu'ils sont présentés par l'administration.

tés par les colons; et cette fois encore la presque totalité des produits appartiennent aux communes du massif d'Alger et de la plaine de la Mitidja.

ARBRES FRUITIERS.

TERRAINS DES COMMUNES D'ALGER.	
Pointe-Pescade.	183,305
Boudzaréah.	145,746
El-Biar.	66,440
Delhy-Ibrahim.	42,105
Mustapha-Pacha.	140,783
Bir-Mad-Réis.	19,718
Hussein-Dey.	37,549
Kouba.	72,808
Bir-Kadem.	131,947
Kaddous.	57,379
Bouffarick.	975
Total.	898,755
TERRAINS DES AUTRES PROVINCES.	
Bone.	22,327
Oran.	5,314
Mostaganem.	1,193
Total général.	927,589

En déduisant de la masse les 28,834 arbres fruitiers des districts de Bone, d'Oran et de Mostaganem, il en restera 898,755 pour celui d'Alger.

Ce qui nous frappe le plus dans ce dernier chiffre, c'est d'y voir figurer déjà 85,532 mûriers, résultat qui promet les plus grandes richesses à l'avenir. Les autres essences se composent de 502,506 oliviers sauvages, de 63,327 oliviers greffés, de 20,758 amandiers, de 1,463 noyers, de 126,598 arbres à pépins, et de 70,356 à noyaux [1].

A côté des plantations particulières, on a élevé, sur les terres du Domaine, un jardin d'essais, d'une haute importance, qui a pris le nom de *Pépinière du Gouvernement*. Les dépenses d'entretien et de culture sont prélevées sur le budget local et largement couvertes par les livraisons d'arbres faites aux colons. « Il est exclusivement destiné, disent les rapports officiels, à multiplier les arbres et les plantes les plus propres à développer la richesse territoriale de l'Algérie, tels que le mûrier, l'olivier, le cotonnier, le peuplier et les arbres fruitiers de diverses espèces. »

Quoique la création du jardin d'acclimatement ne remontât qu'au mois de décembre 1832,

---

[1] *Tableau officiel*, p. 285.

on voyait déjà s'élever dans son enceinte, au mois de mars 1834, 25,123 sujets. Il a fallu bientôt ajouter aux quatre ou cinq hectares qui avaient été consacrés dans l'origine aux essais de culture, un large et bel enclos de vingt-quatre hectares de superficie ; et, malgré cette grande extension, il s'en faut de beaucoup que la pépinière coloniale puisse aujourd'hui suffire aux nombreuses demandes qu'elle reçoit des propriétaires, des cultivateurs, de l'administration civile et du génie militaire. Le relevé des plantations, au commencement de l'année 1830, donnait pour résultat 87,038 sujets, outre 300,000 pourettes de mûriers [1].

A mesure que la culture des terres multiplie, en se développant, la somme des produits agri-

---

[1] *Situation des établissemens français dans l'Algérie*, IIe part., ch. XIV, p. 288. — *Rapport sur la colonisation de l'ex-régence*, Ire part., p. 81. — *De l'établissement des Français dans la régence d'Alger*. App. n° XXIX, p. 120.

« Les arbres et les arbustes sont livrés gratuitement au génie militaire et à l'administration civile. Les livraisons ainsi faites ne s'élèvent pas à moins de 20,000 sujets de toutes espèces.

» Les propriétaires et cultivateurs les obtiennent à des prix excessivement modérés et fort inférieurs à ceux des pépinières du continent, sans compter l'affranchissement des frais, risques et embarras de transport, et l'incertitude de la prise.

» Aussi les demandes ont-elles atteint cette année un chiffre presque double de celui de l'année précédente, lequel était lui-même double de celui de 1835. » *Tableau officiel*, p. 287.

coles, ceux-ci sont absorbés par la subsistance de l'armée d'occupation. Les colons ont livré en 1837, 500 quintaux de blé et 59,500 quintaux métriques de foin à l'administration militaire.

Les documens officiels que nous avons sous les yeux nous apprennent bien que les approvisionnemens en bestiaux nécessaires à l'existence des troupes, ont été tirés du pays, qui pourvoirait facilement à des besoins plus grands, ajoutent-ils; mais ils ne nous disent pas combien il existe de bêtes à cornes et de bêtes à laine dans les fermes exploitées par les Européens.

VI.

IMPORTANCE DES RELATIONS COMMERCIALES DE L'ALGÉRIE.

Si la ville d'Alger a été pendant trois siècles le centre des opérations de la piraterie barbaresque, c'est précisément parce qu'elle est admirablement située pour entretenir des relations commerciales avec le reste du monde. Le fameux Barberousse en convoitait depuis longtemps la possession quand il parvint à s'en rendre maître en 1516, et à la soumettre à la domination des Turcs. Ce redoutable corsaire, qui était un marin consommé, avait remarqué son excellente position, et tout le parti qu'il en pourrait tirer pour, de là, se porter rapidement sur la route des nombreux vaisseaux qui sillonnent la Méditerranée, ou pour se jeter à l'improviste, avec ses soldats, sur les côtes de l'Espagne, de la France, de l'Italie et de la Sicile.

Tandis que les pieds de la capitale de la Régence sont baignés par les flots de la Méditerranée, ses blanches maisons s'élèvent graduellement d'étage en étage sur le versant d'une colline. De ces hauteurs, où elle est assise avec un luxe oriental, et d'où elle domine au loin la mer, son regard exercé peut contempler aujourd'hui les arrivages toujours croissans du commerce, après avoir suivi pendant plusieurs siècles les expéditions aventureuses de ses corsaires [1].

Outre les rapports maritimes qu'elle s'est créés avec plusieurs points du littoral, Scherschel, Delly, Djigelli, Collo, Benixillia, la ville d'Alger a des relations commerciales très-suivies avec les royaumes de Naples et de Sardaigne, et tous les pays de la Méditerranée. Depuis l'année 1836, elle a fait aussi dans le Levant quelques envois qui ont eu un heureux succès [2].

Quant aux autres ports de la Régence, ils ont un commerce beaucoup moins étendu, bien que très-avantageux et susceptible d'une grande augmentation. Oran, creusé par la nature, vers

---

[1] Alger est situé à 0° 42′ 25″ de longitude orientale, et à 36° 47′ 25″ de latitude nord, d'après les observations de M. le capitaine Rozet. — *Voyage dans la régence d'Alger*, pendant les années 1830 et 1831. T. Ier, p. 9.

[2] *Tableau des établissemens français dans l'Algérie*, IIe part., ch. XXIV, p. 337 et 341.

les confins maritimes de l'empire de Maroc, presque à l'entrée du détroit, et à une demi-journée de Gibraltar, fait des échanges avec les Marocains de la côte de Riffa, de nombreuses expéditions pour Carthagène et les Baléares, et quelques affaires avec l'Italie [1].

Bougie et Bone, les deux points les plus rapprochés du territoire de l'ancienne Carthage et de la Péninsule et des îles Italiques, correspondent plus particulièrement avec Tunis, Tabarca, Malte, Naples, Livourne et les ports de la Sicile et de la Sardaigne. Ces deux villes ont aussi des rapports assez fréquens avec le littoral de l'Espagne et la grande et la petite Baléare [2].

Le port de la Calle, par son heureuse position, au fond d'une vaste baie située à l'extrême limite de nos possessions du côté de Tunis, est appelé à devenir une station commerciale d'une haute importance. Pendant près de deux siècles, il a été le siége des opérations fort étendues de

---

[1] *Situation des établissemens français*, p. 337 et 348.

La ville de Mostaganem, « riche de produits naturels, comme le font observer les rapports officiels, fournira aux consommations d'Oran et aux exportations par cette ville ».

[2] *Tableau des établissemens français*, p. 337 et 348.

Un petit nombre de vaisseaux, venant de l'Espagne, de la Sicile et des États sardes, sont entrés dans le port d'Arzew, en 1837.

l'ancienne compagnie française d'Afrique [1]. La pêche du beau corail, qui abonde sur la côte, a toujours entretenu dans ses mers une grande activité. En 1836, le port de la Calle a été fréquenté par 235 bateaux corailleurs, sardes,

---

[1] *Voyage en Barbarie*, par l'abbé Poiret. Ire part., lett. II, p. 7 et 8.

« On appelait *concessions d'Afrique* les établissemens français formés sur la côte de Barbarie, en vertu du traité de commerce conclu sous le règne de Kaïr-ed-din, frère du fameux corsaire Barberousse et son successeur, traité qui accorde à la France, 1° le privilége exclusif de la pêche du corail le long de la côte d'Algérie; 2° l'exportation annuelle d'une certaine quantité de grains, ainsi que des cuirs, des laines et autres productions du pays. Comme l'origine de ces établissemens remonte à l'année 1520, elle est antérieure à l'invasion des Turcs dans l'Afrique septentrionale.

» En 1741, les *concessions d'Afrique* qui, en vertu d'un arrêt du conseil d'état du 4 juin 1719, se trouvaient comprises dans le privilége de la compagnie des Indes, en furent distraits pour être livrées à une compagnie spéciale dont le siége était à Marseille, et qui en retira de grands profits. Il est vrai de dire que ces avantages étaient chèrement payés aux régences d'Alger et de Tunis, par des redevances annuelles que des traités souvent renouvelés ont toujours consacrées.

» Outre son établissement de la Calle, la compagnie avait des comptoirs à Bone, à Collo, et, en dernier lieu, à Tabarca, ville de la régence de Tunis. Elle jouissait d'une grande prépondérance dans la contrée, à cause du bien-être qu'elle y répandait par ses achats, et ses troupeaux paccageaient paisiblement à plusieurs lieues. Ses opérations commerciales profitaient

napolitains, toscans, espagnols. Malheureusement il ne s'est pas présenté dans le cours de la même année, plus de dix embarcations françaises pour prendre part aux travaux de ces étrangers, quoique l'administration ait fait remise entière à nos marins des droits acquittés par les autres pêcheurs [1].

Tels sont les pays et les ports avec lesquels l'Afrique française entretient les communications les plus actives. Cependant là ne se bornent pas ses relations commerciales qui commencent à s'étendre dans toutes les mers et chez tous les peuples marchands.

Le mouvement général de la navigation, en 1837, a compris 3,365 bâtimens jaugeant 228,077 tonneaux, et portant 24,915 hommes d'équipage. Parmi ces navires, 1,129 étaient français, 1,032 algériens, et 1,204 étrangers. Nos ports de l'Océan, Bordeaux, Nantes, le Havre, etc.,

---

à nos provinces du midi, auxquelles elles procuraient des matières premières utiles, et à notre navigation pour laquelle elle fut long-temps une excellente école de matelots. » — *Tableau des établissemens français dans l'Algérie*, Ire part., p. 96, 97, et IIe part., p. 356, 357.

[1] *Situation des établissemens français*, IIe part., ch. XXIV, p. 357.

Depuis 1832, le nombre des corailleurs, et par conséquent les produits de la taxe, se sont augmentés d'année en année jusques et y compris 1836. — *Ibid.*, p. 356.

autrefois sans rapports avec les côtes du littoral africain, y avaient envoyé 27 bâtimens. Marseille, Toulon, l'île de Corse et les autres ports de nos provinces du midi avaient expédié 616 navires pour la même destination.

Des bâtimens étrangers, 118 étaient venus de l'Angleterre et de ses possessions dans la Méditerranée, 25 de l'Autriche, 358 de l'Espagne et des îles Baléares, 22 de la Suède et de la Norwège, 21 des ports de la Russie dans la Baltique et la mer Noire. Enfin on en comptait 76 des États sardes, 123 de la Toscane, 5 des États romains, 172 des Deux-Siciles, 4 de la Grèce et de l'Égypte, et 65 de Tripoli, Tunis et Maroc.

Ce dénombrement, par ordre de provenance, suffit pour montrer qu'elle a dû être, en général, la destination des navires sortant des ports de l'Algérie [1].

---

[1] *Tableau officiel des établissemens français*, IIe part., ch. XXV, p. 345, 346, 348 et 351.

VII.

PROGRESSION TOUJOURS CROISSANTE DES IMPORTATIONS ET DES EXPORTATIONS GÉNÉRALES. — COMMERCE INTÉRIEUR.

Voyons maintenant quel a été le mouvement des importations et des exportations générales du commerce depuis la conquête.

ANNÉES.	VALEURS DÉCLARÉES EN DOUANE.	
	Importations.	Exportations.
	f. c.	f. c.
1831.....	6,504,000 »	1,479,600 »
1832.....	6,856,920 »	850,659 »
1833.....	7,599,158 03	1,028,410 60
1834.....	8,560,236 42	2,376,662 29
1835.....	16,778,737 39	2,597,866 03
1836.....	22,402,768 56	3,435,821 72
1837.....	33,055,246 09	2,946,691 04

Mais il faut défalquer de la totalité des importations les objets destinés à la consommation de l'armée. Par exemple, la valeur de ces articles particuliers étant estimée pour l'année 1837 à 10 millions, il restera 23 millions pour le commerce proprement dit.

Une autre remarque importante, c'est que dans les 33,055,246 fr. 09 c. formant la valeur totale des importations de cette dernière année, les envois de la France ont compté pour 20,663,970 fr., à savoir : 15,443,535 fr. 37 c. en produits du sol, et 5,520,434 fr. 98 c. en marchandises provenant des entrepôts. Le surplus, déduction faite toutefois d'une somme de 379,592 fr. 66 c. pour les articles restés en entrepôt, constitue la part des expéditions de toutes les puissances étrangères.

Il ressort de la comparaison des élémens collectifs du commerce que les envois de la France, qui avant l'occupation et pendant les premières années s'élevaient à peine à la moitié des importations générales, ont été par rapport à celles de l'étranger,

En 1835, comme 8 à 7;
En 1836, comme 11 à 8;
En 1837, comme 20 à 12 [1].

---

[1] *Tableau de la situation des établissemens français dans l'Algérie*, IIe part., ch. XIV, p. 320 et 351.

Si, d'un autre côté, on recherche quelle a été la proportion du commerce de la France et de l'étranger aux importations générales, on obtient les résultats suivans :

IMPORTATIONS		1835.	1836.	1837.
de France en	productions du pays..	33 o/o	41 o/o	50 o/o
	march. d'entrepôt...	20	18	15
de l'étranger................		47	41	35

Par où l'on voit que, dans les trois dernières années, le commerce général a reçu une si forte impulsion qu'il a augmenté du double, et que la consommation des produits français s'est accrue de 17 p. 0/0, tandis que celle des produits étrangers a baissé de 12 p. 0/0.

Les rapports officiels expliquent cette heureuse augmentation « par l'accroissement de la population civile, dans laquelle les étrangers entrent pour plus de moitié [1] et forment autant

[1] *Situation des établissemens français,* IIe part., p. 331.

« Il est à remarquer, en outre, que la consommation des nationaux eux-mêmes n'est pas, comme on l'a dit, un simple déplacement. Un Français qui se transporte en Afrique y devient nécessairement plus producteur et, conséquemment, consomme plus qu'en France ; et d'ailleurs le déplacement de la consommation par les échanges, les transports, la circulation des capitaux qu'il entraîne, et le travail qu'il procure, est un accroissement de richesse ; et ceci aide à expliquer comment le commerce de

de consommateurs nouveaux, par le développement qu'ont pris les constructions, les établissemens industriels et l'agriculture, et, en dernier lieu, par une plus grande recherche des produits européens de la part des Arabes ».

L'approvisionnement du nord de l'Afrique, en farines, vins ordinaires, denrées coloniales, épices préparées, produits chimiques, parfumeries, savons, peaux ouvrées, mercerie, orfévrerie, coutellerie, faïence, verreries, meubles, instrumens aratoires, outils, sellerie, armes blanches et à feu, etc., est fait exclusivement par la France. Quoique celle-ci, en ce qui touche les autres articles d'importation, soit restée jusqu'à présent en seconde ou en troisième ligne, elle obtient chaque jour des avantages marqués sur la concurrence étrangère, qui ne peuvent manquer, dans un temps plus ou moins rapproché, de lui assurer la prééminence commerciale sur tous les marchés de l'Algérie.

La part de la France, dans la consommation des tissus de laine, bornée en 1832, à 33 p. 0/0, a été trois fois plus forte, en 1837, que celle des autres pays de fabrique. Ses importations en tissus de soie, se sont accrues, d'une époque à

---

l'Algérie, déjà si fort au-dessus de ce qu'il était avant la conquête, offre tant d'intérêt au midi de la France. » — *Tableau officiel*, p. 330.

l'autre, relativement à celles de l'étranger, de 40 à 80 p. 0/0. Et si la progression a été moins forte dans le commerce des tissus de coton, le placement des articles de provenance française, en ce genre, n'en a pas moins augmenté de 11 à 26 p. 0/0, malgré la prédilection bien connue des Arabes pour les produits des manufactures de l'Angleterre [1].

Voici comment les importations de toute espèce se sont réparties entre les ports les plus fréquentés de l'Algérie.

PORTS.	1835.	1836.	1837.
	f. c.	f. c.	f. c.
Alger....	11,997,855 »	15,525,313 78	17,404,924 20
Oran....	3,066,134 83	4,115,194 44	8,804,606 89
Bone....	1,522,421 62	2,321,943 58	6,480,231 »
Bougie...	192,525 94	440,316 76	365,484 »
Total des import..	16,778,737 39	22,402,768 56	33,055,246 09

[1] *Situation des établissemens français*, IIe part., p. 333 et 334.

« La consommation des tissus de fil, qui n'était en 1832 que de 74,069 fr., s'est élevée, en 1837, à 326,700 fr. La consommation des tissus de laine est montée, pendant la même période, de 247,901 fr. à 978,100 fr. Celle des tissus de coton s'est élevée de 1,252,441 fr., chiffre de l'année 1832, à 3,175,038 fr. en 1837. » — Ib.

Passons à l'examen des exportations générales dans leurs rapports avec la destination et la nature des produits.

ANNÉES.	VALEUR DES EXPORTATIONS.		
	France.	Etranger.	Total.
1835....	1,636,882 73	960,983 30	2,597,866 03
1836....	2,094,148 85	1,335,190 07	3,429,338 92
1837....	1,247,391 43	1,658,859 30	2,906,250 31

Il faut ajouter à ces résultats généraux, pour réexportation d'entrepôt, pendant les deux dernières années, 6,482 francs 80 cent., et 40,440 francs 31 cent. [1].

Ce commerce déjà si important, serait, nous n'en faisons nul doute, trois fois plus considérable, si les produits du sol de l'Algérie, par une mesure aussi révoltante qu'impolitique, n'étaient pas frappés en France des droits imposés sur les objets similaires reçus de l'étranger. Car notre gouvernement, par une déplorable inconséquence, laisse peser depuis sept ans sur l'Afrique toutes les entraves et toutes les surcharges imaginées par le fisc, tandis qu'il

---

[1] *Situation des établissemens français*, p. 333 et 335.

protége les intérêts de nos autres colonies par des prohibitions et des priviléges [1].

Les principaux articles d'exportation, en produits du crû du pays, sont les peaux brutes, la laine, la cire, l'huile et le corail. Les laines et les huiles sont, en grande partie, dirigées sur la France; les peaux, les cires, le corail sont surtout expédiés dans les pays étrangers, qui reçoivent également quelques-uns des produits envoyés de France en Afrique.

Les documens officiels nous apprennent aussi comment la valeur des exportations s'est trouvée répartie entre les ports du littoral.

PORTS.	1835.	1836.	1837.
	f. c.	f. c.	f. c.
Alger....	1,516,836 23	1,651,268 27	892,558 40
Oran....	193,376 65	460,926 25	598,486 64
Bone....	842,997 70	1,257,514 20	1,421,045 »
Bougie...	44,655 45	66,113 »	34,619 »
Totaux...	2,597,866 03	3,435,821 72	2,946,709 04

Enfin, pour compléter l'ensemble des faits

[1] Il est à remarquer que les produits du sol de l'Algérie sont frappés en France des droits imposés sur les objets reçus de l'étranger. Ainsi, au contraire de ce qui se pratique à l'égard de nos colonies, l'Afrique n'est protégée pour elle-même, ni par des

commerciaux que nous venons de résumer, nous dirons quelques mots sur les relations mercantiles de la colonie avec les Arabes de la côte et de l'intérieur.

ANNÉES.	VALEUR DES	
	Importations des Arabes dans nos ports.	Exportations de nos ports pour les ports arabes.
1835 . . .	271,401 f.	286,612 f.
1836 . . .	487,084	411,662
1837 . . .	658,376	311,986 [1]

Mais ce trafic d'achat et de vente, qui se fait au moyen du cabotage sur la côte du littoral, ne forme que la plus faible partie de nos échanges avec les indigènes. L'administration porte le commerce avec l'intérieur à plus de 5,000,000 fr. en achats balancés par une somme de vente à peu près égale faite aux Arabes en produits européens.

En résumé, le commerce général de l'Algérie avec la métropole, les pays étrangers et l'inté-

---

prohibitions, ni par des priviléges. *Il n'en existe qu'en faveur de la France dont les productions sont reçues en franchise dans l'Algérie.* — Tableau officiel, IIe part., § XXIV, p. 335.

[1] *Tableau officiel*, p. 335, 336, 337 et 340.

rieur, ne peut être estimé à moins de 44 millions, en y comprenant les objets destinés à la consommation de l'armée. Abstraction faite de ces articles particuliers d'approvisionnement, on obtiendra encore un mouvement commercial de 34 millions. Certes, on a droit de s'applaudir de ce beau et grand résultat, quand on réfléchit qu'il a été obtenu par la seule force des choses et sans l'appui ordinaire des restrictions du monopole.

VIII.

L'INSUFFISANCE DES CAPITAUX S'OPPOSE AUX ENTREPRISES DE LA COLONISATION. — VALEUR ET IMPORTANCE DES ACQUISITIONS DE TERRES.

Un officier qui a servi avec distinction en Afrique, et qui paraît avoir une connaissance parfaite du pays, évaluait, il y a quatre ans, la richesse commerciale de la ville d'Alger à 12 millions 300 mille francs. Selon lui, soixante négocians possédaient un quart de ce capital, cinquante autres, un douzième, et environ deux mille petits marchands européens, juifs ou maures, un sixième. Il estimait à 8 millions le crédit commercial, et à un million le numéraire circulant sur la place [1].

---

[1] *Annales de l'Algérie*, par le capitaine Pelissier, t. II, p. 350 et 351.

Assurément les choses se sont de beaucoup améliorées dans les quatre dernières années.

Cependant le plus grand obstacle au développement de l'industrie coloniale, est encore la rareté de l'argent et les bornes étroites du crédit. Les transactions sur prêt sont toujours régies par l'ordonnance du 7 décembre 1835, qui, à défaut de convention, fixe l'intérêt légal à dix pour cent, tant en matière civile, qu'en matière de commerce [1]. Quel est le colon qui, ayant emprunté à ces conditions, pourra jamais réaliser des bénéfices assez considérables sur ses travaux en constructions ou sur la culture des terres, pour supporter les charges d'un marché aussi onéreux? Evidemment celui-là seulement peut bâtir ou exploiter le sol avec quelques chances de succès, qui n'a pas besoin de l'assistance des marchands d'argent.

La position du colon est bien plus fâcheuse s'il est contraint d'emprunter à 18 pour cent et au-delà, comme cela arrive tous les jours.

Dans ce cas, le chiffre de l'intérêt, quelque exhorbitant qu'il soit, est maintenu par les tribunaux, s'il a été déterminé par une convention écrite; ce qui a fait dire à un voyageur anglais que le taux du prêt monétaire, fixé dans la Grande-Bretagne à 4 pour cent, peut

---

[1] Ordonnance du 7 décembre 1835, art. 1er et 2.

varier à Alger, depuis 12 jusqu'à 60 pour cent, selon les exigences de l'une des deux parties contractantes et les nécessités de l'autre [1].

Tout récemment la faiblesse des ressources de la plupart des colons a forcé l'administration de suspendre la vente des propriétés rurales faisant partie du domaine public. « Outre que les cultivateurs sont encore peu nombreux,

---

[1] Thomas Campbell, *Esquisses sur Alger*, insérées dans la *Revue britannique* du mois de septembre 1835, p. 313 et 314.

« Je ne doute pas que les produits des régions intertropicales qui peuvent être cultivés sur le sol de la régence, ne devinssent une source de grande richesse pour la France, et ne fissent la prospérité de la colonie, si l'on pouvait parvenir à y introduire des capitaux plus abondans.

» Le chiffre de l'intérêt est un obstacle pour toute spéculation agricole qui a besoin de patience et d'avances.

» Je mets en fait que, sur quatre cents colons d'Europe, établis ici, il n'y a pas plus de cinq ou six propriétaires qui s'occupent de la culture de l'olivier et du mûrier, deux produits d'un bénéfice assuré, pour qui peut y consacrer son industrie et son capital. Je ne parlerai pas avec autant de certitude de la culture de l'indigo, de la cochenille, du coton, du tabac, de la vigne et de quelques autres articles : selon moi, cependant, la vigne et le tabac pourraient devenir d'un immense rapport à Alger.

» Mais qui donc a empêché d'y songer jusqu'à présent? Uniquement la rareté des capitaux, et l'absence d'une banque publique où le cultivateur pourrait trouver l'argent qui lui est nécessaire en offrant sa propriété pour garantie.

» Les quatre-vingt-dix neuvièmes des colons ne vivent que de la culture des grains et des végétaux. » — Ib.

leurs moyens sont généralement bornés, disent les rapports officiels. Les capitaux et les bras auraient bientôt manqué *pour les petites concessions comme pour les grandes.* Il n'a donc été aliéné, en 1837, que des maisons de campagne [1] ».

Il est remarquable que, malgré l'insuffisance des ressources pécuniaires, qui s'est toujours fait sentir dans l'Algérie depuis sept ans, les propriétés urbaines et rurales ont trouvé beaucoup d'acquéreurs. [2] Cette contradiction apparente s'explique en grande partie par les facilités que les conditions ordinaires de la vente présentent à l'adjudicataire. Le mode d'aliénation, en usage parmi les indigènes, et adopté par le gouvernement dans la vente des propriétés du domaine public, consiste à imposer à l'acheteur le paiement d'une rente annuelle rachetable par le versement du capital [3].

---

[1] *Situation des établissemens français dans l'Algérie,* IIe part., ch. XXXV, p. 389.

[2] Ce ne sont pas seulement les capitalistes de la France méridionale qui ont fait acheter des terres dans l'Algérie par leurs agens : ceux des départemens du nord ont pris une part très-étendue aux acquisitions de ce genre. Les deux villes françaises où l'on compte le plus grand nombre de propriétaires trans-méditerranéens sont celles de Marseille et de Rouen. — M. Genty de Bussy, *De l'établissement des Français dans la régence d'Alger,* t. Ier, p. 291.

[3] *Tableau officiel,* p. 388 et 396.

Or, le colon, dominé par la passion d'acquérir, n'hésite pas à contracter un engagement qu'il se flatte de remplir avec le produit de son travail, et auquel, en définitive, il peut satisfaire avec un emprunt.

Le gouvernement a fait le relevé général des ventes immobilières, qui ont été enregistrées dans les bureaux des villes d'Alger, de Bone et d'Oran, depuis l'année 1831 jusqu'au 1er janvier 1838.

NOMBRE DE VENTES.

ANNÉES.	PROPRIÉTÉS		TOTAL.
	rurales.	urbaines.	
1831........	299	37	336
1832........	311	290	601
1833........	237	553	790
1834........	446	592	1,038
1835........	291	422	713
1836........	365	540	905
1837........	236	688	924
Totaux....	2,185	3,122	5,307

Le prix des ventes en capitaux a été pour les 2,185 propriétés rurales, de 2,347,339 francs 73 cent., et pour les 3,122 propriétés urbaines, de 3,022,867 francs 40 cent. Pour les premières, le prix des ventes en rentes a été de 487,460 fr. 61 c., et pour les secondes, de 613,502 fr. 31 c. En tout, il s'est fait pendant les sept années de notre domination en Afrique, 5,307 ventes immobilières, pour une valeur en capital, de 5,370,207 fr. 13 c., et, en rentes annuelles, de 1,000,962 fr. 92 c. [1].

Que si on capitalise les rentes à 10 pour 0/0, en prenant pour base la valeur commune des propriétés dans l'Algérie, on trouvera que le total des acquisitions en immeubles s'est élevé à la somme de 16,379,836 fr. 33 c.

Sans doute les reventes ont occasionné beaucoup de doubles emplois dans l'enregistrement des actes. Mais il ne faut pas oublier non plus que toutes les aliénations ne sont pas connues du gouvernement, et que la valeur réelle des transactions est de beaucoup supérieure aux sommes enregistrées, dont on dissimule le montant pour échapper aux droits. L'administration a donc raison de dire que, toute déduction faite, on ne peut évaluer à moins de 12 millions la totalité des propriétés urbaines ou rurales achetées par les Européens en Afrique.

Plaçons ici comme point de comparaison, le

---

[1] *Situation des etablissemens français*, IIe part., p. 392 et 394.

tableau des ventes immobilières dans chacune des grandes divisions du littoral.

BUREAUX.	PROPRIÉTÉS		TOTAL.
	rurales	urbaines.	
Alger........	2,090	2,064	4,154
Bone........	95	345	440
Oran........	»	713	713
Totaux.....	2,185	3,122	5,307

Pour ce genre d'affaires, comme pour toutes les autres, la province d'Alger l'a emporté sur le reste du littoral. « Dans cette circonscription administrative, les propriétés rurales sont l'objet d'un plus grand mouvement que les propriétés urbaines, font observer les rapports officiels. C'est le contraire à Bone, malgré la richesse de son territoire encore peu recherché. A Oran, dont les campagnes sont pauvres, les achats portent tous sur des propriétés urbaines [1] ».

Le grand nombre de créances hypothécaires

---

[1] *Situation des établissemens français dans l'Algérie,* p. 494 et 395.

Pendant le cours de l'année 1837, le nombre des actes civils, judiciaires et extrajudiciaires, enregistrés par le bureau d'Alger,

dont les immeubles de toute nature sont grevés, confirme ce que nous avons dit plus haut sur les embarras pécuniaires des colons.

Dans un intervalle de six ans, depuis 1832 jusqu'à 1837, 1,219 inscriptions, autres que celles d'office, ont été prises sur les propriétés des trois provinces d'Alger, de Bone et d'Oran, pour une valeur de 7,321,372 fr. 73 c. Les bénéfices réalisés par les emprunteurs leur ont permis de racheter 290 créances, s'élevant à 1,270,096 fr. 14 c., de sorte que l'excédant des inscriptions sur les radiations est encore de 6,051,276 fr. 59 c. [1].

---

a été de 28,976. Comme il n'avait été en 1836 que de 22,695, la première de ces deux années a présenté sur l'autre, une différence en plus de 6,821.

Sur les 2,952 actes civils de l'année 1836, 2,290 ont été rédigés par les notaires, 661 par les cadis et 1 par les rabbins. En 1837, sur 3,253 actes civils, 2,661 sont échus en partage aux notaires, 590 aux cadis, et 2 aux rabbins.

L'augmentation, ajoutent les rapports officiels, est beaucoup plus forte pour les actes des notaires que pour les autres ; ceux dont la rédaction est confiée aux cadis ont diminué même à Alger, en 1837. Outre que les affaires des Européens augmentent, les indigènes et principalement les juifs commencent à contracter devant les notaires ; il arrive même que les Maures, après avoir passé un acte devant le cadi, le font aussi rédiger par un notaire français. Ibid., II⁰ part., p. 394.

[1] *Situation des établissemens français*, p. 397.

Il avait été pris en 1832, 2 inscriptions hypothécaires, autres

Si ces faits démontrent l'augmentation progressive du numéraire engagé en Afrique, s'ils prouvent qu'un capital de plus de 7 millions a été mis en circulation sur les garanties données par la propriété, ils nous apprennent aussi que les affaires se font, en grande partie, avec des fonds prêtés, et par conséquent, frappés d'un intérêt onéreux.

Du reste, l'insuffisance des capitaux se fait moins sentir aujourd'hui dans la classe des commerçans que dans celle des cultivateurs. Les opérations du commerce général ont pris un développement et une importance qui dépassent de beaucoup le mouvement de la colonisation. C'est qu'il a suffi aux négocians européens, pour se créer des relations avec l'Algérie, d'opérer un simple déplacement dans leurs affaires, ou de donner une plus grande extension à leur crédit. Au contraire, les capitalistes étrangers ne sont pas venus en aide à la colonisation, parce qu'ils n'en ont pas compris

---

que celles d'offices; en 1833, 63; en 1834, 127; en 1835, 276; en 1836, 330, et en 1837, 593.

La commission d'Afrique demandait, en 1834, qu'un régime hypothécaire spécial et plus simple que celui de la France fût établi dans l'Algérie.

Voyez le rapport sur les contributions lu dans la séance des 20 et 23 avril 1834. — *Procès-verbaux de la commission d'Afrique*, p. 502 et 503.

jusqu'à présent les avantages, et qu'ils ont craint de compromettre leurs intérêts, en s'écartant de la ligne ordinaire de leurs spéculations.

IX.

IMPOTS ET REVENUS. — SIGNES REMARQUABLES DE PROSPÉRITÉ INDUSTRIELLE.

Il nous a été d'autant plus facile d'établir notre système d'impôts dans l'Afrique septentrionale, qu'au temps de la domination des pachas les contributions en argent, payées par les indigènes, avaient beaucoup d'analogie avec nos taxes ordinaires. Elles portaient principalement, comme chez nous, sur les personnes, les biens, les consommations, les charges, les industries, les professions et les établissemens d'un intérêt public. On peut dire, avec vérité, que les anciens impôts ont plutôt changé de forme que de nature par l'établissement de nos droits de patentes, d'enregistrement, de greffe, d'hypothèque, d'octroi, de douane, etc.

Grâce à la centralisation de l'administration des finances, les perceptions et les recettes du trésor ont acquis aujourd'hui assez de régularité pour servir de bases à nos études : nous allons donc examiner les impôts et les revenus dans leurs rapports avec les faits les plus propres à jeter quelque lumière sur la situation industrielle et financière de la colonie.

Et d'abord nous prendrons le produit des locations domaniales qui sont mises presque toujours aux enchères publiques pour trois, six ou neuf ans.

Il est à la connaissance de tout le monde que, depuis quelques années, le domaine a restitué aux anciens propriétaires une partie des biens mis en séquestre, et que beaucoup d'autres ont été consacrés à l'installation des services publics, ou démolis pour effectuer l'élargissement des rues et faciliter la construction des places. Il semble donc, à la première vue, que le produit des locations d'immeubles domaniaux aurait dû éprouver une diminution proportionnée aux restitutions et aux sacrifices de l'administration. Eh bien! le contraire est arrivé, à ce point qu'il s'est trouvé, entre les recettes de l'année 1832 et celles de l'année 1837, une différence en plus de 65 pour 0/0 [1].

---

[1] Dès l'année 1836, M. Léon Blondel, directeur des finances à Alger, signalait ce résultat inespéré dans son *Aperçu sur la situation industrielle de l'Afrique française*, ch. V, p. 55.

LOCATIONS D'IMMEUBLES DOMANIAUX.

ANNÉES.	PRODUIT.
1832.	99,073 fr. 17 c.
1833.	108,410 95
1834.	141,152 62
1835.	156,155 07
1836.	171,757 12
1837.	187,349 05 [1]

L'accroissement du produit des droits perçus sur les patentes, quoique moins considérable, n'en mérite pas moins d'être signalé. Borné, en 1833, à 54,042 fr. 45 c., il a présenté, en 1837, une somme de 84,562 fr. 01 c., équivalent à une augmentation de 61 p. 0/0, en cinq ans [2].

A cette dernière époque, il y avait dans l'Algérie 3,221 patentés de toute nation, à savoir : 1,308 européens, 1,264 maures et 649 juifs. Le rôle des patentés indigènes, chose remarquable, s'était accru de 171 noms, depuis l'année 1835. Sur les 3,221 industriels payant patente, 2,046 demeuraient à Alger ou dans la banlieue de cette capitale, 34 à Oran, 574 à

---

[1] *Situation des établissemens français*, IIe part., p. 386. *Revue africaine*, Ire livraison du mois d'août 1836, p. 55.

[2] *Tableau officiel*, IIe part., ch. XXIV, § IV, p. 342, 343. Les droits de patente ont produit, en 1834, 64,364 60 c., en 1835, 70,496 fr. 81 c., et, en 1836, 81,542 fr. 87 c.

Bone, 390 à Bougie, 29 à Mostaganem, et 7 à Mers-el-Kébir.

Les Français comptaient, dans ce relevé général, pour 705, et surpassaient d'un septième tous les autres colons européens.

Le droit de navigation, qui est pour le commerce maritime ce que l'impôt des patentes est pour l'industrie mercantile, s'est élevé, en trois ans, de 77,786 fr. 08 c., à 212,603 fr. 04 c., ou de 73 pour 0/0 [1]. Cependant, les na-

---

[1] *Aperçu sur l'Algérie*, par M. Léon Blondel, ch. V, p. 55. — *Situation des établissemens français*, IIe part., p. 345.

« Le 17 octobre 1830, un arrêté, qui fut légèrement modifié dans l'application, avait fixé le droit de navigation ainsi qu'il suit, sans distinction de pavillon : 50 francs pour les navires de 50 tonneaux; 75 francs pour ceux de 51 à 100 tonneaux; 100 francs pour ceux au-dessus de 100 tonneaux. Les bâtimens au-dessous de 5 tonneaux ne payaient pas de droit.

» En 1834, ce tarif fut remplacé par le suivant : 50 cent. par tonneau pour les navires français; 76 cent. pour les navires étrangers. L'ordonnance du 11 novembre 1835 supprima le droit sur les navires français et algériens, et imposa les étrangers à 2 francs par tonneau.

» Le cabotage des côtes et les transports entre la France et l'Algérie étaient réservés aux navires français et algériens; cette disposition fut modifiée en 1831; la marine française ne suffisant pas aux transports, et les approvisionnemens de l'armée étant compromis, les étrangers, sans jouir de la franchise du droit, entrèrent en partage des autres avantages réservés d'abord aux nationaux. » — Ib.

vires français et algériens, formant les deux tiers de la marine marchande, entrent dans les ports du littoral, comme on le sait, libres de tout impôt.

Les postes et bateaux à vapeur ont donné, en 1833, 55,208 fr. 40 c., en 1835, 75,653 fr. 06 c., et, en 1837, 162,204 fr. 24 c.

Nonobstant les nombreuses franchises accordées au commerce français et étranger par l'ordonnance de 1835, les recettes des douanes ont continué de suivre une progression ascendante. Réunies aux contributions diverses, elles avaient rapporté, en 1832, 840,989 fr. 30 c. La cumulation de ces mêmes taxes, en 1834, a donné 1,391,247 fr. 51 cent., et, en 1837, 1,470,635 fr. 36 c., ce qui revient à une différence en plus de 62 et de 64 pour 0/0 [1].

Il va sans dire que l'augmentation de détail, qui s'est fait sentir dans chaque branche des revenus publics, a influé de la manière la plus

---

[1] *Situation des établissemens français*, ch. XXVIII, p. 403.

Pendant les autres années, le produit des douanes et contributions diverses a été comme il suit : 1831, 452,060 fr. 45 c.; 1833, 1,186,477 fr. 41 c.; 1835, 1,030,814 fr. 21 c.; 1836, 1,202,812 fr. 92 c.

Le droit payé par les bateaux corailleurs a donné, en 1832, 65,755 fr. 80 c.; en 1834, 124,273 fr.; et, en 1837, 224,202 fr. 80 c.—Ib., ch. XXVI, p. 357.

satisfaisante sur le produit des recettes générales.

IMPOTS ET REVENUS DE TOUT GENRE.

ANNÉES.	RECETTES GÉNÉRALES.
1831.	929,709 fr. 67 c.
1832.	1,400,415 77
1833.	1,808,460 19
1834.	2,119,187 50
1835.	2,180,335 93
1836.	2,538,658 15
1837.	3,039,775 04 [1]

De la comparaison de l'année 1834 à l'année 1832, il ressort un accroissement dans les recettes générales de 60 pour 0/0. D'un autre côté, l'année 1837, relativement à la première de ces deux années, déjà si productive, offre encore une différence en plus de 58 pour 0/0. Quels admirables signes de l'activité et de la prospérité toujours croissante de l'industrie coloniale !

Une partie des revenus affectés aux villes, qui ont d'ailleurs des impositions locales, est comprise dans les perceptions de tout genre opérées par le trésor. En 1837, les recettes générales et

---

[1] *Tableau officiel*, IIe part., p. 383. Non compris les recettes accidentelles qui ont donné les sommes suivantes : 1831, 118,769 fr. 45 c.; 1832, 168,692 fr. 69 c.; 1833, 428,694 fr. 14 c.; 1834, 423,475 fr. 14 c.; 1835, 358,185 fr. 54 c.; 1836, 331,371 fr. 17 c.; 1837, 625,828 fr. 20 c. —Ib.

particulières d'Alger, d'Oran et de Bone ont monté à 918,000 fr. 25 c., et leurs dépenses prévues et imprévues à 916,420 fr. 48 c. Dès à présent, notre établissement d'Afrique peut subvenir, avec ses propres revenus, à tous les frais ordinaires de son gouvernement général et de son administration civile [1].

Citons un dernier exemple de l'heureuse et rapide extension que prennent les ressources financières de la population industrielle à Alger. Pendant l'année 1836, le trésorier-payeur et ses préposés ont acquitté, tant en dépenses

---

[1] *Situation des établissemens français*, IIe part., chapitre XXXIX, p. 408. — M. Léon Blondel, *Aperçu sur l'Algérie*, ch. V, p. 56. — *Revue africaine* du mois d'août 1836, p. 56.

« Si l'on rapproche le chiffre totalisé du revenu africain, pour 1837, de celui des dépenses civiles inscrites au budget de l'Etat, et de celles que supporte le budget qu'on pourrait appeler colonial, on reconnaît, et ce résultat mérite d'être remarqué, que, dès aujourd'hui, *avec le seul revenu qu'il produit, sans privilége, sans protection spéciale, sans aucun des avantages accordés à nos autres colonies* (et déduction faite de certaines recettes devant, dans tout état de cause, continuer à appartenir au trésor, qui supporte les frais de perception ou d'exploitation, telles que la vente des poudres à feu, les postes, les bateaux à vapeur), notre établissement d'Afrique peut fournir à toutes les dépenses ordinaires de son gouvernement, de la justice et de l'administration générale et locale, les services militaires demeurant à la charge de la métropole. » — *Tableau officiel*, IIe part., ch. XXIV, p. 383.

réelles qu'en dépenses d'ordre pour opérations de trésorerie, 26,495,306 fr. 89 c. Pour subvenir au paiement de cette somme, il suffisait, en réalité, de réunir 19 millions en numéraire, le reste consistant en mouvement de fonds entre les places et en transactions administratives toutes d'intérieur.

Le trésorier-payeur s'est procuré le capital qui lui était nécessaire par la combinaison la plus simple. Il a ajouté à quelques millions restant en caisse le produit des contributions locales formant 1,714,554 fr. 97 c. Ensuite il a échangé contre le numéraire versé par le commerce ou par les corps, des traites ou des mandats sur le trésor pour 11,630,978 fr. 19 c. Bref, il n'a été contraint de tirer de la France que 5,511,567 fr. 92 c. en argent [1].

[1] *Tableau officiel*, etc., IIe part., p. 399 et 400.

« Ainsi, sur une dépense réelle de 19 millions, la France n'a guère encore envoyé que 1/3 des fonds nécessaires. La différence provient des ressources réalisées dans le pays. Si les circonstances sont favorables, l'augmentation du commerce et des impôts rendra bientôt inutile l'envoi du numéraire de France. » — Ibid., p. 400.

X.

GRANDEUR DES AMÉLIORATIONS ACCOMPLIES DEPUIS HUIT ANS. — TRAVAUX MILITAIRES PUBLICS ET PARTICULIERS.

Cependant, depuis la conquête, un grand nombre d'Européens sont venus s'établir sur le territoire de l'Algérie dans l'espérance de participer aux avantages du commerce ou de la colonisation. *L'espace manque partout*, assurent les rapports officiels, *à la population toujours croissante, qui se presse dans les murs de la capitale* [1].

L'ancienne cité ne suffit plus, en effet, aux besoins du nouvel établissement, quoiqu'on ait entrepris des travaux considérables et dépensé plusieurs millions pour utiliser le site accidenté sur lequel elle est bâtie, et pour l'approprier

---

[1] *Tableau de la situation des établissemens français.* Exposé du ministre de la guerre, p. x.

aux développemens de notre civilisation [1]. Aussi le gouvernement se propose-t-il de reculer les limites de son enceinte murée, d'y comprendre les faubourgs de Bab-Azoun et de Bab-el-Oued, et d'entourer ces deux nouvelles annexes de la ville française d'une muraille en pisé, percée de créneaux et défendue par un large fossé [2].

Des améliorations de tout genre ont été accomplies, ou sont en pleine exécution, dans la capitale de nos possessions d'Afrique.

Les voitures peuvent maintenant circuler, et les brises de la mer pénétrer sans obstacle, dans les rues Bab-el-Oued et Bab-Azoun, autrefois surplombées d'immenses auvents et trop étroites pour recevoir deux cavaliers. Celle de la marine, communiquant du môle avec la Grande-Place et les deux rues que nous venons d'indiquer, donne un débouché à l'arrivage des marchandises débarquées sur le port. Toutes trois ont changé de physionomie et sont devenues le centre du commerce de détail établi par nos marchands [3].

Des bâtimens ont été élevés ou réparés pour

---

[1] *Situation des établissemens français*, IIe part., ch. XXXVI, p. 395.

[2] *Discours prononcé par M. Allard*, à la Chambre des députés, dans la séance du 7 juin 1838.

[3] MM. Lessore et Wyld, *Voyage pittoresque dans la régence d'Alger*, Ire livraison, p. 2.

servir de local à l'intendance civile, à la commission de santé, à la cour de justice, au tribunal de police correctionnelle et au conseil municipal composé de notables français et indigènes [1]. On a transformé d'autres édifices en casernes, en hôpitaux, en dispensaires, en prisons, etc.

Les nombreux aqueducs qui amènent l'eau à Alger, et surtout ceux de Hamma et d'Aïn-Zéboudja, ont été refaits ou rectifiés dans plusieurs de leurs parties les plus importantes [2]. Les quais, pour la plupart très-mal construits et encore plus mal entretenus, étaient tombés dans un

---

[1] *Situation des établissemens français dans l'Algérie*, Ire part., ch. XIV, p. 176.

« Les conseils municipaux des villes d'Alger, d'Oran et de Bone, se composent de notables français et indigènes, en nombre, et dans une proportion déterminée, pour chaque localité, par un arrêt du gouverneur-général. Ils sont présidés par l'intendant ou le sous-intendant civil, et, à leur défaut, par le maire.

» Le conseil municipal de la ville d'Alger est composé de 19 membres, dont 10 français, 6 musulmans et 3 israélites. (Arrêté du gouverneur-général du 18 novembre 1834.) Ceux d'Oran et de Bone, de 5 français, 3 musulmans et 1 israélite. (Arrêté du 22 décembre 1834.)

» Les attributions du conseil municipal sont celles qui étaient conférées, en France, aux corps constitués sous la même domination par la loi du 28 pluviôse an VIII, et les règlemens antérieurs à la loi du 21 mars 1831. » — Ibid., p. 196.

[2] *Tableau officiel*, Ire part., ch. XIV, p. 176.

état complet de délabrement. On a travaillé à les restaurer entièrement, en 1836 et en 1837, et ils ont reçu, du côté de la Douane, un complément dont le commerce recueille déjà de grands avantages. L'appareil vicieux de l'ancien phare a été remplacé, en 1834, par un feu catoptrique et à éclipse, qui s'aperçoit à une distance de cinq lieues [1].

La marine marchande se trouvait aussi mal à l'aise, dans les limites de l'ancien port, que la population européenne dans l'enceinte de la vieille cité mauresque. C'est à peine si vingt-cinq navires de cent cinquante à trois cents tonneaux pouvaient y trouver à la fois protection et asile contre les tourmentes de la mer [2]. Le gouvernement s'occupe activement de remédier à cet état de choses, par la prolongation de la jetée qui chaque jour envahit les eaux et s'élève à leur surface comme une masse rocheuse. M. le ministre de la guerre faisait remarquer à la Chambre des députés, pendant la session de 1838, « que ces grands travaux assureront d'inappréciables avantages au port d'Alger, et que bientôt il pourra recevoir avec les navires de commerce les bâtimens de guerre, aujourd'hui

[1] *Tableau officiel*, Ire part., ch. XIV, p. 175.
[2] *Histoire de Barberousse avec un aperçu historique et statistique du port d'Alger*, par MM. Sander Rang et Ferdinand Denis, t. II, notes, p. 342 et 345. 1837.

forcés de jeter l'ancre au loin dans la rade, ou de gagner le large dans les gros temps [1] ».

Le mouvement des travaux d'amélioration locale, d'utilité publique et de défense militaire s'est étendu aussi aux villes d'Oran, de Mostataganem, d'Arzew, de Constantine, de Bone, de Bougie, de la Calle, etc. Dans la première de ces villes, on a construit rapidement des habitations, des boutiques, des bains, des cafés; car partout la civilisation européenne porte ses vieilles habitudes avec l'esprit d'innovation. Sur tous les points, on a pourvu à l'installation

---

[1] *Tableau de la situation des établissemens français.* Exposé des motifs, p. x. Documens divers, p. 175. — *Documens officiels relatifs à la colonisation d'Alger*, déposés sur le bureau de la Chambre des députés, II⁰ part., p. 120 et 121.

L'ancien port avait une superficie d'environ quatre hectares. Le port projeté, adjacent à celui-là, serait formé par une jetée partant du môle et se dirigeant dans le sud-est vers les rochers de Bab-Azoun. La jetée aurait 570 mètres de longueur, sur une profondeur moyenne de 14 mètres qui serait celle du nouveau port.

Celui-ci, se développant sur une superficie de 21 hectares, présenterait toutes les convenances d'un port marchand, et un mouillage assuré pour vingt gros vaisseaux de ligne au moins. La dépense de la jetée et des quais s'élèvera à 12 millions, et quelque minime que soit le travail de chaque année, on en retirera immédiatement le fruit, car chaque mètre courant de jetée ajoutera un espace notable au port actuel. — M. Allard, *Discours prononcé à la Chambre des députés dans la séance du 7 juin* 1838.

des services publics et militaires, relevé les fortifications et les murs d'enceinte, déblayé les ruines et préparé le terrain à la colonisation [1].

Nous plaçons à la tête des ouvrages généraux, qui auront pour résultat de favoriser les entreprises du commerce et de la colonisation, le desséchement des marais et l'ouverture de routes nouvelles.

Le génie militaire, de 1833 à 1835, a pratiqué des desséchemens dans les environs de la Maison carrée et de la Ferme modèle, qui ont assaini ou rendu à la charrue d'excellentes terres présentant une superficie de plus d'une demi-lieue. Des efforts du même genre ont été dirigés ou doivent se porter prochainement sur des ténemens à l'est de Bouffarick et dans les campagnes de Bougie et de Bone [2].

Là ne se sont pas arrêtés les utiles et hardis travaux du génie, qui a été si admirablement secondé par l'ardeur et le zèle de nos soldats. Depuis plusieurs années, il travaille à relier for-

---

[1] *Tableau de la situation des établissemens français dans l'Algérie*, p. 55, 64, 68, 177, 178, 179, etc.

M. Genty de Bussy donne un relevé des immeubles démolis à Alger, Bone et Oran, pour cause d'utilité publique. *Établissement des Français dans la régence d'Alger*, t. II, p. 159 et 168.

[2] *Situation des établissemens français*, Ire part., p. 178 et 179.

tement les villes, les camps fortifiés et les établissemens de l'intérieur avec la capitale, par un système complet de voies de communications. Déjà, en suivant le parcours ou les embranchemens des lignes nombreuses qu'il a ouvertes ou empierrées, on peut communiquer avec Bir-Kadem, Douéira, Bouffarick, Blidah, Coléah, Mersel-Kébir, Mostaganem, Arzew, Oran, etc. [2]

Si plusieurs de ces routes ne s'étendent pas au-delà des campagnes du Sahel et des bords de la mer, d'autres, beaucoup plus importantes, se prolongent jusque dans la plaine et à travers les défilés de l'Atlas. C'est ainsi que la grande voie d'Alger à Oran, qui, à Bouffarick, s'embranche avec celle de Blidah, après avoir passé à gué la

---

[1] *Tableau officiel*, etc., p. 42, 43, 162 et 164.

On a ouvert ou empierré 80,560 mètres de grandes routes, on a restauré beaucoup d'anciens chemins, et de nouvelles voies vicinales ont été établies dans le massif d'Alger, sur une longueur de 27,780 mètres.

Au nombre de ces communications, on doit citer en première ligne celle qui, tracée le long de la mer sur un développement total de plus de 6,000 mètres, part du fort la Moune et aboutit d'Oran à Mers-el-Kébir. Elle a été creusée dans le roc vif, sur 2,400 mètres environ, et a exigé une percée souterraine de 50 mètres. Cette route permettra de diriger par terre, sur Oran, toutes les marchandises faciles à débarquer, grâce à la sûreté du mouillage, et donnera le moyen de maîtriser entièrement la baie par des feux à bonne portée. — Ib.

rivière de la Chiffa, pénètre dans cette chaîne de montagnes par la vallée de l'Oued-jer, la franchit auprès de Miliana, et descend dans le bassin du Schélif.

En somme toute, pendant les sept années de notre domination, les travaux maritimes et civils ont absorbé 3,533,331 fr. 51 c., et les dépenses du génie, en fortifications et en bâtimens militaires, 7,828,355 fr., ce qui donne un total de 11,361,686 fr. 51 c. Nous avons vu que, dans les prévisions du gouvernement, l'ensemble des travaux extraordinaires qui restent à compléter ou à entreprendre exigeront encore 26,800,000 fr., sur lesquels 15,400,000 fr. seront absorbés par les services civils.

Sans la coopération des troupes qui, moyennant un faible salaire de 28 à 30 centimes par journée de travail de sept heures, ont participé activement à tous les travaux, les dépenses eussent été beaucoup plus fortes [1].

---

[1] *Situation des établissemens français dans l'Algérie,* IIe part., ch. XIV, p. 180, 184. — *De l'établissement des Français dans la régence d'Alger,* par M. Genty de Bussy, t. Ier, p. 271 et 278.

« L'importante question de l'emploi de l'armée aux grands travaux de route, souvent agitée et encore indécise en France, a été complètement résolue en Afrique. Les environs d'Alger et d'Oran en offrent d'admirables témoignages. Il est à remarquer d'ailleurs, que c'est toujours parmi les soldats travailleurs, pourvu

Le génie militaire et les ponts-et-chaussées ont recruté aussi beaucoup d'ouvriers dans les rangs des Arabes de la Mitidja et des Kabaïles des tribus lointaines. « Les travaux de desséchement paraissent être ceux auxquels on peut les employer avec le plus d'avantages, remarque le ministre de la guerre. Le prix ordinaire de leur journée est de 1 fr. Il n'y a pas seulement économie réelle à faire entrer ainsi dans nos chantiers le plus grand nombre d'indigènes; c'est, en outre, le meilleur moyen d'adoucir leurs mœurs par l'amour du travail, de les habituer à vivre au milieu de nous, de leur faire sentir les bienfaits de notre civilisation. L'expérience de ces dernières années ne permet plus de douter qu'ils ne se présentent en foule sur les différens points où des travaux publics seront entrepris, si ces ouvrages prennent l'activité et le développement qu'on veut leur donner [1] ».

---

que l'on ait soin de ne pas les employer pendant les fortes chaleurs, qu'il y a le moins de malades. » — *Tableau officiel*, p. 181.

[1] *Situation des établissemens français dans l'Algérie*, IIe part., p. 181.

La participation des ouvriers arabes aux travaux du génie suggère à M. Genty de Bussy une observation que nous croyons devoir consigner ici. « M. le colonel du génie qui les a examinés de près, remarque-t-il, ne tarit point sur leur exemplaire docilité, sur leur exactitude, et il assure avoir reconnu dans les

Voilà pour les progrès de l'ordre matériel, accomplis sous l'empire de la domination française. D'autres améliorations, moins étendues à la vérité, se rattachent au mouvement de l'ordre moral.

Des écoles nationales, maures ou juives, dans la capitale de l'Afrique française, ont été fondées pour les élèves de toute condition, de tout âge et de tout sexe; et le conseil municipal d'Alger, au mois de janvier 1835, a voté des fonds pour la création d'un collége, où l'on enseigne les langues française et arabe, grecque et latine, et les sciences physiques et mathématiques [1].

En 1837, six écoles de garçons et cinq écoles de filles étaient parvenues à rallier, les unes 362 et les autres 343 élèves. Dans les institutions indigènes, on comptait 375 enfans maures des deux sexes, et 320 juifs. Le collége, vers le même temps, avait 115 élèves, et le cours d'arabe était suivi par 40 autres. Il existait, en outre, à Mustapha, une école privée

---

portions de terrain qu'ils ont desséchées, une telle précision qu'elles ne le cèdent en rien à celles qui l'ont été par nos plus habiles sapeurs. » — *De l'établissement des Français dans la régence d'Alger*, t. Ier, p. 276.

[1] *Situation des établissemens français*, IIe part., ch. VI, p. 250 et 251.

ayant 15 élèves, à Kouba, une école communale composée de 6 élèves, et à Delhy-Ibrahim, un autre école *où se faisait l'éducation en commun de 52 enfans, dont les deux tiers appartenaient à des Européens, et l'autre tiers à des auxiliaires arabes du corps des Zouaves* [1].

Quatre écoles primaires à Oran et cinq à Bone, étaient fréquentées, celles-ci par 144, celles-là par 125 garçons ou filles [2]. Dans la seconde de ces deux villes, les écoles indigènes maures comptaient 45 élèves, et dans la première, les écoles indigènes juives, 300. La bourgade de Mostaganem avait 25 élèves de la religion musulmane et 20 de la communion israélite.

Prises dans leur ensemble, les institutions publiques ou privées de la colonie réunissaient donc 2,287 élèves de toute race. Assurément, ce n'est pas un des spectacles les moins intéressans de l'Algérie, que cette inauguration de l'enseignement français, qui a déjà fait, dans une autre partie de l'Afrique, de si grandes choses pour la régénération de l'Orient.

---

[1] *Situation des établissemens français dans l'Algérie*, p. 252 et 254.
[2] Ibid., p. 251 et 254.

XI.

ACCROISSEMENT DE LA POPULATION AGRICOLE. — PRINCIPAUX OBJETS DE CONSOMMATION.

Il nous reste à parler de la population de la colonie et de sa consommation, deux choses qu'il nous importe de bien connaître, puisqu'elles ne peuvent manquer d'exercer une grande influence sur la prospérité de toute exploitation agricole et industrielle.

D'après les calculs d'un officier supérieur de l'armée d'Afrique, la population de la régence, qui aurait été de deux millions d'individus au commencement du dix-huitième siècle, serait aujourd'hui réduite de plus de moitié. Elle s'élèverait à peine à 800 mille âmes, parmi lesquelles il y aurait 400 mille Maures, 200 mille Kabaïles, 120 mille Arabes nomades et 60 mille Turcs, Coulouglis, et juifs. Mais lors même que cette évaluation approximative serait exacte, elle nous laisserait encore dans le doute sur le nombre des hommes de toute origine vivant dans les limites du territoire réservé [1].

L'administration garde un silence absolu à cet égard, et se borne à nous apprendre le chiffre de la population européenne.

Il existait dans les diverses provinces de l'Algérie, à l'époque du dernier recensement, 6,592 Français, 2,193 Anglais, 5,189 Espagnols, 1,983 Italiens, 782 Allemands, 25 Portugais, 4 Grecs, 2 Russes, en tout 16,770 hommes appartenant aux pays d'outre-mer. La répartition de ces élémens étrangers, entre les villes de la régence, présentait les mêmes inégalités que le développement de l'industrie locale : on comptait

---

[1] *Considérations statistiques, historiques et militaires sur la régence d'Alger*, par le général Juchereau de Saint-Denis, sous-chef d'état-major-général de l'armée d'Afrique, en 1830, p. 41 et 49.

« Tous les ouvrages publiés jusqu'ici sur Alger ont beaucoup exagéré la population de cette régence. Quelques auteurs l'ont portée à trois millions, d'autres à deux millions, le plus modéré de tous, Shaler, l'a réduite à un million.

» Il est difficile et presque impossible d'avoir une idée exacte de la population dans les États ottomans, parce que les Musulmans, imbus des mêmes préjugés qui existaient autrefois chez les Ismaélites, repoussent comme un très-grand péché toute opération relative au recensement des peuples. » — Ibid., p. 39.

à Alger, 9,824 colons; à Oran, 3,805; à Bone, 2,622; à Bougie, 415, et à Mostaganem, 104 [1].

Si donc on ajoutait aux proportions que nous venons de donner le chiffre des forces de l'armée française, on obtiendrait un total général d'environ 60,000 Européens établis ou cantonnés dans le Nord de l'Afrique. Encore ne comprenons-nous pas dans nos évaluations le personnel de la marine étrangère qui, par un mouvement de va et vient, grossit toujours de plusieurs milliers d'hommes la masse des habitans de toute nation.

La population de la capitale de la régence qu'on portait dans la première période du dix-huitième siècle à 75,000 habitans, était estimée,

---

[1] *Situation des établissemens français dans l'Algérie,* IIe part., ch. XVII, p. 298 et 299.

Voici quel avait été le nombre total des colons dans les années antérieures, d'après la statistique officielle :

1830.	602
1831.	3,228
1832.	4,858
1833.	7,812
1834.	9,750
1835.	11,221
1836.	14,561

Pendant les années 1835 et 1837, environ 600 Européens avaient été enlevés par le choléra. La population coloniale, en 1838, montait à 17,428 individus. — *Nouvel aperçu sur l'Algérie,* par M. Léon Blondel, chap. III, p. 55.

en 1837, à environ 60,000 personnes, en y comprenant les indigènes [1]. Dans ce nombre, il y avait environ 15,000 soldats ou individus appartenant à l'armée, 15,000 colons et matelots, 25,000 Maures ou Arabes, et 5,000 juifs. La classe des domestiques se composait de 472 individus, et celle des esclaves de 255.

Les renseignemens recueillis par le gouvernement sur la consommation de l'Algérie, sont aussi imparfaits que les relevés de la population générale.

On sait, toutefois, que l'approvisionnement en blé de la Rachbah, ou du marché aux grains d'Alger a été, pendant l'année 1837, de 189,311

---

[1] *Situation des établissemens français*, IIe part., chap. XIII, p. 278. Voyez aussi *le recensement de la population de la ville et des faubourgs d'Alger, au 1er février 1838, et l'état des naissances, mariages et décès, pendant l'année 1837.* Ibid., p. 300 et 301.

On voit par le premier de ces tableaux, que la population officiellement connue, était formée de 8,238 hommes, de 8,216 femmes, de 5,002 filles, et de 4,506 garçons. Dans ce nombre se trouvaient 7,895 locataires, et 1,179 propriétaires.

L'administration n'avait pu comprendre dans son dépouillement les corporations des Kabaïles, des Mozabites, des Biskris, des nègres, etc., qui ne sont pas encore organisées, mais qu'on évalue à environ 3,000 individus.

En ce qui touche les croyances religieuses, il y avait 7,364 catholiques, 211 protestans, et 6,065 israélites. Le reste de la population professait l'islamisme.

hectolitres, dont 82,000 sont venus par mer de l'extérieur, 29,140 de la côte, et 15,000 par terre de l'intérieur. Les quantités d'orge, apportées au même marché, ont été de 65,337 hectolitres, sur lesquels 53,000 sont arrivés par mer de l'extérieur, 10,082 de la côte, et 2,255 par terre de l'intérieur [1].

La valeur en argent des farineux alimentaires, importés sur tous les points de l'Algérie, en 1837, est estimée dans le tableau général du commerce, publié par l'administration, à 6,515,285 fr. 93 c. Le prix des animaux vivans est porté à 2,675,249 fr. 50 c., et celui des produits et dépouilles d'animaux, à 1,736,801 fr. 10 c., ce qui fait un total de 4,412,050 fr. 60 c. Les vins ont compté pour 3,477,088 fr. 65 c., les eaux-de-vie et liqueurs pour 726,501 fr. 35 c., l'huile d'olive pour 584,191 f. 90 c., le tabac fa-

---

[1] *Situation des établissemens français dans l'Algérie*, IIe part., p. 311.

Il a été vendu, en outre, sur le marché aux grains d'Alger, 6,739 sâas ou 4,043 h. 40 l. de légumes secs. Le sâa, mesure de capacité en usage dans cette ville, est de la contenance de 60 litres.

Le mouvement du marché aux huiles, le plus important après celui aux grains, avait présenté un total de 21,115 guerbaas ou de 675,680 litres. Le guerbaa, espèce d'outre, contient 36 litres.

666,656 litres d'huile avaient été apportés par la voie de terre, et 9,024 seulement par la voie de mer. — Ibid.

briqué et en feuilles pour 358,609 f. 83 c., et les bois de construction pour 1,772,519 fr. 63 c. [1]

Nous avons rapporté ailleurs que l'intendant de l'armée d'Afrique avait acheté des colons 500 quintaux de blé indigène. Des achats de grains ont été faits également pour la consommation des troupes dans les districts d'Oran, de Bone, de Dréan, de Ghelma, et de Medjez-el-Amar, etc.

Les bestiaux fournis par les diverses localités ont pourvu presque entièrement aux besoins de l'armée pour laquelle il a été abattu, pendant le premier semestre de l'année 1837, 8,290 bœufs, 2,195 vaches, et 2,049 moutons ou chèvres [2].

Ces nombres généraux manquent sans doute de précision, mais ils suffisent pour donner une idée des facilités que trouverait un établissement agricole et industriel pour le placement de ses produits dans les limites mêmes du pays.

Il nous paraît utile, avant de passer outre, de donner quelques indications sur le prix moyen des principales denrées et des objets de consommation sur les marchés de l'Algérie.

En 1837, le sac de blé de 45 kilogrammes se

---

[1] *Tableau de la situation des établissemens français dans l'Algérie,* p. 330, 331 et 332.

[2] Ibid., p. 143 et 310.

vendait 9 fr. 7 c., et le sac d'orge 4 fr. 82 c. Le demi-kilogramme, ou la livre de pain, valait 20 c. Plus cher proportionnellement, le litre de vin ordinaire coûtait 2 fr. 4 c. On payait 40 c. pour un demi-kilogramme de bœuf, de veau ou de mouton. Une volaille se vendait 1 fr. 25 c. Le quintal de riz s'achetait 30 fr., et le quintal de pommes de terre 5 fr. L'huile fine, la bouteille, était cotée à 1 fr. 67 c., et l'huile à brûler à 89 c. le litre. Le bois, la charge d'un âne, valait 4 fr. 50 c., le charbon 5 fr., etc., etc. [1].

[1] *Tableau officiel*, etc., p. 308 et 309.

DEUXIÈME SECTION.

Nécessité d'une association nationale pour l'exploitation de l'Algérie. Garanties morales et physiques de succès.

XII.

CE QUI A MANQUÉ JUSQU'A PRÉSENT AUX ENTREPRISES DE LA COLONISATION.

Quelle conclusion ressort-il des observations, des faits et des résultats de tout ordre que nous venons d'exposer?

Non pas, comme le soutiennent les adversaires de nos possessions africaines, *que la colonisation est impossible.* Bien loin que cela soit, chaque fois que des essais sérieux ont été faits par des hommes intelligens, actifs, industrieux et persévérans, le succès le plus complet a justifié leur attente.

Il est donc hors de doute que la culture est possible, et qu'elle peut devenir extrêmement productive.

Ce qui a manqué, depuis huit ans, à toute tentative d'exploitation agricole sur une grande échelle, c'est, quant aux influences générales, la sécurité, et quant aux circonstances particulières, les forces et les ressources de l'ESPRIT D'ASSOCIATION.

Le travail, le dévouement, l'ordre, la persévérance, tant que leurs efforts sont isolés et ne s'appuient que sur de faibles moyens, ne suffisent pas pour fonder un établissement colonial. L'ESPRIT D'ASSOCIATION, en appelant à son aide, en combinant avec sagesse, et en faisant converger vers un même but, tous les capitaux épars, tous les instincts aventureux, toutes les connaissances spéciales et toutes les forces industrielles, peut seul atteindre ce résultat.

C'est uniquement à l'aide de ses ressources que l'Angleterre, la France, la Hollande, l'Espagne et le Portugal, sont parvenues à fonder de riches et puissantes colonies en Afrique, sur le continent américain et dans les mers des deux Indes.

Qui a créé les provinces de l'Amérique septentrionale constituées aujourd'hui en Etats-Unis? Des associations coloniales.

Qui a donné à la Grande-Bretagne la domination de l'immense région de l'Indostan, comparable pour l'étendue aux possessions territoriales de l'ancienne Rome? Une compagnie de marchands [1].

Qui a jeté les premières bases de la puissance agricole et commerciale de la France dans le Canada? L'alliance de quelques colons.

Eh bien! nous pensons que le moment est venu où tous les capitalistes, tous les industriels et tous les travailleurs doivent se concerter pour appliquer à la culture, au développement et à l'exploitation des richesses productives de l'Algérie, ce puissant auxiliaire de l'esprit d'association, avec lequel on a accompli de si grandes choses dans les autres parties du monde, et qui a manqué jusqu'à présent à la prospérité de la colonie africaine.

Nous engageons les hommes riches, éclairés, entreprenans, à se réunir à nous pour former dans ce but une société nationale, agricole et

---

[1] L'étendue de l'Inde britannique est de 62,372 lieues carrées, et celui des États placés dans sa dépendance, de 80,450, ce qui fait une superficie totale de 142,822 lieues. On compte dans cet immense empire 90,526,000 habitans, quatre villes de 400 à 600 mille âmes, et dix de 100 à 300 mille. Les importations faites par l'Angleterre étaient estimées, en 1830, à 102,182,000 fr., et la valeur des exportations à 141,975,000 fr., ce qui fait un mouvement commercial de 244,157,000 fr. Les forces militaires se composaient de 220 mille hommes de troupes indigènes et de 30 mille hommes de troupes européennes. — *Statistique de la Grande-Bretagne et de l'Irlande,* par Alexandre Moreau de Jonnès. T. Ier, ch. IX, p. 105 et 121.

industrielle, basée non-seulement sur les combinaisons les plus avantageuses, mais encore sur les principes les plus stricts de la justice, de l'honneur et de la probité.

Quoique nous n'ignorions pas que des spéculateurs sans frein aient abusé dans les derniers temps du principe de l'association, en l'appliquant à des entreprises frauduleuses et en s'en servant comme d'un leurre pour tromper la bonne foi et attirer à eux les capitaux, nous n'hésitons pas à soumettre notre projet de société à l'opinion du pays et à appeler sur lui les lumières de la discussion, sûrs que la pureté de nos intentions ne sera contestée par personne.

Mais avant d'exposer les principes, les opérations et les cultures qui serviront de bases à notre société, il nous paraît indispensable de donner quelques notions générales sur l'histoire agricole, la constitution physique et les produits naturels du nord de l'Afrique.

XIII.

L'AFRIQUE SEPTENTRIONALE SOUS LA DOMINATION CARTHAGINOISE ET ROMAINE.

Nature africaine et végétation puissante sont deux expressions synonymes qui ont eu cours chez tous les peuples de l'antiquité et des temps modernes. Il y a trois mille ans que le monde est plein des merveilles qu'on raconte de la fertilité de cette terre, dont la France possède aujourd'hui la plus belle partie.

Selon le savant Bochart, le nom de l'AFRIQUE est lui-même un glorieux témoignage de sa richesse productive.

Il vient, assure-t-on, du mot *fériqué*, qui veut dire *épi*, en langue phénicienne. Dès les premiers siècles, dont l'histoire nous ait conservé le souvenir, ses campagnes, à ce qu'il paraît, étaient couvertes de moissons abondantes. Là, le blé, dans toute sa vitalité, tout son luxe et toute son ampleur, jaillissait du sol comme de source.

On sait par quel emblême énergique les Romains exprimèrent plus tard leur vive admiration pour la fécondité de la terre africaine : ils la représentèrent sous la figure d'une femme portant des épis serrés en faisceau dans sa main ou tressés en couronne sur sa tête.

C'était formuler par la statuaire la même pensée que les Phéniciens avaient exprimée dans leur langage par le mot *fériqué*. La production du blé s'associait donc intimement dans tous les esprits aux souvenirs de cette grande région.

Nous rappellerons encore ici que les dons heureux du sol, autant que les avantages d'une admirable position maritime, déterminèrent la fondation et firent la richesse commerciale de Carthage. De là, la ville nouvelle transporta chez tous les peuples de la Méditerranée les produits agricoles des tribus Berbères et Numides qu'elle sut toujours dominer par la supériorité de sa politique et de ses armes [1].

---

[1] Bochart, *Geographia sacra*, Chanaan, l. I, cap. XXIV, p. 535-537. — *Du commerce des peuples de l'antiquité*, par L. Heeren, t. IV, § Ier, ch. Ier, p. 42 et 43. — Campomanes, *Antigüedad maritima de la republica de Cartago*, Exposition, p. 4 et suivantes.

Ce fut une grande et belle époque pour l'Afrique [1]. Celle-ci s'illumina et s'illustra pendant

[1] Les anciens, suivant le système géographique d'Hérodote, divisaient l'Afrique en trois régions bien distinctes : la *Libye habitée*, la *Libye peuplée d'animaux*, et la *Libye déserte*. Cette division, fondée sur la nature du sol et du climat, comme le fait observer Heeren, répond aux dénominations modernes de Barbarie, Biledulgerid et Sahara.

La population indigène de la *Libye habitée* se composait de Libyens ou de Berbères, tribus sédentaires, qui vivaient de la culture du sol, et de Numides, tribus errantes, qui, par suite de leur humeur vagabonde, au dire de Strabon, « changeaient continuellement de demeure, comme les peuples qui y sont contraints par la stérilité de leur pays, ou l'âpreté de leur climat ». — *Géographie*, t. V, l. XVII, p. 475.

Les Carthaginois soumirent d'abord les Libyens et les incorporèrent à la république, remarque M. Dureau de la Malle, dans un de ses mémoires sur la colonisation de l'Algérie. Puis, à force d'adresse et de patience, ils s'attachèrent et civilisèrent en partie les tribus nomades.

« L'excellence de la constitution de ce peuple, ajoute-t-il, ses vertus, sa justice, l'habileté de ses hommes d'état civils et militaires, sa sagacité dans le choix de l'emplacement de ses colonies, sa sage politique qui sut créer des intérêts de commerce et d'échange entre lui et les indigènes, sont regardés par Aristote et les écrivains grecs et latins, comme les bases les plus solides de sa puissance.

» L'un des moyens employés par sa politique fut d'apprendre et de parler la langue du pays. Tous les Carthaginois savaient le punique et le libyen ou berbère, ce qui leur a valu chez les anciens l'appellation de peuple bilingue (*Pœni bilingues*). Ces procédés de colonisation ancienne sont en général applicables à l'époque actuelle. »

trois siècles de tout l'éclat et de toute la puissance de la république Phénicienne. Aucune nation dans les autres parties du monde n'avait un commerce aussi étendu, une marine aussi nombreuse, ni des armées aussi formidables. Les relations de suzeraineté et de vasselage, de l'Europe à l'Afrique, n'étaient pas ce qu'elles sont aujourd'hui : les plus belles provinces de l'Espagne, la grande et la petite Baléare, la Sardaigne, la Sicile et Malte étaient des dépendances coloniales de Carthage. Et quand cette dernière jeta son épée dans la balance, où se pesaient les destinées de l'ancien monde, elle la fit souvent pencher de son côté, et faillit l'emporter sur la fortune de Rome.

Au moyen de ses colonies commerciales, jalonnées le long de la Méditerranée, et de ses colonies agricoles disséminées dans l'intérieur, elle avait étendu sa domination sur toutes les parties du littoral et jusque sur les confins des déserts de la Libye ; et, par là, elle avait réussi à s'emparer exclusivement du commerce qui se fesait, par les caravanes, avec les rives du Niger, la haute Égypte et l'Éthiopie [1].

---

[1] Heeren, *De la politique et du commerce*, etc., t. IV, § Ier, ch. Ier, p. 42 et 56.

« La politique de cette république lui fit regarder l'établissement des colonies commerciales et agricoles, comme le moyen

Trois cents villes, depuis les colonnes d'Hercule jusqu'au golfe de la Sydre, reconnaissaient sa souveraineté [1]. Ses soldats et ses marchands pouvaient gagner l'Espagne méridionale par la voie de terre, en suivant paisiblement, comme autant d'étapes, la ligne immense de villes, de bourgades et de comptoirs échelonnés sur la côte de la Mauritanie [2].

Tout le monde sait que cette puissance colossale échoua définitivement contre l'ambition opiniâtre des Romains, et que ceux-ci marquèrent leurs premiers pas en Afrique par la destruction de la ville punique. Mais bientôt les vainqueurs de Carthage se repentirent d'avoir sacrifié les intérêts de leur nouvelle conquête aux suggestions de la vengeance; et, de la même main qui l'avait abattue, ils relevèrent l'antique cité, tant elle était devenue un agent nécessaire à l'existence du monde.

Aussi Carthage ne tarda-t-elle pas à ressaisir, sous le gouvernement de Rome, la part immense

---

le plus sûr d'obtenir la faveur du peuple, en prévenant le trop grand accroissement de la population, et en améliorant, par la distribution des terres, le sort des citoyens peu fortunés. » — Ibid.

[1] *Géographie* de Strabon, t. V, liv. XVII, p. 473.

[2] Heeren, *De la politique et du commerce de l'antiquité*, t. IV, § Ier, ch. Ier, p. 57 et 58. — Gibbon, *History of the decline and fall of the roman empire*, t. Ier, ch. II, p. 148 et 149.

qu'elle s'était faite autrefois dans l'exportation des produits indigènes [1].

On peut juger de l'importance de son commerce des grains par ce seul fait. Au temps d'Auguste, l'Afrique septentrionale envoyait à Rome quarante millions de modius de blé. Or, ces expéditions, sous les empereurs suivans, acquirent encore plus d'étendue [2].

Rome, avec son admirable instinct d'imitation, suivit en Afrique la même politique et le même système de colonisation que son ancienne rivale. D'abord, elle prit position sur la côte, en

---

[1] Carthage avait compté jusqu'à 700,000 habitans dans ses murs avant ses derniers désastres. Rebâtie par une colonie romaine, elle fut encore, sous la domination des Césars, la ville la plus populeuse de la Libye. — Strabon, liv. XVII, p. 475.

[2] *Recherches sur la topographie de Carthage,* par M. Dureau de la Malle, p. 157.

« Ce grand débouché assuré aux grains d'Afrique par le port de Carthage, fut un des moyens puissans de colonisation employés par les Romains. Les intérêts de Rome et de l'Afrique étaient si bien liés qu'une seule légion suffisait pour garder tout le pays de Tanger à Cyrène. Le commerce de blé fut aussi une des principales causes de l'accroissement subite et de la prospérité de Carthage, qui dût nécessairement déchoir après la translation de l'empire à Constantinople. L'Afrique était si nécessaire à la nourriture de Rome et de l'Italie, que Sévère, dit Spartien, se hâta d'envoyer des légions en Afrique, *de crainte que Niger ne l'occupât et n'affamât le peuple romain; ne eam occuparet, et fame populum romanum perurgeret.* »—Ib.

s'établissant dans les villes, les entrepôts et les comptoirs qui subsistaient encore sur les rivages de la *mer intérieure :* puis, elle recula et agrandit, peu à peu, sa ceinture de camps fortifiés, de forteresses et de colonies militaires, dépassa successivement les deux chaînes de l'Atlas, et, à son tour, se trouva enfin maîtresse de tout le territoire et de tout le commerce de la Libye [1].

Les désastreux effets de la guerre punique disparurent sous l'influence d'une paix générale

[1] « Les intérêts mutuels de commerce et d'échange lièrent fortement les Romains et les peuples africains. Rome même se trouva, sous ce point de vue, dans une position encore plus favorable que Carthage, et, ce qui prouve la soumission complète et volontaire du pays, c'est que dans l'état ordinaire (et les exceptions sont rares), elle garda avec deux légions et le corps d'auxiliaires qui leur était attaché, en tout 24,000 hommes, toute la portion de l'Afrique septentrionale, qui s'étend depuis Tanger jusqu'à l'Égypte, c'est-à-dire un territoire de onze cents lieues de long sur cinquante à soixante de large ; c'est que même, soit en caravane, soit avec de petits corps de troupes, les Romains purent aller plus d'une fois jusqu'au Niger et en revenir sans encombre.

» La Mauritanie, la Numidie, la Zeugitanie, si fertiles en grains, trouvaient à Rome et en Italie un débouché sûr et avantageux pour les produits de leur agriculture. Aussi, dans cette période, leur prospérité s'accroît avec une rapidité sans exemple. Ce grand bénéfice assuré à la culture, contribua puissamment à changer les habitudes des peuples africains, et transforma beaucoup de pasteurs nomades en agriculteurs sédentaires. Ce fut, dit Heeren, le principe constant de la politique des Carthaginois (suivi avec tenacité par les Romains), de favoriser autant que

et d'une bonne administration. Au temps des premiers Césars, la province africaine débordait de richesses productives. Ses heureuses populations s'étaient accrues à ce point que, devenue chrétienne, elle compta dans ses limites jusqu'à six cents villes épiscopales [1].

Toute la partie de la côte septentrionale qui constitue de notre temps la régence d'Alger avait participé à ce vaste mouvement [2].

A chaque pas, nos savans et nos soldats rencontrent et admirent les débris de ce glorieux

---

possible la culture, et d'habituer à ce genre d'industrie les nomades indigènes, soumis à leur puissance. » — *Observations sur la colonisation d'Alger*, par M. Dureau de la Malle, insérées dans la *Revue africaine* du mois de décembre 1836, p. 48 et 52.

[1] *Travels or observations relating to several parts of Barbary and the Levant.* By Thomas Shaw. D. D. Notitiæ episcopatum ecclesiæ africanæ. App., p. 31 et 34. Oxford, 1738.

Le docteur Shaw n'hésite pas à dire que cette nomenclature ne lui paraît pas outrepasser les bornes de la vérité. Sur ces six cents villes épiscopales, il y en a cent dont il est parvenu, par ses recherches personnelles, à découvrir et à fixer l'ancienne position. — *The preface*, p. xj.

[2] « D'après des renseignemens puisés chez les auteurs anciens, la population des pays qui composent actuellement la régence d'Alger, s'élevait à près de dix millions d'habitans dans les troisième et quatrième siècles de l'ère chrétienne. » — Le général Juchereau de Saint-Denis, *Considérations statistiques, politiques et militaires sur l'Algérie*, p. 39.

passé. Ce sont des fortifications, des aqueducs, des restes d'amphithéâtres, des cintres de voûtes, des colonnes, des pans de murailles et quelquefois des villes entières qui se profilent à côté des galeries vivantes formées par les tiges des palmiers, ou planent au-dessus des halliers épais et des hautes herbes du sol, comme pour nous exciter à relever ce vieux monde de ses ruines.

L'ancienne Icosium, c'était l'Alger d'aujourd'hui, Julia-Cæsarea, notre Scherchel, Cirta notre Constantine, Portus-Magnus notre Mers-el-Kébir, Arsenaria notre Arzew, Hippo-Regius notre Bone [1], Saldæ notre Bougie, Igilgis notre Djigelli [2]. Sans parler d'une multitude d'autres villes comme Rusicada, Suthul, Rusgania, Siga, Carthage, etc. [3], qui n'ont pas laissé d'héri-

---

[1] C'est l'Hippone illustrée par le génie, l'éloquence et les vertus chrétiennes de Saint-Augustin.

Il reste à peine quelques traces de cette religieuse cité, comme nous l'apprend l'abbé Poiret, qui a exploré, vers la fin du dix-huitième siècle, la fertile contrée où elle était bâtie. Située au pied d'une colline, entre deux rivières, elle n'était qu'à une demi-lieue de la mer. — *Voyage en Barbarie*, Ire part., lett. XX, p. 138 et 139.

[2] Voyez les ouvrages de d'Auville, Shaw, Campomanes, Heeren, Poiret, Dureau de la Malle, etc.

[3] M. de Châteaubriand, pendant son voyage à la Terre-Sainte, s'est arrêté un moment au milieu des ruines de Carthage, et les a décrites avec cette magie de style qui revêt toutes choses d'un im-

tières, sinon de leur grandeur, au moins de leur déchéance [1].

Un magnifique réseau de voies de communication, dont chaque jour nous retrouvons aussi quelques vestiges, s'étendait d'une extrémité de la contrée à l'autre [2].

Mais la province la mieux cultivée et la plus riche de l'empire romain ne pouvait échapper à l'invasion des barbares. Les Vandales conduits par leur roi Genséric, exercèrent sur les colonies romaines tous les actes de dévastation, qui leur ont fait une si triste renommée dans l'histoire, détruisant les villes, coupant les arbres par le pied, arrachant les vignes, etc., etc. Tout ce qui portait l'empreinte de la civilisation, de l'industrie et de la production humaine fut enveloppé dans le même désastre. Quand ces bar-

---

périssable éclat. (*Itinéraire de Paris à Jérusalem*, t. III, p. 86-95.) Il n'a manqué à la consécration poétique de ces grands débris, où Marius a cherché un refuge, que d'avoir été visités par le général Bonaparte, comme les pyramides d'Égypte.

[1] On voit encore les ruines des grandes, fortes et riches cités de Rusicada, Suthul, Rusgania et Siga, au bord de la baie de Stora, sur la route de Bone à Constantine, sur la rive droite de la Tafna et les bords de l'Hamise.

[2] M. Dureau de la Malle indique la direction que suivaient ces routes immenses sur la côte et dans l'intérieur. — *Recueil de renseignemens sur la province de Constantine,* Ire part., § II, p. 15 et 21.

bares furent las de détruire, ils s'assirent et régnèrent sur des ruines, et avec eux commença la période de décadence et de dépérissement qui s'est continuée jusqu'à nos jours, à travers mille vicissitudes.

Un siècle plus tard, les Romains reprirent possession de l'Afrique, mais ils furent définitivement contraints de l'abandonner aux peuplades de l'Arabie, soulevées comme une mer, et poussées sur le monde par le génie et la parole de Mahomet.

XIV.

POURQUOI LA CONQUÊTE DE L'AFRIQUE PAR LES ARABES N'A POINT PROFITÉ A CE PAYS.

Parmi les traits qui ont marqué l'origine, les progrès et l'établissement de l'islamisme d'un caractère à la fois simple, chevaleresque et sublime, il en est un qui se présente naturellement ici.

Lorsque le khalife Abou-Bekr, le successeur de Mahomet, eut rassemblé dans les plaines de Médine les troupes nombreuses de fantassins et de cavaliers arabes, qu'il voulait envoyer à la conquête de la Syrie, il adressa une prière à Dieu pour appeler l'esprit de courage et de modération sur ses soldats. Parlant ensuite à haute voix à son lieutenant Yézid, il lui traça avec beaucoup de sagesse la politique qu'il devait suivre envers les amis et les ennemis de la religion du Koran : « Sois juste avec tous, lui dit-il, car celui qui n'est point juste et équitable ne prospérera point ».

Puis il harangua en ces termes la formidable armée dont les différens corps se déployaient autour de lui. « Si Dieu vous donne la victoire, n'en abusez point, et ne trempez point vos glaives dans le sang de ceux qui se rendront, des enfans, des femmes et des vieillards débiles : surtout, dans les invasions et les courses sur les terres ennemies, *ne sévissez point sans nécessité, n'abattez point les arbres, ne détruisez point les palmiers et les vergers, et ne ravagez les champs ni les maisons.* [1] »

Nous ne sachions pas que le sentiment reli-

---

[1] *Histoire d'Espagne, depuis les premiers temps jusqu'à nos jours*, par M. Charles Romey. Seconde édition, IIe part., t. III, ch. Ier, p. 11-13.

Toute cette période des conquêtes et des invasions de l'Islamisme est appréciée avec une grande supériorité et peinte à larges traits dans ce bel ouvrage. Il y a là beaucoup à apprendre et beaucoup à méditer pour quiconque tient à connaître et à observer le génie arabe dans ses manifestations les plus hardies et les plus intéressantes.

« Les Arabes donnèrent d'abord indistinctement à l'Afrique tout entière, remarque M. Romey, le nom de *Maghreb* ou d'*Al-Maghreb*, c'est-à-dire d'Occident, parce qu'elle est à l'occident par rapport à l'Arabie. Le nom d'*Al-Maghreb* a été plus tard affecté par eux à la partie nord-ouest de l'Afrique et au pays derrière l'Atlas. » — Ibid., p. 25.

gieux ait jamais inculqué à l'esprit de conquête des principes d'une plus haute moralité. Certes, il y avait loin de ces préceptes humains aux impitoyables maximes professées quelques siècles plus tôt par les Vandales [1].

[1] Nous n'entreprendrons pas de suivre la Mauritanie césarienne à travers les transformations et les épreuves qu'elle a subies sous la domination de ses dynasties arabes ou berbères. Ramenée deux fois à l'unité politique et territoriale par les Fathémytes et les Almohades, elle fut presque toujours divisée en plusieurs États, trop forts pour le mal et trop faibles pour le bien. Les monarchies féodales de Tlemsen, de Bougie, d'Aschyr, etc., ne servirent qu'à perpétuer l'anarchie des pouvoirs et le conflit des intérêts et des races.

Quoique l'espace nous manque pour relater l'histoire politique et civile de ces petits États, nous pensons qu'on nous saura gré de donner quelques détails sur la situation industrielle et commerciale des principales villes de l'Algérie au moyen âge.

Les précieux renseignemens recueillis par un auteur arabe, qui écrivait vers le milieu du douzième siècle, nous viennent ici heureusement en aide. Le géographe El-Edrisy nous apprend que Aldjezaïr-Beni-Mazghana (Alger), était alors une ville populeuse, ayant un commerce florissant et des bazars très-fréquentés ; que la plaine de la Mitidja et les montagnes de l'Atlas étaient habitées par des tribus puissantes et belliqueuses ; et que celles-ci cultivaient le blé et l'orge, élevaient des bestiaux et des abeilles, et allaient vendre au loin le miel et le beurre produits par leurs soins.

« De nos jours, Bedjaïa (Bougie) fait partie de l'Afrique moyenne, et est la capitale du pays des Beni-Hamad, rapporte le même auteur. Les vaisseaux y abordent, les caravanes y viennent, et c'est un entrepôt pour les marchandises de toutes espèces. Ses

C'est que les Arabes étaient avant tout un PEU-
PLE AGRICOLE. Chez eux les habitans des villes
partageaient leur temps entre l'industrie et le
commerce, et la culture des champs et des
plantations, tandis que les tribus nomades, vi-

habitans sont riches et plus habiles dans divers arts et métiers qu'on ne l'est ailleurs, en sorte que le commerce y est très-actif. Les marchands de Bedjaïa sont en relation avec ceux de l'Afrique occidentale, ainsi qu'avec ceux du Sahara et de l'Orient. Autour de la ville sont des plaines cultivées, où l'on recueille du blé, de l'orge et des fruits en abondance. On y construit de gros bâtimens, des navires et des galères, car les montagnes et les vallées environnantes sont très-boisées, et produisent de la résine et du goudron d'excellente qualité. On s'y livre à l'exploitation des mines de fer, qui donnent à bas prix de très-bons minerais; en un mot, c'est une ville des plus industrieuses. »

La ville de Telemsam (Tlemsen), entourée d'une forte muraille et divisée en deux quartiers, pouvait être considérée, selon El-Edrisy, comme la clé de l'Afrique septentrionale. C'était un lieu de passage très-fréquenté par les voyageurs. Ses habitans, les plus riches du Maghreb, après ceux de Fez et d'Aghmat-Warika, fabriquaient des objets d'un débit facile, se livraient avec succès au commerce et vivaient dans l'abondance de toutes choses. Les caravanes qui partaient de Tlemsen pour Sedjelmasa, allaient d'abord à Fez, de là à Safrava ou Sofro, puis à Tadela, ensuite à Aghmat, de là à Dara, et enfin à Sedjelmasa. Il existait une autre route à cette dernière ville, par le désert, mais les caravanes la suivaient rarement.

Quant à la ville de Wahran ou d'Oran, ses habitans étaient fiers, industrieux et jouissaient de beaucoup de crédit. Ils avaient couvert leurs campagnes de pâturages, de vergers, de jardins,

vant exclusivement du produit de leurs troupeaux, erraient dans le désert à la recherche des lieux riches en pâturages et en eaux courantes.

De là ce respect pour l'habitation du laboureur, pour les travaux de l'agriculture et pour les fruits de la terre.

Évidemment si ce peuple s'était fixé dans l'Afrique septentrionale et employé aux arts de la paix, au lieu de se jeter dans l'invasion et la conquête de l'Espagne, la première de ces deux contrées eut retrouvé, en grande partie, la prospérité et l'abondance qu'elle avait perdues depuis la destruction des colonies romaines. Mais il laissa échapper l'occasion de fonder un établissement durable pour aller consumer, en pure perte, les efforts de son courage et de son industrie sur la terre étrangère [1].

d'où ils tiraient du bétail, du beurre, du miel, etc. Le port était fréquenté par des navires de toute espèce, et c'est de là que venaient principalement les approvisionnemens du littoral de l'Espagne. — *Délassemens de l'homme désireux de connaître à fond les diverses contrées du monde.* Traduit de l'arabe en français, par M. Amédée Jaubert, t. Ier, IIIe climat, § Ier, p. 227, 230, 235 et 237.

[1] Voyez *la Statistique de l'Espagne*, par M. Alexandre Moreau de Jonnès, ch. II, p. 45, 47, et ch. VI, p. 155, 157.

« Les productions de toute espèce se multiplièrent en Espagne sous les mains industrieuses des Arabes. L'Andalousie, le

Aussi, par un contraste dont il n'y a pas d'exemple dans l'histoire, tous les monumens de la nationalité arabe sont, non point sur le sol de l'Afrique, où il n'en existe aucun, mais sur la terre d'Europe, où le christianisme les a convertis à son usage.

Remarquons toutefois que la domination des Maures en Espagne a prouvé qu'ils sont doués d'un génie éminemment perfectible. Ils obtinrent alors de grands et nobles succès dans tous les travaux de l'agriculture et tous les genres d'industrie. On n'ignore pas non plus que leur goût pour les études sérieuses et leur sens exquis du beau, donnèrent la plus heureuse impulsion à toutes les sciences et à tous les arts de la civilisation, et les entourèrent, pendant plusieurs siècles, du plus vif éclat.

Considérations d'une haute importance, selon nous, pour l'avenir de notre exploitation agricole et industrielle, qui ne saurait ni s'étendre, ni prospérer, sans la coopération, au moins partielle, des travailleurs indigènes.

---

royaume de Murcie, le royaume de Valence, renferment encore des monumens de leur industrie ; l'époque de leur expulsion fut celle de la décadence de l'agriculture. » — *Itinéraire descriptif de l'Espagne*, par Alexandre de Laborde, t. IV, p. 29 et 30.

XV.

DOMINATION DES TURCS. — COMBIEN ELLE A ÉTÉ FUNESTE A L'ALGÉRIE.

Après une période de huit siècles, les descendans des Moslems, qui avaient conquis la plus fertile province de la Péninsule hispanique, revinrent en fugitifs sur les côtes de la Barbarie. Mille familles andalouses, selon Diego de Haédo, s'établirent dans la seule ville d'Alger, où elles ne tardèrent pas à être poursuivies par les Espagnols.

Les temps étaient bien changés et les hommes encore plus. D'un côté, un fatal engourdissement avait gagné les Maures d'Afrique, et, de l'autre côté, l'esprit de démoralisation s'était répandu parmi les Maures d'Espagne.

Les uns comme les autres étaient tellement dégénérés, que n'ayant pas assez de résolution pour se défendre contre les Espagnols, ils appelèrent à leur aide le corsaire Barberousse. Celui-ci n'était pas homme à laisser échapper une occasion qu'il recherchait depuis longtemps et dont il entrevoyait tous les avantages : il vint donc avec une bande de pirates recrutée dans le Levant, repoussa les troupes castillanes, et s'établit en maître dans le pays où il avait été appelé comme auxiliaire.

Telle fut l'origine de la domination des Turcs et de la régence d'Alger.

Cette dernière révolution fut encore plus funeste à l'industrie agricole et commerciale de l'Algérie que la conquête de l'Espagne. Déjà cet événement avait changé les mœurs et les habitudes d'une partie des populations du littoral, en les détournant de la culture des terres, en les excitant à aller chercher fortune de l'autre côté du détroit, ou à faire des courses sur les chrétiens [1].

L'éloignement pour les arts de l'agriculture et du commerce devint encore plus général, lorsque la piraterie barbaresque eut établi le

---

[1] « Peu à peu, cédant à l'attrait d'une vie aventureuse, ils avaient quitté l'usage des tentes et des cabanes, pour vivre dans les villes, remarque M. Peysonnel, dans ses lettres inédites ; et c'est de là qu'a commencé la différence des Arabes maures, habitans des villes qui sont presque toutes sur la côte de la mer, et des Arabes bédouins ou habitans de la campagne. »

siége de sa puissance et de ses opérations dans la capitale de l'Algérie.

Alger, sous la domination de ses nouveaux maîtres, recueillit quelque gloire et beaucoup de butin [1], en faisant avec ses nombreux vaisseaux armés en course, une espèce de guerre d'embuscade sur la Méditerranée. Mais une preuve que son caractère moral ne se retrempa nullement dans ces expéditions, c'est qu'elle continua de supporter tranquillement un pouvoir fondé dans l'intérêt d'un petit nombre d'étrangers et sur un système général d'exactions [2].

Nous n'entreprendrons pas de tracer l'his-

---

[1] Alger *la guerrière*, comme on l'appelait alors, profita si bien des courses des pirates formés à l'école de Barberousse, qu'en 1576, on comptait dans ses murs douze mille deux cents maisons, tant grandes que petites, environ cent mosquées et trente-quatre hôpitaux. Le nombre des esclaves chrétiens de toutes les conditions, réduits à la captivité chez les Maures, était de vingt-cinq mille.—*Histoire de Barberousse et de l'établissement de la régence d'Alger*, t. II, p. 150 et 151.

[2] Il ne faut pas croire que ces étrangers étaient de race homogène et tous véritables Osmanlys. « Ce n'était, pour nous servir de l'expression de M. Davesac, qu'un ramas de gens de toute sorte et de toute origine, Turcs, Grecs, Circassiens, Albanais, Corses, Maltais, parmi lesquels il y avait des renégats de presque toutes les parties de l'Europe. » — *Encyclopédie pittoresque*, t. Ier, p. 293.

A l'époque de la prise d'Alger par les Français, la milice tur-

toire de cette milice turque dont le règne a duré trois siècles, et que nos soldats ont abattue d'un revers de la même épée qui avait déjà affranchi l'Égypte du despotisme militaire des Mamelouks. Il nous suffira de dire que jamais l'esprit de conquête, d'exclusion et de monopole, n'afficha plus de mépris pour le caractère, la dignité et les intérêts d'un peuple [1].

Assurément ce pouvoir étrange, qui n'avait ni racine dans le sol, ni sympathie dans les hommes, eût été moins tyrannique si l'avilissement et la servilité de la race indigène ne lui eussent pas inspiré une confiance sans bornes.

Le pacha, toujours fort pour opprimer, ne s'inquiétait nullement du maintien de l'ordre moral. Il ne réprimait point les divisions intestines qui ensanglantaient le pays : l'anarchie

---

que, désignée sous le nom générique d'*odjac*, se composait de 16,194 hommes.

« La paie du simple janissaire, lit-on dans la Statistique officielle, équivalait, outre la ration de vivres, pain, viande et huile, et une part dans les produits de la course, à environ 360 francs par an. On accordait au *boulouck-bachi*, ou capitaine, deux rations et à peu près 450 francs, avec quelques autres priviléges. Le dey, inscrit en tête du registre, recevait la paie du soldat. » —*Tableau des établissemens français dans le nord de l'Afrique*, IIe part., chap. Ier, p. 189 et 190.

[1] Voyez la relation du professeur Hebenstreit, insérée dans les *Nouvelles annales des Voyages*, IIe série, t. XVI, p. 12-14.

régnait partout et se faisait partout sentir, comme une calamité permanente. Les fruits de la terre ne trouvaient plus de marchés, et on en était venu à se dégoûter de produire [1].

Souvent même la politique du dey, pour mieux maintenir les tribus dans un état de faiblesse et de dépendance, excitait entre elles les guerres de famille et de voisinage [2].

Des faits nombreux du domaine du passé nous apprennent combien cet odieux gouvernement et cette abominable politique ont été funestes à la culture des terres [3]. Tous les Européens qui ont exploré le pays s'accordent à dire « qu'on

---

[1] *Situation des établissemens français*, IIe part., p. 321.

Depuis la prise de Constantine, remarquent les rapports officiels, « les tribus, assurées de recueillir, ont semé non-seulement les terres cultivées quelques années auparavant, *mais même celles qu'on avait depuis long-temps abandonnées* ». — Ibid.

[2] Shaw, *Travels in Barbary*, p. 312. — Shaler, *Esquisse de l'état d'Alger*, p. 121.

[3] Le pouvoir à un taux imposé par la force, achetait les produits indigènes et s'en réservait l'exportation ou l'affermait au plus offrant. Le sel, la cire, les peaux, la laine rentraient ainsi dans le monopole public. Il fallait une autorisation spéciale pour exporter les grains et les bestiaux. L'expédition des huiles et des peaux préparées ne pouvait se faire que pour les provinces de l'Empire ottoman. — *Alger sous la domination française*, par M. Pichon, liv. II, ch. VI, p. 338. — *Esquisse de l'état d'Alger*, par Shaler, ch. III, p. 102.

y rencontre souvent les ruines de belles et vastes constructions qui ont dû être le centre de riches exploitations agricoles, et qui auront été détruites par les guerres intestines ou par les fautes déplorables de l'administration » [1].

C'est surtout dans la plaine de la Mitidja que ces débris des anciens établissemens attristent le plus fréquemment la vue [2].

Des villes populeuses, riches et industrielles, ont succombé presque tout entières sous les mêmes atteintes. Tel a été le sort de Mostaganem, de Tig-Did, de Dig-Dida et de Mazagran, où des familles maures s'étaient établies dans le quinzième siècle et avaient importé avec succès la culture du coton et donné la plus heureuse extension aux travaux agricoles [3].

---

[1] *Annales de l'Algérie*, par le capitaine Pelissier, t. II, p. 317.

[2] *Situation des établissemens français dans l'Algérie*, IIe part., p. 275. Suivant M. Davesac, la Mitidja devrait même son nom à une ville aujourd'hui détruite et oubliée.— *Encyclopédie pittoresque*, t. Ier, p. 203.

[3] *Tableau officiel*, etc., Ire part., p. 65, 66 et 67.

« Les villes de Mostaganem, de Tig-Did, de Dig-Dida et de Mazagran comptaient alors ensemble une population d'environ 40,000 habitans. Elles étaient devenues le centre d'un commerce florissant. » — Ibid.

Il faut rapporter à la même cause la ruine de la florissante industrie des habitans de Scherschel, qui autrefois ont cultivé le mûrier, nourri le ver à soie et fabriqué de belles étoffes [1].

[1] *Tableau officiel*, p. 105.

XVI.

SITUATION DE L'AGRICULTURE INDIGÈNE EN 1830.

Pour compléter notre aperçu historique, disons rapidement à quel état la culture des terres était définitivement arrivée en 1830, sous l'influence de la législation musulmane, d'un pouvoir étranger au pays, des troubles intérieurs, de l'établissement de la piraterie, du découragement des laboureurs, et de l'oubli de la plupart des principes de l'art agricole.

L'origine du droit de propriété chez les Arabes se rattache aux premiers travaux de la vie pastorale et du défrichement du sol. D'abord limité à l'individu et à la durée de son existence, il ne tarda pas à recevoir une plus grande extension : l'organisation de la famille le rendit transmissible, et dès lors il contribua puissamment au développement de tous les instincts sociaux. Il devint la base première, le principe constitutif et la garantie commune de la cité. La force des choses le fit même passer dans les habitudes des tribus nomades : chaque fois que celles-ci prirent possession d'un nouveau champ, elles reconnurent la nécessité d'en faire le partage entre les diverses familles de l'association.

Plus tard, l'exercice du droit de propriété, revêtu d'un caractère à la fois civil et religieux par le Koran, se développa avec l'esprit de civilisation, les entreprises de la guerre et l'établissement d'un gouvernement régulier. La propriété fut tantôt *privée* et héréditaire dans les familles, tantôt *collective* et commune aux corporations religieuses, tantôt *domaniale* et réservée à l'état ou au prince. Bref, à l'époque où l'autorité des anciens pachas fut renversée par nos armes, les coutumes qui réglaient la possession et la transmission des biens parmi les Arabes, étaient presque entièrement conformes aux principes du droit français [1].

---

[1] Voyez les savantes *Etudes sur la législation orientale*, par MM. Joanny Pharaon et Théodore Dulau, l. II, p. 114-126 et 152-158.

« Selon Mahomet, l'origine de la propriété découle de la nature même de l'homme, et est antérieure à toutes les prescriptions de la loi civile. Il est si vrai que telle est la manière de voir du prophète, que, sans s'arrêter à des définitions inutiles à ses yeux, il se contente de sanctionner le droit privatif par des peines contre

Aussi, les conditions morales du fermage, toujours en rapport avec la constitution de la propriété, n'étaient-elles pas moins diversifiées chez les peuples de l'Algérie que de notre côté de la Méditerranée.

Dans les environs de Constantine, une grande partie des terres appartenait au domaine public, qui en accordait la jouissance aux fonctionnaires les plus éminens de la province. Ces hauts personnages les faisaient exploiter par des Arabes, auxquels ils abandonnaient un cinquième des produits, très-avantageux, comme on le pense bien, sur une terre aussi fertile [1].

De la même manière, dans les autres parties de la régence, les khamas ou paysans chargés de cultiver les fermes pour le compte des propriétaires, avaient un cinquième de la récolte. Il va sans dire que les frais d'exploitation étaient à la charge du maître. Les laboureurs, outre leur part proportionnelle dans les produits des champs, avaient encore la moitié de tout ce qui se rattachait au jardinage. Le croît des troupeaux leur revenait aussi de droit, les

---

les usurpateurs et les ravisseurs. « Si un homme ou une femme dérobe quelque chose, dit le chapitre 5 du Koran, coupez leurs mains en punition de leur crime. »

[1] *Situation des établissemens français dans l'Algérie*, Ire part., p. 82.

propriétaires se contentant de la moitié de la laine et d'une redevance en lait [1].

C'était le mode d'exploitation le plus répandu. Beaucoup de possesseurs de terres étaient néanmoins dans l'usage de les affermer, et le bas prix des fermages témoignait assez de l'état de décadence où l'agriculture était tombée. Enfin, chez les tribus de l'intérieur, les Arabes formaient souvent des associations pour posséder et cultiver le sol en commun [2].

Si on comparait l'étendue des terres cultivées par les indigènes à la somme des terres demeurées incultes, on reconnaissait que celles-ci étaient, relativement aux autres, dans une très-faible proportion.

A la porte même de la capitale de la régence, le territoire du massif était dans un tel état

---

[1] M. Pelissier, *Annales de l'Algérie*, t. II, p. 325.

[2] « Si dans le sein des tribus, la propriété privée était parfois consacrée, presque toujours, particulièrement à l'égard des Arabes qui vivent sous la tente, le sol était possédé en commun. Quel intérêt y avait-il, en effet, à faire le partage ? L'association était presque l'unique garantie de sécurité. La peuplade connaissait les limites entre elle et la peuplade voisine; cela suffisait. Dans l'intérieur du territoire de la tribu, chacun usait d'un droit égal sur les terres communes, soit pour la culture, soit pour le pâturage. Cet état de la propriété, peu commun dans les *outhans* (districts) qui avoisinent les villes de quelque importance, est l'état normal des agglomérations plus éloignées. » — *Situation des établissemens français*, IIe part., § VII, p. 257.

d'abandon, qu'on pouvait le regarder comme perdu pour l'agriculture [1]. Bien des champs restaient en friche autour des villes occupées par les garnisons turques, soit par l'indolence naturelle de ces hommes, soit parce que le laboureur n'était pas toujours assuré de recueillir. De même les diverses tribus ne cultivaient qu'une faible partie de leurs terres, mesurant la production sur la sobriété primitive de leurs goûts, sur l'exacte quotité du tribut et sur les quelques échanges de la côte [2].

Les travaux de l'agriculture, assez actifs sur un petit nombre de points dans le rayon des villes, se faisaient partout avec une déplorable ignorance des principes les plus simples de l'art.

Les Arabes cultivaient le blé, l'orge, le riz, le millet, le maïs, le tabac et les légumes de notre Europe. Depuis long-temps, habiles dans l'emploi de l'irrigation [3], ils ne connaissaient point l'usage des engrais, aussi nécessaire que l'eau à l'entretien des terres. Chaque année, ils choisissaient entre tous un champ fécondé par un

---

[1] *Tableau des établissemens français dans l'Algérie*, IIe part., § XIII, p. 320.

[2] Ibid.

[3] « Les droits sur les prises d'eau sont une des causes les plus ordinaires de leurs procès et quelquefois de leurs guerres. » — *Annales de l'Algérie*, t. II, p. 325.

long repos, et souvent ils l'ensemençaient sans remuer la terre : seulement une charrue grossière avec un soc de bois venait, après cette première opération, sillonner légèrement le sol et enterrer le grain [1]. L'époque des semailles était fixée aux mois de novembre et de décembre, c'est-à-dire vers le temps où les pluies de l'hivernage commencent à se faire sentir.

Les Arabes n'avaient pas la moindre notion de l'application des moteurs mécaniques aux travaux de l'agriculture. Par exemple, la mouture des grains se faisait généralement avec des

---

[1] Poiret, *Voyage en Barbarie*, t. II, p. 74. — Desfontaines, *Nouvelles annales des Voyages*, IIe série, t. XVII, p. 328.

« La charrue dont les Arabes se servent n'a point de roues; c'est la même que celle d'Espagne et de Provence ; mais elle est bien plus grossièrement faite que dans ces deux parties de l'Europe. Les morceaux de bois qui la composent sont à peine écorcés, et bien souvent le soc, formé d'un bois très-dur, ne porte point de fer. Au lieu d'une oreille pour retourner la terre, c'est une simple cheville traversant le montant qui fixe le soc à l'arbre ; à l'extrémité de celui-ci se trouve un palonnier très-long, auquel sont attachés, à côté et à une grande distance l'un de l'autre, deux bœufs, ou un bœuf et un âne, etc., mais rarement des chevaux. Un homme tient la queue de la charrue et un autre conduit les bœufs. Avec cet équipage, ils écorchent la surface du sol si peu régulièrement, qu'en regardant un champ nouvellement labouré, on dirait qu'il a été fouillé par un troupeau de cochons. » — Rozet, *Voyage dans la régence d'Alger*, t. Ier, ch. IX, p. 211.

chevaux dans l'intérieur des villes. Les moulins à eau étaient en fort petit nombre, et si mal construits, qu'ils laissaient échapper la moitié de la force motrice [1].

Ils ne comprenaient guère mieux les soins qu'il convenait de donner aux arbres à fruits de leurs vergers. C'était pitié de voir l'état d'abâtardissement dans lequel ils laissaient languir les pommiers, les cerisiers, les poiriers, les figuiers, les pruniers, les abricotiers, etc. Ils ignoraient l'art de communiquer une vie nouvelle à ces arbres et d'améliorer leurs produits au moyen de la greffe. Comme ils ne prenaient jamais la peine de labourer la terre de leurs vergers, des herbes sauvages foisonnaient autour de chaque tige et s'élevaient jusqu'au milieu du tronc. Voilà pourquoi les arbres de notre Europe ne donnaient que des fruits dégénérés et dépourvus de parfum. L'huile faite avec les olives d'Alger, était en général désagréable au goût et de mauvaise qualité. Les figues et les pêches, livrées sans ménagement à l'ardeur du

---

[1] *Voyage pittoresque dans la régence d'Alger*, par MM. Lessore et Wyld, Ire livraison, p. 4, pl. x.

« Les moyens de mouture, il faut le dire, ont plus souvent fait défaut que les grains indigènes. On ne saurait trop s'occuper d'y pourvoir et de profiter soit des usines existantes, soit des moteurs qui présentent des localités favorisées. » — *Situation des établissemens français*, Ire part., p. 144, et IIe part., p. 321.

soleil, desséchaient sur la branche et ne mûrissaient même pas [1].

Les Kabaïles, beaucoup plus habiles dans les travaux de l'agriculture que les autres races indigènes, étaient aussi plus avancés sous ce rapport. Grâces aux perfectionnemens de la culture, les pommiers, les poiriers, les pêchers, les abricotiers et les figuiers de leurs montagnes produisaient d'excellens fruits. Ils greffaient l'olivier, et en tiraient une huile très-recherchée sur les marchés de l'Algérie, où elle formait une des branches les plus importantes du commerce [2].

---

[1] Desfontaines, *Nouvelles annales des Voyages*, IIe série, t. XVII, p. 353.— Rozet, *Voyage dans la régence d'Alger*, t. Ier, ch. IX, p. 184, 186, 198 et 199.

« Il ne faut pas croire que ce soit notre présence qui ait causé cette négligence : avant la prise d'Alger, presque tous les vergers que nous trouvâmes étaient dans un pareil état. » — Ibid.

[2] *Annales de l'Algérie*, par le capitaine Pelissier, t. II, p. 525. — Rozet, *Voyage dans la régence d'Alger*, t. II, ch. II, p. 20 et 21. — *Situation des établissemens français dans l'Algérie*, IIe partie, ch. XIII, p. 277.

« Parmi les Kabaïles, la culture du sol est plus fixe, mieux entendue, plus productive, précisément parce que la sécurité est plus grande. Ces habitans des montagnes vivent dans des maisons, connaissent quelques arts, travaillent des terres héréditaires, plantent et greffent l'olivier. Le pays difficile qu'ils occupent n'a encore été pénétré que dans ses crêtes les plus rapprochées de nous, dans ses dernières vallées et sur un petit

Une ignorance aussi complète des véritables intérêts de la production se faisait remarquer dans l'éducation des bestiaux.

La culture artificielle, qui, dans notre Europe, pourvoit largement en tout temps à la subsistance des troupeaux, n'était nullement pratiquée chez les Arabes : ils comptaient exclusivement sur la végétation naturelle et spontanée de la terre [1]. Un champ presque sans bornes leur était ouvert, car outre les friches immenses du pays, toutes les propriétés non closes pouvaient être envahies, après la moisson, par la vaine pâture [2].

C'était là une des causes les plus actives du déboisement de la région maritime de l'Atlas. Quand les pâturages venaient à s'épuiser, les indigènes ne connaissaient pas d'autre moyen de les renouveler, que de mettre le feu aux broussailles sur une vaste étendue de terrain. Ce système d'incendie, si fréquemment exercé pendant l'automne, a amené la destruction de la plupart des forêts. A la renaissance de la végétation du sol brûlé, l'herbe nouvelle et les

---

nombre de points. On en a assez vu pourtant pour se convaincre que ces indigènes industrieux sont, en agriculture, beaucoup plus avancés que les Arabes et obtiennent de leur territoire les produits qu'il est susceptible de fournir. » Ibid.

[1] *Tableau officiel*, etc., IIe part., § XV, p. 289.
[2] *Annales de l'Algérie*, t. II, p. 322.

jeunes pousses étaient indistinctement livrées à la dent des troupeaux [1].

Le penchant sauvage des tribus nomades à récolter sans travail et à sacrifier les espérances de l'avenir à la satisfaction du moment, avait contribué à répandre une calamité d'une autre nature : on attribue l'existence d'une partie des marais de la plaine de la Mitidja à l'imprudence qu'ont eue les Arabes de détourner le cours primitif des eaux pour féconder les pâturages.

Mais, tandis qu'ils se montraient prodigues des biens de la terre, ils étaient avares des soins personnels qui auraient pu exercer une toute autre influence sur le développement de cette branche de l'industrie agricole. Ils abandonnaient au hasard la propagation du bétail, et ne cherchaient nullement à l'améliorer par le croisement des races.

---

[1] *Tableau officiel*, p. 289 et 320.

Pendant son séjour en Afrique, l'abbé Poiret fut témoin d'un incendie de ce genre dans les environs de la Calle. « J'aperçois maintenant à plusieurs lieues de distance, écrivait-il à un de ses amis, d'énormes tourbillons de flamme et de fumée s'avancer avec rapidité dans les montagnes, gagner les collines, pénétrer sans obstacles dans les plus épaisses forêts, et ne laisser derrière eux que de noirs monceaux de charbons et de cendres. Rien n'est épargné, excepté les pâturages et le bord des étangs et des sources.

« Ces feux qui durent depuis deux mois, enflamment l'atmosphère

Il ne faudrait pas conclure cependant de l'état déplorable de l'industrie agricole, qu'elle ne suffisait pas à la nourriture du pays.

Bien loin de cela, par une anomalie dont il faut chercher l'explication dans les qualités heureuses du sol, la production dépassait de beaucoup les besoins de la consommation. Avant 1789, *la Compagnie française d'Afrique* achetait sur les côtes du littoral, et principalement dans la province de Constantine, des quantités considérables de grains, qu'elle importait en France, en Espagne et en Italie.

C'est ainsi que nos provinces du midi, de 1792 à 1796, furent approvisionnées par les blés de la régence [1]. Indépendamment des opérations de *la Compagnie française d'Afrique*, il

---

à un tel degré, que le thermomètre de Réaumur se tient constamment de 36 à 40 degrés d'élévation. On est obligé de courir comme si on passait devant un brasier ardent. L'air brûlant et lourd qui passe à travers les poumons rend la respiration pénible, etc. » — *Voyage en Barbarie*, Ire part., l. XIII, p. 82 et 83.

[1] *Situation des établissemens français*, IIe part., p. 323.

« Cette fourniture de grains, autorisée par El-Hasan, ministre du dey Mohammed, fut opérée par les maisons juives de Bacri et Busnach. Elle s'éleva à des valeurs très-considérables, dont la liquidation et le paiement ont occasionné nos dernières querelles avec Alger et par suite notre conquête. » — M. Davesac, *Encyclopédie pittoresque*, art. Alger, p. 302.

se faisait de grandes expéditions pour les pays étrangers des différens ports de l'Algérie. Celles d'Arzew comprenaient annuellement de 250 à 300 cargaisons de céréales. Du même point, furent envoyés en Espagne, pendant l'année 1814, 40 mille bœufs destinés à la consommation de l'armée anglaise [1].

Vers le milieu du siècle dernier, on estimait à une masse de 7 à 8 mille tonneaux les grains exportés par les marchands anglais [2]. En 1829, un seul négociant d'Oran chargea pour Gibraltar et d'autres destinations, 140 mille fanègues de blé [3]. Le même commerçant, dans la même année, expédia 3 mille bœufs [4].

---

[1] *Tableau officiel*, IIe part., § XXII, p. 323.
[2] Shaw, *Travels in Barbary*, p. 295.
[3] La fanègue contient 102 litres.
[4] *Tableau officiel*, p. 323.

XVII.

LE CLIMAT.

Si dix siècles après l'invasion des Barbares, il ne restait aucunes traces de la prospérité des colonies de l'ancienne Rome, ce n'est pas que la nature africaine eût dégénéré. Le climat réunissait toujours les conditions les plus favorables à la végétation, et la terre n'avait rien perdu de sa merveilleuse fécondité ; seulement la population indigène ne s'était pas maintenue à la hauteur de ces avantages. Affaissée sous le poids de l'oppression, elle avait perdu toute espèce de ressort. Elle s'était montrée parcimonieuse de travail envers ce sol toujours prêt à prodiguer ses dons, et les facilités mêmes de la production avait accru son indolence.

Un savant botaniste, l'abbé Desfontaines, qui visita les côtes de la Barbarie, il y a cinquante ans, faisait dès lors un magnifique éloge de l'Algérie.

Le sol de la régence, abstraction faite des parties qui longent le désert, lui paraissait moins sablonneux et plus fertile que celui du royaume de Tunis. Il trouvait aussi que de ces deux États, le premier avait des montagnes plus élevées et plus multipliées, et par suite des pluies plus abondantes et un plus grand nombre de sources et de ruisseaux : à tous les avantages de la région qui nous est aujourd'hui soumise, il fallait encore ajouter, selon lui, un climat plus tempéré, et une végétation plus active et plus variée [1].

[1] « Pars regni Tunetani quæ austrum versus protenditur arenosa, vix montosa et sole ardentissimo exsicatta parum ferax; ea quæ mari vicinior pulcherrimis olearum satis ditissima, ibique frequentissimæ occurrunt civitates et pagi populosi. Regio autem quæ omninò ad occidentem vergit, montibus collibusque referta, rivis et rivulis irrigata, omnium feracissima messes quotannis pulcherrimas gignit.

» Sal marinum cum terrâ tantâ quantitate mixtum ut fontes aquarum dulcium longè infrequentiores quam salsi, et nitraria naturalia non desunt etiam abundantissima. Solum Algeriense minus arenosum, si regionem deserto conterminam excipias, longè adhuc fertilius ; montes altiores sunt et numerosiores, pluviæ majori abundantiâ cadunt, aquarum scaturigines et rivi frequentiores, cœlum magis temperatum indeque major plantarum numerus. » — *Flora Atlantica, sive historia plantarum, quæ in Atlante, Agro Tunetano et Algeriensi crescunt.* Préfat., p. II.

Tous les savans qui ont vécu dans l'Afrique septentrionale ont porté le même jugement que le célèbre botaniste de l'Académie des sciences, sur les qualités précieuses qui distinguent le climat de la régence.

Le docteur Shaw faisait observer que dans ce beau pays, le mouvement des saisons et la succession des accidens atmosphériques ne se manifestent point par les effets extrêmes qui, dans les autres parties du monde, rapprochent et confondent même quelquefois les phénomènes météorologiques les plus opposés. Il signalait l'extrême égalité de la température, ni trop élevée pendant l'été, ni trop froide pendant l'hiver, et les transitions presque insensibles, par lesquelles elle passe d'un état à un autre, aux époques de ses plus grandes révolutions [1].

L'abbé Poiret, auteur d'un voyage en Barbarie, justement estimé, tient à peu près le même langage. Ce qu'il admire le plus dans l'Afrique septentrionale, c'est que les productions naturelles n'ont point à craindre l'intempérie des saisons; elle est exempte des rigueurs de l'hiver,

---

[1] « The cultivated parts of the kingdom enjoy a very wholesome and temperate air. The seasons insensibly fall into each other, and the great equability of the temperature, etc. »—*Travels or observations relating to several parts of Barbary*, IIe part., chap. Ier, p. 1 et 28.

des froids tardifs, des pluies trop abondantes, des sécheresses trop longues, des brouillards empestés, et des ravages de la grêle. Le printemps y règne presque sans interruption, et la température s'y rapproche beaucoup de celle de notre mois de mai. Pendant cette saison, remarque-t-il encore, des pluies fréquentes, réunies aux rayons d'un soleil vivifiant, y développent, dès le mois de janvier, une végétation abondante [1].

Nous pourrions encore citer le capitaine Rozet, un des ingénieurs-géographes les plus distingués de l'armée française. La température est très-agréable à Alger pendant une grande partie de l'année, assure-t-il. Quand vient l'été, la chaleur est très-vive, sans doute, mais elle n'est point accablante, et l'étranger s'accoutume facilement à la supporter. Beaucoup des plantes de l'Europe tempérée et même des environs de Paris, vivent dans cette atmosphère, qui, presque toujours chaude et jamais brûlante, favorise extraordinairement la croissance des productions naturelles du sol [2].

Les témoignages si décisifs que nous venons

---

[1] *Voyage en Barbarie*, IIe part., *Histoire naturelle*, p. 73 et 74.

[2] *Voyage dans la régence d'Alger*, t. Ier, chap. VII, p. 153 et 154, et chap. IX, p. 177 et 183.

d'invoquer ont été d'ailleurs confirmés récemment par les travaux des officiers de la marine française. La direction du port d'Alger vient de publier un tableau météorologique, d'où il résulte que pendant l'année 1837, les variations du thermomètre se sont accomplies de 8 à 25 degrés, c'est-à-dire, dans un cercle très-limité, de 17 degrés et toujours au-dessus de zéro [1].

Il s'en faut de beaucoup que la France soit aussi heureusement partagée : chez nous, les fluctuations du thermomètre embrassent une échelle de 32 degrés, tombant jusqu'à 8 degrés

---

[1] *Situation des établissemens français dans l'Algérie*, § XVI, p. 294 et 295.

Les premières études de ce genre ont été faites en 1830 par un ingénieur-géographe de l'armée d'Afrique. Pendant son séjour à Alger, le capitaine Rozet, au moyen d'un *baromètre métrique* et de plusieurs *thermomètres centigrades*, se livra à une série d'observations qui embrassèrent une période de treize mois consécutifs. Le capitaine Levret, un de ses amis, fut associé à ses travaux. Quoique les nécessités de la guerre aient contraint ces deux braves officiers de laisser quelques lacunes dans leurs relevés, ils n'en n'ont pas moins recueilli des renseignemens utiles pour l'appréciation des phénomènes météorologiques de l'Algérie. Un de leurs tableaux a rapport à la capitale, l'autre à la plaine de la Mitidja. En général, les résultats qu'ils ont obtenus coïncident d'une manière remarquable avec les observations de la direction du port d'Alger. — *Voyage dans la régence d'Alger*, t. Ier, chap. VII, p. 82-140.

au-dessous et ne s'élevant pas à moins de 24 degrés au-dessus de zéro.

D'autres remarques non moins importantes ressortent des observations scientifiques de la direction du port d'Alger. La hauteur commune du thermomètre pendant les mois de juin, de juillet, d'août et de septembre qui sont marqués par les plus grandes chaleurs, a été de 19, de 23, de 24 et de 22 degrés; celle des trois mois d'hiver, novembre, décembre et janvier, a varié de 14 à 15 degrés, moyenne qui diffère peu, en effet, de la température de notre printemps [1].

Tels sont les résultats généraux des fluctuations de la température dans la régence d'Alger. Ses mouvemens particuliers, comme on le pense bien, embrassent une latitude beaucoup plus grande. Au mois d'août, le thermomètre monte

---

[1] *Tableau des établissemens français* IIe part., ch. XVI, p. 294 et 295.

Qu'il y a loin de ce climat à celui du reste de l'Afrique. « Les deux tropiques enferment dans la zône torride la majeure partie des terres africaines, dit M. Davesac; les parties comprises dans les zônes tempérées se réduisent à moins d'un quart de la superficie totale... C'est dans le Sahara et les plaines limitrophes que la chaleur est le plus intense; elle s'élève à Bornou et dans le Hhaousâ jusqu'à plus de 45 degrés du thermomètre octogésimal; elle atteint même 50 degrés dans les basses terres de Bénin. » — *Esquisse générale de l'Afrique*, p. 27 et 28.

quelquefois à 34 degrés, tandis qu'au mois de janvier, il descend jusqu'à 5. Une seule fois, depuis sept ans, on l'a vu s'abaisser à zéro [1].

[1] *Voyage dans la régence d'Alger*, t. Ier, p. 145 et 146. — *Calendrier du cultivateur algérien*, Revue africaine, VIIe livraison, p. 49 et 50.

En dehors du territoire de la ville d'Alger, la température, sans perdre ses caractères généraux, ne conserve pas toujours son extrême égalité. Elle est nécessairement diversifiée par les accidens du sol, qui, successivement exhaussé par les chaînes transversales de l'Atlas, s'élève de terrasse en terrasse comme les gradins d'un vaste amphithéâtre.

Le capitaine Rozet a trouvé 14 degrés pour la température d'un puits très-profond, situé au milieu de la plaine de la Mitidja, à la hauteur de Kabr-er-Roumiah. Sur le col de Tenia, situé à 1,000 mètres au-dessus du niveau de la mer et faisant partie du petit Atlas, le thermomètre, par un temps affreux et lorsque toutes les montagnes voisines étaient couvertes de neige, se soutenait encore le 13 décembre 1830, à 7 heures du matin, à 3 degrés au-dessus de zéro.

A Médéah, ville dont les environs ont le même aspect que les campagnes du centre de la France, le thermomètre indiquait 5 degrés au-dessous de zéro, le 11 décembre 1830. Les sources et les puits de cette ville donnaient une température moyenne de 14 degrés.

Une bonne citerne de la nouvelle Casbah d'Oran, à 90 mètres au-dessus du niveau de la mer, offrit au capitaine Rozet une température moyenne d'un peu plus de 17 degrés. « En comparant la température maximum d'Alger avec celle d'Oran, ajoute cet officier, j'ai reconnu qu'elle était presque constamment plus élevée dans cette dernière ville, et que la différence allait quelquefois jusqu'à 4 degrés. »

Les variations de l'atmosphère sont encore plus sensibles

Le maximum de la température, considérée dans ses variations diurnes, se fait généralement sentir de midi à deux heures du soir, quoique le thermomètre soit généralement plus élevé à neuf heures du matin que pendant le reste de la journée. Presque toujours vers la dixième heure, et plus tard dans l'après-midi, une brise de mer ou un vent de l'intérieur vient rafraîchir l'atmosphère si puissamment échauffée par les rayons du soleil. L'influence de la nuit produit un abaissement dans la température qui varie de 1 à 3 degrés, et va rarement à 4 [1].

Les nuits les plus froides des mois de décembre et de janvier amènent quelquefois des gelées blanches. Comme les orages sont très-

---

dans les campagnes de Constantine. On remarque quelquefois des neiges au mois de mai sur le plateau de cette ville, tandis qu'à Bone on éprouve déjà une chaleur de 25 degrés. L'automne est redouté pour ses intempéries, et, à l'époque des deux équinoxes, les vents du sud-ouest et du nord-ouest amènent de fortes rafales, un temps brumeux et de grandes pluies.

Les nombreuses modifications que l'air subit dans les différentes parties de la régence, n'ont rien, au reste, que de très-avantageux pour les travaux agricoles. C'est précisément la diversité des influences atmosphériques qui favorise tous les genres de culture, depuis les productions de l'Europe septentrionale jusqu'à celles des pays situés entre les tropiques.

[1] *Voyage du capitaine* Rozet, t. Ier, p. 146 et 147.

rares, il tombe peu de grêle; et la neige est un incident météorologique qui survient à peine une ou deux fois dans le cours de l'année. Celle-ci, beaucoup plus fréquente sur les montagnes du petit Atlas que dans la plaine, s'y fond ordinairement avant l'expiration du mois dans lequel elle est tombée [1].

C'est par la combinaison des effets les plus heureux de l'humidité et de la chaleur que la température de l'Algérie est si admirablement propre au développement de la végétation.

La saison pluvieuse se prolonge pendant six mois, de novembre en mai. Les pluies, qui aux autres époques de l'année ne durent guère plus d'une heure ou deux, sont alors continues et très-abondantes. Presque toujours ce sont des vapeurs marines, que le vent du nord enlève à la surface de la Méditerranée et pousse dans la direction du sud. Les vapeurs, au moment où elles approchent des confins du désert, sont

---

[1] *Situation des établissemens français dans l'Algérie*, IIe part., p. 294. — *Voyage dans la régence d'Alger*, t. Ier, chap. VII, p. 157. — *Calendrier du cultivateur algérien*, Revue africaine, VIIe livraison, p. 50.

« Il ne peut exister de neiges perpétuelles sur le petit Atlas, remarque M. Rozet, puisque la cîme la plus élevée de cette chaîne n'atteint que 1,650 mètres au-dessus du niveau de la mer, et que la limite des neiges perpétuelles dans le centre de l'Europe est de 2,700 mètres. »

tout à coup arrêtées par la grande muraille de l'Atlas et refoulées sur les terres du littoral : là, par le merveilleux travail de la nature, elles se résolvent et tombent en eaux fécondantes [1].

En 1837, d'après les relevés de la Direction maritime, il y a eu 63 jours de pluie [2].

La quantité moyenne de l'eau du ciel qui tombe à Alger est de 27 à 28 pouces [3]. C'est un tiers de plus qu'à Paris, où l'on compte cependant 134 jours pluvieux. On a calculé que la pluie, année moyenne, donne à cette capitale de la France, une masse d'eau équivalant à 19 pouces 6 lignes et 94 centièmes [4].

Mais quand les pluies cessent ou deviennent

---

[1] Desfontaines, *Nouvelles annales des Voyages*, IIe série, t. XVII, p. 325 et 326. — *Considérations statistiques sur la régence d'Alger*, par M. Juchereau de St-Denis, p. 13 et 14. — Le capitaine Rozet, *Voyage dans la régence*, t. Ier, p. 151 et 152.

[2] *Tableau des établissemens français*, IIe part., p. 294.

[3] Shaw, *Travels in several parts of Barbary*, p. 219.

A la même page, ce savant voyageur donne un tableau des pluies qui ont tombé à Alger de 1730 à 1733.

[4] *La France considérée sous le rapport de la géographie physique et politique*, p. 34.

Un tableau dressé par M. Arago nous fait connaître la quantité d'eau moyenne qui tombe annuellement dans les diverses parties du monde. (*Dictionnaire universel de Géographie*, t. Ier, introd., p. xx et xxj.) Nous regrettons de ne pouvoir donner ici, comme point de comparaison, ce travail de l'illustre savant.

rares, l'humidité continue de tempérer, sous d'autres formes, l'action trop vive de la chaleur. Pendant le jour, une vapeur aqueuse répandue dans l'atmosphère, humecte tous les corps; et, une demi-heure après le coucher du soleil, les rosées commencent à tomber avec une si grande abondance, qu'elles pénètrent la tente du soldat, et rafraîchissent le champ du laboureur presqu'autant que nos pluies d'orage [1].

Sur toute la côte du littoral, comme dans le port d'Alger, les vents du nord et du nord-ouest règnent depuis le mois de novembre jusqu'au mois d'avril. Ils font baisser le thermomètre, amènent les pluies et déterminent les tempêtes dont on a trop exagéré les dangers. Les vents du sud et du sud-ouest sont moins fréquens, et ceux de l'est et de l'ouest encore plus rares : ces trois derniers font monter le thermomètre et rassénissent presque toujours le ciel [2].

[1] *Voyage dans la régence d'Alger*, par M. Rozet, t. Ier, p. 147 et 167. — *Rapport sur la colonisation de la régence d'Alger*, par M. de la Pinsonnière, Ire part., p. 65.

« En général, les rosées sont très-abondantes, rapporte le capitaine Rozet. J'ai vu souvent dans la province d'Alger les toiles de nos tentes percées par elles; à Oran, il nous suffisait de rester dehors pendant une heure pour avoir nos habits traversés. »

[2] Desfontaines, *Nouvelles annales des Voyages*, IIe série, t. XVI, p. 326.

Tout le monde sait que le fameux *Simoun* des Arabes est le

Le baromètre ne descend jamais au-dessous de 29 pouces 1/10 et ne s'élève pas à plus de 30 3/10, sous l'influence des causes physiques qui modifient continuellement l'état de l'atmosphère. Ses indications, si complexes, si heurtées et si extrêmes de notre côté de la Méditerranée, s'exercent conséquemment, à Alger, sur une échelle d'environ un pouce [1].

La constance du beau temps est un des caractères les plus frappans du climat de l'Afrique française. Les observations météorologiques recueillies par les soins du gouvernement, nous apprennent qu'en 1837, on n'a compté que 142 jours de ciel voilé, de brouillard, de pluie et

---

plus formidable des vents du sud. C'est une chaleur fébrile et souvent insupportable, qui souffle du désert de Sahara, et se répand sur le pays. La formation d'un voile brumeux et roussâtre sur les montagnes du petit Atlas annonce son approche. La température augmente alors de 5 à 6 degrés, et l'atmosphère embrasée deviendrait une source de désastres, si la durée de ce phénomène n'était pas ordinairement bornée à vingt-quatre heures.

L'abbé Poiret fait observer que, dans les environs de la Calle, la plupart des arbres sont inclinés vers le sud-est, et que le vent le plus violent et le plus commun sur ces côtes est le nord-ouest. L'inclinaison des arbres ne serait-elle pas, demande-t-il, un moyen pour le voyageur de juger quels sont les vents les plus forts qui règnent dans un canton? — *Voyage en Barbarie*, Ire part., lettre XXVI, p. 190.

[1] *Considérations statistiques sur la régence d'Alger*, par le général Juchereau de Saint-Denis, p. 20.

d'orage. Il y a eu 223 jours de beau temps sur 365, ce qui fait à peu près les deux tiers de l'année [1].

En général, le ciel est d'une admirable pureté, l'atmosphère remarquablement sereine, et l'air extrêmement sain [2]. Si, en quelques endroits, des émanations dangereuses s'élèvent des eaux croupissantes, cela tient à des causes purement locales et qui doivent bientôt disparaître. Les légers brouillards qu'on voit se former, après le lever du soleil, ne tardent pas à se dissiper sur les hauteurs du massif, et, quoiqu'ils persistent plus long-temps dans la plaine, il n'en résulte aucun inconvénient. Les maladies endémiques sont inconnues à Alger, et l'on remarque, comme une preuve des qualités hygiéniques de

---

[1] *Situation des établissemens français dans l'Algérie*, IIe part., p. 294 et 295.

[2] *Travels in several parts of Barbary*, par le docteur Shaw, IIe part., chap. Ier, p. 1. — Desfontaines, *Nouvelles annales des Voyages*, IIe série, t. XVI, p. 325. — Le capitaine Rozet, *Voyage dans la régence*, t. Ier, ch. VII, p. 166. — *Nouvelles observations* du maréchal Clauzel, p. 36. — M. de la Pinsonnière, *Rapport sur la colonisation*, p. 14.

La hauteur sur laquelle la capitale de la colonie est assise, et le mont Boudzaréah avec son entourage de collines, ont été regardés de tout temps comme les parties les plus saines du territoire d'Alger. — M. Pharaon Joanny, *Annales de la société coloniale*, t. Ier, p. 49.

l'air, que dans le dispensaire public, la durée moyenne des traitemens n'excède pas vingt-deux jours. M. le rapporteur de la commission d'Afrique a donc raison de dire que « ce climat doux et facile convient à merveille au tempérament des Européens » [1].

---

[1] *Tableau de la situation des établissemens français*, IIe part., p. 318. — M. de la Pinsonnière, *Rapport sur la colonisation*, p. 14.— Rozet, *Voyage à Alger*, t. Ier, p. 166.

XVIII.

CONFIGURATION ET ASPECT DE L'ALGÉRIE.

Il existe, sous beaucoup de rapports, une analogie frappante entre la péninsule hispanique et le littoral de la régence. On dirait à voir leur configuration physique, que ce sont deux portions d'une même contrée, dont l'invasion de la mer a brisé l'unité. Celle-ci est, comme celle-là, sillonnée dans tous les sens par des lignes montueuses qui se relient entre elles, en formant mille sinuosités. Dans l'une et l'autre, des ravins profonds, de riches vallées et de beaux pâturages se dessinent sur le versant des montagnes. On remarque, en de-là comme en deçà de la Méditerranée, la même disposition du sol, qui s'élève graduellement en plateaux superposés au-dessus du niveau primitif de la côte [1]. Enfin, dans les deux pays, l'encaissement de la plupart des rivières entre de hautes berges et le desséchement périodique de leurs eaux, offrent d'autres points de ressemblance extérieure.

La température moyenne de l'Algérie est, comme celle de l'Espagne, d'environ 17 degrés. Les caractères généraux de la végétation, de l'un et de l'autre côté, offrent une coïncidence non moins curieuse : sur ces côtes qui se regardent, on retrouve les mêmes espèces de plantes marines, les mêmes *fucus*, les mêmes *ulva*, les mêmes *conferves*. Plusieurs végétaux bien connus, tels que l'olivier, le ricin arborescent, l'oranger, le dattier commun, le *chamœrops hu-*

---

[1] « La hauteur des cônes les plus élevés de l'Atlas correspond parfaitement aux montagnes neigeuses de la Sierra-Nevada, situées vis-à-vis dans l'Andalousie et la Grenade. Les deux systèmes ne diffèrent que dans leurs dépressions. Le plateau d'Espagne a sa principale pente dans les vastes plaines de l'ouest, vers l'Océan Atlantique, tandis que sa dépression vers la Méditerranée est beaucoup moins prolongée et plus escarpée. En Barbarie, au contraire, les grandes plaines de la principale dépression du plateau se dirigent à l'est, vers la Méditerranée. Celles qui vont joindre l'Océan sont beaucoup plus abruptes. » — *Géographie générale et comparée, ou étude de la terre dans ses rapports avec l'homme,* par Karl Ritter, traduit de l'allemand par E. Buret, t. III, IIIe division, chap. Ier, p. 157.

milis, appartiennent également à la Flore des deux pays [1].

Il n'y a point de doute que ces frappantes analogies furent remarquées par les Arabes à l'époque de l'invasion de l'Espagne, et qu'elles contribuèrent beaucoup à les retenir au-delà du détroit. Quoique les aventureux sectateurs du prophète eussent franchi la mer, en regardant autour d'eux, ils se croyaient encore sur la terre d'Afrique.

Dans l'appréciation de la configuration géographique de la régence, il importe de ne point confondre les hauteurs qui environnent la capitale avec les montagnes de l'Atlas. « Le massif sur le versant duquel est bâti la ville d'Alger, disent les rapports officiels, présente un système de collines très-régulier, sillonné par de nombreux talwegs; ses eaux du côté du sud descendent dans la plaine, tandis que du côté du nord elles tombent directement dans la Méditerranée. Le point le plus remarquable de ce groupe de collines, est le Boudzaréah, élevé de quatre cents mètres au-dessus du niveau de la mer. Le massif est couvert d'habitations agréa-

---

[1] M. Davesac signale des points de ressemblance non moins nombreux dans le règne animal de l'Europe méridionale et de la région maritime de l'Atlas. — *Encyclopédie pittoresque*, t. Ier, art. Alger, p. 294.

bles dans le voisinage de la ville, et des sources abondantes y entretiennent la fraîcheur et une végétation active. Il ne présente pas une perspective aussi riante sur les sommités, où le terrain est sec, pierreux et couvert de broussailles peu élevées; les ravins, au contraire, lorsqu'ils sont arrosés par quelques cours d'eau, sont boisés et deviennent susceptibles d'une grande fertilité [1]. »

L'Atlas sert à la fois de limites et de lignes d'intersection et d'exhaussement au territoire de l'Algérie.

A son point culminant, il se déroule, ou plutôt il s'épanouit, en une vaste chaîne dont la masse complexe, imposante, sépare la colonie française du Sahara, et la protége contre l'influence du désert. Puis, vers le nord, au-delà des plateaux adossés à cet immense rempart, comme une suite de terrasses [2], une seconde

---

[1] *Notices sur les points occupés*, par M. Conil, capitaine au corps royal d'état-major, insérées dans les documens officiels ur l'Algérie, Ire part., § III, p. 38 et 39.

[2] « En s'avançant dans l'intérieur, on aperçoit entre les chaînes parallèles du petit et du grand Atlas, qui toutes deux s'étendent de l'est à l'ouest, plusieurs autres rangées de montagnes, qui tantôt suivent la même direction, tantôt présentent entre elles les connexions les plus variées. Elles forment un large et haut pays de montagnes, entrecoupé par une quantité de vallées, de plaines, de fleuves et de pâturages. Peu accidenté au sud, depuis Cons-

chaîne, sous le nom de petit Atlas, s'étend parallèlement à l'autre, de l'est à l'ouest, et traverse le littoral dans toute sa longueur. Celle-ci est le point de départ d'une multitude de ramifications qui se rattachent à la grande ligne du Sahara, ou s'avancent abruptement dans la direction de la Méditerranée, et quelquefois jusque sur la côte. La cime la plus haute du petit Atlas ne s'élève pas à plus de 1,650 mètres au-dessus du niveau de la mer [1].

Souvent des défilés d'une physionomie pittoresque et sauvage se dessinent entre les rochers coupés à pic par la nature : les Turcs les appel-

---

tantine jusque près de la longue chaîne de Bouzara, qui borde le Sahara, l'Atlas moyen s'élève de plus en plus, et par terrasses, du côté de l'ouest, vers le haut Atlas. Sa situation élevée au-dessus de la mer et des déserts de sable brûlant, lui conservent un climat tempéré, que les Arabes ont de tout temps parfaitement apprécié. Edrisy pense qu'aucune contrée de la terre n'est comparable à ce pays de montagnes, pour la fertilité, l'étendue et le nombre de la population, *frequentia domiciliorum.* » — Karl Ritter, t. III, p. 166 et 167.

[1] *Géographie générale et comparée*, t. III, IIIe part., chap. Ier, p. 55-72. — *Considérations statistiques sur la régence d'Alger*, par le général Juchereau de Saint-Denis, p. 1-10.

Au nord-ouest, près de Maroc, les cimes les plus élevées de la grande chaîne de l'Atlas atteignent une hauteur de 4,000 mètres et se couvrent de neiges éternelles. — M. Davesac, *Esquisse générale de l'Afrique*, p. 20.

lent *Demir-capy, portes de fer*. Ce sont, en effet, de formidables portes, toutes taillées pour les besoins de la guerre, et dont quelques hommes pourraient facilement défendre l'entrée. Le plus célèbre est le passage des Bibans, placé sur la route d'Alger à Constantine, et, pour ainsi dire, sur le seuil de ces deux provinces : quand les Turcs voulaient le franchir, au temps de la domination des anciens pachas, ils étaient obligés de payer un droit aux tribus de la montagne [1].

Par une conséquence géologique de cette disposition générale du sol, de grands bassins doivent se développer entre les ramifications de l'Atlas et de nombreux cours d'eau descendre de ses hauteurs dans la plaine.

Aussi tout le littoral est-il parsemé de vallées d'une remarquable beauté. Les plus fertiles sont, à l'est, les plaines de Constantine, et celle de Bone, connue sous le nom de la Boujimah [2];

---

[1] *Géographie comparée*, par Ritter, t. III, p. 168 et 169. — Desfontaines, *Annales des Voyages*, IIe série, t. XVII, p. 86-88.

[2] « Bone est très-heureusement située, et avant la stagnation des eaux de la Boujimah, la salubrité de l'air qu'on y respirait était proverbiale. C'est là que de l'intérieur de l'Afrique on venait chercher la santé, comme en France nous allons à Hières. Cette plaine pourra être facilement assainie, en ouvrant une issue aux eaux de la rivière dont l'embouchure est obstruée par un banc de sable que les vents de mer y ont élevé. » — *Rapport sur la colonisation d'Alger*, par M. de la Pinsonnière, Ire part., p. 14.

et, à l'ouest, les plaines du Schélif et de l'Habrah, fécondées depuis long-temps par la culture arabe. D'autres vallées beaucoup moins étendues, aux environs de Mostaganem, de Mazagran, d'Arzew, de Mascara, d'Oran, de Tlemcen, de la Calle, etc., doivent être également comptées au nombre des terres les plus productives de la régence [1].

Non loin de la capitale est la Mitidja, la plus vaste et la plus belle plaine de l'Afrique française.

Elle a 16 à 18 lieues de long sur 6 ou 7 de large. Sur deux de ses côtés, elle est bordée et dominée par le massif d'Alger et le petit Atlas; et, à ses deux points extrêmes, elle a pour limites naturelles les collines du Sahel et les dunes de sable de l'Arrach. Malgré le voisinage des montagnes, elle est peu ondulée et présente presque partout une surface plane. Plusieurs rivières, le Mazafran, l'Hamise, l'Arrach, etc., la traversent dans une direction à peu près parallèle, en se rendant du petit Atlas dans la Méditerranée. L'inclinaison générale du sol, et, par conséquent, des eaux,

---

[1] *Description de la province de Constantine*, par M. Dureau de la Malle, Ire part., § VI, p. 59, 65 et 68. — Desfontaines, *Nouvelles annales des Voyages*, t. XVII, IIe série, p. 90, 97, 323 et 347. — *Situation des établissemens français dans l'Algérie*, Ire part., p. 67.

est du sud au nord. Arrivés au pied du massif, quelques ruisseaux sont tout à coup arrêtés dans leur marche et rejetés sur les basses terres, où ils se transforment en marais [1]. On trouve dans la Mitidja, et particulièrement

---

[1] *Tableau officiel*, Ire part., chap. III, § Ier, p. 39 et 40.
Depuis quelques années, on a acquis la certitude que le dessèchement des marais de la Mitidja ne présente point de grandes difficultés. « Le génie militaire, au moyen d'opérations graphiques et de nivellemens, remarquent à ce sujet les rapports officiels, s'est convaincu de la possibilité du succès. »
Des canaux d'écoulement, creusés par nos soldats, ont déjà fait disparaître les eaux sur plusieurs points, et rendu d'excellentes terres à la culture. En prenant la précaution de ne faire exécuter ces travaux d'assainissement que du mois d'octobre au mois de mars, on évite les maladies que pourraient occasionner les chaleurs et les exhalaisons du printemps et de l'été. Aussi les 17 à 1,800 ouvriers employés dans la plaine ont-ils été constamment dans l'état sanitaire le plus satisfaisant.
Tout porte à croire qu'avec un travail de quatre à cinq mois par an, la Mitidja sera complètement assainie dans trois ou quatre ans. On évalue de 15 à 1,600,000 fr. les dépenses totales qu'entraînera le dessèchement de la plaine.— M. de la Pinsonnière, *Rapport sur la colonisation d'Alger*, Ire part., p. 50.
Du reste, M. le capitaine Pelissier fait observer qu'en explorant la Mitidja, on voit encore des traces irrécusables d'anciens travaux d'assainissement, exécutés soit à l'époque de la domination romaine, soit à une époque plus rapprochée. « La tradition conserve le souvenir d'un temps heureux où la Mitidja était riche et peuplée, ajoute-t-il. Tout cela a disparu sous l'administration imprévoyante des Turcs qui ont négligé les travaux de dessèchement. »

dans sa partie méridionale, des établissemens agricoles, de très-belles cultures d'orge et de blé, de riches vignobles et des plantations d'oliviers, d'orangers, de caroubiers, de jujubiers, etc.[1]

Voici comment William Shaler, le consul-général des États-Unis, parlait de cette vallée quelques années avant la conquête d'Alger par nos soldats. « La plaine de la Mitidja dont la partie est touche à la ville, disait le diplomate américain, est probablement une des plus belles étendues de terrain qui existent sur notre globe, à la considérer sous le rapport de sa température, de sa fertilité et de sa position. Une foule de sources et plusieurs ruisseaux qui descendent des montagnes environnantes, l'arrosent de leurs eaux, et, relativement à son développement, il n'y a pas de contrée qui soit capable de nourrir une population plus nombreuse. Si ce malheureux pays pouvait, par l'enchaînement des choses, jouir encore une fois des bienfaits de la civilisation, Alger, aidé des seules ressources de la plaine de la Mitidja,

---

[1] *Situation des établissemens français*, Ire part., p. 39. — Lettre du professeur Desfontaines, insérée dans les *Nouvelles observations* du maréchal Clauzel, p. 36. — *Voyage dans la régence d'Alger*, par le capitaine Rozet, t. Ier, chap. IX, p. 201 et 203.

deviendrait une des villes les plus opulentes des côtes de la Méditerranée » [1].

Les sources d'eaux vives abondent sur le versant des montagnes et au milieu des collines. Elles remplissent les nombreux aqueducs qui approvisionnent la ville et une partie de la campagne d'Alger. Celles des vallées du petit Atlas ne tarissent jamais.

La nature africaine paraît s'être préoccupée beaucoup plus de pourvoir à l'irrigation du pays, qu'aux besoins de la navigation intérieure. Les eaux, assez abondantes pour entretenir un grand nombre de petites rivières et une multitude de ruisseaux, sont en général trop faibles pour alimenter des lignes fluviales de quelque importance. Entravées d'ailleurs dans leur cours par la fréquente interposition des montagnes, elles ne peuvent s'ouvrir un passage à la mer qu'en perçant ou en contournant ces hauteurs [2].

De tous les cours d'eau du territoire d'Alger, un seul, l'Oued-el-Kerma, a son origine dans le massif qui entoure la capitale de la régence : l'Arrach, la Chiffa, l'Oued-Bouffarick, l'Ouedjer et l'Hamise ont leur source dans les mon-

[1] *Esquisse de l'état d'Alger*, chap. III, p. 108 et 109.

[2] Desfontaines, *Nouvelles annales des Voyages*, IIe série, t. XVII, p. 323 et 325. — Rozet, *Voyage dans la régence d'Alger*, t. Ier, p. 31 et 170. — Juchereau de Saint-Denis, *Considérations statistiques sur l'Algérie*, p. 10 et 13.

tagnes du petit Atlas [1]. Les principales rivières de la province d'Oran sont l'Oued-el-Malah, l'Habrah, l'Oued-Hamman, la Tafna [2] et le Schélif, qui, pour la plupart, descendent aussi des gorges de l'Atlas. Dans la province de Constantine, on distingue l'Oued-el-Kébir [3], la Sum-

---

[1] L'Arrach sort d'une vallée du petit Atlas et traverse la Mitidja du sud au nord. Elle reçoit outre l'Oued-el-Kerma, un ruisseau des collines du massif et un autre de la plaine, et va se jeter dans la rade d'Alger, à deux lieues de cette capitale.

La Chiffa, après avoir suivi d'abord la direction du sud au nord et reçu successivement l'Oued-el-Kébir et l'Oued-jer, prend le nom de Mazafran. Elle se dirige alors vers le nord-est, se réunit à l'Oued-Bouffarick, se détourne pour éviter le massif d'Alger, et se jette dans la mer à deux lieues de Sidi-Feroudj.

[2] La Tafna, qui a donné son nom au traité conclu entre le général Bugeaud et Abd-el-Kader, est la plus grande rivière de la province d'Oran. Après un cours d'environ 30 lieues, pendant lequel elle est grossie par la Sickack et plusieurs autres affluens, elle se jette dans la mer à l'extrémité orientale du golfe de Harchgoun.

[3] L'oued-el-Kébir, connu d'abord sous le nom de Oued-Rummel, a sa source dans la chaîne du grand Atlas, à plus de cinq journées de marche de Constantine. Elle coule du nord au sud sur un plateau élevé, perce plusieurs contre-forts du petit Atlas, tourne autour des murs de Constantine, et déverse ses eaux dans la mer, entre Djigelli et le cap Boujarine.

L'Oued-el-Kébir, remarque l'auteur des *Notices sur les points occupés*, pourrait servir un jour au transport des gros arbres, « si l'on réussissait à persuader aux Kabaïles qu'ils trouveraient un grand avantage à s'adonner à l'exploitation de leurs

man, l'Oued-Zefraf, la Seybouse [1], l'Oued-Boujimah et la Mafrag : de ces derniers cours d'eau, quelques-uns prennent naissance dans les défilés de l'Atlas ou sur les grands plateaux de la région moyenne.

Le Schélif est la rivière la plus considérable de l'Algérie pour le volume de ses eaux et la longueur de son cours. Il prend sa source dans le Sahara, au sud de la province de Titterie, traverse le lac de Dya, décrit une ligne de 80 à 100 lieues de l'est à l'ouest, sans être jamais obstrué par les sables dans son majestueux développement, et vient se jeter dans la Méditerranée à 6 milles au-dessus de Mostaganem [2].

Sur le versant des montagnes, et en général

---

forêts ». On assure qu'une autre rivière de la province de Constantine, la Summan, Oued-Adouze ou Nazabath, a déjà fourni au flottage des bois de construction.

[1] La Seybouse, dont le cours accidenté embrasse une étendue de 40 lieues, a son embouchure dans le golfe de Bone. Formée par la réunion de l'Oued-Zenati et de l'Oued-Alligah, ses eaux sont très-profondes dans la vaste plaine qu'elle parcourt du nord au sud, et « les grosses embarcations, les caboteurs du pays et les sandales peuvent y naviguer jusqu'à une assez grande distance de la mer. » — Le capitaine Conil, *Notices sur les points occupés.*

[2] Malte-Brun, *Précis de la Géographie universelle*, t. X, p. 317. — *Notices sur les points occupés*, Ire part., § IV, p. 104. — William Shaler, *Esquisse de l'état d'Alger*, t. Ier, p. 14.

partout où le sol est fortement incliné, les rivières coulent avec la rapidité d'un torrent. D'autres roulent lentement dans la plaine des eaux peu profondes et comme ensevelies entre des bords extrêmement escarpés : c'est ainsi que la Chiffa a un lit de 400 mètres de large et des berges de près de 40 mètres de hauteur.

Les rivières, d'abord considérablement grossies par les pluies du mois de novembre au mois de mai, éprouvent une grande réduction quand vient l'ardente chaleur de l'été [1]. Mais alors la nature supplée par ses courans souterrains à cet épuisement partiel des eaux extérieures.

Les montagnes du petit Atlas, comme les collines situées au nord et au sud de cette chaîne, et celles qui longent la partie septentrionale de la Mitidja, sont composées d'une masse argileuse ou d'une marne compacte. Or, ces terrains sont les plus propres, par leur

[1] Desfontaines, *Nouvelles annales des Voyages*, IIe série, t. XVII, p. 325. — Rozet, *Voyage dans la régence d'Alger*, t. Ier, ch. II, p. 12 et 18.

« L'eau des sources, des puits, des ruisseaux et des rivières est généralement de bonne qualité ; celle qui vient de l'intérieur de la terre est toujours fraîche en été, car sa température dépasse rarement 18° centigrades. Les eaux courantes et stagnantes sont toujours plus ou moins chaudes ; j'ai vu leur température s'élever jusqu'à 27°. En Barbarie, les eaux douces nourrissent très-peu d'animaux et de végétaux. » — *Ibid.*, chap. VIII, p. 171.

constitution particulière, à retenir les eaux qui tombent du ciel et à les diriger par de secrets passages, et, pour ainsi dire, entre deux sols, à une grande distance de leur point de départ. « On peut, avec beaucoup de chances de succès, remarque un savant ingénieur-géographe, essayer d'établir des puits artésiens sur le territoire de Médéah et dans toute la vaste plaine de la Mitidja. C'est surtout à une petite distance du pied des montagnes qu'on pourra le plus facilement réussir. Toute la plaine qui s'étend depuis les bassins de Bab-Azoun jusqu'au cap Matifou, offre aussi de grandes chances de succès. On pourrait encore sonder dans la presqu'île de Sidi-Feroudj et le long de la côte, jusqu'à une assez grande distance à l'ouest. Nous en dirons autant de la plaine qui s'étend au sud et à l'est d'Oran, et même de l'intérieur de la ville [1] ».

[1] *Voyage dans la régence d'Alger*, par le capitaine Rozet, t. Ier, chap. IV, p. 52-55, et chap. V, p. 67-70. Voyez aussi les *Considérations statistiques sur l'Algérie*, par le général Juchereau de Saint-Denis, p. 13-15.

M. Rozet, par analogie, fait l'application du même raisonnement au Sahara. Il dit que « des courans souterrains doivent traverser une grande partie du désert, et qu'en sondant au milieu des sables, on obtiendrait probablement des sources jaillissantes. Le succès d'une pareille tentative serait de la plus haute importance pour cette malheureuse contrée, et faciliterait beaucoup les relations avec l'intérieur de l'Afrique ». — Ibid., p. 73 et 74.

D'autres observations viennent à l'appui de cette opinion. Les nappes et les courans d'eau qui s'étendent ou circulent dans l'intérieur des terres, et contribuent si puissamment à entretenir la force de la végétation pendant la durée des grandes sécheresses, sont très-rapprochés de la surface du sol. Les puits des collines de Médéah et ceux des plaines d'Oran ne sont pas creusés plus avant dans les terres que ceux des environs d'Alger [1].

La fréquente reproduction du mot Hammân (bain), et du mot A'yn (fontaine), atteste l'abondance des sources thermales et minérales de toute espèce. Celles de Hammân Meskontyn, imprégnées de soufre et de bitume, atteignent une température de 76° du thermomètre octogésimal. On voit encore à Hammân Méryghah, l'*aquæ calidæ colonia* des anciens, de nombreux restes de l'architecture et de la civilisation romaine. A quinze lieues de Bone, sur la route de Constantine, il y a une source incrustante, probablement l'*aquæ Tibilitanæ*, qui fournit de l'eau à 80 degrés du thermomètre de Réaumur, et auprès de laquelle on remarque, parmi d'au-

---

[1] Rozet, *Voyage dans la régence d'Alger*, t. Ier, p. 169 et 170.—M. Conil, *Notices sur les points occupés*, Ire part., p. 51.

tres débris du passé, une grande et belle piscine de construction antique.

Il existe plusieurs lacs dans le territoire d'Alger, d'Oran et de la Calle. Non loin de la seconde de ces villes est la Sebkha, énorme masse d'eau qui a 2,000 mètres de large, et qu'on voit s'étendre du côté de l'ouest, à perte de vue, comme un bras de mer. Cependant l'évaporation est si active sur ce point, pendant les chaleurs de l'été, qu'au mois de juillet, les chevaux et les chameaux des Arabes passent d'une rive à l'autre presque à pied sec [1].

Pour compléter notre aperçu de l'aspect général de l'Algérie, nous allons indiquer, en quelques mots, les principaux traits de sa physionomie maritime.

La Méditerranée baigne ses côtes et décrit ses limites naturelles, de l'est à l'ouest, sur une étendue de 225 lieues [2]. Vers l'extrémité occi-

---

[1] Shaler, *Esquisse de l'état d'Alger*, chap. Ier, p. 14 et 15. — Davesac, *Encyclopédie pittoresque*, t. Ier, p. 293. — Habenstreit, *Nouvelles annales des Voyages*, IIe série, t. XVI, p. 64. — Conil, *Notices sur les points occupés*, Ire part., § III, p. 49 et 50.

[2] Les établissemens français dans le nord de l'Afrique sont situés entre le 34e et le 37e degré de latitude nord, et entre le 4e degré de longitude ouest et le 6e degré 20 minutes de longitude est, à compter du méridien de Paris. Ils présentent une largeur moyenne, du nord au sud, d'environ 75 lieues de 25 au degré.

dentale de cette ligne de rochers, le bassin de la mer se rétrécit tellement, que, par un beau jour d'été, on peut apercevoir à l'œil nu, des hauteurs du Rammra, les montagnes les plus élevées de la frontière méridionale de l'Espagne. De là, il n'y a plus qu'un intervalle de 45 lieues entre la colonie française et le continent européen [1].

Des falaises, s'abaissant quelquefois jusqu'au niveau des plaines de l'intérieur, mais plus souvent très-élevées et comme taillées à pic, se prolongent presque sans interruption sur les rivages du littoral, et se rattachent, de loin en loin, aux contre-forts de l'Atlas.

Si les parties saillantes de la côte ne sont pas assez nombreuses et ne s'avancent pas toujours assez dans les eaux de la Méditerranée pour former partout des bassins profonds ou des abris commodes, il y a néanmoins, dans ces parages, des baies et des rades dont on peut tirer un excellent parti. Le temps n'est pas éloigné où les travaux de nos ingénieurs, comme nous l'avons

---

[1] Rozet, *Voyage à Alger*, t. Ier, p. 7, et t. III, chap. X, p. 289. Les montagnes du Rammra, dont la mer baigne le pied, s'élèvent brusquement à 480 mètres au-dessus du niveau de la mer. C'est sur un des sommets de ce plateau que les Espagnols ont construit le fort de Santa-Cruz, immédiatement au-dessus de la ville d'Oran.

déjà fait observer, donneront un grand développement au port de la ville d'Alger. A l'ouest de la régence, les bâtimens ordinaires du commerce trouvent, en tout temps, un excellent mouillage dans la baie d'Arzew, qui présente d'ailleurs un emplacement très-favorable à l'établissement d'une colonie marchande. La baie de Stora, à l'est, réunit tous les avantages qu'on peut désirer : un port spacieux presque formé, une rade sûre et fort étendue, une position agréable et salubre, un sol très-fertile et la faculté d'ouvrir de promptes communications avec l'intérieur et surtout avec Constantine [1]. Ajoutons qu'au moyen de quelques travaux, la magnifique baie de Mers-el-Kébir deviendra pour la Méditerranée ce que Brest est pour l'Océan, un port militaire de la plus haute importance, où cent vaisseaux de guerre, au besoin, pourront mouiller à l'aise.

---

[1] *Notices sur les points occupés,* Ire part., chap. IV, p. 69 et 116.

XIX.

LE SOL.

La constitution géognostique du grand Atlas, sur lequel nous porterons d'abord notre attention, est à peine indiquée par les voyageurs européens qui ont franchi cette ligne de montagnes. Quoiqu'il soit très-accessible de tous côtés, et qu'un trajet peu considérable sépare son versant méridional de son versant septentrional, il est resté, jusqu'à présent, en dehors des investigations de la science : nous savons seulement qu'il est formé d'une roche de quartz et de mica, appelée gneiss, qu'on distingue, au-dessus de celle-ci, un calcaire de sédiment inférieur; et que les couches de calcaire, primitivement horizontales, sont devenues presque perpendiculaires, par la puissance d'un soulèvement dont il est impossible d'assigner l'époque [1].

Des roches quartzeuses, le grès et un calcaire grossier ferrugineux, parsemés en beaucoup d'endroits de corps organisés et de pétrifications de toute espèce, paraissent constituer la plupart des collines, qui se ramifient entre le grand et le petit Atlas. Les montagnes du district de Mascara offrent un calcaire mêlé de gypse, et sont couvertes, çà et là, d'une terre blanche comme la neige [2].

Grâce à l'établissement des Français à Alger,

---

[1] Malte-Brun et Huot, *Précis de la géographie universelle*, t. X, p. 268. — *Géographie générale et comparée*, par Karl Ritter, t. III, IIIᵉ part., ch. Iᵉʳ, p. 170 et 171.

« Un des phénomènes les plus remarquables que nous offre le haut Atlas, c'est sans contredit son peu d'étendue en largeur. Vue de profil, cette chaîne, comme l'observe très-bien M. de Humboldt, apparaissait aux anciens navigateurs des côtes, comme une colonne aérienne isolée, supportant la voûte du ciel. Aucun voyageur, pas même les caravanes les plus lentes, ne mettent plus de trois jours pour se transporter des plaines du nord-ouest aux plaines du sud-est. Léon l'Africain, qui franchit le haut Atlas à cheval, par le défilé qui mène du pays de Héa à Souse, mit trois jours pour aller de Tefetna, village situé sur le versant septentrional, à Messa, sur le versant méridional. » — Ibid.

[2] Ritter, *Géographie comparée*, t. III, p. 167. — Malte-Brun, *Précis de géographie*, t. X, p. 270. — Desfontaines, *Nouvelles annales des Voyages*, IIᵉ série, t. XVI, p. 347. — Poiret, *Voyage en Barbarie*, t. II, p. 279.

quelques parties du petit Atlas nous sont mieux connues. Les marnes schisteuses et les calcaires marneux semblent dominer dans la composition des diverses montagnes qui bordent la partie méridionale de la Mitidja : celles-ci, en se prolongeant horizontalement, sont coupées par des veines de calcaire spathique, de fer hydraté, de silex calcarifère et de quartz blanc. Dans les couches calcaréo-marneuses, les espèces minérales sont peu abondantes et les restes organiques très-rares.

Quelques-uns des derniers rameaux du petit Atlas, sur la lisière de la plaine, sont composés d'un grès calcaire jaunâtre ou d'un calcaire grossier ferrugineux.

Le terrain tertiaire subatlantique constitue entièrement les collines situées au nord de la Mitidja et celles qui, en beaucoup plus grand nombre, s'élèvent en masses irrégulières au sud du petit Atlas. La marne bleue semée de quelques veines de gypse laminaire et lamellaire forme la partie inférieure de ces roches : d'une puissance de 200 mètres et au-delà, elle est recouverte par des strates de grès calcaires, ou de calcaire grossier à coraux, légèrement sillonnés de traces de fer hydraté, et dont l'épaisseur varie de 20 à 50 mètres. Vers le faîte des montagnes, à la marne schisteuse succède le phyllade, qui lui-même, sur le versant méridional des hauteurs de Beni-Sala, se change en ardoise. La formation calcaréo-marneuse contient ici des débris considérables de coquilles marines [1].

Au côté nord de la Mitidja, la constitution géognostique des collines est absolument la même : seulement les dépôts tertiaires y sont plus riches en coquilles fluviatiles et inclinés du nord au sud et non du sud au nord, comme au-delà du petit Atlas.

Les principaux sommets du mont Boudzaréah, sur le massif d'Alger, et une partie des bords de la mer, à l'est et à l'ouest de ce point culminant, sont composés de calcaires, de grès tertiaires, de schistes talqueux et de gneiss. Le schiste talqueux passe tantôt au feldspath, tantôt au micachiste. Il abonde en veines de quartz blanc et enfumé, de fer pyriteux et hydraté, et présente beaucoup de petits grenats, quelques cristaux, et des fragmens de galène et d'anthracite. Au nombre des espèces minérales du gneiss, sont aussi le quartz blanc et enfumé, le feldspath pur, des cristaux et de très-belles lames de mica [2].

---

[1] *Voyage dans la régence,* par M. Rozet, t. Ier, chap. III, p. 21-29. — Desfontaines, *Nouvelles annales des Voyages,* IIe série, t. XVII, p. 81-83.

[2] M. Rozet, *Mémoire géologique sur les provinces d'Alger et de Titterie,* inséré dans les *Nouvelles annales du Muséum d'histoire naturelle,* t. II, p. 284 et suivantes.

Les formations des terrains, dans les environs d'Oran, se rapprochent beaucoup de celles d'Alger. Les marnes, le calcaire, le phyllade et surtout les schistes y forment les couches principales du sol. On y remarque, toutefois, de nombreuses dolomies grises, jaunes et brunes, dont les roches sont disposées comme des cratères de soulèvement, et fortement inclinées du nord au sud.

Les substances minérales et les restes organiques sont en général très-rares dans le voisinage de la côte [1]. Mais sur d'autres points de la province, il existe des traces certaines de minerais [2].

A Bone, dans un rayon de plusieurs lieues,

---

[1] M. Rozet, *Voyage à Alger*, t. Ier, chap. V, p. 56-70.

« Le terrain tertiaire subatlantique existe sur tout le littoral de la Méditerranée, en Espagne, en Provence, en Italie. C'est lui qui constitue les collines qui bordent les Apennins; on l'a trouvé très-bien développé en Grèce; il existe en Syrie; enfin, c'est ce même terrain qui forme le sol de la Basse-Égypte, recouvert seulement par une couche d'alluvion plus ou moins épaisse. Le terrain tertiaire des bassins de l'Autriche, de l'Allemagne, de la Hongrie, etc., est absolument identique avec le nôtre; il est composé, comme lui, de deux étages : marne bleue, calcaires grès et sables, et il renferme les mêmes genres de coquilles fossiles. Quant aux espèces, elles diffèrent et elles doivent différer, vu l'éloignement des lieux. » — Ibid., chap. VI, p. 71 et 72.

[2] *Situation des établissemens français*, Ire part., p. 51.

les montagnes se composent de quartz mêlé de mica. En s'éloignant de la mer, les roches changent de nature, deviennent calcaires et quartzeuses : sur le chemin montueux, qui conduit à Constantine, on rencontre fréquemment des produits volcaniques, des scories, des espèces de pierres ponces noirâtres, des laves, etc. [1]

Tout porte à croire que l'île de Harchgoun, dans le golfe de ce nom, doit son origine à un volcan. On y trouve des pierres calcinées et beaucoup de pouzzolane [2].

Si nous avons cherché à nous rendre compte des principaux élémens du sol de l'Algérie, c'est que leur nature influe nécessairement sur le développement de la végétation. Ainsi, la formation calcaréo-marneuse favorise puissamment la croissance des plantes ; mais dans les endroits où la marne domine et s'élève à fleur de terre, tout porte l'empreinte de la stérilité. Les broussailles hautes et épaisses sur les terrains schisteux, paraissent languir sur le sol occupé par le gneiss : elles viennent aussi très-mal au-dessus des couches de phyllade et de quartz.

---

[1] L'abbé Poiret, *Voyage en Barbarie*, t. Ier, p. 154-156, et t. II, p. 276-279.

Cet écrivain prétend que les montagnes qui avoisinent la Calle et s'avancent dans le pays, sont presque toutes volcaniques.

[2] Le capitaine Conil, *Notices sur les points occupés*, Ire part., § II, p. 59.

Une autre remarque importante, c'est que l'alliance calcaréo-marneuse produit une infinité de ruisseaux, tandis que le phyllade et le gneiss sont presque entièrement dépourvus de sources d'eaux vives [1].

Le sous-sol des plaines est généralement argileux ou calcaire à Alger, siliceux à Bone, et calcaire ou schisteux à Oran [2].

Le sol de la Mitidja est entièrement formé par un terrain d'alluvions. Ce sont des couches horizontales de marnes argileuses et grisâtres, et de débris pierreux de différentes natures. On a encore observé que l'Arrach roule des marbres blancs et veinés, des grès, des spaths calcaires, des pierres ferrugineuses, des stalactites et des morceaux de fer; et que des troncs et des feuilles de plantes ont laissé très-distinctement leur empreinte diversifiée sur ces nombreuses substances [3]. La couche végétale de la Mitidja, qui a souvent plusieurs pieds d'épaisseur, est partout composée d'une espèce de marne diluviale.

---

[1] *Voyage dans la régence d'Alger*, par le capitaine Rozet, t. Ier, chap. III, p. 21-48.

[2] *Rapport sur la colonisation d'Alger*, par M. de la Pinsonnière, Ire part., p. 64.

[3] Desfontaines, *Nouvelles annales des Voyages*, IIe série,

Dans les plaines d'Oran, l'humus est beaucoup moins abondant, et ne dépasse guère une épaisseur moyenne de sept pouces. C'est en quelques endroits une marne jaune, et, ailleurs, une argile rouge ou blanche. Quant à la terre végétale des plaines de Bone, elle se recommande par son

---

t. XVI, p. 318 et 319. — *Voyage dans la régence d'Alger,* par M. Rozet, t. Iᵉʳ, chap. III, p. 44-46.

« La nature de la marne est à peu près la même partout, mais celle des cailloux change ; le long de l'Atlas et jusqu'à près de deux lieues dans la plaine, depuis les montagnes de Beni-Moussa jusqu'au lit de la Chiffa, ce sont des phyllades mélangées de marnes schisteuses, de fragmens de quartz et de calcaire noir et gris ; depuis la Chiffa jusqu'au-delà du Oued-jer, on ne trouve plus que du calcaire compacte, du calcaire marneux, et des marnes schisteuses ; des fragmens roulés de ces mêmes roches, et dont la grosseur va en diminuant en marchant dans le sens du courant de l'eau, couvrent aussi le lit des rivières et des torrens.

» Ce phénomène est bien apparent le long du cours de la Chiffa ; au pied des montagnes, on trouve dans le lit de cette rivière, des blocs très-gros et des cailloux roulés, dont la grosseur varie depuis celle de la tête jusqu'à celle du poing, et à quatre lieues de là, à son point de jonction avec le Oued-jer, ce ne sont plus que des graviers dont les plus gros sont comme des œufs de pigeon ; le long de la bande des collines, les cailloux du terrain diluvien proviennent en partie du terrain de transition et en partie des calcaires et grès tertiaires.

» Je n'ai point trouvé d'ossemens de grands animaux, ni aucuns débris organiques dans les alluvions de la Mitidja ; cependant je les ai examinées avec beaucoup de soin sur plusieurs points très-éloignés les uns des autres. » — Ibid., p. 44 et 45.

excellente qualité, sa profondeur et sa fraîcheur interne ¹.

Pris dans son ensemble, le sol de la régence réunit les plus précieux avantages.

Nous avons vu que le professeur Desfontaines mettait l'Algérie pour la puissance productive au-dessus du royaume de Tunis ². L'abbé Poiret admirait ses terres excellentes qui n'ont point cessé d'être neuves, grâce au mode de culture suivi par les Arabes ; et il pensait que des mains plus habiles pourraient tirer un parti admirable de ce pays presque inculte ³. Selon le consul

---

¹ M. de la Pinsonnière, *Rapport sur la colonisation de la régence d'Alger*, Ire part., p. 63. — M. Rozet, *Voyage à Alger*, t. Ier, chap. V, p. 67. — Le capitaine Conil, *Notices sur les points occupés*, Ire part., § II, p. 51.

² *Flora atlantica*, prefat., p. 1.
Strabon, dans son grand ouvrage, signale la qualité supérieure du sol de l'Afrique septentrionale. « Sur les bords de notre mer, dit-il, le pays presque partout, mais principalement aux environs de Cyrène et de Carthage, et, de là, jusqu'à la Maurusie et aux colonnes d'Hercule, est excellent. » (*Géographie*, t. Ier, liv. II, p. 364.) C'est-à-dire, depuis Tunis jusqu'au détroit, puisque la Maurusie, à laquelle les Romains ont donné le nom de Mauritanie, comprenait les royaumes d'Alger et de Fez d'aujourd'hui.

³ *Voyage en Barbarie*, t. Ier, p. 169, et t. II, p. 74.
« Le sol, quoique peu cultivé, y est très-fertile. Sa nature est une argile rendue légère par le sable qui s'y trouve en abondance, ou bien ce n'est que du sable mêlé aux débris annuels des plantes,

américain Shaler, l'Afrique septentrionale n'a rien perdu de sa fertilité autrefois si renommée [1]. M. Rozet dit « que c'est une des contrées les plus fertiles que nous connaissions » [2], et le capitaine Pelissier assure « qu'elle est susceptible d'une grande variété de produits et d'un immense développement agricole » [3].

Veut-on un témoignage d'une plus haute autorité et en quelque sorte officiel ? M. de la Pinsonnière, en sa qualité de rapporteur de la commission d'Afrique, fait observer « que la beauté

---

d'où il résulte une terre noirâtre, légère, sans consistance, mais d'un excellent produit.

» Nous ajouterons à cela, que comme il y a peu de terres cultivées, il est rare que les indigènes labourent le même champ plusieurs années de suite. Ils choisissent toujours celui qui est le plus à leur portée. La terre, par ce moyen, ne cesse point d'être neuve; elle répare, avec le temps, par la destruction des végétaux, ce qu'elle peut avoir perdu par la culture.

» Il est aisé de juger, d'après cela, combien ce pays presque inculte, deviendrait précieux entre les mains de bons agriculteurs. Quand l'homme y aurait les saisons et les élémens à sa disposition, il ne pourrait les rendre plus favorables. » — Ibid., p. 74-76.

[1] *Esquisse de l'état d'Alger*, t. Ier, chap. Ier, p. 12.

[2] *Voyage dans la régence d'Alger*, t. Ier. ch. IX, p. 214.

[3] *Annales de l'Algérie*, t. II, p. 325.

Voyez aussi l'opinion énergiquement exprimée à ce sujet, par M. Genty de Bussy : *De l'établissement des Français dans la régence d'Alger*, t. Ier, chap. II, p. 64.

de la végétation sauvage, partout où elle se montre dans les plaines, confirme l'opinion que l'on a de la grande richesse du sol »; et, donnant encore plus d'extension à ce jugement favorable, il ajoute « que les terres, loin d'être douteuses, sont en général d'une qualité supérieure » [1].

Il suffit d'examiner la conformation et la nature du sol de l'Algérie pour demeurer convaincu qu'il doit abonder en richesses minérales.

Les Romains avaient découvert des mines de toute espèce dans leur province d'Afrique [2] : ils faisaient surtout un très-grand cas des marbres de la Numidie, lesquels étaient d'un beau jaune uni ou tachetés de diverses couleurs [3]. Depuis, en traversant dix siècles de vicissitudes,

---

[1] *Rapport sur la colonisation d'Alger,* Ire part., p. 57 et 63.

« Cette richesse des plaines se conçoit facilement; elles sont entourées de hautes montagnes qui, lavées par les pluies, se sont, dans la succession des temps, dépouillées en leur faveur; elles se prêteront à un grand nombre de cultures. » — Ibid., p. 64.

[2] *Situation des établissemens français dans l'Algérie,* IIe part., § XXII, p. 322 et 323.

[3] Malte-Brun et Huot, *Précis de la Géographie universelle,* t. X, l. 162, p. 267. Le siége de cette riche exploitation, selon M. Dureau de la Malle, était à 25 milles de l'ancienne Cirta, dans la direction de l'est. — *Renseignemens sur la province de Constantine,* § VII, p. 80 et 81.

la connaissance de ces exploitations s'est entièrement perdue ; et le gouvernement algérien, avec son insouciance ordinaire, n'a voulu prendre aucune mesure, ni tolérer aucunes tentatives qui auraient eu pour objet d'en retrouver les traces [1].

Les preuves de l'existence de ces trésors souterrains ne s'en montrent pas moins partout à nu sur les flancs ravinés des montagnes. Les calcaires gris et noirs qu'on voit alterner avec les marnes schisteuses et le phyllade, et les schistes talqueux du petit Atlas et du massif d'Alger, ont fourni, ou pourraient donner, de très-bonnes pierres de construction, des grès, du marbre blanc, de l'ardoise et des terres pour la fabrication des tuiles, des briques, du pisé, de la poterie, etc. [2]

Deux colons, MM. Morel et Châtelain, ont découvert récemment à six ou huit heures de marche d'Alger, dans les vallées de l'Arbâ et de l'Oued-el-Akhra, plusieurs carrières de gypse ou de pierres à plâtre ; et, plus loin, dans les gorges de l'Atlas, de très-beaux mar-

---

[1] *Situation des établissemens français dans l'Algérie*, IIe part., p. 323.

[2] *Voyage dans la régence d'Alger*, par M. Rozet, t. X, p. 27, 28, 32, 33, 38, 42, 47, etc.

bres statuaires, de l'albâtre, de l'ocre jaune, de la terre de pipe et du blanc d'Espagne [1].

Le calcaire tertiaire d'Oran a été employé de tout temps aux constructions de la ville. Trois gros bancs en pleine exploitation, dans la carrière de Saint-André, donnent de très-belles pierres de taille. A Mers-el-Kébir, il y a une carrière de marbre, brèche fond noir. On extrait largement du plâtre de la gorge formée par les montagnes de cette baie, et la pierre à chaux existe partout [2].

En France, comme dans tous les pays de l'Europe, on a trouvé des couches de lignite dans la partie inférieure du terrain tertiaire subatlantique. Or, cette formation, comme nous l'avons démontré tout à l'heure, occupe une

---

[1] *Revue africaine*, V⁰ livraison, août 1837, p. 44-48.

« L'exploitation du plâtre indigène est peut-être un des objets les plus importans pour la colonie, qui est obligée de tirer d'Europe celui qu'elle emploie : elle serait surtout avantageuse pour la place de Bouffarick, qui n'est éloignée que de quelques lieues, et pour les constructions à faire dans une grande partie de la plaine, où les matériaux et la chaux manquent assez généralement. Elle tournerait aussi au profit de l'agriculture, car il n'est personne qui ne sache quelle force de végétation le plâtre donne aux prairies artificielles. » — Ibid., p. 46 et 47.

[2] M. Conil, *Notices sur les points occupés*, Ire part., § II, p. 55. — M. Rozet, *Voyage dans la régence d'Alger*, t. Ier, chap. V, p. 68.

grande partie des montagnes et des plaines de l'Algérie, et tout fait présumer que l'espèce de houille qu'on en tire chez nous existe également dans les dépôts trans-méditerranéens. Un ingénieur distingué prédit un plein succès aux sondages qu'on pourra entreprendre au milieu des collines d'Alger ou des plaines d'Oran pour la recherche du lignite [1].

Les rapports officiels nous apprennent qu'on a reconnu l'existence de l'or à Frendah. Dans les montagnes des environs de Bougie, les Kabaïles exploitent depuis long-temps des mines de fer, dont les produits leur servent à fabriquer des canons de fusils, des instrumens aratoires et d'autres ustensiles. On prétend qu'ils tirent aussi de ce sol montueux du minerai de plomb pour les usages de la guerre et de la chasse [2].

---

[1] M. Rozet, *Voyage dans la régence d'Alger*, t. Ier, chap. VI, p. 72 et 73.

« Peut-être que les recherches de la science produiront bientôt la découverte de combustibles fossiles, disent les rapports officiels. Nulle investigation n'ayant été jusqu'ici tentée, il serait hasardeux de dénier à l'Afrique, où les *minéraux abondent*, les richesses souterraines qu'on trouve ailleurs mêlées à des terrains analogues. »
— *Situation des établissemens français*, IIe part., § XV, p. 292.

[2] M. Rozet, *Voyage dans la régence d'Alger*, t. II, chap. II, p. 17 et 18. — M. Genty de Bussy, *De l'établisse-*

Le district de Mascara, qui rentrera sous la domination française dans un avenir plus ou moins rapproché, est destiné à devenir le centre des plus belles exploitations minérales. A cinq ou six lieues de cette ville, dans les montagnes de Tescha, il existe une mine de cuivre presque à fleur de terre : la direction des filons est de l'est à l'ouest, et, en plusieurs endroits, si rapprochée de la surface du sol, qu'elle lui communique une teinte verdâtre. Il y a, en outre, non loin de là, une mine de plomb aussi largement pourvue de métal, de très-grosses chalcédoines disposées par lits étroits dans une terre pyriteuse, et un ravin où l'on aperçoit des morceaux de cristal de roche [1].

ment des *Français dans la régence d'Alger*, t. Ier, chap. II, p. 99 et 100. — *Situation des établissemens français dans l'Algérie*, IIe part., § XXII, p. 321 et 325.

« Le fer est la substance la plus commune que j'aie remarquée dans cette chaîne de montagnes, qui s'étend depuis Tabarque jusqu'au de là de Bone. Il s'y présente sous toutes sortes de formes ; il est mêlé à la terre glaise qu'il colore fortement en rouge, à l'argile qu'il teint en un jaune très-brun, au sable qu'il noircit. Dans les ravins, il dépose un ochre pulvérulent d'un rouge de sang ; les fissures des grès sont remplies d'une substance noire ferrugineuse, les pierres en sont souvées incrustées. » — *Voyage en Barbarie*, par l'abbé Poiret, IIe part., p. 278.

[1] Desfontaines, *Nouvelles annales des Voyages*, IIe série, t. XVI, p. 340-352.

« Un jour, le bey de Mascara voulut savoir si je pensais qu'il

La chaîne de montagnes dont l'extrême point se rattache au port de Collo, recèle également du cuivre et du cristal de roche [1]. Mais nulle part on n'a trouvé le minerai de cuivre en aussi grande quantité que sur la route de Médéah, à une lieue au sud du col de Ténia, dans une formation calcaréo-marneuse : parmi les larges veines de ce métal, exposées au grand jour et composées de fer carbonate, de beaucoup de cuivre gris et de malachite, et d'un peu de carbonate bleu et de baryte sulfatée laminaire, on voit un très-beau filon qui se développe sur une longueur d'environ 100 mètres. « Il suffirait peut-être de quelques recherches, remarque le naturaliste auquel nous empruntons ces détails, pour

y eut des mines dans le mont Atlas ; je lui répondis, crainte de lui causer de l'ombrage, que je ne m'occupais que des plantes ; car ces peuples sont très-jaloux des métaux que renferment la terre, et il faut avoir la plus grande attention de ne pas exciter leur méfiance. Je fis cependant entendre au bey que j'avais quelques connaissances dans cette partie : il envoya aussitôt un esclave qui revint avec des morceaux de galène et de mine de cuivre, qui me parurent fort riches. Je ne voulus point paraître empressé de voir les mines ; je lui dis cependant ce que ces morceaux contenaient. Quand il apprit que l'un renfermait du cuivre, il me dit qu'il ferait boucher le trou d'où on l'avait tiré. »—Ibid., p. 348.

[1] M. Conil, *Notices sur les points occupés*, Ire part., § V, p. III.

découvrir des richesses immenses dans cette localité. » [1]

Nous ignorons si les montagnes de l'Atlas, comme l'affirme un auteur, renferment des mines inépuisables du plus beau sel [2]. Il n'est pas besoin, toutefois, de creuser la terre pour se procurer ce minéral qu'on trouve partout dans l'Afrique française. La côte du territoire d'Alger est parsemée de fragmens de sel blanc, d'une excellente qualité, produit par l'évaporation de la mer [3]. La même substance forme une couche si épaisse dans les lagunes d'Arzew, quand elles sont desséchées par l'active chaleur

---

[1] *Voyage dans la régence d'Alger,* par M. Rozet, t. Ier, chap. VIII, p. 174. — Davesac, *Encyclopédie pittoresque,* t. Ier, p. 293.

[2] William Shaler, *Esquisse sur l'état d'Alger,* chap. Ier, p. 12.

[3] Le capitaine Rozet, *Voyage dans la régence d'Alger,* t. Ier, chap. VIII, p. 174.

« L'eau jetée par la houle le long de la côte et quelquefois par dessus les falaises se réunit dans les cavités des rochers et dans les dépressions du sol, où elle laisse, en s'évaporant, une croûte de sel extrêmement blanc et d'une excellente qualité. L'ignorance et l'incurie des Maures et des Arabes sont si grandes, qu'ils aiment mieux acheter le sel fort cher dans les villes, que de ramasser celui qui se trouve ainsi répandu en abondance sur le bord de la mer. Dans les environs d'Alger, un homme pourrait facilement recueillir dix livres de sel par jour. » — Ibid.

du climat, qu'on extrait des rochers un sel assez pur à coups de pioche [1]. Il y a des sebkas, ou lacs salés, dans tous les districts maritimes [2].

Pendant l'été, il se forme des dépôts considérables de sel ou de nitre sur les bords presque abandonnés de plusieurs rivières [3]. Les eaux d'un grand nombre de sources, de ruisseaux et de puits, disséminés dans les plaines d'Oran, sont plus ou moins imprégnées de particules salines [4]. Le sol est lui-même tellement saturé de sels, qu'on extrait le salpêtre des terres, au moyen du lavage, dans toute la partie occidentale de la province [5]. Enfin, on a reconnu, à Alger, que la vapeur d'eau répandue dans l'atmosphère, tient constamment en dissolution une petite quantité de sel marin [6].

---

[1] *Notices sur les points occupés,* par M. Conil, Ire part., chap. III, § II, p. 49 et 50.

[2] Davesac, *Encyclopédie pittoresque,* t. Ier, p. 293.

« Suivant la remarque de Desfontaines, les eaux douces sont beaucoup plus rares que les eaux salées : aussi le nom de *Oued-el-Malehh,* c'est-à-dire, rivière ou ruisseau *de sel,* est-il fort commun dans toute l'étendue de la régence. » — Ibid.

[3] Shaw, *Travels in Barbary,* p. 228 et 229.

[4] *Notices sur les points occupés,* p. 51.

[5] Desfontaines, *Nouvelles annales des Voyages,* IIe série, t. XVII, p. 153. — M. Conil, *Notices sur les points occupés,* p. 51.

[6] Rozet, t. Ier, chap. VII, p. 167.

Il n'y a point de pays, où les particules salines et nitreuses se mêlent, dans une aussi grande proportion, à tous les élémens constitutifs du sol, de l'eau et de l'air. N'est-ce pas là une des causes les plus actives de la fertilité des pays situés entre la Méditerranée et la chaîne du grand Atlas? L'atmosphère maritime, contenue et concentrée dans les limites du littoral par cette ligne de montagnes, ne doit-elle pas exercer une grande et salutaire influence sur la végétation? C'est l'opinion du savant docteur Shaw, qu'une longue étude avait familiarisé avec les caractères particuliers de la nature africaine. De nombreuses expériences ont d'ailleurs démontré que le résidu des salines, le sel commun et le salpêtre, lavés par les pluies et combinés avec la terre végétale, sont extrêmement favorables à la croissance des végétaux [1].

---

[1] Voyez les observations de Desfontaines, *Nouvelles annales des Voyages*, IIe série, t. XVII, p. 331.

XX.

LA VÉGÉTATION. — NATURE SAUVAGE.

Le règne végétal de l'Afrique française est d'autant plus riche, que la température à la fois très-élevée et remarquablement douce de cette belle région, se prête à une grande variété de cultures. Les productions naturelles des pays situés entre les tropiques y croissent à côté des plantes de l'Europe méridionale. On pourrait dire qu'il n'y a presque point de végétaux nécessaires à l'existence de l'homme, recherchés pour la table du riche, employés dans les échanges du commerce ou travaillés par l'industrie, qui ne prospèrent sous le beau ciel de l'Algérie.

La spontanéité est un des caractères les plus frappans et les plus heureux de cette puissante nature. Elle a une exhubérance de vitalité si communicative, qu'on en remarque les effets jusque dans les importations étrangères : les arbres de l'Europe et de l'Amérique, transplantés sur le sol de la régence, y viennent et s'y propagent sans culture, comme les productions indigènes [1].

Parmi le grand nombre de végétaux qui croissent naturellement, nous citerons d'abord les lentiques, les palmiers chamérops, les arbousiers, les genets épineux, les agaves, les myrthes, les lauriers roses, etc. Sous la forme de hautes broussailles, ils envahissent quelquefois la plaine, et presque toujours le versant des montagnes et des collines du littoral. Les grandes chaînes de l'Atlas et leurs nombreux contreforts se revêtent, vers la région supérieure, de masses de liéges, de chênes aux glands doux, de peupliers blancs et de genévriers de Phénicie, au milieu desquels on voit se dessiner, çà et là, la forme pyramidale du pin de Jérusalem [2].

---

[1] Rozet, *Voyage dans la régence d'Alger*, t. I|er|, ch. IX, p. 184.

[2] Poiret, *Voyage en Barbarie*, t. II, p. 257-259. — Desfontaines, *Nouvelles annales des Voyages*, II|e| série, t. XVII, p. 324 et 325. — Rozet, *Voyage dans la régence d'Alger*, t. I|er|, p. 185-187.

« Les arbres du petit Atlas sont d'une fort mauvaise venue, dit M. Rozet; il n'y en a pas un seul qui puisse servir pour les

L'arbousier porte un fruit très-agréable au goût, de la couleur et de la forme d'une fraise, mais beaucoup plus gros. Le myrthe produit une baie d'un goût un peu amer, qui devient noir en mûrissant [1].

L'olivier, le noyer, le jujubier, l'oranger amer, le citronnier, le grenadier, le cactus, la vigne et l'absinthe sont au nombre des productions spontanées du sol : ils poussent sur les montagnes, dans les vallées et les champs, et se mêlent au tissu des haies, aux fourrés des broussailles et au taillis des bois. L'oranger et le citronnier sont des arbres d'une grande beauté, et dont les fleurs et les fruits presque éternels répandent un parfum délicieux. A une élévation de 600 mètres, sur le versant septentrional

---

constructions navales. Les plus beaux arbres que j'aie vus, c'est après avoir passé le col de Ténia, à six cents mètres au sud de ce point : c'étaient des liéges et des chênes verts de 0ᵐ 6 à 1ᵐ 2 de diamètre; mais ils étaient presque tous tordus et peu élevés. Les chênes de l'Atlas donnent des glands doux qui servent à la nourriture des Berbères, des Arabes et même des Maures. » — Rozet, t. Iᵉʳ, p. 187.

Ces derniers arbres, selon l'abbé Poiret, sont connus sous le nom de *chênes Balottes*. Leurs glands aussi nourrissans, aussi doux que la châtaigne, se vendent publiquement à Bone, à Constantine, etc. Les Arabes les mangent crus. Bouillis dans l'eau ou cuits sous la cendre, ils ont un goût très-délicat. — IIᵉ part., p. 258.

[1] Rozet, t. Iᵉʳ, p. 190. — Poiret, IIᵉ part., p. 161.

de l'Atlas, on aperçoit encore des orangers mêlés aux cactus et aux agaves; du côté du sud, les figuiers vivent jusqu'à une hauteur de 1,400 mètres. Le grenadier inculte est si fécond dans les environs d'Alger, que ses fruits d'une parfaite maturité, s'y vendent à très-bas prix [1].

Nous nous réservons de parler ailleurs de l'olivier et de la vigne, les deux végétaux qui, peut-être, viennent le mieux dans l'Afrique française.

Les jardins, les champs et les habitations, dans les environs des villes et dans les campagnes, sont pittoresquement entourés de haies, de cactus et d'agaves. Le cactus produit un fruit très-rafraîchissant, de la forme d'une figue, sur lequel les Arabes vivent, en grande partie, pendant six mois de l'année; et ses tiges, dépouillées de leurs nombreuses épines et hachées par morceaux, servent de nourriture aux pauvres, quand les végétaux sont peu abondants. Avec la feuille des agaves, on fait une espèce de papyrus et un fil propre à former différens tissus et d'excellentes cordes de trait.

---

[1] M. Rozet, *Voyage dans la régence d'Alger*, t. Ier, chap. IX, p. 181-191.

En 1831, d'après cet officier, on pouvait avoir six grenades pour un sou.

Le dattier, beaucoup moins commun que les autres arbres à fruits, vient aussi sur les collines et dans les vallées, au milieu des broussailles : souvent sa tige, remplaçant le palmier, ce bel arbre des morts, s'élève comme une colonnette, auprès du tombeau de marbre blanc sanctifié par la mémoire de quelque marabout. Ses dattes, par la négligence des Arabes, sans doute, plutôt que par le défaut de chaleur, sont tilleuses à Alger, et ne mûrissent bien que vers le sud, et dans l'immense contrée du Biledulgérid, à laquelle elles ont donné leur nom. Les fruits du dattier nain, ou du palmier chamérops, sont peu estimés, quoiqu'ils soient mangés par les indigènes ; mais le cœur de cet arbuste extrêmement tendre, dans sa première croissance, est recherché pour les usages de la table [1].

---

[1] Desfontaines, *Nouvelles annales des Voyages*, IIe série, t. XVI, p. 340-342. — Ritter, *Géographie générale comparée*, t. III, p. 176 et 177. — Poiret, *Voyage en Barbarie*, IIe part., p. 175 et 274. — Rozet, *Voyage dans la régence d'Alger*, t. Ier, ch. IX, p. 188, et t. III, chap. III, p. 125.

« Le fruit du palmier nain est une baie presque ronde ; la pulpe qui environne le noyau est légèrement succulente, mielleuse, un peu sèche, mêlée à beaucoup de filamens. Les Arabes mangent encore les jeunes pousses de cette plante, ou plutôt la partie des jeunes pousses qui est dans la terre : avec les feuilles, ils font des cordes, des ficelles, des paniers et des nattes.

» Ce petit palmier n'a point de tiges. Toutes ses branches ou

Le ricin, la canne à sucre, le cotonnier, le cactus sans épine, le henné, la garance et le lin vivent à l'état sauvage.

Le ricin, faible arbrisseau en Europe, prend les dimensions d'un arbre en Afrique. Depuis quelque temps, son huile a été employée avec succès dans les savonneries; il donne deux récoltes par an. On rencontre partout le cactus sans épine, nourriture ordinaire de l'insecte qui produit la cochenille dans le Nouveau-Monde. Plusieurs colons ont essayé de naturaliser cette culture américaine dans la régence, mais jusqu'à présent leurs tentatives n'ont point donné des résultats bien satisfaisans [1].

Deux plantes tinctoriales, la garance et le

---

plutôt ses feuilles sortent de terre portées sur la racine, ainsi que la fructification. Il fleurit au printemps, et donne des fruits en automne et dans l'hiver. Il ne s'élève qu'à deux ou trois pieds de haut, et s'élargit en buisson. Toutes les côtes de la Barbarie en sont couvertes. » — Poiret, IIe part., p. 273.

[1] *Alger sous la domination française*, par M. Pichon, liv. II, chap. VI, p. 311.

« Un nouvel établissement fondé par le gouvernement depuis quelques mois, a déjà reçu tous les développemens dont il est susceptible; il se compose d'une plantation en pleine terre, de cactus cochenilifères, d'une étendue d'un hectare environ, situé dans l'ancien jardin du dey, au bord de la mer, et d'une autre plantation dans une cinquantaine de caisses abritées par un hangar et dans le même lieu. Cette dernière est destinée à conserver un fonds d'insectes pour garnir au printemps les cactus du dehors,

henné, offrent de meilleurs élémens de coloration à nos manufactures. Au lieu de la teinte vive et tranchée de la garance, celle-ci donne un brun rouge d'une forte et belle couleur. Le henné est un bel arbrisseau de dix à douze pieds de hauteur, et dont les nombreux rameaux font un angle presque droit avec le tronc. La colonie mauresque de Mostaganem en possédait autrefois de grandes cultures. C'est avec les feuilles du henné, broyées en poudre fine, que les femmes maures et arabes se teignent les on-

dans le cas où les pluies et les contre-temps d'hiver auraient fait périr ceux de la ponte d'automne.

» On estime que l'on pourrait faire deux ou trois récoltes d'été et quelquefois une en hiver ; les principaux frais étant faits aujourd'hui, on dépensera dorénavant 1,500 francs ; mais il est difficile d'apprécier la valeur des produits.

» Tout porte à croire que cette culture, entreprise par l'industrie particulière, ne serait pas avantageuse ; le climat d'Alger lui est moins favorable que celui de l'Amérique. Cette circonstance nécessiterait des soins plus recherchés et nuirait peut-être au principe colorant ; il en résulterait une augmentation de frais, une dépréciation dans la qualité, et par suite, l'impossibilité de soutenir la concurrence. D'ailleurs, la cochenille n'est plus recherchée pour le commerce ; en style technique, elle n'est pas bon teint, et il sera bien plus convenable de lui préférer la garance, dont l'emploi s'est considérablement étendu, et dont la culture doit réussir dans la régence, si l'on en juge par ce qui existe à Tunis. » — *Rapport sur la colonisation d'Alger*, par M. de la Pinsonnière, Ire part., p. 74 et 75.

gles, le dedans des mains et le dessous des pieds [1].

Plusieurs légumes, d'un usage journalier en France, tels que les cardons, le céleri, les asperges, la carotte, le panais, etc., poussent naturellement au bord des ruisseaux et à l'ombre des broussailles.

Dans toutes les saisons, des fleurs sauvages tempèrent par le charme de leurs formes et la variété de leurs couleurs, l'éclat quelque peu sévère de la nature africaine. Une foule d'arbrisseaux odoriférans, les myrthes, les garous, la lavande, l'épine-vinette, etc., couvrent les campagnes et parfument l'air des plus suaves émanations. Sur le vert plus ou moins foncé des broussailles, des taillis et des haies, les fleurs des cactus, des grenadiers et des rosiers sauvages se détachent, comme des points brillans; et partout le laurier rose forme, sur les bords des rivières et des ruisseaux, une lisière empourprée, qui marque les sinuosités de leur cours. Pendant l'hiver, au lieu d'une nappe de neige à la teinte uniforme et fatigante, on voit s'étendre sur les côteaux de riches

---

[1] Desfontaines, *Nouvelles annales des Voyages*, IIe série, t. XVI, p. 224 et 225. — *Tableau de la situation des établissemens français dans l'Algérie*, Ire part., chap. III, p. 67.

tapis de tulipes, de renoncules, d'anémones et de sérépias. Le printemps amène les ornithégales, les asphodèles, les iris, et le lupin jaune qui forme de vastes champs; et, avec l'automne, paraissent la grande scille et une multitude de petites fleurs de la même famille et de toutes les couleurs [1].

Nous n'avons pas encore parlé des différentes espèces d'arbres qui dominent dans les forêts et les bois de l'Afrique septentrionale : ce sont le chêne vert, l'olivier, l'orme, le frêne, le chêne liége, l'aulne, le pin et le *thuya articulata*.

Il s'en faut de beaucoup que l'Algérie soit aussi déboisée qu'on l'avait d'abord supposé. Depuis quelques années, les côtes, soigneusement explorées par nos navigateurs, leur ont apparu presque toutes couvertes de bois considérables : ceux du Mazafran, entre Coléah et Alger, d'el Mascra, entre la plaine de Ceirat et Mostaganem, de la Stidia ou de la Macta, entre Mazagran et l'embouchure de l'Habrah, et des terres de l'Oued-el-Akral et de l'Oued-Nougha, méritent d'être distingués pour l'étendue, la beauté et la vigueur des taillis [2].

---

[1] Poiret, *Voyage en Barbarie*, Ire part., p. 53 et 54.
[2] *Tableau des établissemens français*, p. 289-291.
« Nos troupes ont trouvé la vallée du Schélif ornée de bois

On cite les forêts de Muley-Ismaël et d'Emsila, dans la province d'Oran, comme de puissantes et fécondes agglomérations d'arbres. Il y a de magnifiques forêts entre Bouja et le cap de Fer, et, sur la route de Bone, dans le territoire de Djeb-Allah. Près de la mer, au delà des collines de la Calle, s'étendent plus de vingt mille hectares de belles forêts, coupées de lacs et de prairies, et peuplées de chênes liéges, d'ormes, de frênes et de chênes rouvres [1].

M. Amanton, inspecteur-général des forêts,

---

assez vigoureux et en assez grand nombre, ajoutent les rapports officiels, pour prouver que le sol supporterait de belles forêts, si la nature était aidée ou seulement n'était pas contrariée par l'homme. »

[1] *Tableau officiel*, p. 290 et 291.

« Les indications qui précèdent ne signalent qu'une infiniment petite partie du sol de l'Algérie... Le pays, chaque jour mieux exploré et mieux connu, se trouve autre qu'on ne l'avait d'abord dépeint. Il devient évident que les points occupés sur le littoral sont les moins fertiles et les plus dépouillés. Après trois siècles de la domination turque, dans les villes où nous l'avons remplacée, il n'en pouvait être autrement..... Quelques soins, l'obligation pour les exploitans de réserver un certain nombre de beaux sujets destinés à croître en futaie et à protéger les jeunes pousses, la prohibition de l'incendie, du pâturage désordonné, une surveillance active et une répression sévère, auront bientôt repeuplé cette terre qui n'est pas, comme on l'a cru, condamnée par la nature à ne point produire de bois. » — Ibid., p. 289 et 291.

dans les possessions françaises du nord de l'Afrique, a voulu s'assurer lui-même des ressources forestières du canton de la Calle. « Je pense, écrivait-il, il y a quelques mois, à un des grands journaux de Paris, que ces terrains boisés fourniraient assez de liége pour toute la consommation de l'Europe. Je suis certain aussi que la marine y trouverait beaucoup de bois courbes pour membrures de bâtimens. J'ai mesuré des arbres ayant, les uns, 2 mètres 50 centimètres, et, les autres, 3 mètres 70 centimètres de circonférence. » [1]

Telles sont les richesses végétales que la nature sauvage fait naître spontanément et avec une fécondité sans exemple, sur les terres de la région maritime de l'Atlas.

En examinant avec attention ces enfantemens naturels du sol, au fur et à mesure qu'ils se sont déroulés à nos regards, depuis l'herbe des champs jusqu'à l'arbre des forêts, une observation s'est présentée surtout à notre esprit : un

---

[1] Le *Journal des Débats* du 7 août 1838.

M. Amanton nous apprend « que le bey de Tunis envoie tous les ans des officiers faire des coupes jusqu'à deux lieues de la Calle, et qu'il tire de ces forêts environ vingt chébecks de bois propres à la construction des petits bâtimens appelés Sandales, et aux constructions civiles ».

Voyez aussi le *Voyage en Barbarie* de l'abbé Poiret, Ire part., l. IX, p. 56-58.

très-grand nombre de végétaux, à part le surcroît de développement et l'espèce de hâle causés par le soleil africain, porte une empreinte européenne sur leur physionomie. Cette analogie se reproduit si souvent et sous tant de formes, que les savans les plus exercés sont eux-mêmes obligés de se donner beaucoup de peine pour démêler les caractères distinctifs de chaque individu et lui assigner sa véritable origine [1]. Dans les seuls environs de la capitale de l'Afrique française, on n'a pas trouvé moins de soixante-dix espèces de plantes communes aux diverses contrées de l'Europe qui entourent le bassin de la Méditerranée [2].

---

[1] Desfontaines, *Nouvelles annales des Voyages*, IIe série, t. XVI, p. 350.

[2] Rozet, *Voyage dans la régence d'Alger*, t. Ier, chap. IX, p. 177, 178, 193 et 194.

XXI.

NATURE CULTIVÉE. — PUISSANCE DE LA VÉGÉTATION AFRICAINE.

Si maintenant nous visitons les terres cultivées par les Maures, les Arabes et les Kabaïles, nous y retrouvons presque tous les végétaux que nous avons déjà vus à l'état sauvage.

L'olivier, le noyer, le noisetier, l'amandier, le jujubier, le figuier blanc et le figuier noir, le grenadier, le caroubier, le bananier, le palmier, le dattier, l'oranger doux et l'oranger amer, les diverses espèces de citronnier, les cédrats, la vigne, le mûrier rouge, le caprier, et, enfin, tous les arbres à fruits du centre de la France, le pommier, le poirier, le cerisier, le prunier, l'abricotier, etc., peuplent les champs, les vergers et les jardins de l'Algérie.

En parlant de l'état de l'agriculture indigène, nous avons indiqué les causes de la dégénérescence de quelques-uns de ces arbres. Mais la plupart, comme l'olivier, la vigne, le noyer, le jujubier, l'amandier, le palmier, le figuier, l'oranger, le citronnier, le grenadier, le caroubier, etc., sont des végétaux pleins de vigueur, d'éclat et de fécondité. C'est quelque chose de ravissant à voir, par exemple, que les superbes plantations d'orangers des campagnes de Blidah et de la plaine de Bone. On s'accorde à mettre les oranges d'Alger, pour la grosseur, le goût et le parfum, sur la même ligne que celles de Portugal, de Malte et de Candie [1]. Les amandes,

---

[1] Poiret, *Voyage en Barbarie*, Ire part., let. XXI, p. 129, et IIe part., p. 126. — Desfontaines, *Nouvelles annales des Voyages*, IIe série, t. XVII, p. 351 et 352. — Genty de Bussy, *De l'établissement des Français dans la régence d'Alger*, t. Ier, p. 192. — Rozet, *Voyage à Alger*, t. Ier, chap. IX, p. 197-203.

« Les jardins d'orangers s'étendent à mille mètres de Blidah, au nord, au sud et à l'est; ils sont clos de murs en pisé. Les arbres sont très-bien soignés; la terre est piochée; à leur pied, et autour de chacun, se trouve un petit bassin creusé, communiquant par une échancrure avec un petit canal, qui passe entre deux lignes d'arbres, et qui, à certaines époques, amène dans les bassins l'eau d'un ruisseau que l'on détourne tout exprès pour arroser les orangers pendant l'été. Au moyen de toutes ces précautions, les arbres croissent avec une grande rapidité et deviennent très-forts au bout de quelques années : ceux de Blidah ne le cèdent pour la taille à aucun des arbres de nos jardins d'Europe. Ici les orangers doux ne portent qu'une fois par an; ils fleurissent

les pistaches et les raisins sont aussi d'une excellente qualité, et il s'en fait un commerce considérable [1].

Le district de Bone est célèbre, depuis longtemps, pour la rare beauté de ses jujubiers. Tout le monde sait que Bounah ou Bone a reçu des Arabes le surnom de *Beled el A'neb*, c'est-à-dire, de *ville aux jujubes*. Les plus belles figues de la côte d'Afrique croissaient autrefois sur le territoire de Scherchel ; et c'est de là qu'on les portait, dans leur état de fraîcheur, aux marchés de Ténez et d'Alger, et, « quand

au mois de juin, et, au 15 novembre, lorsque nous vîmes attaquer Blidah, ils étaient couverts de fruits qui, se détachant en jaune sur un fond vert foncé, présentaient au milieu du fracas et des horreurs de la guerre, le coup d'œil le plus riant que l'on puisse imaginer.

» Nous formions à Blidah, un corps d'armée de 8 mille hommes, et chacun de nous mangea ou détruisit au moins cinquante oranges ; ce qui fait un total de quatre cent mille. Eh bien ! à notre départ, cela ne s'apercevait pas sur les arbres, et, un mois après, en revenant de Médéah, avec le général Boyer, les habitans de Blidah vinrent nous vendre des oranges et nous en donnaient six pour un sou. Les oranges de Blidah sont aussi grosses et aussi bonnes que celles de Majorque. Les Arabes et les Maures les conduisent à Alger, où ils en donnent jusqu'à quatre pour un sou ; mais vers la fin de la saison, au mois de février, elles coûtent un sou la pièce et quelquefois deux. » — Rozet. Ibid.

[1] Desfontaines, *Nouvelles annales des Voyages*, IIe série, t. VIII, p. 353.

elles étaient sèches, jusqu'à Constantine et Tunis, et dans toutes les villes de la Barbarie ». [1] Selon le capitaine Rozet, on recueille encore aujourd'hui, au milieu des montagnes de l'Atlas, des figues comparables à celles du midi de la France [2].

La culture du tabac est très-répandue dans l'Afrique française et y réussit parfaitement. On en connaît deux espèces, le *nicotiana tabacum* et le *nicotiana rustica;* la dernière est la plus commune et la plus estimée. Le tabac d'Alger se fait remarquer par sa rapide croissance, sa végétation vigoureuse et l'ampleur de ses feuilles. Avec un meilleur procédé de fabrication, celles-ci donneraient un produit qui ne le céderait en rien au Macouba de la Martinique [3].

---

[1] M. Conil, *Notices sur les points occupés*, chap. VI, p. 105. — Davesac, *Encyclopédie pittoresque*, art. Alger, p. 300.

[2] *Voyage dans la régence d'Alger*, t. Ier, p. 198 et 199.

[3] Desfontaines, *Nouvelles annales des Voyages*, IIe série, t. XVII, p. 351 et 352. — M. Conil, *Notices sur les points occupés*, Ire part., chap. III, p. 78. — Pharaon Joanny, *Annales de la société coloniale d'Alger*, t. Ier, p. 32 et 33. — M. de la Pinsonnière, *Rapport sur la colonisation*, IIe part., p. 75.

« Nous avons eu plusieurs fois occasion de voir des cigares venant d'Alger, et ils ne sont que de médiocre qualité. Mais un

Nous avons dit, dans notre précédent chapitre, qu'on avait essayé avec assez peu de succès, d'implanter l'industrie cochenilifère sur le sol de l'Algérie. Nous ne sachions point que les tentatives qu'on a faites pour naturaliser la canne à sucre et le caféier aient été plus heureuses [1].

officier nous a remis un certain nombre de feuilles de tabac de ce pays, non préparées, et simplement séchées. Ayant cru y reconnaître l'aspect, le corps, la couleur, l'espèce d'onctuosité du tabac qui croît au Macouba de la Martinique, et que les Caraïbes noirs cultivaient aussi au Grand-Sable de l'île Saint-Vincent, avant leur expulsion de cette colonie anglaise, nous avons fait fermenter ces feuilles selon le procédé; nous les avons travaillées, et, comme nous l'espérions, nous en avons obtenu un tabac exquis, absolument semblable pour l'odeur, le goût, au meilleur tabac Saint-Vincent. Il paraît qu'au tabac récolté à Alger, il ne manque qu'un bon procédé de fabrication. » — *Dictionnaire du commerce*, t. Ier, p. 60.

[1] « Le sol de la régence a son genre de richesse ; gardons-nous de vouloir lui en attribuer légèrement de nouvelles. Le sucre est productif aux Antilles; il ruine le colon à Bourbon : le café a des qualités supérieures à Moka ; il est médiocre au Brésil. La température indispensable n'est donc pas toujours une condition absolue de succès, et d'ailleurs le ciel d'Alger est encore loin de celui du tropique.

» Au cap de Bonne-Espérance, qui est à peu près à la même latitude qu'Alger, on a essayé la culture du café, qui séduit par sa facilité ; l'arbre y a réussi merveilleusement, mais il ne porte pas de fruits, ou bien, lâches et inertes, ceux-ci n'arrivent pas à maturité.

» Tout porte à croire que la partie sucrée de la canne ne serait

Le lin, si abondant autrefois dans le canton de Scherchel, et le henné toujours très-cultivé au pied des montagnes de l'Atlas, peuvent être comptés au nombre des cultures les plus productives de notre colonie d'outre-Méditerranée [1]. Les indigènes n'ont jamais su tirer qu'un médiocre parti de l'indigo. Cependant cette plante tinctoriale mûrit très-bien dans l'Algérie, y est largement pourvue de matière colorante, et peut y donner jusqu'à deux ou trois récoltes par an [2].

pas assez abondante à Alger ; c'est pour cette raison que les essais tentés en Égypte, en Italie, en Corse et en Espagne ont été infructueux. La canne à sucre a été également cultivée à Alger, mais comme fourrage pour les chevaux ; il en existe même au jardin d'acclimatement trois pieds assez beaux qui ont été trouvés à l'état sauvage dans le pays. » — *Rapport sur la colonisation de l'ex-régence,* par M. de la Pinsonnière, Ire part., p. 70, 71 et 72.

[1] *Notices sur les points occupés,* chap. IV, § II, p. 105.— Rozet, *Voyage en Algérie,* t. Ier chap. IX, p. 195.

[2] *Nouvelles annales de la société coloniale d'Alger,* t. Ier, p. 36 et 37.

Cette opinion favorable n'est point partagée par M. le rapporteur de la commission d'Afrique.

« L'indigo cultivé par les naturels, dit-il, est de mauvaise qualité. Les colons éclairés croient qu'il est susceptible d'une grande amélioration quant au principe colorant ; mais l'expérience n'a pas encore démontré ce qu'il y a de fondé dans cette opinion, ou du moins les essais tentés jusqu'à ce jour ont été accompagnés de circonstances tellement favorables, qu'on ne peut en tirer

On voit partout des champs de blé, d'orge, de maïs, de millet et de sorgho. Le millet, le maïs et le sorgho abondent surtout dans la province de Constantine : on fait un excellent fourrage avec leurs feuilles quand les extrêmes chaleurs tarissent l'herbe des pâturages [1]. De grandes cultures de riz occupent une partie des plaines qui s'étendent d'Alger à Oran [2].

Toutes les plantes fourragères de l'Europe, le sainfoin, la luzerne, le trèfle, les vesces, etc., foissonnent dans les immenses pâturages de la Mitidja.

Les jardins potagers des Maures ne sont pas, à beaucoup près, aussi bien fournis que les nôtres : des melons, des pastèques, des concombres, des citrouilles, des oignons, des choux cabus, des poivres longs, des tomates, voilà

---

des conséquences absolues. Cette culture exige un choix minutieux de sol et d'exposition et beaucoup de soins et de manipulation, dont il sera difficile de couvrir les frais en Europe avec le produit de la plante ; sous ce rapport et sous celui de la qualité, il ne paraît pas probable que l'on puisse lutter avantageusement avec l'indigo de l'Inde. » — M. de la Pinsonnière, *Rapport sur la colonisation*, Ire part., p. 73.

[1] Desfontaines, *Nouvelles annales des Voyages*, IIe série, t. XVIII, p. 340 et 341. — Conil, *Notices sur les points occupés*, Ire part., p. 72.

[2] Rozet, t. Ier, chap. IX, p. 213.

leur fonds ordinaire [1]. Mais les légumineux que nous avons importés dans l'Algérie viennent à merveille et donnent jusqu'à huit récoltes par an [2]. En plein champ, on récolte des pois, des lentilles, des fèves et des garbanços, qui servent aux exportations du commerce, à la consommation intérieure et principalement à la nourriture des pauvres et des gens de la campagne [3].

Rien de plus intéressant que l'étude des développemens de la végétation dans leurs rapports avec les modifications périodiques de la température. En Afrique, il n'y a point, à proprement parler, de suspension complète dans

---

[1] Rozet, *Voyage dans la régence d'Alger*, t. Ier, ch. IX, p. 207 et 208.

« Les melons et les pastèques croissent presque sans culture dans les terres sablonneuses ; ces fruits offrent un grand nombre de variétés et sont infiniment meilleurs que ceux que l'on cultive en Europe. » — Desfontaines, *Nouvelles annales des Voyages*, IIe série, t. XVIII, p. 353.

[2] M. de la Pinsonnière, *Rapport sur la colonisation d'Alger*, Ire part., p. 76.

« Notre marché de Covent-Garden est pauvre, à côté de celui d'Alger, » a dit le poète anglais Thomas Campbell. — *Esquisse sur Alger*, traduction de la *Revue britannique*, IIIe série, t. XVIII, livraison du mois de septembre 1835.

[3] Desfontaines, *Nouvelles annales des Voyages*, IIe série, t. XVII, p. 352. — Rozet, *Voyage dans la régence d'Alger*, t. Ier, p. 207 et 208.

Le garbanço, *cicer arietinum*, est une espèce de pois chiche.

l'œuvre de la production : celle-ci parcourt, pour ainsi dire, un cercle perpétuel d'enfantemens depuis les premiers jours de l'été jusqu'aux derniers jours de l'hiver [1].

A l'époque où les froids sévissent le plus rigoureusement de notre côté de la Méditerranée, la douceur du ciel produit, à Alger, les primeurs qu'on n'obtient en France qu'avec beaucoup de peine et de frais [2]; ce qui a fait dire que, pour les végétaux d'origine étrangère, « l'hiver est moins un obstacle que l'été à l'abondance des produits ». [3]

Au mois de janvier, les arbres, dépouillés seulement depuis quelques semaines, commencent à se couvrir de nouvelles feuilles. Le blé, l'orge, le sainfoin et la luzerne revêtent les champs d'une belle verdure et d'abondans pâturages; les pommiers, les citronniers, les orangers à chaude exposition, les amandiers, les guigniers, sont en fleurs; et, bientôt après, on récolte, dans les jardins potagers, des fraises, des petits pois, des salsifis, des asperges, toutes sortes de salades, des betteraves, des pommes de terre, des

---

[1] Shaw, *Travels in several parts of Barbary*, p. 223.

[2] *Tableau officiel*, IIe part., § XIII, p. 277.

[3] M. de la Pinsonnière, *Rapport sur la colonisation*, Ire part., p. 76.

navets, des carottes et des choux-fleurs [1]. En février, s'épanouit la fleur de l'abricotier, du prunellier, du jujubier, du cerisier. Le figuier fleurit en mars, le grenadier et le myrthe en avril, et la vigne en juin. Quelques arbres sont chargés de fleurs et de fruits pendant toute l'année [2].

L'extrême précocité de la floraison suppose celle de la production. En janvier, les bananes sont mûres [3], en mars, les arbouses, en avril, les premières amandes vertes, en juin, les raquettes, les jujubes, les figues, en juillet, le raisin, en août, la grenade, etc. Le pommier et le poirier donnent deux récoltes, l'une en mars et l'autre en octobre [4]. On moissonne l'orge et

[1] Le *Calendrier du cultivateur algérien*, Revue africaine, VIIe livraison, p. 49-51, et VIIIe livraison, p. 46-48.

[2] Voyez le beau chapitre de M. Rozet, sur la végétation africaine.

[3] *Revue africaine*, VIIe livraison, p. 50.

[4] Rozet, *Voyage dans la régence d'Alger*, t. Ier, ch. IX, p. 190-198.

Nos fleurs d'Europe ne sont pas moins précoces dans l'Algérie, où elles viennent pour la plupart sans culture. Dès le mois de janvier, les fougères, les genets, l'aubépine, la fumeterre, les paquerettes, les cyclames, l'iris, les pieds d'alouette, l'asclépias, les giroflées, la violette, les juliennes, le réséda, la pervenche, les belles de nuit, les tulipes, les anémones, les jacinthes, les narcisses, les rosiers du Bengale à mille feuilles, etc., étalent toutes leurs couleurs et répandent tous leurs parfums.

le blé à la mi-juin et dans les premiers jours de juillet.

Presque tous les végétaux grandissent sous l'influence du soleil de l'Algérie [1]. Le fenouil, les carottes et quelques autres ombellifères prennent un développement gigantesque : les panais projettent, parfois, des pousses qui ont jusqu'à trois mètres de hauteur [2]. On a vu des coings gros comme de petites citrouilles [3], des choux-fleurs ayant près d'un mètre de diamètre [4], et des feuilles de mauve assez larges pour couvrir une assiette et dont les tiges étaient de grands arbrisseaux [5]. Les plantes fourragères atteignent, sans culture, une hauteur à peine

---

[1] Strabon lui-même a dit, il y a long-temps, « que la Maurusie produit une grande quantité d'arbres d'une dimension extraordinaire, et que les herbes y sont remarquablement hautes ». — *Géographie*, t. V, liv. XVII, p. 454.

[2] Rozet, *Voyage dans la régence d'Alger*, t. Ier, p. 183, 193 et 195.

Dans la Maurusie, suivant Strabon, la tige du staphylinus ou panais, et celle de l'hippomarathus ou fenouil, avaient 12 coudées de haut et 4 palmes de large. — *Géographie*, t. V, liv. XVII, p. 454 et 455.

[3] Edrisy, *Délassemens géographiques*, IIIe climat, p. 233.

[4] Shaw, *Travels in several par of Barbary*, p. 223. — Renaudot, *Tableau du royaume et de la ville d'Alger*, chap. VI, p. 133.

[5] Rozet, t. Ier, p. 185.

croyable. Dans leurs expéditions, nos cavaliers disparaissent quelquefois presque en entier au milieu de l'épais fourré des herbes sauvages [1]; et celles-ci, loin de perdre en qualité ce qu'elle gagnent en croissance, sont excellentes pour la nourriture du bétail et des chevaux [2].

Les broussailles, formées de palmiers nains, de lentisques et de genets épineux, s'élèvent souvent à deux ou trois mètres au-dessus du sol. Quelque élevés que soient ces arbustes sauvages, les cactus les dépassent encore de plusieurs mètres [3]. La taille des orangers et des citronniers égale presque celle de nos plus beaux arbres fruitiers. Le ricin, le jujubier, l'olivier, le caroubier, acquièrent des dimensions vraiment extraordinaires [4]. Les ceps de

---

[1] M. Armandy, chef d'escadron d'artillerie, *Procès-verbaux et Rapports de la commission d'Afrique*, n° XIV, p. 64.

[2] « Au printemps, les terrains incultes se couvrent d'herbes excellentes qui s'élèvent à plus d'un mètre de hauteur. En juin 1831, nous en fîmes faucher une très-grande quantité, et nous obtînmes ainsi d'excellent foin que nos chevaux et nos mulets mangeaient parfaitement. » — Rozet, *Voyage dans la régence d'Alger*, t. Ier, p. 215.

[3] Rozet, t. Ier, p. 26, 183 et 185. — Voyez aussi le *Voyage pittoresque dans la régence d'Alger*, par MM. Lessore et Wyld, Ire liv., p. 8.

[4] Poiret, IIe part., p. 125 et 259. — Rozet, t. Ier, p. 183 et 199.

vigne sont d'une grosseur prodigieuse, et ils portent des grappes si énormes, qu'elles écraseraient de leur poids les faibles balances de nos marchands d'Europe [1].

---

[1] Renaudot, chap. VI, p. 131.

TROISIÈME SECTION.

Organisation, travaux et cultures de l'association nationale.

XXII.

CULTURES SPÉCIALES DE L'ASSOCIATION NATIONALE.

Après un examen approfondi des diverses productions de l'Algérie qui pouvaient servir de bases à ses opérations, le choix de notre association s'est définitivement arrêté sur les bestiaux, les céréales, l'olivier, le mûrier, le cotonnier, le tabac et la vigne.

Une considération d'une haute importance l'a confirmée dans ce choix. Il s'est trouvé entièrement d'accord avec les observations que les voyageurs, les savans et les naturalistes du dix-huitième siècle nous ont laissé sur l'ancienne régence; et avec l'opinion des cultivateurs, des administrateurs et des fonctionnaires qui, depuis la conquête, se sont le plus appliqués à connaître les aptitudes naturelles de cette contrée.

Tous se sont constamment efforcés de diriger les entreprises des Européens établis en Afrique vers les cultures spéciales que nous venons d'énumérer. Ils ont pensé, comme notre association, qu'elles offrent à l'intelligence, à l'activité et au travail, le plus d'élémens de succès, de fécondité et de richesse.

Nous citerons, parmi les savans, que nous prenons pour guides, le célèbre docteur Shaw, qui a passé douze ans dans la capitale du royaume d'Alger, comme chapelain de la Factorerie anglaise [1]; le professeur Desfontaines [2] et l'abbé Poiret [3], dont les études scientifiques, plus rapprochées de notre temps, se rattachent impérissablement à l'histoire naturelle des États barbaresques; et le capitaine Rozet, ingénieur-géographe de l'armée d'Afrique, auquel nous devons de profondes recherches sur le climat, le sol et les productions de notre colonie d'outre-Méditerranée [4].

A ces noms, nous ajouterons la grave autorité du maréchal Clauzel, deux fois gouverneur de notre province africaine, et l'homme du monde

---

[1] *Travels in several parts of Barbary*, p. 220, 295.

[2] *Lettre au maréchal Clauzel*, du 13 mai 1833, et *Nouvelles annales des Voyages*, IIe série, t. XVII.

[3] *Voyage en Barbarie*, IIe part., p. 81.

[4] *Voyage dans la régence d'Alger*, t. Ier, ch. IX, p. 190, 191, 215 et 226.

qui en a peut-être le mieux apprécié les avantages [1]; des généraux Juchereau de Saint-Denis [2] et Monk-d'Uzer [3], tous deux attachés à la grande expédition de 1830; de M. de la Pinsonnière, l'un des membres et le principal rapporteur de la commission d'Afrique [4]; de MM. Pichon [5] et Genty de Bussy [6], qui ont rempli à Alger les hautes et importantes fonctions de l'intendance civile; et de M. Barnier, jardinier en chef du jardin de naturalisation créé par le gouvernement colonial [7].

Nous invoquerons encore, à l'appui de notre système d'exploitation agricole, le témoignage de MM. William Shaler [8] et Édouard de Solms [9],

[1] *Nouvelles observations de M. le maréchal Clauzel sur la colonisation d'Alger*, p. 10 et 11.

[2] *Considérations sur la régence d'Alger en 1831*, p. 289, 294 et 301.

[3] *Procès-verbaux et rapports de la commission d'Afrique*, p. 307.

[4] *Rapport sur la colonisation de la régence d'Alger*, p. 67.

[5] *Alger sous la domination française*, liv. Ier, chap. VI, p. 311 et 312.

[6] *De l'établissement des Français dans la régence d'Alger*, t. Ier, p. 236, 237, 239, 242 et 253.

[7] *Notes inédites sur les cultures du Jardin de Naturalisation*.

[8] *Esquisse de l'état d'Alger*, chap. Ier, p. 12 et 13.

[9] *Revue africaine*, IXe livraison des mois de février et

consuls-généraux en Afrique, celui-ci pour les États-Unis d'Amérique, celui-là pour le royaume de Wurtemberg ; de M. Gaultier d'Arc [1], auteur d'un mémoire sur les cultures du royaume de Valence, considérées dans leurs rapports avec les productions du nord de l'Afrique ; et de MM. Pelissier [2] et Blondel [3], l'un, chef du bureau arabe, et l'autre, directeur des finances à Alger. Enfin, nous signalerons les remarquables conclusions de la Statistique générale de l'Algérie, récemment présentée aux Chambres par le ministre de la guerre [4].

Les produits des diverses branches de l'économie agricole, sur lesquelles nous voulons porter nos efforts, auront d'ailleurs ce grand avantage, qu'ils ne se trouveront jamais en concurrence avec ceux de la métropole. Au contraire, ils pourvoiront aux besoins de la consommation générale et de l'industrie manufacturière de la France. Celle-ci, au lieu de faire venir de l'extérieur les marchandises qui lui sont nécessaires, pourra s'approvisionner dans

---

[1] *Annales de la société coloniale de l'état d'Alger*, rédigées par MM. Jobert, J. Pharaon et Solvet, Ire liv., p. 22, 27 et 29.

[2] *Annales de l'Algérie*, t. Ier, p. 330-338.

[3] *Aperçu des possessions françaises dans le nord de l'Afrique*, p. 15.

[4] *Situation des établissemens français dans le nord de l'Afrique*, IIe part., p. 376-392.

sa province d'Afrique, c'est-à-dire dans une de ses annexes territoriales.

Le temps n'est pas éloigné où les produits naturels de l'Algérie ne seront pas imposés dans nos ports, à l'égal des articles similaires introduits sous le pavillon étranger. Alors, favorisés par le libre accès des marchés de la métropole, le bétail, les chevaux, la laine, les soies, le coton, le chanvre, le lin, les fruits et les huiles de l'Afrique septentrionale [1] l'emporteront, sans peine, sur les marchandises analogues envoyées par l'Amérique, l'Égypte, la Turquie,

---

[1] Voici pour quelles valeurs ces différens articles ont figuré, en 1836, dans la masse des importations générales :

Coton en laine.	76,812,763 fr.
Soies.	41,526,267
Laines en masse.	31,890,637
Fil de lin et de chanvre.	11,811,087
Lin et chanvre bruts.	5,422,551
Huiles.	27,150,758
Fruits oléagineux, amandes, noix, noisettes, etc.	23,726,989
Fruits de table, frais, secs, tapés, confits.	5,155,932
Tabac.	7,096,921
Peaux brutes de toutes sortes.	19,613,734
Bétail, moutons et porcs.	7,629,062
Chevaux.	5,434,580

Nous empruntons ces chiffres aux pages 269 et 518 de la *Statistique commerciale de la France.*

l'Espagne, l'Italie, la Sicile, la Sardaigne, l'Autriche, la Hollande et l'Angleterre. Et, par cette révolution mercantile, plus de 260 millions de francs, qui chaque année sortent de notre pays, et deviennent le partage des puissances étrangères, rentreront, en totalité ou en partie, dans le mouvement du commerce intérieur, et, sans épuiser la France, porteront l'Algérie au plus haut point de prospérité.

Mais, pour mieux faire sentir les avantages supérieurs des principales cultures de notre association, nous allons les examiner successivement sous le point de vue agricole, industriel et commercial.

XXIII.

LES CÉRÉALES. — LES BESTIAUX. — LES RUCHES A MIEL.

L'espèce de froment la plus généralement cultivée dans la régence d'Alger, est le *Triticum durum*, auquel les Arabes donnent le nom de *Jennah-Nassr*. C'est le blé dur ou le blé barbu des Francs, si facile à distinguer, entre tous, par sa conformation particulière : sa tige est presque pleine, son épi renflé, et son grain plus allongé que sa grosseur ne paraît le comporter. Le seigle diffère peu du nôtre et croît fort bien dans les endroits humides. On ne sème qu'une espèce d'orge, celui à six côtés, *hordeum hexastichum* : comme il affectionne les pays chauds, il est très-productif dans l'Algérie, et y sert à la fois de nourriture aux hommes et aux chevaux.

Nous n'ignorons pas que M. de la Pinsonnière a porté un jugement très-défavorable sur le froment du territoire d'Alger. Selon l'honorable écrivain, l'extrême chaleur nuirait à sa granification, et il ne donnerait qu'un produit dur et grossier [1].

Mais cette opinion n'est nullement confirmée par les hommes qui connaissent le mieux la nouvelle colonie française. M. Barbet disait à la commission d'Afrique, il y a quelques années, que la végétation du froment lui avait paru admirable, malgré le détestable mode de culture suivi par les Arabes [2]. William Shaler fait observer, dans sa relation, que si le blé est d'une espèce commune, il n'en donne pas moins un pain excellent : il affirme d'ailleurs que dans les marchés d'Italie, ce produit est préféré aux autres grains, parce qu'on en fait le meilleur macaroni et les meilleures pâtes [3]. Plus récemment, M. Édouard de Solms, consul-général de Wurtemberg, n'a pas hésité à dire « qu'il trouvait les blés récoltés aux environs d'Alger

---

[1] *Rapport sur la colonisation d'Alger*, IIe part., p. 66 et 67.

[2] *Procès-verbaux et rapports de la commission d'Afrique*, p. 92 et 93.

[3] *Esquisse de l'état d'Alger*, p. 12 et 13.

d'une meilleure qualité que ceux de la mer Noire » [1].

Les blés tallent beaucoup en Barbarie, et il n'est pas rare de voir un grand nombre de tiges jaillir d'un seul grain, en gerbe verdoyante ou dorée [2].

Le docteur Shaw apporta en Angleterre une espèce de froment du littoral, dont chaque semence avait donné cinquante épis. Il nous apprend que le bey de la province de Tlemsen,

---

[1] *Revue africaine*, 18ᵉ livraison des mois de février et mars 1838, p. 32 et 33.

Les rapports officiels parlent aussi dans les termes les plus avantageux du froment indigène. Ils nous apprennent « que l'intendance de l'armée d'Afrique vient de rendre compte d'achats s'élevant ensemble à 3,000 quintaux de blé d'essence dure et tendre, de très-belle qualité, et que, satisfait de ces résultats, il va continuer ses acquisitions dans le pays. » — *Situation des établissemens français*, Iʳᵉ part., § IX, p. 143.

[2] Cette disposition naturelle du *triticum* n'avait pas échappé à l'observation des Romains. Pline nous apprend dans son curieux chapitre de *Fertilitate tritici in Africa*, qu'un boisseau de ce blé en produisait jusqu'à cent cinquante sur les terres de Bysacium. « L'intendant de l'empereur Auguste lui envoya de cette province, dit-il, un pied de froment d'où sortaient près de 400 tiges (chose à peine croyable) toutes provenues d'un seul grain, et nous avons encore des lettres qui attestent ce fait. L'intendant de Néron lui envoya de même 360 tiges de froment produites par un seul grain. » — *Histoire naturelle*, liv. XXI, chap. X.

Mazaretty, se plaisait à montrer aux habitans d'Alger un pied de blé de son gouvernement, qui avait donné quarante pour un. L'officier turc racontait même, à ce sujet, qu'une discussion s'étant élevée entre l'Hadgé et le pacha du Caire sur la fertilité comparée de la Barbarie et de l'Égypte, le premier de ces hauts personnages avait envoyé à l'autre une souche chargée de soixante tiges [1].

Souvent des épis d'une singulière beauté couronnent ces groupes de chaume : le célèbre botaniste Desfontaines en a mesuré qui avaient jusqu'à cinq pouces de longueur [2].

Il paraît difficile de fixer aujourd'hui le produit moyen du froment. S'il faut en croire les Arabes, il y a quelques cantons où cette culture donne cinquante pour un. Les auteurs les

---

[1] *Travels or observations relating to several parts of Barbary*, p. 220. — Desfontaines, *Nouvelles annales des Voyages*, IIe série, t. XVII, p. 332. Ce dernier, après avoir rapporté les mêmes faits que le docteur Shaw, ajoute que pendant son séjour en Afrique, les Arabes lui ont cité d'autres exemples de fécondité non moins surprenans. — Ibid.

[2] *Nouvelles annales des Voyages*, IIe série, t. XVII, p. 332. Le blé de Constantine, au dire du professeur Desfontaines, est surtout d'une grande richesse. Il en a retiré à la mouture 70 livres de fleur de farine, 4 livres de recoupe, et 6 livres de son, sur 80 livres de grains. (Ibid., p. 339.) Du reste, les observations du botaniste français s'accordent ici, sous quelques

mieux informés, estiment qu'elle peut rendre huit pour un, dans les années médiocres, et de douze à vingt, dans les bonnes années. Depuis la prise d'Alger par les Français, M. Duchassin a récolté du froment à Kouba, qui lui a rapporté de vingt à vingt-deux fois la valeur de la semence [1]. D'autres colons, il est vrai, ont été moins heureux dans leurs tentatives, mais il faut l'attribuer à la mauvaise qualité de leurs terres, ou plutôt à un mode vicieux de culture [2].

rapports, avec celles de Pline. L'illustre romain mettait le blé d'Afrique, pour le poids et la qualité, au nombre des fromens les plus estimés de son temps.—*Histoire naturelle*, liv. XVIII, chap. XII.

[1] Desfontaines, *Nouvelles annales des Voyages*, IIe série, t. XVII, p. 331. — William Shaler, *Esquisse de l'état d'Alger*, chap. Ier, p. 12. — Juchereau de Saint-Denis, *Considérations statistiques*, p. 286. — Pelissier, *Annales de l'Algérie*, t. II, p. 331.

Les terres du cap de Bonne-Espérance, cultivées par des colons européens, donnent quinze pour un dans les années ordinaires, et vingt et même trente pour un dans les années fécondées par de grandes pluies. — Ritter, *Géographie comparée*, t. Ier, § VI, chap. III, p. 162.

[2] *Rapport sur la colonisation de l'ex-régence d'Alger*, par M. de la Pinsonnière, IIe part., p. 66.

« Les colons européens ont cultivé comme les indigènes et n'ont pas été plus heureux qu'eux. Les mauvaises méthodes ont donné de mauvais résultats, et les mauvais résultats ont découragé les gens qui auraient été tentés de se livrer à la culture. »—Ib.

D'après les observations pratiques de quelques-uns d'entre nous, cultivateurs d'outre-Méditerranée, il nous paraît certain que, par le choix des terrains et l'application des bonnes méthodes, nous obtiendrions une moyenne de seize à dix-huit pour un [1]. Et comme les frais d'exploitation ne s'élèveraient pas au tiers des produits, il suit que la culture des céréales pourrait devenir extrêmement avantageuse.

Nous avons fait connaître ailleurs dans quelles proportions les terres à froment se trouvent relativement à la masse des plantations dont l'existence a été constatée par l'administration. Nous

---

[1] On ne saurait croire combien le plus ou moins d'intelligence et d'attention que le cultivateur apporte à ses travaux peut influer sur le rendement du grain. En 1777, l'abbé Poncelet ayant creusé cent petits trous dans un champ de six pieds carrés, planta un grain de froment dans chacune de ces fossettes. « Les épis et les chalumeaux que j'obtins, dit cet agronome, étaient prodigieux dans leurs dimensions. Les feuilles avaient 2 pouces de largeur sur 2 pieds 1/2 de longueur ; le chalumeau portait 4 lignes de diamètre et 5 pieds 2 pouces de haut. L'épi avait 8 pouces de long et de 19 à 27 balles. Les plus fortes touffes étaient composées de 63 chalumeaux, d'autres de 30 à 45, et quelques-unes de 17 à 24. Approximativement, mon champ m'avait donné 3,600 épis, portant 79,200 balles et 396,600 grains. » — *Histoire naturelle du Froment, dans laquelle on traite du principe du développement du germe, de son accroissement, de la floraison, etc.*, par l'abbé Poncelet, app., art. II, p. 260 et 261. Paris, 1779.

donnons maintenant les mêmes résultats dans leurs rapports avec chaque localité.

	NOMBRE D'HECTARES	
	BLÉ.	ORGE.
TERRAINS DES COMMUNES D'ALGER.		
Pointe Pescade...............	160	83
Boudzaréah...................	276	115
El-Biar......................	202	120
Delhy-Ibrahim................	227	162
Mustapha-Pacha...............	157	306
Bir-Mad-Reïs.................	36	29
Hussein-Dey..................	103	333
Kouba........................	249	76
Bir-Kadem....................	192	80
Kaddous......................	393	422
Bouffarick...................	24	48
Total............	2,019	1,774
TERRAINS DES AUTRES PROVINCES.		
Bone.........................	237	147
Oran.........................	72	36
Mostaganem...................	17	376
Total général......	2,345	2,333

Donc sur 8,127 hectares de terres cultivées, on en compte 4,678 qui sont consacrés à la production des grains [1]. C'est bien peu de chose, nous en convenons, mais il ne faut pas oublier que ces résultats se rapportent seulement à un petit nombre de localités.

La Statistique officielle a laissé la culture arabe en dehors de ses appréciations. Quoiqu'il nous soit impossible d'évaluer le produit des récoltes indigènes, même approximativement, nous savons qu'il est très-considérable : on sème beaucoup de froment dans la Mitidja et sur les versans des deux chaînes de l'Atlas. Les plaines de la province d'Oran sont renommées pour la beauté et l'abondance de leurs moissons. Il existe des champs de blé et d'orge fort étendus dans le district de Mascara et sur les bords du Schélif et de l'Oued-jer. La plaine de Mayané, surtout, est si féconde en céréales, qu'elle a reçu des indigènes le nom de *grenier d'Alger* [2]. A l'est de la régence, les belles campagnes de Constantine et de Bone ne sont pas moins fertiles en grains [3].

---

[1] *Situation des établissemens français*, IIe part., chap. XIII, p. 284 et 285.

[2] Desfontaines, *Nouvelles annales des Voyages*, IIe série, t. XVI, p. 318, 328, 332 et 347. — Rozet, *Voyage dans la régence d'Alger*, p. 209 et 210.

[3] « Jamais la fertile Mauritanie ne s'était montrée à moi dans

La culture des plantes fourragères et l'éducation des bestiaux et des abeilles se rattachent naturellement à l'industrie des farineux alimentaires.

Répétons d'abord que les campagnes produisent les plus belles herbes, sans qu'il soit nécessaire de venir en aide à la végétation. Cependant, avec un peu de travail, on pourrait créer d'excellentes prairies artificielles [1]. On placerait

---

un éclat semblable : les innombrables tas de grains qui couvraient la campagne de Bone, car c'était le temps de la récolte, et la verdure des arbrisseaux et des arbres procuraient une diversion bien agréable à mes yeux. »—Hebenstreit, *Nouvelles annales des Voyages*, IIe série, t. XVI, p. 54.

[1] M. de la Pinsonnière, *Rapport sur la colonisation*, Ire part., p. 76 et 77.

« Dès le mois de février, toutes les portions de terrain qui sont incultes et non garnies de broussailles se couvrent de graminées qui croissent avec une si grande rapidité, qu'au bout d'un mois, on a beaucoup de peine à marcher dedans. Le 12 mai 1831, en traversant plusieurs terrains de ce genre, dans la plaine de la Mitidja, l'herbe nous venait jusqu'au-dessous des bras.

» Pour avoir du foin dans ces contrées, il n'y a rien autre chose à faire que d'enclore le terrain, afin d'empêcher les troupeaux de venir y paître, et, en fauchant dans les premiers jours de juin, on obtiendrait deux récoltes. Il y a dans la Mitidja des pâturages fort étendus, sans broussailles, et dont on pourrait faire d'excellentes prairies.

» Au mois de juin 1831, nous fîmes faucher une très-grande

avantageusement une partie des foins dans les marchés où l'administration les paie sur le pied de 9 fr. 50 c. le quintal métrique. Le reste servirait à la nourriture des troupeaux pendant la saison des sécheresses.

Toutes les espèces de bétail abondent sur le littoral africain, mais elles languissent, pour la plupart, dans un état d'abâtardissement. Ce résultat était inévitable dans un pays où les grands animaux domestiques vivent des chances incertaines de la végétation spontanée, manquent souvent de pâturages à l'époque des extrêmes chaleurs, et sont exposés pendant l'hiver à toutes les intempéries du climat.

On pourrait dire des tribus indigènes qu'elles emploient le bœuf et la vache à tous les usages, hormis à celui de la table; car ils tuent rarement ces animaux et vivent presque exclusivement de laitage. L'un et l'autre servent aux travaux de l'agriculture et aux transports des fardeaux. Le bœuf, de beaucoup plus petit que le nôtre, ne pèse pas au-delà de deux cents kilogrammes, et la vache, dont le lait est d'ailleurs

---

quantité d'herbes sauvages. Nous obtînmes ainsi d'excellent foin que nos chevaux et nos mulets mangeaient parfaitement. » — *Voyage dans la régence d'Alger,* par le capitaine Rozet, t. Ier, chap. IX, p. 184 et 213.

peu abondant, ne produit pas un beurre comparable à celui de l'Europe [1].

Les Arabes et les Berbères ont d'immenses troupeaux de moutons qu'ils mènent paître pendant toutes les saisons sur les montagnes et dans les plaines. Ils en boivent habituellement le lait, en mangent quelquefois la chair [2], et en retirent surtout la laine qui fait le vêtement le plus ordinaire et le plus sain du pays. On distingue deux espèces de moutons, l'une petite et très-commune, l'autre plus grande et moins répandue. Celle-ci, d'après le témoignage de tous les voyageurs, donne une laine de la plus belle qualité [3].

---

[1] Shaw., *Travels in several parts of Barbary*, p. 295.— Le général Juchereau de Saint-Denis, *Considérations statistiques*, p. 290 et 291. — Rozet, *Voyage dans la régence d'Alger*, t. Ier, p. 263-265.

[2] « De toutes les viandes de Barbarie, c'est la chair de mouton qui m'a paru préférable ; les Arabes et les Maures en font grand cas. Dans la classe commune, on n'en mange qu'aux jours de fête ; mais les gens aisés en ont presque tous les jours sur leur table. Le mouton, cuit avec du concousson, est le plat le plus recherché par les Algériens. » — *Voyage dans la régence d'Alger*, par le capitaine Rozet, t. Ier, chap. XI, p. 262 et 263.

[3] Shaw.—William Shaler.—Juchereau de St-Denis.—Pelissier.

« Les laines d'Afrique sont beaucoup plus estimées que les nôtres. Si l'on parvient jamais à avoir des relations suivies et amicales avec les peuplades du petit Atlas et celles qui sont plus

Quoique les chevaux de la Barbarie n'égalent pas ceux des cavaliers numides, ils sont encore dignes de leur vieille réputation. Avec les formes dégagées du daim, ils ont le pied ferme du mulet des Pyrénées. On a vu les Berbères, à l'aide de leur agile monture, franchir des vallées et des montagnes, où nos fantassins ne marchaient qu'avec une peine extrême. Si leurs chevaux ne sont pas de race arabe pure, dit le capitaine Rozet, ils en approchent beaucoup.

Les Arabes et les Berbères, malgré leur excessif attachement pour le coursier qui partage leurs fatigues, ils ne le soignent guère mieux que les autres animaux domestiques. Ils le font paître aussi en tout temps, lui donnent de l'orge et un peu de mauvaise paille, ne l'étrillent point et ne le lavent que fort rarement [1].

---

avancées dans l'intérieur du pays, les laines pourront devenir une branche de commerce extrêmement importante. » — *Voyage dans la régence d'Alger,* par le capitaine Rozet, t. Ier, p. 263.

« La laine d'Alger est de très-bonne qualité, et sans être ni lavée, ni assortie, elle vaut, dans les marchés de France et d'Italie, 50 francs le quintal anglais. En 1822, il en fut exporté par les ports de Marseille, de Livourne et de Gênes, 20,000 quintaux, ou 2,240,000 livres. » — Shaler, *Esquisse de l'état d'Alger,* chap. Ier, p. 17, et chap. III, p. 104.

[1] *Voyage du capitaine* Rozet, t. Ier, chap. XI, p. 272 et 274.

« Les Algériens élèvent beaucoup de chevaux qu'ils vendent aux

Sans aucun doute, un régime plus conforme aux principes de l'économie rurale écarterait les causes générales de détérioration.

Notre direction agricole, par le croisement des races, par des soins éclairés et une nourriture régulière, parviendrait infailliblement à relever les espèces dégénérées, et à leur donner un plus grand développement [1]. En im-

---

gens du pays et aux Français, depuis que ceux-ci sont en Afrique. En 1831, on avait un fort beau cheval pour 100 soudi-boudjous (372 francs) ; mais les jumens étaient hors de prix : les propriétaires refusaient même presque toujours de les vendre.

» L'éducation des chevaux est une branche d'industrie qui peut devenir très-lucrative pour les nouveaux colons ; on aurait, dans les environs d'Alger, autant de chevaux qu'on voudrait, et en abondance tout ce qui est nécessaire pour les nourrir. Ces chevaux se vendraient très-bien en Europe : je présume qu'ils s'y acclimateraient parfaitement ; car ils vivent dans le voisinage de Médéah, dont la température diffère peu de celle de nos contrées.

» Ces chevaux sont beaucoup plus vifs que les nôtres ; dressés dès leur jeunesse, ils prendraient toutes sortes d'allures : ce seraient de forts jolis chevaux de main, et il y aurait un grand avantage à s'en servir pour monter notre cavalerie ; mais ils sont trop délicats pour faire des chevaux de trait, ou pour être employés aux travaux de l'agriculture. » — Ibid., p. 274, 275, 276.

Voyez aussi les *Considérations statistiques* du général Juchereau de Saint-Denis, p. 289, 291, et l'essai de M. Édouard de Solms, consul-général de Wurtemberg, *Revue africaine*, liv. IX, p. 25, 26.

[1] Si les grands animaux domestiques étaient traités d'une ma-

portant quelques taureaux des montagnes de l'Italie, on rendrait aux bêtes à cornes les formes puissantes et vigoureuses qui leur sont naturelles. Les moutons ne tarderaient pas à se couvrir d'une laine comparable à celle des mérinos. Quant aux chevaux, déjà si admirables, ils croîtraient encore en force et en beauté par l'alliance des étalons indigènes avec les jumens andalouses.

Aux produits ordinaires de ses troupeaux, l'association pourrait ajouter une autre industrie qui donnerait, à peu de frais, des bénéfices assurés.

Aucun pays du monde n'est plus fertile en miel et en cire que notre province d'Afrique. La précocité, l'abondance et la variété des fleurs font que les abeilles s'y multiplient na-

---

nière convenable, ou même si on les tenait seulement à l'étable pendant l'hiver, disait un voyageur anglais, vers le milieu du siècle dernier, on verrait, en quelques années, le bétail se multiplier à un tel point, que tout le pays en serait couvert. » — Shaw, *Travels in several parts of Barbary*, p. 295.

« Les agriculteurs expérimentés recommandent à Alger, comme partout ailleurs, l'éducation des bestiaux, comme le nerf de toute bonne agriculture ; non-seulement elle y sera très-avantageuse par le bénéfice direct de la vente assurée pour long-temps, et peut-être pour toujours, mais encore par le bénéfice indirect des engrais. » — M. de la Pinsonnière, *Rapport sur la colonisation*, Ire part., p. 79.

turellement comme ces productions végétales. En disposant des ruches pour recueillir les nombreux essaims accoutumés à une vie vagabonde, on pourrait donc tirer le plus heureux parti des sucs précieux qu'ils déposent à présent dans les rochers et dans les bois [1].

Et dès lors le commerce de la cire et du miel, comme celui des grains et des bestiaux, prendrait une importance proportionnée à l'augmentation des divers produits de ce genre.

---

[1] Juchereau de Saint-Denis, *Considérations statistiques*, p. 293 et 294.

XXIV.

LE COTONNIER.

Le cotonnier est peut-être de tous les végétaux, celui qui alimente le commerce le plus important et l'industrie la plus active. Originaire d'Asie, et d'une nature souple comme les fruits moelleux qu'il produit, il s'est acclimaté successivement dans presque toutes les parties du monde : aujourd'hui, il vit en Amérique, à Tunis, en Égypte, à Malte, en Sicile, sur les côtes de l'Andalousie et jusque dans les régions les plus chaudes de la France.

Dès le douzième siècle, le cotonnier était cultivé en Afrique, sur les plateaux situés au nord et au sud de l'Atlas. Edrisy en signale de nombreuses plantations à Sétif, à Tobna, à Omm-Rebi, à Cabsa, à Sedjelmasa, à Daï, à Tudéla, etc. : dans ces deux derniers cantons, les belles capsules recueillies par le laboureur étaient rapidement transformées en étoffes par d'habiles ouvriers; et c'est de là que les habitans du Maghreb faisaient venir la plupart des tissus de coton qui leur étaient nécessaires [1]. La culture du cotonnier paraît avoir été surtout très-active dans les plaines de l'Habrah, où on le rencontre encore à l'état sauvage [2].

Sous la domination des Turcs, les populations modernes de la régence ont entièrement abandonné cette riche industrie.

Quand les Français entreprirent de la raviver, ils furent donc obligés de s'approvisionner de semences au dehors et de faire des études toutes nouvelles : c'est ainsi que des cotons de la Louisiane, de Castellamare, de Malte, etc., furent semés, d'abord sur les terres du jardin de naturalisation, et, plus tard, sur celles d'un petit nombre de colons. Partout le succès le plus complet paya promptement et largement les peines des cultivateurs [3]. « Les cotons ont

---

[1] Edrisy, *Délassemens de l'homme du monde*, traduction de M. A. Jaubert, t. Ier, IIIe climat, p. 207-254. Les villes et les districts agricoles et manufacturiers de Tudéla et de Daï étaient habités par des Berbères de différentes tribus.— Ibid., p. 221.

[2] *Situation des établissemens français dans le nord de l'Afrique*, IIe part., chap. XIII, p. 281.

[3] *Annales de la société coloniale de l'état d'Alger*, rédi-

admirablement réussi à Alger, disait M. Laboulie à la Chambre des députés, dans la séance du 10 juin 1836 : on a récolté sur la propriété d'un de nos honorables collègues, des produits d'une valeur égale à ceux des meilleures plantations de la Louisiane. »

Le rapporteur de la commission d'Afrique, M. de la Pinsonnière, s'exprimait ainsi, au sujet de l'introduction du cotonnier : « Le sol et le climat de la régence se prêtent parfaitement à ce genre de culture, et on peut en attendre les

gées par M. Joanny Pharaon, t. Ier, p. 34 et 35. — *Première lettre à M. Passy, député, rapporteur du budget du ministère de la guerre* pour l'année 1836, par M. Eugène Renault, délégué d'Alger, p. 16.

« Le terrain du jardin de naturalisation employé, en 1835, à la culture du coton de la Louisiane, lit-on dans les *Annales de la société coloniale,* formait un arpent environ, non fumé et non arrosé. La végétation a néanmoins été si vigoureuse, que les plantes espacées de deux pieds sur des lignes séparées par un intervalle de trois pieds, ont atteint rapidement deux pieds d'élévation, et ont porté chacune de 30 à 50 capsules d'un beau volume. La soie, par sa longueur et sa finesse, nous a semblé supérieure au coton d'origine américaine.

» Le cotonnier de Castellamare, cultivé également en terrain frais et en terrain sec, a donné des résultats non moins satisfaisans ; la soie, par sa finesse et son brillant, nous a paru préférable au coton originaire de Castellamare. Les plantes ont donné des capsules plus fournies que celles de la Louisiane. »

plus grands résultats » [1]. Le gouvernement, dans sa Statistique générale de l'Algérie, témoigne la même confiance : « La culture du coton a été essayée, dit-il, et les essais promettent beaucoup » [2].

Parmi les expériences les plus récentes et les plus heureuses, on en cite une qui a l'avantage d'établir, avec beaucoup de netteté, la part des dépenses et celle des bénéfices. Elle a été faite sur une plantation de quatre hectares appartenant à un colon européen.

---

[1] *Rapport sur la colonisation de l'ex-régence*, Ire part., p. 72.

« La culture du coton à Alger mérite la plus sérieuse attention ; car pour soutenir la concurrence dans l'état actuel de l'industrie, il faut non-seulement que la France s'attache à perfectionner les procédés de manufacture, mais encore à se procurer la matière première au plus bas prix possible.

» Tout le monde sait que la navigation française est plus chère que toutes les autres, et qu'à distances égales, nous ne pouvons lutter avec nos concurrens ; or, le voisinage d'Alger devra singulièrement influer sur les frais de transport et nous donner un avantage, qui, tout faible qu'il sera, ne doit pas être dédaigné.

» Quelles que soient les espèces de coton auxquelles on s'attachera, il sera indispensable de se procurer des graines de bonne nature ; il n'y en a que de très-douteuses à Alger, et celles de la Louisiane, de Fernambouc et d'Égypte, paraissent préférables à toutes les autres. » — Ibid.

[2] *Tableau officiel*, IIe part., chap. XIII, p. 181.

FRAIS DE CULTURE D'UN HECTARE DE TERRE EN COTONNIER COURTE SOIE.

Loyer présumé d'un hectare de terre. . . .	20 fr.	c.
Un fort labour pour une charrue attelée de quatre mulets, avec deux hommes, à 10 fr. .	20	
Un hersage avec un homme et un mulet. . .	3	50
Une journée, un homme et un mulet pour tracer les raies.	3	50
Une journée, deux hommes pour semer. . .	4	
Trois journées, un homme pour éclaircir. .	6	
Trois binages avec la houe à cheval, un homme et un mulet.	10	50
Sarclage à la main entre les cotonniers. . .	15	
Total.	82 fr.	50 c.

FRAIS DE RÉCOLTE.

Un homme qui passera quatre heures, tous les trois jours, pendant quatre mois que durera la récolte, en évaluant le temps à une demi-journée chaque fois, fait cinq journées par mois, en tout, vingt journées, à 1 fr. 25 c.	25 fr.	c.
Frais de séchage.	6	
Dépense pour égrenage.	20	
Frais d'emballage.	6	
Usure d'outils.	10	
Dépenses imprévues et transport.	5	50
Total.	72 fr.	50 c.
Total général.	155 fr.	

L'hectare ayant donné 200 kilogrammes de

coton égrené et nettoyé, chaque kilogramme, d'après ces bases, a coûté 77 cent. 1/2, « proportion qui, même en admettant les prix les plus bas, laisserait encore au producteur de beaux bénéfices »[1].

Une observation ajoute encore à l'importance de ces résultats.

Pas un de nos colons, sans en excepter le propriétaire des quatre hectares, ne possède les machines en usage dans les pays où vient le coton. On le reconnaît assez par les 20 francs portés à la colonne des dépenses pour égrenage des produits. L'emploi d'une machine aurait di-

---

[1] *Tableau de la situation des établissemens français dans l'Algérie,* IIe part., p. 280 et 281.

« Pour le coton longue soie, les mêmes produits ne paraissent pas avoir été obtenus : le prix de revient du kilogramme serait pour cette espèce de coton de 1 fr. 26 cent. La raison en est qu'un hectare de coton longue soie ne produit que 100 kilogrammes net, les capsules coûtant bien plus à l'égrenage et ne contenant que 1/3 de coton et 2/3 de graine, au lieu de donner 2/5 de coton et 3/5 de graine, comme le coton courte soie.

» Quant au coton arbuste, les essais faits jusqu'à ce jour laissent encore la question indécise. Il reste à savoir ce que feront les cotonniers arbustes, s'ils s'acclimateront et s'ils donneront des produits abondans. Leur durée de plusieurs années et le peu de soins qu'exigeront les plantes, en feront peut-être une culture plus profitable encore que le coton herbacé ; c'est un point sur lequel on espère être fixé l'an prochain. En attendant, les échantillons obtenus de coton longue soie sont de la plus grande beauté. »—Ibid.

minué de plus de moitié cet article des frais généraux [1].

Il tombe sous le sens que notre association, plus favorisée du côté des moyens d'exécution, se trouverait placée, par cela même, dans une position beaucoup plus avantageuse. En appliquant à la récolte du coton, comme à toutes les parties de l'agriculture, les méthodes perfectionnées et les procédés mécaniques de la haute industrie, elle réduirait considérablement les dépenses de la production.

L'alliance du cotonnier arbuste et du cotonnier herbacé dans ses plantations formerait un des élémens les plus féconds de sa prospérité.

L'ennemi capital de nos possessions africaines, l'émir Abd-el-Kader, songe déjà à implanter chez lui cette industrie et à s'en assurer les avantages. « Il vient, est-il dit dans les rapports officiels, de charger un négociant d'Alger de lui faire venir d'Égypte de la graine de coton et vingt fellahs habitués à cette culture, qu'il se rappelle fort bien avoir remarquée lorsque, jeune encore, il se rendait en pélerinage à la Mecque. » [2]

L'Égypte est, en effet, devenue un pays modèle pour la culture du coton.

---

[1] *Tableau officiel*, p. 281.
[2] Ibid., même page.

Elle a accompli des prodiges qui doivent stimuler puissamment l'industrie française. Grâce à l'esprit entreprenant et à l'énergique volonté d'Ibrahim-Pacha, les plantations de cotonniers ont pris un développement extraordinaire dans les provinces soumises à son autorité. Après six années d'existence, celles-ci donnaient déjà 7,000,000 de kilogrammes de coton. En 1813, les produits étaient quadruplés, et aujourd'hui ils sont de plus de 50,000,000 de kilogrammes [1].

C'est là un glorieux exemple à suivre. Qu'il ne soit perdu ni pour la France, ni pour notre association.

[1] *Précis de la Géographie universelle*, par Malte-Brun et Huot, t. X, p. 168 et 169.

XXV.

LE MURIER ET LE VER A SOIE.

Il est impossible de préciser l'époque à laquelle remonte l'introduction de l'industrie séricicole dans l'Afrique septentrionale. Nous avons dit ailleurs que, pendant le moyen-âge, la colonie mauresque de Scherschel s'était livrée avec beaucoup de succès à l'éducation du ver à soie. Partout où cette industrie a existé et répandu quelque éclat, la tradition populaire en a consacré le souvenir. Avant la conquête, les noms de plusieurs localités de la banlieue d'Alger et de la plaine avaient pris leur origine dans la culture du mûrier. Il existait même sur ce point central quelques vieux débris des anciennes plantations, lorsqu'en 1830, notre armée s'empara de la régence [1].

Les Français travaillèrent avec ardeur à rele-

---

[1] *Annales de l'Algérie*, par le capitaine Pelissier, t. II, p. 329.

ver ou plutôt à introduire une branche d'industrie dont ils avaient appris, depuis long-temps, à connaître les précieux avantages. En 1838, ils étaient déjà parvenus à élever plus de 85,000 mûriers.

Il existait, outre ces tiges de toute grandeur, 300,000 pourrettes du même arbre dans les pépinières du gouvernement, et les colons avaient adressé pour 86,000 fr. de demandes à l'établissement administratif. Le mûrier blanc et le mûrier muticaule, plantés dans les parties fraîches et humides du jardin d'essais, avaient réussi à merveille. On avait vu des boutures, en moins d'une année, atteindre plus de dix pieds de hauteur et se charger de feuilles nombreuses et d'une dimension extraordinaire [1].

Cependant, comme pour la plupart des entreprises agricoles, les plantations s'étaient concentrées dans le territoire qui rayonne autour de la capitale de nos possessions africaines. Le

---

[1] *Situation des établissemens français dans l'Algérie*, IIe part., § XIII, p. 280, et § XIV, p. 288. — *Annales de la société coloniale d'Alger*, t. Ier, Ire livraison, p. 37 et 38.

A Bouffarick, le génie et le domaine ont fait planter en mûriers, les routes, les principales rues et les places. — (*Tableau officiel*, p. 391.) Il serait à souhaiter que toutes les villes de la colonie fussent dotées des mêmes avantages. On sait que par l'ordre de la Compagnie des Indes, d'immenses plantations de mûriers ont été récemment créées dans le Bengale.

tableau officiel de l'état général des cultures nous fait connaître la répartition numérique des mûriers entre les dépendances communales d'Alger.

COMMUNES D'ALGER.	PLANTATIONS DE MURIERS.
Pointe Pescade	1,733
Boudzaréah	8,549
El-Biar	29,232
Delhy-Ibrahim	600
Mustapha-Pacha	37,135
Bir-Mad-Reïs	332
Hussein-Dey	137
Kouba	5,641
Bir-Kadem	925
Kaddous	1,273
Bouffarick	975
Total	86,532

D'après les recherches de l'administration, il paraît que dans les districts d'Oran et de Mostaganem, il n'existait point de mûriers. Il y en avait 693 dans le territoire de Bone, ce qui donnait pour toute l'Algérie un total de 87,225 arbres de cette espèce [1]. C'est beaucoup sans doute, mais il y a loin de ce résultat aux 5 mil-

---

[1] *Tableau officiel*, etc., IIe part., § XIII, p. 284 et 285.

lions 700 mille mûriers que renferme en France le seul département du Gard [1]. Il reste encore, comme on le voit, une grande lacune à remplir et de vastes bénéfices à réaliser par notre association industrielle.

Un écrivain a dit, avec raison, *que le produit d'une magnanerie ne saurait être surpassé, ni même égalé par aucune autre spéculation agricole*. Cela est vrai surtout de l'éducation du ver à soie en Italie et en Afrique, où la nature vivifiante du climat seconde admirablement les travaux de l'industrie séricicole [2].

---

[1] *Annales de la société Séricicole,* Ire livraison, p. 44.
On comptait en France, en 1834, dans le département du Gard, 5,709,466 mûriers; dans la Drôme, 2,850,000; dans le département de Vaucluse, 2,013,034, et dans l'Ardèche, 2,000,000. Venaient ensuite les Bouches-du-Rhône où le nombre des mûriers s'élevait à 670,799; l'Isère, à 602,600; le département de Seine-et-Oise, à 341,000; la Côte-d'Or, à 375,000; l'Hérault, à 247,000; la Lozère, à 214,400; le Var, à 208,425. —Ibid.

[2] Dès l'année 1834, l'administration a pu juger des avantages que présente, sous ce rapport, la nouvelle colonie française. Un essai fait alors avec les mûriers blancs du jardin de naturalisation donna un excellent produit. La soie était bien corsée et les cocons beaux et bien faits ne laissaient rien à désirer. Cependant l'éducation des vers à soie avait été faite sous la plus fâcheuse influence. Faute d'un autre local, on les avait élevés dans une chambre habitée par des ouvriers, des femmes et des enfans.—*Annales de la société coloniale d'Alger,* p. 37 et 38.

Nous ne croyons pas exagérer en supposant que chacune de nos magnaneries, établie sur les mêmes bases que celle du comte de Dandolo, pourra donner les mêmes résultats. Or, voici quelles étaient les dépenses et les bénéfices de l'exploitation dirigée par le célèbre agronome italien.

DÉPENSES DE TOUTE NATURE.

5 onces d'œufs. . . . . , . . .	15 liv.	s.
Bois pour les faire éclore.	1	15
82 quintaux 50 livres de feuilles à 4 liv. 13 sous 6 den. le quintal, prix moyen.	385	
Dépense pour la cueillaison des feuilles, 1 liv. 2 s. 8 den. par quintal.	96	5
18 quintaux 75 livres de copeaux, bois gros et menu, à 1 l. 5 s. 4 den. le quint.	20	
Rameaux pour faire monter les vers. . .	18	
Papier pour mettre sur les claies.	14	
Huile pour les lampes.	9	
Bouteille pour purifier l'air.	1	10
100 journées d'hommes et de femmes, payées : celles d'hommes, à 1 liv. 5 s., et celles de femmes, à 15 s. Quand les hommes passent quelques heures de la nuit à travailler, on leur donne 10 s. de plus, et aux femmes, 5 s., le tout monte à.	103	10
Afferme des locaux et intérêt du capital employé pour l'achat des claies et autres petits objets.	90	
Total.	754	

Le comte de Dandolo retira de sa magnanerie, pendant la même année, 613 livres 8 onces de cocons, qui, vendus sur le pied de 1 liv. 14 s. 6 d., lui donnèrent une somme de 1,063 liv. En retranchant de ce produit 754 liv. pour les frais d'exploitation, il lui resta encore un bénéfice net de 309 liv. 8 s., ou d'environ 50 pour 0/0 [1].

Selon le même agronome, il faut 2,928 pieds carrés de terrain, pour un champ de 732 mûriers de toute grandeur [2]. Ces arbres, tant pour l'achat des tiges que pour les frais de plantation, coûteront 1,464 francs, et, comme il en

---

[1] *L'art d'élever les vers à soie pour obtenir constamment d'une donnée de feuilles de mûrier la plus grande quantité possible de cocons de première qualité,* par M. le comte de Dandolo, traduit de l'italien par Philibert Fontaneilles, ch. XV, § III, p. 359-363, 4e édition.

[2] Il suffit à un propriétaire, pour obtenir 21,000 livres de feuilles, d'avoir 60 mûriers greffés qui en produisent 7 1/2 chacun; 60 qui en produisent 15 livres; le même nombre qui en produise 22 1/2; le même nombre qui en donne 30 liv.; autant de 37 1/2; autant de 45 liv.; autant de 52 1/2; autant de 60 liv.; autant de 67 1/2, et, enfin, 10 de 75 liv.; ce qui fait en tout 550 mûriers.

« Et, comme on doit supposer, au moins dans nos climats, que la quatrième partie de ces mûriers s'ébranche chaque année, et, par conséquent, qu'elle repose un an, au lieu de 550, il en faudrait 732. » — *L'art d'élever les vers à soie,* chap. XV, p. 350-352.

mourra nécessairement quelques-uns chaque année, on doit compter 59 autres francs pour réparer les pertes de la plantation. Quant au revenu du terrain et à l'intérêt du capital employés par le cultivateur, ils peuvent être estimés l'un à 16 liv. et l'autre à 70 liv. Cela fait une dépense générale de 1,612 liv., moyennant laquelle il obtiendra d'abord 21,000 liv. de feuilles, et, en dernière analyse, 1,500 liv. de cocons [1].

Bref, toutes sortes de considérations doivent engager notre association à consacrer la plus grande partie de ses capitaux à la plus avantageuse des cultures.

L'industrie séricicole, qui a pénétré en France jusque dans la région du centre, malgré la rigueur de sa température septentrionale, ne peut manquer de réussir dans l'Algérie. Là, toutes les circonstances atmosphériques, une chaleur soutenue, la douceur de l'hiver et la rareté des pluies, se combinent heureusement pour favoriser la croissance du mûrier et la production de la soie [2].

[1] Le comte de Dandolo suppose que si on élève bien les vers à soie, on doit obtenir avec 21 livres de feuilles, 1 livre 1/2 de cocons. En France, il faut, terme moyen, 18 livres de feuilles pour avoir seulement une livre de cocons. — *Nouveau cours complet d'agriculture,* t. X, p. 233.

[2] « Le climat influe singulièrement sur la végétation de l'arbre qui nourrit le ver à soie. La rareté des pluies et la grande cha-

La culture si productive du mûrier nain, continuellement contrariée chez nous par les gelées printannières, pourra se développer en toute sécurité sur les terres coloniales : le rapport de cet arbuste, à l'âge de sept à huit ans, est de 20 à 25 livres de feuilles, le sixième environ du produit d'un mûrier à haute tige [1]. Planté en haies ou en prairies, il aura l'avantage d'offrir toujours un accès facile et peu coûteux pour la cueillette des feuilles.

Il nous paraît aussi démontré qu'on pourra élever des vers à soie en Afrique avec plus de facilité et des frais incomparablement moindres que dans nos départemens français. La chaleur toujours égale de 18 à 20 degrés, qu'il convient de maintenir dans les magnaneries, se rapproche beaucoup plus de la température moyenne d'outre-Méditerranée que de celle de notre pays.

---

leur soutenue bonifie la sève des feuilles du mûrier, qui, en général, sont abreuvées de sucs plus raffinés et sont plus soyeuses dans le midi que dans le nord. Quoique cet arbre réussisse très-bien en Prusse et en Bavière, il en est des produits qu'il y donne, comme de ceux de la vigne, qui, dans le nord, sont peu riches en esprit ardent et en partie sucrée. La perfection des feuilles du mûrier des contrées septentrionales ne pouvant donc jamais égaler celle des mûriers du midi, il suit que la soie qu'on en retirera sera toujours inférieure en qualité relativement à l'autre. » — *Nouveau cours complet d'agriculture*, t. X, p. 233.

[1] *Annales de la société séricicole*, 1re livraison, p. 81.

Il est même possible qu'on parvienne à naturaliser à Alger l'espèce de ver à soie qui vit sauvage sur les arbres [1].

Une dernière réflexion nous paraît encore plus propre à inspirer une grande confiance à notre société. La France, depuis le rétablissement de la paix générale, a fait des progrès aussi rapides dans l'industrie séricicole, que l'Egypte dans la production du coton. Le nombre des mûriers, dans les départemens où cette culture est ancienne, était, en 1820, de 9,631,674 : en 1834, il s'était élevé à 14,879,404, auxquels il fallait ajouter 886,668 arbres pour les autres départemens. Les récoltes de cocons, qui formaient, en 1820, une masse de 5,229,896 kilogrammes, avaient monté, en 1835, à 9,007,967 kilogrammes. De la même manière, les soies grèges filées, estimées, en 1820, à 453,770 kilogrammes, présentaient, en 1825, un total de 876,016 kilogrammes [2].

C'est un accroissement d'environ 50 pour 0/0 en quinze ans. Toute considérable que soit cette

---

[1] *Rapport sur la colonisation*, par M. de la Pinsonnière, IIe part., p. 68 et 69.

Le ver élevé dans l'intérieur des magnaneries est moins vigoureux que le ver qui vit sauvage sur les arbres.

[2] *Annales de la société séricicole,* Ire liv., p. 46 et 47.

proportion, n'a-t-on pas le droit d'attendre, à temps égal, des résultats progressifs quatre fois plus élevés, de la même industrie, dans l'Afrique française?

XXVI.

L'OLIVIER.

On rencontre l'olivier sur le massif, dans la plaine, et à l'état sauvage. Souvent il forme des masses compactes de bois incultes, ou se développe en haies vives autour des champs. Sa vigoureuse et puissante végétation fait soupçonner un arbre de race indigène; et, en effet, depuis que les Phéniciens l'ont implanté sur la terre d'Afrique, il s'est tellement identifié avec elle, qu'il est devenu un des traits les plus riches et les plus familiers de sa physionomie pittoresque.

Dans toutes leurs expéditions, nos troupes ont trouvé le sol couvert d'oliviers, comme le font observer les rapports du gouvernement. Un officier ajoute, que toutes les fatigues de nos soldats sont oubliées, quand, après une marche pénible, il leur arrive de bivouaquer dans une forêt de ces beaux arbres, dont les branches vertes s'enflamment et pétillent aussitôt qu'on les met en contact avec le feu [1].

En un mot, l'olivier est un de ces végétaux qui participent du caractère monumental des œuvres de l'architectonique, par leurs formes proéminentes, leur existence séculaire et leur immuable aspect. Son nom populaire se rattache intimement aux traditions des Arabes, et se reproduit partout dans la nomenclature géographique du pays : c'est ainsi qu'il y a, chez les tribus de la côte et de l'intérieur, *un port des oliviers, une rivière des oliviers, une vallée des oliviers,* etc [2].

Si les Arabes s'étaient appliqués à diriger par

---

[1] *Situation des établissemens français dans l'Algérie,* p. 42 et 279. — *Procès-verbaux et rapports de la commission d'Afrique,* p. 93. — *Rapport sur la colonisation,* par M. de la Pinsonnière, Ire part., p. 67. — *Voyage dans la régence d'Alger,* par le capitaine Rozet, t. Ier, p. 191.

Les plus belles plantations d'oliviers, d'après Desfontaines, sont aux environs de Blidah, de Bone, de Bougie et de Tlemsen. On cite plusieurs districts, dans le petit Atlas, où ces arbres donnent de bonnes olives sans le secours de la greffe.—*Nouvelles annales des Voyages,* IIe série, t. XVII, p. 350.

[2] *Mers-el-Zeitoun, Oued-el-Zeitoun,* etc., etc.

La *Revue des Deux-Mondes* a donné dernièrement une description pleine d'intérêt de la vallée et de la rivière des oliviers. — *Voyage au camp d'Abd-el-Kader,* liv. du 15 août 1838.

la culture les instincts productifs de l'olivier, l'huile la plus belle eût, pour ainsi dire, coulé dans leurs champs, et, de là, débordé sur le monde. Mais ce n'était pas seulement les tribus de la plaine qui négligeaient de mettre à profit de si grands avantages; les habitans du massif d'Alger n'étaient ni plus avancés, ni plus soigneux sous ce rapport.

Pendant les sept premières années qui ont suivi la conquête, les colons ont greffé plus de soixante mille oliviers. Le mouvement de la culture eût été encore plus rapide sans les obstacles que les propriétaires européens ont trouvés dans la cherté de la main-d'œuvre, et surtout dans la rareté des ouvriers exercés à ce genre de travail [1].

La province d'Alger renfermait, en 1837, 63,327 oliviers greffés, et 502,506 oliviers sauvages. On comptait, en outre, à Bone, 1,135 arbres de la première classe et 16,257 de la seconde.

---

[1] *Tableau des établissemens français dans l'Algérie*, II⁰ part., p. 270 et 280.

En 1836, le jardin de naturalisation possédait un plant de sept mille pieds d'oliviers. Mais cet établissement manquait de sujets pour fournir des greffes. Il n'était muni que de 9 pieds venus de Provence, lesquels ne pouvaient fournir annuellement qu'une cinquantaine de greffes chacun.—*Annales de la société coloniale*, t. Ier, p. 37.

	OLIVIERS	
	GREFFÉS.	SAUVAGES
TERRAINS DES COMMUNES D'ALGER.		
Pointe-Pescade...............	1,236	131,293
Boudzaréah.................	28,773	63,260
El-Biar...................	5,003	25,008
Delhy-Ibrahim..............	»	»
Mustapha-Pacha............	5,641	46,690
Bir-Mad-Peïs..............	1,472	15,280
Hussein-Dey...............	826	18,375
Kouba....................	5,109	61,734
Bir-Kadem................	2,857	111,036
Kaddous..................	1,410	29,830
Doueira..................	»	»
Bouffarick................	»	»
Total.....	63,327	502,506
TERRAINS DES AUTRES PROVINCES.		
Bone.....................	1,135	16,257
Oran.....................	»	»
Mostaganem...............	»	»
Total général.	64,462	518,763

Ce qui mettait les oliviers greffés relativement aux oliviers sauvages, dans la proportion de 64 à 518. En d'autres termes, sur 100 oliviers, 14 étaient greffés et 86 sans culture. Quelle latitude immense pour les travaux de notre association agricole!

L'olivier du littoral ne ressemble en rien à l'arbre de même espèce qui croît dans le midi de la France. Considéré dans l'ensemble de ses proportions, il a une élévation, une force, une exubérance qu'on chercherait en vain dans les formes épuisées de celui-ci. La culture n'affaiblit en aucune manière son énergie naturelle. Tous les cultivateurs de notre Afrique française savent qu'après avoir reçu la greffe, il prend un développement trois ou quatre fois plus prompt et plus considérable que celui de l'olivier provençal [1].

Comme le cotonnier à longue soie, l'olivier se plaît évidemment dans le voisinage de la

---

[1] « L'olivier de l'Algérie est aussi beau que le chêne d'Europe. » (Le capitaine Rozet, *Voyage dans la régence*, t. Ier, chap. IX, p. 215.) « Les oliviers cultivés en Barbarie sont bien plus beaux et bien plus élevés que ceux que j'ai vus en Provence. » (L'abbé Poiret, *Voyage en Barbarie*, IIe part., *Histoire naturelle*, p. 81.) C'est donc surtout dans l'Afrique septentrionale que l'olivier est *le premier des arbres, olea prima omnium arborum est*, selon l'expression de Columelle.

mer [1]. Peut-être faut-il attribuer sa rapide croissance sur les côtes de l'Algérie, à leur atmosphère si fortement imprégnée de vapeurs salines.

Il y trouve d'ailleurs toutes les autres conditions nécessaires à son bien-être. Les pentes montueuses, sur lesquelles il vient le mieux, abondent dans les campagnes accidentées du littoral; et la douceur du climat le protége contre les gelées destructives qui désolent si

---

[1] Voyez les notes de M. Fée, sur l'*Histoire naturelle* de Pline, bibliothèque latine de Panckoucke, t. IX, p. 349.

« Les auteurs anciens ont dit que l'olivier ne pouvait subsister à plus de 30 lieues de la mer. Cette assertion n'est pas rigoureusement vraie, puisqu'on en voit dans le royaume de Léon, en Espagne, à plus du double, et dans l'Asie mineure et la Mésopotamie, à plus du triple de cette distance. Cependant, il est certain qu'on ne le trouve que sur les bords de la Méditerranée, de la mer Noire et de la mer Caspienne. Les plantes qu'on a transportées au Chili ne sont pas non plus très-éloignées de la mer.

» Des documens authentiques constatent qu'on cultivait autrefois l'olivier, en France, à un plus grand éloignement de la mer, par exemple, aux environs de Valence : aujourd'hui, on n'en voit plus, même aux environs d'Avignon, et ceux de la plaine d'Aix sont si souvent maltraités par la gelée, que beaucoup de propriétaires commencent à les faire arracher pour les remplacer par les amandiers, dont la récolte est plus certaine et plus productive. Il en est de même aux environs de Limoux. »— *Nouveau cours complet d'agriculture*, t. X, p. 497.

souvent le midi de la France et s'étendent quelquefois sur le nord de l'Italie [1].

Outre que les produits des plantations de la société ne seraient jamais compromis par l'intempérie des saisons, ils donneraient des revenus beaucoup plus élevés que dans le midi de la France, où l'on commence d'ailleurs à abandonner cette culture.

Prenons, par exemple, un champ d'un hectare, contenant 225 pieds d'oliviers. Au bout de six ans, les frais de plantation et d'entretien, estimés à 1 fr. 25 cent. par arbre, auront occasionné une dépense de 156 fr. 25 cent. Le champ sera en plein rapport, et, à raison de 10 fr. par pied, il donnera un revenu annuel de 2,250 fr.

---

[1] *Tableau des établissemens français*, p. 280.
En 1709, un froid subit et intense fit périr presque tous les oliviers en France. Depuis, ces arbres ont été frappés de la gelée, mais moins généralement et moins fortement, dans les hivers de 1740, 1745, 1748, 1755, 1768, 1784, 1820 et 1830. A la suite des gelées, les cultivateurs sont souvent obligés de retrancher les plus grosses branches de l'olivier. Ces grandes amputations, qui ne laissent guère subsister que les troncs, exigent des précautions infinies. — Voyez la *Collection de mémoires relatifs aux effets produits sur les oliviers, par la gelée du 11 au 12 janvier 1820*, 1 vol. in-8°. Paris, 1822. Et la *Notice sur les oliviers frappés de la gelée et le moyen de conserver le plus grand nombre de ceux que le froid n'a pas entièrement détruits*, par M. Raybaud-l'Ange, in-12. Paris, 1823.

En suivant ces bases approximatives, 10,000 oliviers coûteront 12,500 fr. en frais d'établissement, et donneront un revenu annuel de 100,000 fr. D'un autre côté, il faudra dépenser environ 6,000 fr. pour la construction d'un moulin nécessaire à l'extraction de l'huile. Qu'on ajoute à cette somme les charges de toute espèce pour rente de terrains, intérêts des capitaux, récolte des fruits, etc., et l'on verra que notre association réalisera encore des bénéfices très-élevés sur les plantations d'oliviers.

XXVII.

LA VIGNE. — L'ORANGER, LE TABAC, etc. — PLANTATIONS DE BOIS. — MINES.

L'abstinence du vin prescrite à tous les musulmans par la politique de Mahomet, n'a point porté un aussi grand préjudice qu'on pourrait le croire à la culture de la vigne : le géographe Edrisy nous apprend qu'elle était très-répandue et très-florissante dans l'Afrique septentrionale, au commencement du treizième siècle. Les meilleurs vignobles se trouvaient en ce temps-là sur les bords du Schélif [1].

Les Maures ont toujours eu une prédilection marquée pour cette culture. La plupart des arbres fruitiers de la région maritime de l'Atlas ont dégénéré par leur négligence : la vigne in-

---

[1] *Géographie* d'Edrisy, t. Ier, IIIe climat, § Ier, p. 231.

digène, objet constant de leurs soins, a conservé ses qualités primitives. C'est donc avec raison que ses fruits sont généralement préférés à tous ceux de la régence [1].

Comme l'olivier, cet arbre se complaît sur la terre d'Afrique, et y puise une vigueur extraordinaire. De quelque côté que l'on porte ses pas, on le voit étaler sa végétation luxuriante, ses larges ceps et ses grappes surchargées de fruits. Il croît à l'état sauvage dans les haies, dans les bois et même dans les broussailles; il produit ainsi sans culture des raisins noirs et blancs, qui sont meilleurs et plus gros que ceux de beaucoup de nos vignobles français [2].

Au sud et au nord du petit Atlas, il forme en plein champ de belles agglomérations cultivées par les Berbères.

Ceux-ci ne connaissant point l'usage des échalas, abandonnent les ceps à leur propre impulsion et les laissent s'élever ou ramper irrégulièrement sur le sol; système qui a quelque analogie avec le mode de culture suivi en Espagne [3], et qui donne à chaque pièce de vigne l'aspect d'une nature moitié disciplinée, moitié sauvage.

---

[1] Le capitaine Rozet, *Voyage dans la régence d'Alger*, t. Ier, chap IX, p. 203 et 204.

[2] Ibid.

[3] Voyez l'*Itinéraire descriptif de l'Espagne*, par M. Alexandre de Laborde, t. IV, p. 95.

Il y a de magnifiques treilles dans les jardins et les cours des maisons mauresques [1]. En 1831, nos soldats ont pu admirer dans la nouvelle Casbah d'Oran, un pied de vigne dont les nombreuses ramifications couvraient un espace de cent vingt mètres carrés [2].

Tout est gigantesque dans la vigne de l'Algérie. Elle produit des ceps de sept à huit pouces de diamètre et des grumes de trois pouces de circonférence ; parmi ses grappes d'une grosseur prodigieuse, il en est qui pèsent jusqu'à 15 livres [3]. Il n'y a pas loin de ces énormes fruits aux

---

[1] Hebenstreit, *Nouvelles annales des Voyages*, IIe série, t. XVI, p. 27.

[2] Le capitaine Rozet, *Voyage dans la régence d'Alger*, p. 203 et 205.

« À Oran, dans la cour nord de la nouvelle Casbah, j'ai vu un pied de vigne, planté à côté d'une fontaine, il est vrai, dont le diamètre était de 0^{m}23^m ou 8 pouces 6 lignes ; les branches formaient une treille qui couvrait un espace de 15 mètres de long sur 8 de large, ou de 120 mètres carrés. J'ai compté sur cette treille mille grappes de raisin, dont chacune pesait plus de deux livres. C'est une des plus belles choses que j'aie vues depuis que je voyage. S'il pouvait exister quelques doutes sur ce fait, j'invoquerais le témoignage de tous les officiers du 21e régiment de ligne, qui l'ont observé comme moi. » — Ibid.

[3] « Sans échalas, sans autres soins, les ceps se chargent des plus gros raisins qu'on puisse imaginer. On trouve assez communément des grappes qui pèsent quinze livres, et des grumes longues de vingt-deux lignes, ayant 3 pouces 5 lignes de circon-

grappes de la vigne numidienne, qui, au dire de Strabon, étaient longues d'une coudée [1].

Les vignes commencent à pousser vers la fin de mars, se couvrent de fleurs dans les premiers jours de juin, et sont en plein rapport en juillet. De tous leurs fruits, l'espèce la plus commune et la plus estimée, est un chasselas qui ressemble beaucoup à celui de Fontainebleau ; elles don-

---

férence. Ce raisin mûrit, quoique couché sur la terre, etc. » — Renaudot, *Tableau du royaume et de la ville d'Alger*, chap. VI, p. 131.

« Cette plante croît en Barbarie avec une force étonnante. Dans les champs, on trouve des ceps plus gros que le bras ; les treilles des jardins sont composées de pieds de vigne de toute beauté. » — *Voyage dans la régence d'Alger*, par le capitaine Rozet, t. Ier, p. 204.

[1] « On convient généralement que la Maurusie, sauf une partie déserte, est un pays riche et fertile, bien arrosé de rivières et baigné de lacs : cette contrée, abondante en toutes choses, produit entre autres arbres d'une dimension extraordinaire, une espèce de vigne, dont deux hommes ont peine à embrasser le tronc, et qui donne des grappes longues d'environ une coudée. » — (*Géographie* de Strabon, t. V, liv. XVII, p. 454.)

D'après les *Recherches sur le principe, les bases et l'évaluation des systèmes linéaires de l'antiquité*, insérées dans l'appendice de ce grand ouvrage, la coudée grecque était de vingt-quatre doigts ou six palmes. (Ibid., app., p. 558.) Remarquons encore, pendant que nous sommes sur ce noble terrain de l'antiquité, que, selon Pline, la vigne africaine était grosse et se soutenait sans appui ; et qu'on était obligé de tempérer avec

nent aussi des raisins noirs et gris à petits grains. Les produits des treilles sont des chasselas, des malagas et des muscats. C'est principalement aux malagas qu'il faut appliquer ce que nous venons de dire sur la grosseur extraordinaire des grappes [1].

Les cultivateurs du littoral vendent ces fruits excellens dans leur état naturel, ou après les avoir fait dessécher. Pendant l'hiver, les Kabaïles apportent à Alger une grande quantité de raisins secs. Les habitans de la vallée de Mostaganem en font aussi un commerce assez considérable [2].

D'après tous ces faits, on sent quel parti avantageux une exploitation agricole pourrait tirer de la culture de la vigne.

Les voyageurs qui ont pu s'assurer, par leur propre expérience, de la force et de la richesse des vins indigènes, s'accordent à les mettre sur la même ligne que les produits du Portugal, de l'Espagne et de la Provence [3]. Mais ce serait

---

du gypse, l'âpreté naturelle du raisin fabriqué avec ses fruits. —*Histoire naturelle,* l. XIV, chap. III, et l. XVII, ch. II.

[1] Desfontaines, *Nouvelles annales des Voyages,* IIe séric, t. XVII, p. 353. — Rozet, *Voyage en Afrique,* t. Ier, p. 203 et 204.

[2] *Tableau des établissemens français dans l'Algérie,* Ire part., p. 67.

[3] « Avant les ravages que firent les sauterelles en 1723 et en 1724, dans les vignobles de l'Algérie, ses vins égalaient ceux de

surtout par le perfectionnement de cette culture que notre association nationale pourrait obtenir les plus beaux résultats et rendre les plus grands services à la colonie. Elle transplanterait dans l'Afrique française les ceps des crus les plus estimés de la péninsule hispanique, de la Grèce et de l'île de Madère [1]. Nous sommes convaincus que ces tentatives réussiraient complètement, et que la culture de la vigne, très-facile et peu dispendieuse à Alger [2], y serait infiniment plus productive que de l'autre côté du détroit.

S'il fallait en croire les relevés de l'administration, le nombre des pieds de vigne serait très-borné dans l'Algérie.

l'Hermitage, pour le goût et le parfum. Depuis, les vignes ont beaucoup perdu de ces avantages, et au moment où nous écrivons, elles n'ont pas encore recouvré leurs anciennes qualités. Cependant, leurs produits pourraient peut-être rivaliser encore avec les vins d'Espagne et de Portugal. » — Le docteur Shaw, *Travels in several parts of Barbary*, p. 227.

[1] Il existe un *Traité des variétés de la vigne dans l'Andalousie*, par Roxa Clemente, qui contient de précieux renseignemens sur les vignobles de l'Espagne. Cet ouvrage a été traduit de l'espagnol en français, et publié à Paris, en 1824. M. Gaultier d'Arc, consul de France à Valence, a consigné aussi des observations très-intéressantes sur les vignes de la Péninsule, dans un mémoire adressé au maréchal Clauzel, en 1835.

[2] M. de la Pinsonnière, *Colonisation de l'ex-régence d'Alger*, IIe part., p. 69.

TABLEAU DES VIGNES

EXISTANT DANS LES COMMUNES D'ALGER ET DE BONE EN 1837.

TERRAINS DES COMMUNES D'ALGER.	
Pointe-Pescade.	44
Boudzaréah.	27
El-Biar.	44
Delhy-Ibrahim.	22
Mustapha-Pacha.	13
Bir-Mad-Réis.	8
Hussein-Dey.	53
Kouba.	25
Bir-Kadem.	61
Kaddous.	71
Doueira.	»
Bouffarick.	»
Total.	368
TERRAINS DES AUTRES PROVINCES.	
Bone.	17
Oran.	»
Mostaganem.	»
Total général.	385

Mais ce tableau est inexact dans presque toutes

ses parties. On n'a tenu nul compte, en le formant, de la plupart des vignes cultivées en deçà comme au-delà des points occupés par les Français.

Telles sont les branches de l'économie rurale et les productions naturelles qui serviront de bases aux opérations de notre société : l'élève des bestiaux, les céréales, le mûrier et l'éducation des vers à soie, le cotonnier, l'olivier et la vigne. A ces divers travaux, elle ajoutera quelques cultures d'une importance secondaire : celles de l'oranger, de l'amandier, du figuier, du châtaignier, du jujubier, du pistachier, du tabac, du ricin, de la garance, du henné, du lin, du chanvre, etc. Enfin elle portera une partie de ses capitaux sur les plantations de bois et l'exploitation des mines [1].

La rareté des bois de construction et de chauffage se fera sentir pendant long-temps autour des points occupés [2].

[1] Voyez les détails que nous avons donnés dans le chapitre XIX, sur l'oranger, le figuier, l'amandier, le tabac, le ricin, la garance, le henné, etc.

[2] Le dey tirait des bois de construction de Bougie, de Collo, de Djelli et même de la Calle. La régence, dont la population consommait, il est vrai, immensément moins que ne le ferait une population égale d'Européens, ne demandait pas de bois à l'étranger ; et nous, jusqu'ici, nous n'avons presque rien tiré du pays même.

« Des exploitations régulières et sagement ménagées vont être

Dans la capitale, les besoins de la consommation se sont considérablement accrus, dans le temps même où l'approvisionnement de cette ville devenait moins praticable : les immenses ressources des forêts de la côte et de l'intérieur sont trop éloignées et les communications trop difficiles pour être de quelque utilité à la population européenne.

Le peu de bois de chauffage que lui fournissent les indigènes vient des points inoccupés sur les sandales des Maures, ou est apporté de la montagne et des bords de la Chiffa à dos de chameau.

L'extrême pénurie de cet objet de consommation si nécessaire aux usages de la vie et à un grand nombre de travaux, a fixé l'attention du gouver-

---

prescrites par l'autorité administrative; on va étudier les communications et les moyens de transport ; et en même temps que grandiront les plantations que l'administration encourage de tous ses efforts, les vieux bois si long-temps ignorés continueront à fournir aux besoins des populations.

» Du reste, la population européenne n'est pas encore assez considérable pour qu'on ne puisse espérer d'alimenter son chauffage avec les bois du pays, si leur exploitation sur tous les points, occupés ou non, prend une marche et un écoulement réguliers. Les progrès de la production forestière, régie, surveillée, encouragée, pourront suivre son développement. » — *Situation des établissemens français dans l'Algérie,* IIe part., § XV, p. 291 et 292.

nement local. Il a pris des mesures pour arrêter, à l'avenir, la destruction des forêts, des bois et des plantations : par l'arrêté du 2 avril 1833, il est fait défense « à tous les propriétaires, fermiers, ou colons européens et indigènes, d'abattre ou d'arracher, quelle que soit son essence, aucun arbre forestier ou fruitier, sans en avoir préalablement fait la déclaration et obtenu l'autorisation officielle » [1].

Dans l'état où sont les choses, des plantations de bois présenteraient donc des bénéfices assurés et très-considérables.

L'administration sent tellement l'importance de ces créations forestières qu'elle les encourage de tous ses efforts. « Il est hors de doute que tous les arbres de France réussiraient parfaitement dans l'Algérie », affirme-t-elle ; et les heureuses expériences qui ont été faites depuis quelques années, confirment entièrement cette assertion [2]. Les arbres de haute venue, le peuplier, le tremble, l'aulne, le noyer, le châtaignier, etc., croissent merveilleusement sur la terre africaine.

Ajoutons, en terminant, que si notre association était favorisée par quelque heureuse découverte qui lui présenterait des garanties de suc-

---

[1] *Tableau des établissemens français*, IIe part., § XV, p. 289 et 292.
[2] Ibid., p. 289.

cès, elle prendrait une part active à l'exploitation des mines. Assurément il y a aussi dans ce genre de grandes et belles choses à faire. Pour notre compte, nous sommes convaincus que les nombreuses chaînes de l'Atlas recèlent, au pied de leurs montagnes, des trésors infinis en minerai de fer, de cuivre, de plomb, etc.

XXVIII.

ÉTENDUE DU SOL CULTIVABLE. — DEUX GRANDS
CENTRES D'EXPLOITATION.

Ce n'est pas le sol exploitable qui manquera aux travaux de notre association. Outre que des propriétés nombreuses lui sont déjà acquises, comme nous le dirons tout à l'heure, il existe partout des terrains d'une excellente qualité, qui, faute de capitaux, sont restés jusqu'à ce jour sans culture.

Il résulte des relevés officiels, que plus de 18,000 hectares de bonnes terres n'ont pas encore été fécondés par le travail, dans les limites étroites des cantons explorés par les agens de l'administration.

Or, ce n'est là qu'une très-faible portion du sol qui peut être exploitée avec avantage et que les Arabes ont laissée en friche. A le bien prendre, la presque totalité de l'Algérie peut être rangée dans la catégorie des terres non cultivées et susceptibles d'une grande production [1].

Un maréchal de France, qui a été gouverneur général des possessions françaises dans le nord de l'Afrique, nous donne une idée plus juste de l'étendue du sol exploitable : selon lui, la superficie du massif d'Alger et du Sahel est de 160,000 hectares, celle de la plaine de la Mitidja de 250,000, et celle du versant septentrional de l'Atlas, de 180,000. Il y a donc, en tout, 590,000 hectares de terres, accessibles à la colonisation, sur ce seul point de la régence.

Une comparaison bien faite pour fixer l'attention se présente ici. La totalité des terres en rapport dans nos colonies de la Martinique, de la Guadeloupe et de Bourbon, pour lesquelles la France a fait tant et de si grands sacrifices, ne comprend que 78,100 hectares. C'est sept fois et demie moins que les terrains cultivables resserrés dans la partie centrale de la régence d'Alger [2].

Dans cette immense carrière ouverte aux entreprises de l'agriculture, notre association a dû choisir les deux localités qui lui ont paru répondre le mieux au but de son institution.

---

[1] L'abbé Poiret, *Voyage en Barbarie*, IIe part., app. p. 76.
[2] *Nouvelles observations de M. le maréchal Clauzel sur la colonisation d'Alger*, p. 23 et 24.

Il est de la dernière importance que les dépendances territoriales d'une exploitation aussi vaste et aussi compliquée, ne soient pas disséminées sur un trop grand espace. La séparation et l'éloignement des centres de production opposeraient trop de lenteur aux relations et trop d'obstacles à la surveillance. Au contraire, en concentrant sur un même point les nombreuses cultures de l'association, elles prendront ce caractère d'unité, sans lequel aucune entreprise industrielle ne saurait prospérer.

Dès lors, le principe de la centralisation communiquera son énergie et sa puissance à tous les travaux de l'association. Aucun détail, aucune partie de cette vaste organisation ne pourront échapper à l'action et à la surveillance de la direction supérieure; et la production agricole, se développant sous l'influence d'un contact et d'une impulsion de tous les momens, atteindra le plus haut degré d'activité.

Voilà pourquoi notre société a résolu de restreindre ses premières opérations au massif d'Alger et à la plaine de la Mitidja.

Ce n'est pas à dire qu'elle renonce pour toujours à la faculté d'étendre aux autres provinces de la régence le cercle d'action dans lequel elle s'enferme volontairement aujourd'hui. Il lui sera loisible, si elle le juge convenable, de se créer à l'avenir, de nouveaux foyers d'exploitation dans quelque partie du littoral qu'il lui plaira de déterminer. Seulement, elle a pensé qu'à ses débuts il ne fallait pas ajouter les embarras d'une surveillance trop partagée aux difficultés qui s'attachent à la fondation de toute entreprise industrielle.

Nous avons donné ailleurs la description du massif d'Alger et de la Mitidja. Il ne nous reste donc rien à dire sur l'heureuse situation et l'admirable fertilité de ces deux centres de la colonisation. Nous croyons seulement devoir observer que l'un ayant une superficie accidentée, et l'autre une surface plane, ils réunissent tous les avantages des pays de montagne et de plaine.

Considérés sous le point de vue maritime, ils ne sont pas moins bien partagés : le massif, par sa position intermédiaire, relie la vallée à la capitale de la régence. D'où il suit que tous deux sont peu éloignés de la mer et du port vers lequel convergent toutes les relations commerciales de l'Europe avec l'Algérie.

XXIX.

ACQUISITIONS DE TERRES. — COMMENT ET A QUELS TITRES ELLES SE FONT.

Il y a quelques années, les terres étaient à très-bas prix dans le Deylick d'Alger. Un haut dignitaire de l'armée, qui en est aussi une des plus belles gloires, affirmait, en 1833, que le gouvernement, avec 100,000 fr., aurait pu acheter une étendue de terrain de 100 à 200 lieues carrées [1].

Cela nous rappelle un fait curieux rapporté par un ancien voyageur : l'abbé Poiret, pendant son séjour en Barbarie, a connu un chef arabe, qui pour une jument, avait cédé au bey de Constantine près de dix lieues carrées de terre cultivée [2].

---

[1] *Nouvelles observations de M. le maréchal Clauzel sur la colonisation,* p. 27.

[2] *Voyage en Barbarie,* par l'abbé Poiret, IIe part., lettre XXIV, p. 169 et 170.

Depuis la conquête, la valeur du sol exploitable a considérablement augmenté. Il ne faut pas en chercher seulement la cause dans l'agiotage malheureusement trop répandu des propriétés foncières : ce changement favorable provient, en grande partie, de l'extension du mouvement colonial et de l'industrie agricole.

Mais il ne faut pas croire, pour cela, que les acquisitions d'immeubles exigent aujourd'hui de grands sacrifices. Il y a encore très-loin du prix des meilleures terres dans l'Algérie à ce que valent les terrains les plus médiocres en France. D'ailleurs, l'usage où sont les Maures, dans les opérations de ventes immobilières, de ne point exiger le paiement intégral de leurs propriétés et de se contenter d'une rente annuelle, facilitera toujours singulièrement les opérations de ce genre [1].

---

[1] « M. le duc de Rovigo estimait que nous devions occuper les principaux points du littoral; nous rendre, par là, maîtres des grandes voies d'importation et d'exportation ; et attendre, dans cette position, du temps et des effets de notre système militaire et politique, la soumission progressive du pays.

» Ce système n'exclut pas la formation, dans le voisinage des villes, de toutes sortes d'établissemens agricoles par les capitalistes qui peuvent y être disposés. Les acquisitions de terres sont très-praticables, puisque les Maures ne demandent pas mieux que de les vendre moyennant de modiques rentes. Les capitalistes peuvent de même acquérir, si le gouvernement en permet l'alié-

L'aliénation des terres du domaine présente aussi des occasions très-avantageuses.

Le gouvernement français a hérité des immeubles que les anciens souverains de l'Algérie possédaient par donation, achat, construction ou confiscation. Les représailles de la guerre et la fuite d'une partie de la population des villes et des campagnes, ont amené la séquestration d'un grand nombre d'autres biens. Ce sont des propriétés de toute espèce, des boutiques, des maisons, des jardins, des fermes, des parcelles de terre et de vastes surfaces dont la situation précise et l'exacte contenance ne sont pas toujours connues [1].

---

nation, les biens des corporations ou fondations religieuses, etc.

» Enfin, avec un état tranquille, rien n'empêche les Européens de s'associer à des Maures pour des opérations de culture et de desséchement. » — M. Pichon, *Alger sous la domination française*, l. II, ch. VI, p. 297.

[1] « Les anciens registres ayant disparu pour la plupart, parce que les précautions qu'il aurait fallu prendre dans l'origine avaient été négligées, il devint très-difficile de connaître tous les immeubles appartenant à ces diverses catégories; d'une part, il fallut s'en rapporter à des ouï-dire dénués de preuves, à des renseignemens fautifs, qui entraînèrent une foule d'erreurs; de l'autre, les usurpations devinrent faciles au milieu de l'ignorance et de la confusion générales; tous les soins possibles ne purent les éviter.

» A force de travaux et de recherches, on parvint enfin à for-

En 1831, sur un total de 5,000 immeubles que donna le recensement des propriétés de la ville d'Alger, 3,000 appartenaient à l'État et représentaient un capital de plus de 40,000,000 de francs [1].

Les aliénations des propriétés urbaines s'effectuent aux enchères publiques ou à l'amiable, en vertu d'un arrêté du gouvernement local. L'adjudicataire se soumet « au paiement d'une rente annuelle, rachetable par le versement du capital calculé au denier vingt,

---

mer des états à peu près complets, qui cependant laissent encore à désirer dans les détails.

» Les principaux édifices furent affectés à des services publics, d'autres en grand nombre ont été démolis pour la construction des places ou l'élargissement des rues; près de deux cents immeubles ont été restitués : le reste forme un total de quatorze à quinze cents immeubles, dont se compose aujourd'hui le domaine productif. La valeur de celui-ci, dans l'intérieur des villes, peut, d'après des données admissibles, être estimée à 1,100,000 f., celle de l'ancienne dotation des fontaines à 150,000 fr.

» Un grand nombre de ces immeubles, consacrés au casernement et aux magasins de l'armée, constituent le domaine militaire, non productif de revenus et administré par le génie : le produit de ceux qui peuvent être loués momentanément est versé au trésor. D'autres édifices également improductifs sont affectés aux services civils. » —*Tableau officiel*, IIe part., ch. XXXV, p. 385 et 387.

[1] *Observations du général Clauzel sur quelques actes de son gouvernement à Alger*, p. 107 et 108.

à la reconstruction sur les plans donnés d'alignement et quelquefois de façade » [1]. Il doit être fourni caution pour l'accomplissement des obligations souscrites.

Dans le commencement, ces ventes s'opéraient à si bas prix, que douze aliénations faites antérieurement à l'année 1835, ne produisent que 349 francs de rentes. Plus récemment, il a été fait 122 aliénations urbaines, comprenant 10,274 mètres 69 centimètres, et estimées à un million environ, pour un total de 61,501 fr. 35 centimes, en rentes annuelles. Pour les adjudications publiques, le prix moyen, en rente annuelle, du mètre carré, a été de 5 fr. 98 cent., et, pour les ventes de gré à gré, de 4 fr. 65 cent.

Le gouvernement paraît avoir des notions aussi confuses sur la superficie de ses possessions rurales que sur l'étendue de ses propriétés urbaines. D'immenses fragmens du sol, faute de noms, ne figurent pas même sur ses sommiers, quoiqu'ils fassent partie du domaine public [2] : entre autres beaux immeubles, il

---

[1] *Situation des établissemens français dans l'Algérie,* IIe part., p. 588.

[2] Ibid., IIe part., p. 388 et 389.

« Les évaluations du domaine public qui ont été données jus-

possède, assure-t-on, douze fermes considérables dans la plaine de la Mitidja [1].

Les aliénations des biens de cette classe se font aussi, d'après un arrêté du gouverneur,

qu'à présent sont généralement fort exagérées ; il est très-difficile, pour ne pas dire impossible, d'en fixer la valeur d'une manière exacte.

» Le domaine a été classé en fermes, en propriétés rurales, comprenant, avec les jardins, les maisons de campagne sans fermes, et en propriétés urbaines. Les fermes ou terrains à culture n'ont pas tous été visités en détail; leur contenance, la nature de leur sol ne sont pas bien connues.

» Indépendamment des portions du territoire qui portent des noms, les seuls qui puissent figurer sur les sommiers tant qu'elles ne sont pas en rapport, il est certainement de vastes surfaces que le cadastre signalera mieux et qui pourront être mises en culture ; les fermes elles-mêmes ont une importance et une valeur très-variable, selon les circonstances, par l'établissement d'un poste dans le voisinage, l'ouverture ou l'achèvement des canaux d'assainissement, le percement des routes, les relations amicales ou hostiles avec les tribus voisines.

» De semblables causes influent grandement sur la valeur des maisons de campagne : le moindre filet d'eau que l'on découvre ou que l'on retrouve la fait doubler; elle est très-faible pour le premier propriétaire qui l'achète en ruine. Elle s'élève rapidement, et sans proportion avec les dépenses, quand l'immeuble a été réparé par un Européen. Un assez grand nombre de ces immeubles sont devenus des habitations aussi agréables que commodes. » — *Tableau officiel*, IIe part., p. 587.

[1] *Rapport sur la colonisation de la régence d'Alger*, par M. de la Pinsonnière, Ire part., p. 47.

soit aux enchères, soit de gré à gré. L'administration, comme elle le dit elle-même, n'exige pour les fermes ou les terrains « que le paiement d'une rente très-faible, qui constate plutôt un droit qu'elle ne constitue un prix de vente »[1]. Le concessionnaire est tenu, en sus de cela, à faire lever le plan de la propriété, à l'entourer de haies, à pratiquer des fossés d'assainissement, à planter des arbres, et à mettre chaque année une portion déterminée du terrain en culture.

Si le colon ne remplit pas ses engagemens, la propriété revient à l'État. Mais presque toujours après quelques années de travail, il se trouve dans une position assez avantageuse pour racheter la rente. C'est conformément à ces principes et par des concessions de cette nature, que depuis 1832, les communes de Kouba, de Delhy-Ibrahim et de Bouffarick ont été formées [2].

---

[1] *Situation des établissemens français dans l'Algérie*, IIe part., p. 389.

[2] « A Kouba, vingt-trois familles composées de cinquante-neuf individus, occupent vingt habitations qui ont été réparées ; des orphelins logent chez des voisins qui cultivent leurs terres ; les concessions embrassent une étendue de 93 hectares 57 ares 62 centiares. Il a été cultivé 53 hect. 70 ares 2 cent. Il reste à cultiver 39 hect. 87 ares 60 cent.

» A Delhy-Ibrahim, cinquante familles, composées de deux

Il a été aliéné pendant les six années, qui ont suivi l'établissement définitif de la domination française, 4,619 hectares 92 ares 35 centiares de biens ruraux, moyennant 510 fr. de rentes annuelles. De ces terres concédées

cent vingt-sept personnes, habitent cinquante maisons réparées. La concession est de 227 hect. 34 ares 67 cent. Il a été cultivé 91 hect. 61 ares 65 cent. Restent donc à cultiver 135 hectares 73 ares 02 centiares.

» Les cultures consistent en blé, orge, pois, fèves, pommes de terre et potagers.

» Des motifs différens ont fait créer l'établissement de Bouffarick, et l'on a suivi d'autres erremens pour le faire prospérer.

» Un camp permanent avait été établi dans cette partie de la plaine, où se croisent les principales routes qui conduisent d'Alger à Blidah et à Médéah, et de l'est à l'ouest. Le domaine y possédait des fermes d'une grande étendue; M. le maréchal Clauzel ordonna d'y placer des colons.

» Le génie fut chargé de tracer le plan d'une ville qui se lierait avec le camp retranché. Le domaine fit lever le plan du terrain et le divisa en lots. Les lots destinés à recevoir des constructions sont d'un tiers d'hectare environ; ceux de la campagne de quatre hectares.

» La ville a été divisée en 162 lots, et la campagne en 173. Des premiers, 84 restent à concéder, et des seconds, 23.

» On compte actuellement, à Bouffarick, 38 maisons terminées, 20 barraques en bois, et 25 maisons commencées. Sur les 617 hectares 73 ares cultivables de la campagne, 110 hectares 81 ares sont déjà cultivés. Plusieurs pépinières ont été plantées et sont dans un état satisfaisant. » — Ibid., IIe part., § XXXV, p. 590 et 591.

à perpétuité ou temporairement, les deux tiers environ ont été aliénés, terme moyen, au prix de 1 franc par hectare et l'autre tiers pour 2 francs 60 centimes [1].

Quels bénéfices ne pourrait-on pas réaliser sur les immeubles acquis à ces conditions, en s'appliquant à leur donner la valeur productive des meilleures terres de l'Europe ?

Ainsi les deux modes d'aliénation le plus généralement suivis dans la vente ou la concession des biens ruraux, favoriseraient également notre société; et elle serait placée dans les circonstances les plus heureuses, non-seulement pour exploiter, mais pour acquérir le sol.

---

[1] *Tableau officiel*, II° part., p. 389 et 392.
Cependant, 36 hectares 38 ares 70 centiares ont été vendus assez avantageusement pour donner, en moyenne, une redevance annuelle de 48 fr. par hectare.

perpétuité ou temporairement : le siteur sera
environ ont été aliénés, terme moyen, au prix
de 4 francs par hectare et l'autre tiers pour
à francs 60 centimes.

(Qu'el, bénéfices ne pourrait-on pas réaliser
sur les immeubles acquis à ces conditions, en
s'appliquant à leur donner la valeur productive des meilleures terres de l'Europe ?

Ainsi, les deux modes d'aliénation, le plus
généralement suivis dans la vente ou la concession des biens ruraux, favoriseraient également notre société ; et elle serait placée dans
les circonstances les plus heureuses, non-seulement pour exploiter, mais pour acquérir le

Tableau officiel, II.° part., p. 389 et 393.
Cependant, 30 hectares 58 ares 70 centiares ont été vendus
avantageusement pour donner, en moyenne, une redevance annuelle de 13 fr. par hectare.

XXX.

CULTURE PAR LES ÉMIGRANS D'EUROPE.

Par quels moyens notre association se procurera-t-elle les cultivateurs qu'elle associera au bénéfice de l'exploitation du sol? C'est là une question du plus grand intérêt et qu'il importe de résoudre.

Plusieurs fois dans l'examen des causes qui entravent les progrès de la colonisation, nous avons signalé l'insuffisance des bras et l'extrême cherté de la main-d'œuvre.

Les artisans venus d'Europe se font payer à un taux exorbitant, parce qu'ils sont en petit nombre et n'ont pas de concurrence à craindre. Le simple manœuvre exige très-souvent un salaire de 2 à 3 francs, ce qui porte à 4 et même à 5 francs le prix de la journée pour les cultures ordinaires. Ces hommes, appartenant pour la plupart à des professions mécaniques, sont d'ailleurs étrangers aux travaux de l'agriculture [1].

Chaque partie de l'économie rurale, outre ses principes généraux, a ses connaissances pratiques, locales, traditionnelles, qui peuvent seulement s'acquérir dans les pays de cultures spéciales. Les arts si diversifiés d'élever le ver à soie, de greffer l'olivier, de fabriquer l'huile, de diriger la vigne, de faire le vin, d'ensemencer les terres et de soigner les troupeaux, veulent des mains exercées depuis longtemps.

Les ressources en ce genre étant tout-à-fait insuffisantes dans le nord de l'Afrique, notre association sera nécessairement obligée de se pourvoir en dehors de la colonie et de faire un appel aux classes laborieuses de tous les pays de l'Europe.

Il lui répugnerait trop de prêcher l'abandon du sol natal à des familles dont le sort serait heureux et l'avenir assuré. L'attachement aux foyers paternels est une chose sainte,

---

[1] Les rapports officiels contiennent un état du prix des journées dans les principales villes de l'Afrique française. La main-d'œuvre est un peu moins élevée à Alger qu'à Oran, Bone et Bougie. — *Situation des établissemens français dans l'Algérie*, IIe part., § XXX, p. 363.

un sentiment moral, un principe conservateur, et notre association, plutôt que de le combattre, renoncerait pour toujours à ses projets d'exploitation. Mais elle n'a pas besoin de répandre l'esprit d'émigration; il existe partout, il est en mouvement d'une extrémité de l'Europe à l'autre. Il s'agit seulement de le détourner de la direction, souvent calamiteuse, qu'il a suivie jusqu'à ce jour, et de le pousser dans une voie infiniment préférable [1].

---

[1] Le capitaine Pelissier, dans ses *Annales de l'Algérie*, t. II, IIᵉ part., ch. X, p. 456, fait une peinture énergique du sort malheureux qui attend les émigrans d'Europe de l'autre côté de l'Océan Atlantique.

« Les Américains, dit-il, emploient toutes sortes de moyens pour faire venir dans le Nouveau-Monde des gens que la misère puisse mettre à leur discrétion. Lorsque ces malheureux arrivent, leurs ressources se trouvent toujours épuisées, et ils sont alors forcés d'en passer par ce que veulent les propriétaires; ceux-ci leur font souscrire des engagemens pendant la durée desquels leur industrie est exploitée par ces maîtres avides. Après avoir passé plusieurs années dans cette servitude véritable, ils reçoivent quelques faibles secours et se créent alors une existence indépendante.

» Ces esclaves volontaires sont des objets de commerce; on les vend, on les cède, on les échange, comme on pourrait faire d'un bœuf ou d'un cheval; c'est ainsi que les Américains ont établi chez eux la traite des blancs. L'esclavage des blancs existe dans toutes les provinces du sud. Si les pauvres paysans allemands et suisses savaient le sort qui les attend en Amérique, ils seraient moins désireux de s'y rendre; mais les gouvernemens le

Le malaise général répandu dans toutes les sociétés européennes, la mauvaise organisation du travail, les souffrances inséparables de la condition précaire des classes laborieuses, et les progrès du paupérisme dans les pays de manufacture, conduisent, chaque année, près de deux cent mille Européens au-delà de l'Océan Atlantique [1]. Ce sont des hommes de toutes les parties de l'Angleterre, de l'Écosse, de l'Irlande, de quelques cantons de la Suisse, des royaumes de Wurtemberg, de Bavière, de Westphalie, des provinces les plus populeuses de la France et surtout de l'Asace [2].

Si les expatriations sont moins fréquentes

---

leur laissent ignorer, ayant intérêt à se débarrasser des gens qui sont quelquefois à la charge des communes. »

[1] *Nouvelles observations de M. le maréchal Clauzel sur la colonisation d'Alger, adressées à M. le maréchal ministre de la guerre*, p. 23.

[2] M. de Villeneuve Bargemont portait, il y a trois ans, la population indigente de l'Europe, où l'on compte 226,445,200 habitans, à 10,897,333 individus, c'est-à-dire à 1/20 8/10 de la population générale.

Voici dans quelle proportion, suivant ce savant économiste, ce nombre prodigieux de pauvres était réparti entre les différens pays de l'Europe. L'Angleterre en renfermait 3,000,000, l'Allemagne, 680,000, l'Autriche, 1,280,000, la Prusse, 425,933, le Danemarck, 100,000, la Suède, 154,600, la Suisse, 171,000, les Pays-Bas, 877,000, la Russie d'Europe, 525,000, la France,

parmi nous que dans les autres pays, ce n'est pas que la position de nos prolétaires soit plus heureuse.

Nous savons à quoi nous en tenir sous ce rapport. Depuis long-temps, le paupérisme a reçu chez nous, qu'on nous passe l'expression, une existence légale et une protection officielle. Pour sa part de subvention, il est inscrit sur le grand-livre du budget de l'État; il surcharge le cahier des taxes communales. Pendant l'année 1833, d'après les états dressés par les bureaux de bienfaisance et recueillis par le ministre du commerce, plus d'un million deux cent mille indigens ont participé aux secours à domicile, ou ont été admis au traitement dans les maisons hospitalières [1].

1,600,000, l'Italie, 750,000, l'Espagne, 450,000 le Portugal, 141,000, et la Turquie d'Europe, 142,000.

D'après ces chiffres généraux, le rapport des indigens à la population générale, serait en France, dans la proportion de 1 à 25, en Allemagne, de 1 à 20, en Suisse, de 1 à 10, dans les Pays-Bas, de 1 à 7, en Angleterre, de 1 à 6; et l'Autriche, le Danemarck, la Suède, le Portugal, l'Italie, présenteraient le même rapport que la France, c'est-à-dire 1 sur 25. — *Économie politique chrétienne, ou recherches sur la nature et les causes du paupérisme,* par M. de Villeneuve Bargemont, t. II, liv. II, p. 1-12.

[1] *Documens statistiques sur la France, publiés par le ministre du commerce,* tableau XXIII, p. 93, et tableau XXIV, p. 94.

Quoique le titre de ce grand et beau travail ne désigne que

Que serait-ce si, à ce nombre, on ajoutait les pauvres qui vivent des aumônes de la main à la main, ceux que la religion soutient sans éclat par le ministère du clergé, ceux que se réserve l'humanité des institutions privées, et ceux enfin qui, par délaissement ou par fierté, ne participent pas aux dons de la charité publique? Est-ce une exagération de dire que, si on faisait l'inventaire de tous ces besoins et de toutes ces misères, on trouverait que la France ne compte pas moins de trois millions d'indigens?

Et faut-il rappeler combien la morale souffre d'un si déplorable état de choses? Pour tous, le découragement ou la démoralisation; pour beaucoup, le suicide ou la folie, et, pour un plus grand nombre, le crime et la prison. Voilà, en deux mots, quels sont chez nous les résultats ordinaires du paupérisme [1].

Ces réflexions affligeantes ne sont point étrangères à notre sujet.

Notre association ne veut pas seulement

M. le ministre du commerce, le mérite de la conception et de l'exécution appartient véritablement à M. Moreau de Jonnès.

[1] Voyez les deux essais que nous avons donnés dans *la Nouvelle Minerve* et dans *le Droit*, *sur les progrès du paupérisme en France, et ses rapports avec l'accroissement des crimes, des suicides et de la folie.*

fonder un établissement industriel de l'autre côté de la Méditerranée. Elle ambitionne aussi l'honneur de contribuer à la colonisation de l'Afrique, et, par conséquent, à la grandeur, à la prospérité et à la gloire de la France. C'est dans cet esprit qu'elle a arrêté les principes qui régleront ses rapports avec l'émigration.

Elle ne veut pas seulement des cultivateurs pour exploiter ses terres, elle veut des colons qui prendront l'engagement de s'attacher définitivement au sol.

Tous les postulans ne seront pas indistinctement admis dans ses exploitations. Comme elle fera des avantages aux travailleurs dont elle acceptera les services, elle se croira en droit d'être exigeante. Elle ne prendra que des hommes instruits dans quelques-unes de ses cultures spéciales et pourvus d'une attestation de médecin constatant leur état sanitaire. Elle demandera surtout, comme conditions premières, des garanties de moralité, d'ordre et de travail.

Toutes les colonies nouvelles, qui ont été frappées d'une dissolution violente et prématurée, n'ont succombé que par l'invasion des corruptions de la vieille Europe. Depuis la conquête, les établissemens français dans le nord de l'Afrique ont beaucoup souffert de cet impur mélange [1]. C'est un fléau infiniment plus à craindre, selon nous, que les irruptions des Bédouins.

L'association défrayera le transport de chaque colon sur la côte d'Afrique, ou se chargera d'obtenir son passage gratuit sur les bâtimens de l'Etat [2].

Elle traitera de gré à gré avec lui pour la fixation de son salaire, et « du jour où il

---

[1] *De l'établissement des Français dans la régence d'Alger*, par M. Genty de Bussy, chap. VIII, p. 283. — *Considérations politiques sur la colonie d'Alger*, par le capitaine Peyronnet, p. 138.

[2] Le pouvoir de délivrer des passeports pour l'Afrique aux ouvriers français sans occupation, pendant long-temps restreint dans des limites assez étroites, a été rendu l'année dernière à toutes les administrations locales, par une circulaire de M. le ministre de l'intérieur.

Toute personne valide à laquelle ces autorités auront donné un passeport, pourra obtenir le passage gratuit sur un des bâtimens de l'État, si elle exerce une profession qui se rattache aux travaux publics, aux constructions et à l'agriculture. La circulaire ministérielle désigne particulièrement les maçons, tailleurs de pierres, plâtriers, charpentiers, menuisiers, peintres en bâtimens, couvreurs, tuiliers, briquetiers, chaufourniers, forgerons, serruriers, taillandiers, charrons, mécaniciens, fondeurs, potiers de terre, cordiers, jardiniers, laboureurs, terrassiers, manœuvres.

Le passage gratuit sera étendu, sur déclaration nominative, aux conjoints, aux ascendans, descendans, parens à tous les degrés, ouvriers ou serviteurs de l'émigrant, et voyageant avec lui. Les entreprises agricoles ou industrielles pourront également

signera son engagement, elle lui donnera une promesse de concession de terre, proportionnée à ses services, et échangeable, après un certain nombre d'années, contre un titre définitif de propriété. La concession sera entièrement libre, et elle ne pourra, en aucun cas, servir de prétexte à l'établissement d'une charge ou d'une redevance quelconque sur les produits du travail de l'ouvrier.

Toutefois, le colon, par une clause particulière, devra autoriser l'association, dans l'intérêt de son avenir, à faire une retenue sur son salaire journalier. En déterminant la quotité de celle-ci, on aura toujours égard à ses besoins. La retenue n'aura d'autre but que de pourvoir à son traitement en cas de maladie, et, plus tard, à ses frais d'établissement quand il entrera dans la pleine jouissance de sa part de propriété.

Le produit cumulé de cette réserve devra être consigné, chaque mois, dans une caisse publique, par les directeurs de la société.

---

obtenir la faveur du passage gratuit pour tous les ouvriers ou cultivateurs qu'elles doivent employer dans leurs exploitations.

Comme ressource temporaire, l'administration d'Afrique ouvrira aux émigrans les chantiers des travaux publics, où ils trouveront des moyens assurés d'existence.— M. de Montalivet, *Circulaire du 30 août* 1838.

En retour des garanties et des services que l'association exigera de chaque colon, elle lui créera donc un fonds d'épargne pour les éventualités de l'avenir, et l'élévera au rang de propriétaire du sol.

S'il est marié ou s'il devient chef de famille après son engagement, il sera strictement obligé de faire instruire ses enfans dans les principes de sa religion, et de les envoyer à l'école primaire la plus prochaine. Dans le cas où l'école publique serait par trop éloignée, l'association pourvoirait elle-même à l'instruction élémentaire, morale et religieuse des enfans nés de parens employés à la culture de ses terres.

Bref, notre association contribuera, autant qu'il sera en elle, à augmenter le bien-être matériel de l'émigrant comme ouvrier, à développer le sentiment de sa dignité morale comme homme, et à préparer un sort heureux à ses enfans, sur qui reposera un jour la force de la colonie.

N'avons-nous pas raison de penser que ces précieux avantages constitueront pour le cultivateur et pour sa famille, un sort de beaucoup préférable à celui qui attend les émigrans européens sur la terre d'Amérique? N'est-il pas évident que ceux-ci se sentiront plus heureux et plus à l'aise sur une plage d'où l'on peut découvrir à l'œil nu les côtes de l'Europe, que dans un pays situé à l'autre extrémité de l'Océan Atlantique et séparé par trois mille lieues de l'ancien monde? N'avons-nous pas sujet de croire que nos pauvres laboureurs français, auxquels il répugne tant de s'embarquer pour une terre lointaine, seront plus disposés à se prévaloir des ressources de l'émigration quand on leur parlera d'un sol rapproché, en quelque sorte, de leurs propres foyers, et compris dans les limites de la domination française [1] ?

---

[1] Plusieurs économistes ont signalé comme nous, les avantages qui résulteraient pour les classes pauvres de la colonisation agricole de l'Afrique française. Nous citerons entre autres M. de Villeneuve Bargemont, *Économie politique chrétienne*, t. II, liv. VII, p. 569-580; — M. Huerne de Pommeuse, *des Colonies agricoles*, II⁵ part., p. 194-210; — et Mme Gatti de Gamond, *Du système de Fourier*, ch. XV, § VI, p. 340-357.

XXXI.

CULTURE PAR LES INDIGÈNES.

Ce serait mal comprendre la pensée de l'association nationale, que de lui supposer le projet de s'appuyer exclusivement sur les émigrans d'Europe pour la culture du sol. Dans la situation actuelle de l'Afrique française, une pareille résolution serait aussi contraire aux intérêts bien entendus de la colonisation, qu'aux principes d'une sage politique.

Il ne faut pas se le dissimuler, les frais de la production seraient de beaucoup trop élevés, si tous les travaux étaient confiés à des cultivateurs d'outre-mer. Sans parler des dépenses que le déplacement de ceux-ci occasionnera à notre société, un plus haut prix s'attachera nécessairement à leur coopération qu'à l'assistance des naturels du pays. Le travailleur indigène se contentera toujours d'un plus faible salaire que l'européen, par cela même que sa sobriété est excessive, et qu'il appartient à une civilisation moins avancée.

La domination des Turcs reposait entièrement sur l'existence d'une caste privilégiée et l'exclusion du plus grand nombre des avantages sociaux; et, sous ce rapport, il faut bien le dire, elle se rapprochait de l'ordre politique établi chez toutes les nations du monde civilisé. Il y avait donc à Alger, comme partout ailleurs, une classe pauvre, accoutumée à donner beaucoup au travail et à recevoir peu en échange. Elle connaissait à peine l'usage de la viande, et vivait presqu'entièrement d'une espèce de macaroni, connu sous le nom de *couscousou*. Un grand nombre, pour toute nourriture, se contentaient même d'un morceau de pain trempé dans une huile fort commune [1].

Avant l'arrivée des Français, le prix de la journée d'un kabaïle, dans la capitale de la régence et dans ses environs, était ordinairement de cinq sous, outre un supplément en nature, composé de quatre petits pains noirs de la valeur de deux sous les quatre. Aujourd'hui, malgré l'activité industrielle qui résulte des déve-

---

[1] *Esquisse de l'état d'Alger*, par William Shaler, ch. III, p. 84 et 85.

loppemens de la colonisation, le berbère ne demande pas plus de vingt sous par jour à Alger et dans la Mitidja [1].

Ainsi, à ne considérer que la modicité du salaire, il y aurait un avantage réel à employer les indigènes. Mais ont-ils assez le goût et l'aptitude du travail, pour que l'on puisse tirer un grand parti de leur concours? Nous n'en doutons nullement, et pour détruire les préventions contraires qui peuvent exister à ce sujet, il nous suffira de présenter ici quelques observations sur les dispositions naturelles de ces peuples, pour l'industrie agricole, manufacturière et commerciale.

D'abord, un fait important nous frappe et domine tous les autres, c'est qu'après tant de révolutions sociales, religieuses, politiques et militaires, l'agriculture est restée la principale industrie du pays. Ses deux branches les plus importantes, la culture des terres et l'élève des bestiaux se partagent les soins et absorbent

---

[1] *Alger sous la domination française*, par M. Pichon, liv. II, chap. VI, p. 503. — Rozet, *Voyage dans la régence d'Alger*, t. II, ch. II, p. 27.

« Les meilleurs ouvriers sont les Provençaux et les indigènes. Il ne manque à ceux-ci que la pratique et une meilleure nourriture qui leur donne la force nécessaire pour tirer bon parti de leurs bras. » — M. Meurice, *Procès-verbaux et rapports de la commission d'Afrique*, p. 566.

l'existence toute entière de la grande majorité de la population indigène. Les tribus errantes elles-mêmes, savent féconder le sol par le travail, comme on le reconnaît aux champs cultivés qui entourent le site changeant des Douars [1]; et il faut peut-être attribuer leur vie nomade, moins à un penchant invincible, qu'à la nécessité de pourvoir leurs troupeaux de pâturages toujours abondans. Quant aux Kabaïles, ils cultivent avec ardeur la terre à laquelle ils s'attachent volontairement, et se montrent aussi habiles à en vendre les produits, qu'à les convertir à tous les usages, par des procédés ingénieux. Outre qu'ils connaissent l'art d'exploiter les mines, de fondre et de travailler les métaux, ils fabriquent de l'huile, du savon, de la poudre à tirer, etc. [2] De très-loin, ils se rendent aux

---

[1] M. le général Monck-d'Uzer, *Procès-verbaux et rapports de la commission d'Afrique*, p. 366.

« Les Kabaïles sont un peuple actif et intelligent. Ils tirent de l'agriculture et de leurs troupeaux tout ce qu'il faut à leur subsistance. Ils exploitent les mines de fer qui sont dans leurs montagnes, et convertissent en fonte les minéraux qu'ils en ont extraits. Ils connaissent aussi la fabrication de l'acier, qui leur sert à la confection de toutes sortes d'armes, et d'une grande quantité de petits objets de coutellerie. »— Shaler, *Esquisse de l'état d'Alger*, ch. IV, p. 120.

[2] « Les Berbères fabriquent de la poudre pour leur usage; mais ils n'en vendent jamais. Cette poudre est beaucoup plus estimée

marchés et aux foires où se font les affaires les plus actives ; à telles enseignes qu'on voit des marchands entreprendre un voyage de dix à douze journées pour se rendre des confins du désert à Alger, avec des mulets chargés de dattes. Les femmes filent la laine et tissent les étoffes qui servent de vêtemens aux Arabes et aux Berbères dans toutes les saisons.

Les Kabaïles de l'Atlas, comme les habitans des montagnes de notre Auvergne, sont aussi dans l'usage d'aller demander du travail aux populations des villes. Ils se font journaliers, hommes de peine, jardiniers, cultivateurs et domestiques à gages ; en cette dernière qualité, ils prennent du service non point seulement chez leurs co-religionnaires, mais dans les maisons des consuls européens et des marchands israélites [1]. L'appât du gain et du bien-être

---

que celle qu'on faisait à Alger. Je crois devoir faire observer ici que la fabrication de la poudre exige des connaissances spéciales assez étendues. Elle suppose que les Berbères sont beaucoup plus instruits qu'on ne le pense généralement. » — Le capitaine Rozet, *Voyage dans la régence d'Alger*, t. II, ch. II, p. 18 et 19.

[1] *Esquisse de l'état d'Alger*, par William Shaler, ch. IV, p. 114-124.

« Les Berbères sont très-attachés à leur pays, et ne peuvent passer six mois sans y retourner. Les Européens qui en ont à leur service, m'ont assuré que c'étaient d'excellens domestiques, et

l'emportent sur les répulsions de croyance et de race.

Pour ce qui est des Maures, l'exercice de plusieurs professions leur est comme réservé conformément à l'ancienne distribution du travail : ils sont tailleurs, brodeurs, tisserands, teinturiers, cordonniers, tourneurs, etc. Ils se distinguent dans la fabrication des étoffes de soie et des tapis, surtout dans les broderies d'or et d'argent [1]. Ce sont eux qui forment, comme on sait, la presque totalité des habitans des villes.

Assurément il y a là des dispositions, des aptitudes et des connaissances qui, en plus d'un genre, pourront être heureusement utilisées par notre association nationale. Avec une conduite habile et des ménagemens convenables, elle réussira à attirer les travailleurs indigènes sur ses exploitations et dans ses ateliers. Huit années d'expérience ont suffisamment démontré qu'ils ne répugnent point à s'associer aux travaux et aux entreprises des colons européens. Les rap-

---

sur la fidélité desquels on pouvait se reposer. » — Rozet, t. II, ch. II, p. 27.

[1] Marmol, *Description de l'Afrique*, t. II, ch. XI, p. 329 et 330. — Pananti, *Relation d'un séjour à Alger*, ch. XIII, p. 359. — *Tableau des établissemens français dans l'Algérie*, IIe part., chap. XXII, p. 320 et 321.

ports officiels, en parlant des Arabes et des Kabaïles, si facilement recrutés par le génie militaire et les ponts-et-chaussées, assurent avec raison, « que les naturels du pays se présenteront en foule sur tous les points où des chantiers publics seront ouverts ».

XXXII.

POINT DE COLONISATION SANS LA FUSION DES RACES
ET DES INTÉRÊTS.

Hâtons-nous de le dire, ce n'est pas uniquement par un principe d'économie, c'est aussi dans l'intérêt bien entendu de la colonisation, qu'il importe de nous attacher les indigènes par les avantages du travail. Les esprits les plus éclairés et les plus sages se sont prononcés avec énergie pour le rapprochement industriel et social des nouveaux dominateurs d'Alger et de ses anciens habitans.

« Dans le système d'occupation que j'adopterais à Alger, disait le général de Damrémont à la commission d'Afrique, le 25 janvier 1834, je me servirais autant que possible des Maures et des Arabes : je les ferais intervenir toutes les fois que l'occasion se présenterait, et je chercherais à les employer avec les troupes à tous les travaux. »[1] Telle était aussi l'opinion du général Monck-d'Uzer, qui, vers le même temps, écrivait au président de la commission, « que les Arabes des environs de Bone nous avaient été très-utiles pour nos transports et pour l'approvisionnement de nos troupes; qu'on pourrait tirer un grand parti de ces hommes, alors vivant au nombre de plus de six mille au milieu de nous ou sous notre protection, et que c'était par eux et avec eux surtout qu'on parviendrait à fonder un établissement colonial »[2].

Plus récemment, M. Dufaure, dans son rapport à la Chambre des députés, a consacré, et nous dirions presque poussé jusqu'à l'exagération, cet excellent principe. « Le premier avantage, disait-il le 29 mai 1838, que nous devons chercher dans la possession de l'Algérie, c'est de créer sur ses rivages un peuple ami de la France; car les colons que la majorité de votre commission désire avant tout, ce sont les indigènes »[3]. Pour nous, modifiant

---

[1] *Procès-verbaux et rapports de la commission d'Afrique*, n° XVI, p. 98.

[2] Ibid., n° XV, p. 366 et 367.

[3] *Le Moniteur universel*, IIIe supp. au n° 152 du 1er juin 1838.

Ces paroles ont d'autant plus d'importance qu'elles ont été

l'opinion de l'honorable député, nous voulons que les colons français dominent dans notre nouvel établissement, et que les indigènes ne viennent qu'en seconde ligne, à titre d'auxiliaires.

Mais la fusion des peuples rapprochés par la conquête et par la puissance des intérêts matériels, ne trouvera-t-elle point un obstacle invincible dans l'opposition des sentimens moraux? Le caractère des musulmans, leurs préjugés contre les chrétiens, si profondément enracinés par dix siècles de lutte, les doctrines de l'islamisme, et la différence des mœurs, ne doivent-ils pas éloigner de nous les races africaines, perpétuer les dissidences, et entretenir l'état de guerre? Les Arabes, dit-on, sont toujours les fanatiques croyans du siècle de Mahomet, un peuple immuable, qui vit obstinément retranché dans ses habitudes, et qu'il faut se résoudre à exterminer, ou, au moins, à refouler au-delà de l'Atlas [1].

---

prononcées au nom de la commission chargée de l'examen du projet de loi relatif à l'ouverture d'un crédit extraordinaire de 18,171,498 fr. pour le service des possessions françaises dans le nord de l'Afrique.

[1] *A la nation sur Alger*, par M. Victor Armand Hain, membre de la société coloniale, ch. VII; p. 75-107.—M. de la Pinsonnière, *Rapport sur la colonisation d'Alger*, Ire part., p. 36 et 57.

N'est-ce pas se laisser aller à une erreur capitale que d'interpréter ainsi les sentimens du présent par les passions du passé? Les musulmans d'aujourd'hui ne ressemblent guère plus aux premiers sectateurs du Koran, que les catholiques de notre temps aux croisés du douzième siècle. Si les islamites ont encore la même foi religieuse, ils ne croient plus que la loi du prophète soit appelée à régner sur le monde. Depuis le jour où leur marche victorieuse fut arrêtée par les Francs dans les plaines de Poitiers, leur orgueil a été humilié, leur confiance brisée, et leur unité détruite, par une suite non interrompue de vicissitudes, de malheurs et de révolutions.

Non, ceux-là ne sont pas restés immuables que la providence a jetés si loin de leur point de départ, et pliés successivement au joug de presque tous les peuples de la chrétienté, en Europe, en Afrique, en Asie. Voilà trois siècles que l'épée de l'agression s'est rompue dans leur main, et qu'ils sont réduits à combattre par une guerre de pirates ou de partisans, les forces toujours envahissantes de leurs ennemis [1]. Aussi n'est-ce plus de l'O-

---

[1] Cette grande révolution a suggéré des réflexions profondes et pleines d'élévation à M. Michel Chevalier. Voyez ses *Lettres sur l'Amérique du nord*, t. Ier, introduction, p. 6-12.

rient, de la contrée où s'est levée l'étoile de Mahomet, qu'ils attendent un maître, c'est de l'Occident, de la région où plane la croix [1].

Les musulmans de race africaine n'ont pu échapper à l'esprit de démoralisation qui s'est répandu parmi leurs co-religionnaires de l'Europe et de l'Asie.

Les dispositions morales de ces peuples, par l'enchaînement des choses, sont donc très-favorables à la consolidation de la puissance française ; mais il faut nous hâter de profiter de nos avantages, sous peine de voir les circonstances changer d'aspect et se tourner contre nous. Il y a deux principes, en Orient, qui se sont substitués à tous les droits de l'humanité, et qui sont la source de tous les pouvoirs sociaux : la force dans la plénitude de son ascendant matériel, et la justice dans l'éclat de

---

[1] « Parmi les prophéties répandues chez les Maures et chez les Arabes, il en est une dont le temps et l'avenir découvriront la vérité, et qui est fort remarquable, en ce qu'elle promet aux chrétiens le rétablissement de leur religion dans tous ces royaumes, qui leur ont été enlevés autrefois par les Sarrazins et par les Turcs. Ce qu'il y a de plus particulier, c'est que cette prédiction est universellement reçue dans tous les États mahométans, et que, pour cette raison, ils ferment soigneusement les portes de leurs villes tous les vendredis, depuis dix heures du matin jusqu'à midi; qui est, disent-ils, le temps marqué pour cette catastrophe. » — Shaw, *Voyage en Barbarie*, t. Ier, chap. V, p. 401 et 402.

sa domination morale. Celle-là, parce qu'elle écrase la résistance et maintient violemment les hommes ; celle-ci, parce qu'elle seule peut tempérer une autorité illimitée et protéger efficacement le faible. Soyez-en bien sûrs, si les Arabes et les Kabaïles refusent encore de s'incliner devant nos drapeaux et nos lois, c'est que nous n'avons été, jusqu'à présent, ni assez forts ni assez justes envers nos ennemis [1].

On prétend nous opposer, comme un mur d'airain, la nationalité arabe. Il faudrait d'abord démontrer l'existence de ce principe si puissant autrefois, mais qui est resté enseveli à Grenade, sous les ruines de l'Alhambra. Depuis quand s'est-il manifesté dans l'Algérie, quels sont ses points de ralliement, et à quels caractères peut-on le reconnaître ? Nous n'admettons point de nationalité, sans but commun, sans idées de discipline, et surtout sans unité morale. Or, nous voyons autour de nous trois races d'hommes, les Kabaïles, les Arabes et les Maures, qui toutes trois dif-

---

[1] « Si nous n'avons pas comme le dey, la conformité de foi à mettre dans la balance, nous y mettrons la justice ; la justice est comprise de tous les hommes. Elle compensera ce que nous ferait perdre la religion. » — *Rapport de la commission d'Afrique*, inséré dans le recueil de ses travaux, p. 404 et 405.

fèrent entièrement de caractère, d'habitudes et d'intérêts [1].

Et qu'on ne pense pas que l'accord partiel de ces grandes masses de la population algérienne supplée à l'absence d'un lien général. Partout elles se fractionnent en tribus hostiles, toujours prêtes à se faire la guerre et à s'enrôler même sous le drapeau étranger pour combattre leurs co-religionnaires [2]. Si jamais de ces élémens hétérogènes, il renaissait une nationalité arabe, ce serait par la faute de nos gouvernans, et sur la ruine de la domination française.

[1] « Depuis que les Arabes ont fait la conquête de la Barbarie, onze cents ans se sont écoulés, et il n'y a pas eu fusion entre l'arabe et le peuple conquis. L'arabe est fier de sa race; c'est le noble du désert qui ne se mésallie jamais. »—M. le général Boyer, *Procès-verbaux de la commission d'Afrique*, n° XIV, p. 52.

[2] Jusque dans l'Arabie, l'esprit de tribu s'est substitué à l'esprit de race, selon l'observation de Burckardt. Voyez les *Nouvelles annales des Voyages*, IIe série, t. XVII, p. 299.

Les Berbères, qui habitent les hauteurs neigeuses de l'Atlas, ne sont pas moins divisés entre eux. « On les voit se livrer des combats à mort, dit Ritter : kabaïle contre kabaïle, tribu contre tribu, village contre village. Les vengeances héréditaires détruisent toutes les familles et étouffent chez ces peuples tout sentiment d'humanité. Souvent aussi, ils s'insurgent contre les préposés de l'empereur de Maroc, de sorte que, presque chaque année, celui-ci se voit forcé d'entreprendre une campagne dans les hauteurs de l'Atlas. » — *Géographie générale comparée*, t. III, p. 183.

N'exagérons pas les difficultés que nous opposent les dispositions, les mœurs et la religion des indigènes, et tâchons par tous les moyens de les pénétrer de notre supériorité, de notre force et de notre justice [1]. Quoiqu'on ait dit de leur passion pour une vie vagabonde et pour les luttes de la guerre, le plus fort penchant chez eux, c'est l'amour de l'ordre. Nous lisons dans les rapports officiels que le besoin d'un gouvernement régulier, qui depuis si long-temps tourmentait les populations de l'Algérie, est la cause qui les a déterminées, pour la plupart, à se ranger sous l'autorité d'Ab-el-Kader [2]. Ne devons-nous pas nous applaudir de l'existence de ce sentiment, tout en regrettant que par la déplorable politique de notre administration, il soit devenu la source de l'élévation d'une puis-

---

[1] « Il faut relever ces populations courbées depuis trois siècles sous un joug avilissant, réveiller en elles une intelligence et des vertus qui ont brillé en leur temps d'un si vif éclat, les rattacher à la grande famille dont le despotisme les isolait avec tant de soin, les attirer à nous par les avantages de notre commerce, par la liberté personnelle et la sécurité de tous les momens qu'offre notre ordre social, par la douceur de nos habitudes, et par la séduction de nos arts. » — *Rapport de la commission d'Afrique à la Chambre des députés*, fait par M. Dufaure, dans la séance du 29 mai 1838.

[2] *Situation des établissemens français*, Ire part., p. 22.

sance rivale ? Le besoin d'une autorité protectrice, qui réprime les désordres et assure la sécurité de tous, nous paraît d'un favorable augure pour l'avenir. C'est un puissant moyen d'action morale, que nous pouvons ressaisir et tourner à notre avantage. C'est une garantie que les Indigènes sont assez civilisés pour être accessibles au sentiment de l'intérêt et du bien-être, et assez éclairés pour chercher à le satisfaire dans les travaux et les transactions de la paix. Il y a un autre mobile, qui exerce une très-grande influence sur toutes les actions de ces hommes, et que nous pourrions mettre à profit dans nos relations avec eux, la passion de l'argent. On ne saurait croire l'impression que la vue d'une faible somme, en espèces numéraires, produit sur le pauvre kabaïle, comme sur le chef de tribu [1].

---

[1] M. le général de Damrémont, *Procès-verbaux et rapports de la commission d'Afrique*, n° XVI, p. 99 et 100.

« L'industrie et la grande activité des Berbères font qu'ils gagnent beaucoup d'argent ; mais cet argent ne leur sert point à améliorer leur existence ; ils l'enfouissent dans la terre : c'est, du reste, une manie commune à toutes les peuplades qui habitent la régence d'Alger ; les Maures eux-mêmes, qui vivent dans les villes et avec une espèce de luxe, en sont aussi possédé. » — *Voyage dans la régence d'Alger*, par M. le capitaine Rozet, t. II, ch. V, p. 25 et 181.

Les Arabes n'ont rien perdu des brillantes facultés qui portèrent la plus belle portion de l'Espagne à un si haut point de prospérité et répandirent tant d'éclat au milieu des ténèbres du moyen âge. Ils sont très-intelligens, naturellement spirituels et pleins de vivacité, Les perfectionnemens de nos arts et les merveilles de notre industrie excitent chez eux une franche admiration. Si leurs heureuses qualités étaient développées par l'éducation et dirigées dans une meilleure voie, ils pourraient égaler encore leurs glorieux ancêtres de Grenade et de Cordoue.

L'administration du général Monck-d'Uzer a d'ailleurs prouvé qu'on peut opérer les plus heureux changemens dans les habitudes des peuplades de l'Algérie. « En deux ans, les Arabes ont fait des progrès étonnans en civilisation, écrivait-il de Bone, en 1834, à la commission d'Afrique : dans leur contact avec nous, ils ont gagné un grand bien-être, qu'ils apprécient déjà, et ils se sont créés des besoins pour lesquels nous leur devenons indispensables. » [1]

Terminons ces observations, en disant avec un homme d'état, « qu'il serait aussi impoli-

---

[1] Notes communiquées à la commission d'Afrique, *Procès-verbaux et rapports*, n° IV, p. 367.

tique d'exclure les Indigènes par les Européens que les Européens par les Indigènes ; et que l'avenir de la colonisation et de notre établissement d'Afrique est dans le mélange des deux populations, musulmane ou chrétienne, non par la force majeure du gouvernement, mais par l'effet libre et incessant des transactions volontaires. »

XXXIII.

RÉSULTATS GÉNÉRAUX.

Appelé à démontrer les avantages de l'établissement d'une association nationale pour l'exploitation de l'Algérie, nous nous sommes efforcé de nous élever à la hauteur de cette grande question, et nous l'avons examinée sous toutes ses faces. Successivement nous avons interrogé l'histoire de l'Afrique septentrionale, sa constitution géologique, son climat, ses productions naturelles, son agriculture et ses ressources commerciales; et nous nous sommes appuyé sur des considérations assez graves et des preuves assez décisives, pour qu'il nous soit permis d'espérer que nous avons fait passer notre conviction dans tous les esprits.

Nous pourrions donc nous arrêter ici, satisfait d'avoir rempli notre tâche.

Mais ce n'est pas assez d'avoir fait crouler tout l'échafaudage de mauvaises raisons et de mauvais sentimens que les adversaires de la colonisation avaient si péniblement élevé sur le seuil de l'Algérie. Ce n'est pas assez d'avoir réfuté les argumens et les principes de ces hommes qui nous opposent constamment l'esprit de la nationalité arabe, et qui devraient se pénétrer un peu plus des sentimens de la nationalité française. Il est encore d'autres objections qu'il nous importe de prévoir et de détruire dans l'intérêt de notre association. Nous allons les examiner rapidement, en réunissant, sous un seul point de vue, les principaux résultats de chacune des grandes divisions de cet ouvrage.

Il ne faut pas considérer l'Afrique septentrionale comme une de ces contrées couvertes de forêts et de peuplades sauvages, où les arts de la civilisation n'ont jamais pu se frayer un chemin. Sous la domination carthaginoise, romaine et arabe, elle a connu tous les raffinemens de la vie civilisée, tous les perfectionnemens de l'industrie, tous les développemens des arts; elle a été populeuse, riche, cultivée, puissante, comme le sont à présent la Hollande, la Grande-Bretagne et la France; elle a compté le long de ses côtes, entre ses deux fameuses chaînes de montagnes, et jusque par delà le grand Atlas, une multitude presque innombrable de colonies industrieuses, de comptoirs de commerce, de villes murées et de centres d'exploitation.

Depuis dix siècles, l'insouciance d'un gouvernement barbare et le découragement public ont laissé sommeiller dans le sein de cette grande région les élémens de fécondité qui la firent surnommer la terre des épis, à une époque où notre Gaule était encore inculte et presque ignorée du reste du monde. Mais ce long repos, loin de lui faire perdre ses précieux avantages, lui a permis de se remettre des fatigues de son antique prospérité. Le sol à peine effleuré en quelques endroits, par la charrue de l'arabe et du kabaïle, est, pour ainsi dire, redevenu vierge; et aujourd'hui, il n'attend plus que l'esprit d'entreprise et l'activité industrielle de nos colons, pour regorger, comme autrefois, de toutes les productions qui font la richesse des nations.

Nous ne répéterons point tout ce que les voyageurs, les géographes et les naturalistes de l'Europe ont dit sur le climat, le sol et la végétation de l'Algérie. Grâce à une température élevée pendant l'été sans être brûlante, et douce pendant l'hiver comme notre printemps, la nouvelle colonie française est propre à recevoir tous les genres de cultures. Des végétaux qui semblent s'exclure par les contrastes et les exigences de leurs caratères physiques, vivent admirablement dans le même champ et le même verger, sous cet heureux ciel : les plantes de l'Europe tempérée et celles des tropiques y croissent au milieu des productions indigènes, déjà si nombreuses et si diversifiées. Nulle part, le cours de l'année n'est semé d'un plus grand nombre de beaux jours, ni l'existence des biens de la terre moins exposée à l'intempérie des saisons.

La végétation y est aussi énergique, aussi active et aussi spontanée, que la vivifiante influence de la chaleur africaine. Suppléant par ses propres forces aux soins de l'industrie humaine, elle étale, autour des champs cultivés, les splendides richesses de la nature sauvage. Il n'est presque pas de végétaux qu'elle ne reproduise et ne multiplie naturellement avec un luxe de croissance, et souvent avec des dimensions gigantesques, inconnues dans nos contrées.

Rappelons seulement quelques-unes des productions les plus précieuses qu'on trouve dans les jardins, les vergers, les champs ou à l'état sauvage.

Les forêts, plus nombreuses et plus étendues qu'on ne l'avait d'abord supposé, sont peuplées de chênes verts, de châtaigniers, d'ormes, de frênes, de chênes-liéges, de trembles, de cyprès pyramidaux, d'aulnes, de pins, et d'autres arbres de haute venue, parmi lesquels il y a beaucoup de bois qui pourront servir à nos constructions navales. La plupart des arbres à fruits des pays chauds, le grenadier, le jujubier, la raquette, le figuier, blanc et le figuier noir, l'olivier, le caroubier, le palmier, le pistachier, le dattier, le bananier, l'oranger doux et l'oranger amer, les diverses espèces de citronnier, les cédrats, etc., ont pris naissance dans le sol, ou lui appartiennent de temps immémorial : d'autres arbres à fruits des régions tempérées, comme la vigne, l'abricotier, le pêcher, le prunier, le cerisier, le mûrier rouge et le mûrier blanc, le pommier, le poirier, etc., ont été transportés sur la terre d'Afrique et naturalisés par la culture. Tous y mêlent leur feuillage aux mille formes, y fleurissent de bonne heure, y répandent leurs parfums, et s'y couvrent de fruits précoces et presque toujours excellens.

Sans parler des melons, des pastèques, des concombres, des citrouilles, des poivres longs, des tomates, des garbanços, des pois, des fèves, des lentilles et de nos autres légumineux qui donnent jusqu'à huit récoltes dans l'Algérie ; de nos plantes fourragères, du sainfoin, de la luzerne, du trèfle, des vesces, etc., qui y forment de magnifiques pâturages et y grandissent au point d'égaler en hauteur la taille du plus fort bétail ; le blé, l'orge, le millet, le maïs, le riz, le tabac, le cotonnier, le lin, le chanvre, le ricin, la garance, le henné, l'indigo, etc., y pourvoient ou pourront bientôt y suffire largement, aux premiers besoins de la consommation, aux travaux de l'industrie et aux échanges du commerce.

Quoi qu'en ait pu dire la mauvaise foi, la force étonnante de la plupart des végétaux de l'Afrique septentrionale suppose assez que l'eau ne peut manquer à cette terre.

En effet, l'humidité sous toutes les formes et dans toutes les saisons, y tempère la chaleur de l'atmosphère et celle du sol. Sur la pente des montagnes, au fond des vallons creusés entre les collines et à la surface des champs, ce sont des rivières, des sources d'eaux vives, des ruisseaux, que la configuration et la constitution physique du terrain tendent à multiplier, à entretenir et à partager comme autant de canaux d'irrigation : presque partout des courans d'eau circulent dans l'intérieur des terres à quelques mètres de profondeur et y répandent une fraîcheur interne, alors même qu'elles sont desséchées à leur superficie. Enfin, outre les grandes pluies qui fécondent les campagnes, du mois de novembre au mois de mai, l'air pendant le jour est constamment imprégné d'une légère vapeur, qui, à l'approche de la nuit, se transforme en rosées abondantes.

Un autre principe, non moins fécond, non moins insinuant, non moins actif, vient encore en aide à la production. Nous voulons parler des particules salines et nitreuses, qui se mêlent à tous les élémens naturels. Ici, lavées par les pluies, elles se combinent avec la terre végétale ou les eaux des rivières ; là, elles forment des lacs salés, ou blanchissent les rivages de la mer d'une couche épaisse de sel : partout elles s'infiltrent dans l'atmosphère et favorisent extraordinairement les développemens de la végétation.

L'Algérie, profondément sillonnée par les principales chaînes de l'Atlas, entre lesquelles se dessinent des bassins plus ou moins étendus, présente naturellement, par les accidens et la diversité de sa configuration, tous les avantages des pays de montagne et de plaine. Les élémens primitifs du sol de ses campagnes, qu'il serait trop long d'énumérer ici, suffiraient seuls pour lui assurer le don de la fertilité. M. le rapporteur de la commission d'Afrique nous a d'ailleurs dispensé d'en faire ressortir les rares avantages, en disant « que les terres, loin d'être douteuses, sont, en général, d'une qualité supérieure » [1].

On a acquis la certitude que dans les profondeurs de ce sol couvert des trésors de la végétation, il existe d'inépuisables richesses d'un autre genre. Les montagnes, les collines et les vallées du littoral recèlent des minerais d'or, de cuivre, de fer et de plomb. D'après les fortes présomptions de la science, la houille, ce puissant auxiliaire de l'industrie et de la navigation, doit s'étendre en couches souterraines sur presque tous les points. Des carrières de marbre, d'albâtre, de pierres de construction, de grès, d'ardoises, de terre, de poterie, d'ocre jaune, de terre de pipe, de blanc d'Espagne, etc., ont été récemment découvertes dans les provinces d'Alger et d'Oran, ou sont déjà en pleine exploitation. Le plus beau corail qu'on soit encore par-

---

[1] M. de la Pinsonnière, *Rapport sur la colonisation de l'ex-régence d'Alger*, Ire part., p. 57. Cette conviction était si profonde chez l'honorable député d'Indre-et-Loire, qu'il l'a exprimée à peu près dans les mêmes termes à la tribune nationale.

« Le ciel de la régence, le sol jadis si vanté par sa richesse, sont les mêmes qu'autrefois ; les hommes seuls ont changé. Le climat est très-favorable aux Européens, avantage si rare dans nos autres colonies Les terres, loin d'être douteuses, sont généralement d'une qualité supérieure. » — *Discours prononcé à la Chambre des députés dans la séance du 29 avril 1834.*

venu à tirer du sein de la mer, se pêche sur la côte orientale de l'Algérie.

Passons maintenant des ressources de la nature végétale et minérale aux diverses espèces d'animaux domestiques qui sont le plus nécessaires aux besoins de la consommation, aux travaux de l'agriculture et aux relations du commerce.

Le bétail foisonne dans les limites de la colonie, et s'il est à présent de beaucoup au-dessous du nôtre, pour la force et pour le poids, il faut l'imputer à la négligence des populations indigènes. On pourrait dire que la contrée toute entière est comme un vaste champ envahi par la vaine pâture. Avec infiniment moins de terrain et plus de soin, les éleveurs de l'Europe parviendront à tirer un admirable parti des bœufs, des moutons et des chèvres de l'ancienne régence.

Sous des formes appauvries, le cheval algérien conserve encore quelques-unes des qualités généreuses de la race arabe. Naturellement plein de feu, il résiste aux plus grandes fatigues et déploie une agilité admirable. Les mulets du littoral, quoique d'une taille peu élevée, sont aussi vigoureux et ont le pied aussi ferme que ceux des Pyrénées : propres aux transports des marchandises et aux attelages de l'armée, ils pourront rendre toutes sortes de services dans ce pays coupé de montagnes. Les chameaux, qui sont d'autant plus multipliés qu'ils coûtent peu à nourrir, ne seront pas moins utiles pour les expéditions des caravanes. Jamais le génie inventif de l'homme ne pourra substituer la force motrice de la vapeur à la marche de ces merveilleux animaux, que les Arabes appellent avec raison les navires du désert.

En attirant dans les habitations rurales les nombreux essaims d'abeilles qui peuplent les campagnes, on pourra ajouter une industrie précieuse aux divers élémens de la production agricole. Dans aucune contrée, les fleurs ne recèlent des sucs plus riches ni plus abondans pour l'élaboration du miel et de la cire.

Mais la fécondité de l'Algérie en produits naturels de toute espèce, ne servirait qu'à la surcharger de biens inutiles, si elle n'était pas placée dans les conditions les plus heureuses pour entretenir des relations commerciales avec toutes les parties du monde. Le bassin de la Méditerranée, sur lequel ses côtes se développent si majestueusement, a toujours été le foyer le plus célèbre, le théâtre le plus glorieux et le centre le plus actif de la vie, de la civilisation et de la grandeur des peuples historiques. C'est là que sont venus successivement s'établir, se rapprocher ou se combattre, comme par une invincible attraction, les Syriens, les Égyptiens, es

Grecs, les Phéniciens, les Romains, les Vandales, les Goths, les Arabes, les Turcs, les Vénitiens, les Génois, les Français, les Espagnols, les Portugais : c'est là que le génie des arts, du commerce et de la guerre a buriné les plus beaux souvenirs de l'histoire, revêtu les formes les plus hardies, accompli les plus hauts faits et entassé le plus de prospérités de conquêtes et de désastres : c'est là, surtout, que les deux intérêts opposés de l'orient et de l'occident se sont disputés la prééminence politique, militaire ou religieuse, chaque fois qu'il s'est trouvé des chefs assez entreprenans, sur l'une ou l'autre rive de la Méditerranée, pour conduire à la guerre les populations exaltées par l'esprit d'ambition et de fanatisme.

Aujourd'hui, un mouvement immense dans les idées comme dans les choses, sillonne tous les flots et anime tous les rivages de cette mer des peuples civilisés.

Les Grecs luttent noblement pour secouer les dernières entraves de vingt siècles d'abaissement, les Turcs pour achever au milieu des plus grands revers l'œuvre périlleuse de leur transformation, et les Égyptiens pour fonder leur indépendance sur la domination de l'Orient. Tandis que la puissance française s'affermit à Alger, les Russes travaillent sourdement à s'emparer, avec Constantinople, de la principale voie du commerce du Levant, et les Anglais, avec l'isthme de Suez, de l'ancienne route du commerce des Indes, par l'Euphrate et la mer Rouge. Enfin, sous l'impulsion commune de la loi du progrès, de grands événemens et une profonde rénovation se préparent dans toutes les contrées méditerranéennes de l'Europe, depuis le Tage jusqu'à l'Èbre, et depuis la Seine jusqu'au Tibre.

Il est remarquable que le mouvement commercial grandit toujours en raison de l'activité intellectuelle des peuples. Les facultés morales de l'humanité, développées par les intérêts politiques, acquièrent une puissance extraordinaire, qui, en définitive, tourne à l'avantage des travaux de l'industrie. Depuis quatorze ans, le commerce général de la Méditerranée s'est accru dans une progression étonnante : l'Algérie, les États barbaresques, le Levant, la France, l'Italie, l'Angleterre et l'Autriche, en ont ressenti les heureux effets. Mais nulle part, peut-être, relativement aux moyens et aux circonstances, les résultats n'ont été plus féconds ni plus rapides que dans notre nouvelle colonie africaine, où le commerce d'importation a doublé en quelques années. Chose admirable, sans le secours des restrictions du monopole, Alger fait annuellement pour trente-quatre millions d'affaires avec la métropole, les pays étrangers, la côte et l'intérieur.

Que serait-ce donc, si le traité impolitique de la Tafna n'élevait pas une barrière presque infranchissable entre nos commerçans et les tribus indépendantes de l'autorité française? Que serait-ce donc si les caravanes qui partaient autrefois de Constantine, d'Oran et de Tlemsen pour les contrées lointaines du Soudan, venaient à renouer les échanges des temps passés? Que serait-ce, enfin, si l'Algérie, dans un avenir plus ou moins rapproché, devenait, par la direction générale des choses, l'entrepôt le plus important du commerce de l'Europe avec l'intérieur de l'Afrique?

XXXIV.

CONCLUSION.

Nous avons exposé les principes généraux de notre projet d'association nationale pour l'exploitation agricole de l'Afrique française. Il ne nous reste plus qu'à ajouter quelques mots sur la combinaison financière qui servira de base à notre organisation industrielle. Sans nous préoccuper de la forme que l'association pourra définitivement recevoir, nous avons pensé qu'une tentative sérieuse de colonisation devait reposer sur l'alliance des capitalistes de la métropole et des propriétaires de l'Algérie. Nous nous sommes donc adressé d'abord à ceux-ci pour les engager à se réussir à nous. A peine ce premier appel a-t-il été fait, que les adhésions nous sont arrivées de toutes parts. Plus de vingt mille arpens de terres sont mis, dès aujourd'hui, à notre disposition, par des propriétaires qui sont prêts à s'associer à nos travaux.

C'est aux capitalistes qu'il appartient de faire le reste, en venant en aide à la culture. Nous n'avons pas besoin de remarquer combien l'alliance que nous leur proposons réunit d'élémens de sécurité : ils ne placeront pas leur mise de fonds sur une propriété purement morale et conventionnelle, comme il arrive presque toujours dans les sociétés ordinaires ; mais sur une propriété immobilière et collective, qui leur tiendra lieu, en quelque sorte, de nantissement.

L'esprit de parti devait rester étranger à une œuvre aussi éminemment nationale. C'est ce sentiment qui a présidé à la formation de notre comité de fondation. Nous avons indistinctement réclamé le concours moral des hommes de toutes les nuances de l'opinion : partout, nous avons trouvé de vives et profondes sympathies pour l'Afrique française ; et les premières illustrations industrielles, financières, politiques et militaires de la France, nous ont promis l'appui de leurs lumières.

Le comité de fondation de l'association nationale pour la colonisation agricole et industrielle de l'Algérie, se compose de MM. le maréchal Clauzel, Ledru-Rollin, de Mortemart, Berryer, Arago, de Caraman, Thiers, Laffitte, de Cazes, Odilon-Barrot, Mauguin, la Pinsonnière, Martin de Strasbourg, Félix Desportes et Pillault-Debit, ancien commissaire du gouvernement à Alger. Nous ne saurions invoquer un témoignage plus décisif en faveur de notre projet de colonisation que celui de ces hommes éminens.

Mais, nous le répétons, les assurances de succès ressortent des choses elles-mêmes : les unes de l'ordre moral, sont dans l'histoire du passé, et les autres, de l'ordre physique, dans la nature particulière du pays. L'admirable situation géographique de cette contrée, la beauté de son climat, les merveilles de sa végétation, et l'exubérance de ses ressources naturelles, sont autant de garanties matérielles de prospérité qui éclatent, pour ainsi dire, au grand jour du soleil africain. Il en est de même des rapides progrès qui se sont accomplis, aux yeux du monde entier, depuis huit ans, dans la population, l'agriculture, l'industrie, le commerce, la navigation, les fortunes particulières et les revenus généraux de l'Algérie.

Jamais une entreprise n'a présenté plus de garanties de stabilité, de succès et de prospérité. Nous disons de stabilité, car la conservation de l'Algérie est irrévocablement arrêtée par la volonté nationale, comme par les déclarations du gouvernement [1], par le sentiment de notre grandeur, comme par l'intelligence de

---

[1] Tous les hommes d'état qui, depuis neuf ans, ont pris la part la plus active aux affaires, MM. le maréchal Soult, Thiers,

nos intérêts, par les nécessités politiques du présent, comme par la prévision des complications éventuelles de l'avenir. Une guerre générale, de l'opinion de nos meilleurs officiers, ne compromettrait pas l'existence de l'Afrique française ; et une guerre intérieure contre Abd-el-Kader n'aurait d'autre effet que d'amener la ruine de ce chef arabe, et la consolidation de notre établissement.

D'ailleurs, comment la France pourrait-elle se résoudre à abandonner une terre dont elle a payé si chèrement la prise de possession et qui doit assurer sa prééminence politique, maritime et commerciale sur le bassin de la Méditerranée ? Une terre, où, après avoir trouvé une glorieuse école pour ses soldats, elle verra bientôt se former une vaste pépinière d'excellens marins ? Une terre, où, pendant les sept premières années de sa domination, elle a employé plus de trois millions en travaux maritimes et civils, et près de huit millions en fortifications et en bâtimens militaires ? Une terre que ses braves ont arrosée de leur sang et ses colons fécondée de leurs sueurs ? Une terre, où, sur la foi de ses promesses, une multitude d'Européens, Français, Anglais, Espagnols, Portugais, Italiens, Allemands, Grecs et Russes, sont venus

---

Molé, Guizot, etc., se sont prononcés pour la conservation de l'Algérie.

successivement s'établir avec leurs familles? Une terre, enfin, où l'élite de la nouvelle population coloniale a déjà dépensé une somme de vingt à vingt-cinq millions en acquisitions de biens mobiliers, en entreprises de culture et en travaux de construction?

Non, la France, pour quelque considération que ce soit, ne consentira jamais à se dessaisir de tant d'avantages, ni à sacrifier de si grands intérêts. Selon nous, ses anciennes provinces de Normandie, de Flandre et d'Alsace, ne tiennent pas à sa constitution territoriale par des liens plus indissolubles que ses nouvelles possessions du nord de l'Afrique.

Nous terminerons par une observation à laquelle nous attachons, pour notre compte, une grande importance. Les hommes honorables qui travaillent depuis deux ans à la fondation de l'association nationale, n'ont pas voulu seulement fonder une entreprise industrielle : ils ont agi avec la conviction profonde que toutes les œuvres de l'intelligence et de l'industrie humaine dans une époque de progrès comme la nôtre, doivent avoir une sanction morale. Si donc ils ont ambitionné l'honneur de contribuer à la colonisation agricole de l'Afrique, c'est qu'à cette grande entreprise, dans leur pensée, se rattachent intimement tous les intérêts de la France, de l'humanité et de la civilisation. Mais surtout ils ont été vivement touchés par la perspective d'ouvrir une large voie à l'amélioration morale, physique et industrielle de nos classes laborieuses, sur lesquelles l'organisation actuelle du travail fait peser si souvent les trois grands fléaux de l'inactivité, de la misère et de la démoralisation. En un mot, ils se sont rappelé que la république de Carthage, cette grande autorité en matière de colonisation africaine, avait regardé l'établissement des colonies commerciales et agricoles comme le moyen le plus sûr d'obtenir la faveur du peuple, en donnant une heureuse issue au trop plein de la population, et en améliorant le sort du plus grand nombre par la distribution des terres.

APPENDICES.

EXTRAITS, OPINIONS ET JUGEMENS SUR L'ALGÉRIE, PUISÉS DANS LES VOYAGES, LES RELATIONS ET LES MÉMOIRES RELATIFS A L'AFRIQUE SEPTENTRIONALE, QUI ONT ÉTÉ PUBLIÉS DEPUIS LE XVIIe SIÈCLE JUSQU'A NOTRE TEMPS.

PREMIER APPENDICE.

CLIMAT, SOL ET PRODUCTIONS NATURELLES DE L'ALGÉRIE.

La partie habitée de ce royaume étant située entre le 34° et le 37° degrés de latitude nord, on y jouit d'un air fort sain et tempéré, qui n'est ni trop chaud ou trop étouffé en été, ni trop vif ou trop froid en hiver. Pendant douze ans que j'ai demeuré à Alger, je n'ai vu que deux fois le thermomètre à la gelée, et alors toute la campagne fut couverte de neige; je ne l'ai vu non plus à l'extrême chaleur, que lorsque le vent venait du Sahara. Les saisons se succèdent les unes aux autres d'une manière insensible, et l'on peut juger de l'égalité de la température par ce seul fait : quelque temps qu'il fasse, le baromètre ne varie que d'un pouce 3/10es, c'est-à-dire, qu'il n'y descend jamais plus bas que 29 pouces 1/10e, et que sa plus grande élévation y est de 30 pouces 4/10es.

Les vents viennent ordinairement de la mer, et, par conséquent, du nord-ouest et du sud-ouest. Les vents d'est règnent communément à Alger, depuis le mois de mai jusqu'en septembre, et, pendant le reste de l'année, on a les vents d'ouest. Quelquefois, surtout vers les équinoxes, on y sent le vent que les anciens nommaient *Africus* : c'est un vent fort et impétueux qui vient du sud-ouest et que les mariniers de ces mers-ci appellent *Labetch*. Les vents du sud, qui sont ordinairement chauds et violens, ne sont pas fréquens à Alger : ils soufflent quelquefois cinq ou six jours de suite, en juillet et en août, et rendent alors l'air si prodigieusement étouffant, que les habitans du pays sont obligés de jeter de l'eau sur les planchers pour rafraîchir les maisons. Sur la fin de janvier 1730-31, nous eûmes un gros vent de sud très-chaud, qui fit fondre tout d'un coup la neige dont les plaines et les montagnes voisines étaient couvertes depuis deux mois : ce qui parut une chose fort extraordinaire et surprenante aux gens du pays.

Les vents d'ouest, de nord-ouest et du nord amènent d'ordinaire le beau temps en été, et la pluie en hiver. Mais les vents d'est et de sud sont presque toujours secs, quoiqu'ils amènent de gros nuages, et que le temps soit alors couvert. C'est une chose assez singulière, que les montagnes de Barbarie et celles de la côte méridionale de l'Europe ressentent des effets différens par le même vent : car j'ai observé que celles de Barbarie sont constamment sereines par les vents d'est, et couvertes de nuages par ceux d'ouest, particulièrement un peu avant et durant la pluie; mais le contraire arrive, à ce qu'on m'a assuré, en Espagne et en Italie.

Le baromètre monte jusqu'à 30 pouces 2/10es ou 3/10es par les vents du nord, quoique ces vents soient accompagnés de grosses pluies ou tempêtes : mais les vents d'est ou d'ouest n'y produisent point un effet constant : cependant, dans les trois ou quatre mois de l'été, le mercure était toujours à environ 30 pouces, sans aucune variation, soit que le vent fût à l'est ou à l'ouest. Lorsque les vents chauds du sud régnaient, ce baromètre ne montait guère plus haut que 29 pouces $3/10^{es}$, ce qui est aussi sa hauteur ordinaire lorsqu'il pleut par un gros vent d'ouest.

La quantité de pluie qui tombe communément à Alger est, une année portant l'autre, de 27 à 28 pouces par an. Dans les années 1723-24 et 1724-25, qui furent des années sèches, il n'en tomba qu'environ 24 pouces; mais l'an 1730-31, qui fut une année pluvieuse, il en tomba plus de 30. Il tomba encore plus d'eau l'an 1732-33, puisque cela alla jusqu'à 44 pouces; mais c'était une année tout-à-fait extraordinaire à cet égard. Les pluies surtout du 15 octobre et du 11 novembre furent si abondantes et si fréquentes, que les tuyaux qui servent à conduire l'eau de dessus les terrasses dans les réservoirs, n'étaient pas assez larges pour lui livrer passage. Aux mois de février et de mars de l'an 1727-28, il plut à Tunis quarante jours sans cesser; c'est ce que je n'ai jamais vu à Alger, où il ne pleut guère que deux ou trois jours de suite, après quoi l'on a ordinairement huit ou quinze jours de beau temps. — SHAW, Voyages dans plusieurs provinces de la Barbarie, t. Ier, p. 281-283.

Récapitulons maintenant les observations consignées dans notre tableau météorologique pour en déduire les conséquences les plus importantes.

En comparant entre elles les différentes températures de l'année [1], on voit que c'est dans le mois de décembre que le thermomètre est descendu le plus bas à Alger, mais il ne s'est jamais abaissé au-dessous de zéro : son minimum a été de 2° 80'. Pendant mon séjour à Alger, je n'ai point vu de glace ni de gelée blanche dans cette ville ou dans la campagne environnante; la neige qui couvrit tout le mont Boudzaréah, le 25 décembre 1830, et qui tomba aussi dans les rues d'Alger, n'a pas persisté plus d'une heure.....

C'est pendant le mois d'août, abstraction faite des époques où le vent du sud soufflait, que j'ai vu le thermomètre monter le plus haut, 33° 50'. Dans les mois de juin, de juillet et de septembre, il s'est élevé à 29°, 30° et 31°; c'est pendant ces quatre mois que les chaleurs sont le plus fortes. Au mois d'octobre, la température est extrêmement agréable, quoiqu'il y ait encore quelques jours où le thermomètre s'élève à 24 degrés; en novembre, commencent le mauvais temps et le froid, qui durent, par intervalles, jusqu'aux derniers jours d'avril.

Vers la fin de décembre, les arbres perdent leurs feuilles; mais avant le 20 janvier, on en voit de nouvelles se montrer; les haies sont presque toujours parsemées d'arbustes verts et fleuris. Au milieu de février, la végétation est en pleine activité; et, dans les premiers jours de mars, on fait une première récolte de pommes, de poires et de quelques autres fruits. De mars en juin, on a un temps délicieux sur la côte de Barbarie; à part les jours de mauvais temps, on se croirait dans un paradis terrestre; mais au mois de juin, les grandes cha-

---

[1] Ces observations s'appliquent à l'année 1830.

leurs commencent à se faire sentir, les sources se tarissent et la végétation périclite.....

. . . .

Dans les trois mois qu'ont duré nos observations à Alger, le baromètre n'est jamais descendu au-dessous de 746^{mm} oo, et il ne s'est pas élevé au-dessus de 774^{mm} oo ; c'est dans le mois de février qu'il s'est élevé le plus haut, et dans celui de mars qu'il s'est abaissé davantage ; la demi-somme de ces nombres se trouve exactement 760^{mm}. A l'équinoxe du printemps, la colonne barométrique a varié entre 746^{mm} oo et 761^{mm} oo ; à celui d'automne (1830), elle s'est soutenue entre 751^{mm} et 764^{mm} ; et, en 1831, entre 654^{mm} et 763^{mm} ; au solstice d'été, elle s'est élevée à 764^{mm} seulement, mais elle n'est pas descendue au-dessous de 760^{mm} ; au solstice d'hiver, l'abaissement a été aussi considerable que pendant les équinoxes.....

A Alger, les hauteurs de la colonne barométrique annoncent assez bien le beau et le mauvais temps; nous nous sommes rarement trompés dans les prédictions que nous avons faites d'après leur indication ; nous avions prévu, deux jours à l'avance, la grande pluie du mois de décembre 1830. Les vents qui amènent la pluie et font baisser le baromètre sont ceux du nord et du nord-ouest, les plus communs sur la côte d'Afrique. Celui du sud le fait aussi baisser ; j'ai vu cet abaissement aller jusqu'à cinq millimètres ; je crois qu'il est dû à la grande quantité de vapeurs rousses répandues dans l'atmosphère. Les autres vents le font monter et amènent le beau temps. Pendant la durée des grandes chaleurs, j'ai souvent vu les deux ménisques barométriques disparaître entièrement, et ces colonnes terminées par des surfaces sensiblement planes : j'attribue cet effet au grand état de sécheresse dans lequel le tube se trouvait alors.

Les vents les plus communs sur la côte d'Alger, sont ceux du nord et du nord-ouest; ceux du sud, du sud-ouest et du sud-est sont beaucoup moins fréquens; mais les plus rares sont ceux de l'est et de l'ouest. C'est depuis novembre jusqu'en avril, que les vents du nord et du nord-ouest se font le plus fortement sentir; ils occasionnent quelquefois des tempêtes dangereuses, mais beaucoup moins souvent qu'on avait voulu nous le faire croire avant le départ de l'expédition.......... Depuis le 14 juin 1830 jusqu'au 6 octobre 1831, je n'ai vu que six fois la mer assez mauvaise nous mettre en perdition les bâtimens qui étaient à l'ancre, soit dans la rade d'Alger, soit dans celle de Sidi-Efroudji. C'est de novembre en mars que la mer a été le plus agitée, et non pas dans le voisinage des équinoxes.....

La saison des pluies et des orages dure six mois sur la côte de Barbarie, de novembre à mai. C'est dans les trois premiers mois qu'il pleut davantage : il y a eu trente-six jours de pluie, du 1er novembre 1830 au 1er février 1831, et vingt-trois jours seulement depuis cette époque jusqu'au 1er mai. Dans ces six mois, nous avons eu dix jours d'orage, avec tonnerre et grêle, dont sept dans le mois de décembre et un jour de neige. Pendant les six autres, les pluies ont été fort rares; j'ai cependant encore compté vingt-trois jours pluvieux; mais alors la pluie dura rarement plus d'une heure ou deux, tandis qu'en hiver elle continue souvent pendant vingt-quatre heures, et quelquefois elle dure plusieurs jours.

Comme dans tous les pays chauds, les pluies sont extrêmement abondantes sur la côte de Barbarie. Dans notre expédition le long de l'Atlas, en 1831, nous étions assaillis chaque jour par des torrens d'eau.

Les orages sont rares, mais ceux qui éclatent sont toujours extrêmement violens; l'air est alors chargé d'une grande quantité d'électricité, les éclairs embrasent l'atmosphère, et le tonnerre roule avec un fracas épouvantable; je l'ai vu tomber plusieurs fois en hiver. La masse d'électricité répandue dans l'air, donne lieu, comme on sait, à une foule de phénomènes curieux. Quelques-uns de ces phénomènes se manifestent en Afrique avec une intensité inconnue en Europe. Le 8 mai 1831, après le coucher du soleil, toute l'atmosphère était en feu; le tonnerre grondait continuellement, et les éclairs sillonnaient les airs dans toutes les directions. On aperçut alors, aux extrémités des mâts de pavillon, qui sont en très-grand nombre dans l'intérieur d'Alger et sur les forts environnans, une lumière blanche, en forme d'aigrette, qui persista pendant une demi-heure. Des officiers du génie et de l'artillerie, qui se promenaient tête nue sur la terrasse du fort Bab-Azoun, furent très-étonnés de sentir leurs cheveux se dresser et de voir une petite aigrette à l'extrémité de chacun de ceux de leurs camarades. Quand ils levaient les mains en l'air, il se formait des aigrettes au bout de leurs doigts, qui disparaissaient aussitôt qu'ils les abaissaient. Pour vérifier complètement le fait, ces messieurs firent venir sur la terrasse dix soldats, sur lesquels le phénomène se reproduisit à l'instant même et avec une égale intensité. Les officiers et les soldats éprouvèrent des contractions nerveuses dans les membres et une lassitude générale, principalement dans les jambes.

Les jours de mauvais temps exceptés, la température est extrêmement agréable dans les environs d'Alger, depuis le commencement de janvier jusqu'au 15 juin. C'est alors seulement que commencent les grandes chaleurs qui continuent sans interruption jusqu'à la fin de septembre. La chaleur est très-vive; mais elle n'est point accablante, et l'on y résiste fort bien, si l'on peut se passer de boire pendant quelques heures; les personnes qui se livrent à toute l'ardeur de leur soif, transpirent beaucoup et ne tardent pas à n'en pouvoir plus. Quand je dis que la chaleur n'est point accablante, je fais abstraction des jours où souffle le sémoun.....

. . . .

L'air est extrêmement sain sur la côte de Barbarie : malgré l'incurie des habitans, qui laissent amasser des tas d'ordures autour des villes, qui les environnent de cimetières, et qui abandonnent sur le sol le corps de tous les animaux morts, il n'y règne point de maladies endémiques; ce n'est que sur quelques points assez avancés dans les terres (plaine de la Mitidja) que des émanations marécageuses produisent des fièvres intermittentes. L'atmosphère est pure pendant la plus grande partie de l'année, et les brouillards sont assez rares..... Quoique pendant toute la matinée, une brise de mer, et dans l'après-midi, une brise de terre viennent chaque jour rafraîchir le fond de l'air, celui qu'on respire est presque toujours chaud. Nous éprouvions une grande jouissance à respirer de l'air frais pendant l'hiver, et les maux que nous causait le froid se trouvaient ainsi compensés.

Cinq mois après mon retour en France, la sensation agréable que j'éprouvais en respirant de l'air frais n'était point encore effacée. — Rozet, Voyage dans la régence d'Alger, t. Ier, ch. VII, p. 143-167.

———

Sous le rapport sanitaire, la régence d'Alger ne ressemble en rien à beaucoup d'autres pays chauds, à notre ancienne colonie de Saint-Domingue, par exemple, à Cayenne ou au Sénégal. A ne considérer que son ensemble, le territoire est parfaitement sain; l'insalubrité n'est que locale, elle se borne aux plaines de la Mitidja et de la Boujima, et à un très-petit nombre d'autres points, encore tient-elle à des causes qu'il est possible de faire disparaître. Malheureusement, les deux principaux siéges de notre établissement (Bone et Alger) sont précisément ceux où la colonisation aura le plus à faire pour assainir le sol.

Le voisinage des montagnes de l'Atlas au sud garantissant des vents du désert, et l'influence de l'air de la mer étant concentrée sur le littoral, le climat est doux et facile, et convient à merveille au tempérament des Européens. Il n'y a à cet égard aucune conclusion fâcheuse à tirer des nombreuses pertes que l'armée a éprouvées; les obligations qu'impose un service de guerre dans un lieu plutôt que dans un autre, l'impossibilité matérielle de suivre un bon système hygiénique, quand même on eût connu d'avance les dangers à éviter, ont placé le soldat dans des circonstances extraordinaires dont on pourra probablement le garantir dorénavant, ou qui seront au moins modifiées.

En un mot, on le répète, l'insalubrité n'est que locale, et l'on ne peut pas plus conclure que le territoire de la régence est malsain de ce que les marécages de la Mitidja et de la Bougima sont dangereux, qu'on ne dirait que la France est un pays insalubre, parce que les marais des environs de Rochefort sont un foyer d'épidémie.— M. DE LA PINSONNIÈRE, Rapport sur la colonisation de l'ex-régence d'Alger, II° part., p. 67 et 68.

Le sol d'Alger qui est composé presque partout d'une terre argileuse mêlée de sables et de débris de végétaux, est en général plus fécond que celui de Tunis. Les montagnes y sont plus élevées, et les pluies y tombent en plus grande abondance. Les plus riches cantons de ce royaume sont : les environs de Constantine, de Bone, les plaines de la Mitije auprès d'Alger; celles de Mayana à 25 lieues au sud-est de cette ville, de Habra, de Mascar, de Tremessen, près le royaume de Fez. Ce superbe pays est entrecoupé d'une multitude de ruisseaux qui descendent de l'Atlas; les plantes s'y renouvellent sans cesse dans toutes les saisons de l'année, et l'on y récolte les plus belles moissons de toute la Barbarie.

Le mont Atlas, qui traverse les royaumes de Tunis et d'Alger, est divisé en deux grandes chaînes principales qui courent d'orient en occident; l'une, qui est connue sous le nom de petit Atlas, commence près de Tabarque, sur les confins de Tunis, et se prolonge le long de la Méditerranée jusque dans le royaume de Maroc; l'autre, que quelques géographes ont nommée le grand Atlas, côtoie le désert parallèlement à la première, et en fixe les bornes du côté du nord. Suivant Marmol, celle-ci prend naissance à environ 80 lieues en deçà de l'Égypte, et va finir à l'Océan occidental; ces deux grandes chaînes de montagnes, souvent réunies de distance en distance par des chaînons intermédiaires, opposent une barrière aux nuages qui sont presque toujours amenés par les vents du nord; ils s'y arrêtent, s'y condensent, s'y résolvent, et c'est sans doute à cette cause qu'il faut attribuer principalement la sécheresse qui règne pendant l'été dans la partie du Sahara, tandis que celle qui avoisine la mer, est arrosée pendant l'hiver par des pluies bienfaisantes qui la tempèrent et la fertilisent.....

. . . .

Les montagnes qui bornent le désert sont arides, et ne produisent qu'un petit nombre de plantes et quelques arbustes. Elles sont plus élevées que celles qui avoisinent la mer, car les plus grandes rivières y prennent leur source.

Les plus grandes montagnes du petit Atlas, telles que le Jurjura, sur le chemin d'Alger à Constantine, celles de Bélide, à 12 lieues au sud d'Alger, de Mayana, de Cericé, à 25 lieues au sud-ouest de cette ville, ne conservent les neiges que jusqu'au commencement de mai. Celles-ci sont très-fertiles, et les Arabes les cultivent jusqu'au sommet dans quelques endroits; mais presque partout elles sont couvertes d'épaisses forêts. Le lentisque, l'olivier sauvage, le pin de Jérusalem, le chêne aux glands doux, le liége, le peuplier blanc, le genévrier de Phénicie, sont les arbres qui y dominent.

Le laurier rose y croît aussi en abondance; il se plaît dans les lieux humides.....

Un grand nombre de rivières et de ruisseaux qui prennent leurs sources dans les montagnes de l'Atlas, arrosent et fertilisent le territoire d'Alger. La direction de leurs cours est en général du sud au nord; aucune de ces rivières n'est assez forte pour porter bateau pendant l'été, mais plusieurs deviennent très-considérables lorsqu'elles ont été grossies par les pluies de l'hiver, et elles arrêtent quelquefois les voyageurs au passage pendant des mois entiers.

On jouit en Barbarie d'un très-beau climat, particulièrement le long de la côte; il y gèle rarement, même au plus fort de l'hiver, et le thermomètre de Réaumur se soutient ordinairement dans cette saison à huit ou dix degrés au-dessus de zéro.

Les pluies qui commencent à tomber vers la fin d'octobre, continuent, par intervalles, jusqu'aux premiers jours de mai. Une particularité qui mérite d'être observée, c'est qu'elles viennent toujours avec les vents du nord qui règnent ordinairement pendant l'hiver, tandis que les vents d'est et du midi qui soufflent presque toujours en été, amènent constamment les beaux jours. Un missionnaire m'a assuré, d'après des observations qu'il avait faites à Alger, pendant plusieurs années consécutives, qu'il y tombe 30 à 36 pouces d'eau par an.

Lorsque le ciel est bien pur, et que les vents sont au sud, on jouit pendant l'hiver, sur la côte de Barbarie, d'une température presque aussi douce que dans nos beaux jours de mai. Dès le mois de janvier, la terre se couvre de verdure, les amandiers, les pêchers et les abricotiers fleurissent, et dans le courant de mars, tous les arbres se parent d'un nouveau feuillage. Les pluies cessent au commencement de mai, et le ciel est toujours pur jusqu'au retour de l'hiver. Les grandes chaleurs ne commencent à se faire sentir que dans le mois de juin, et elles continuent jusqu'à la fin de septembre ; pendant ce temps, le thermomètre se soutient presque toujours à l'ombre au milieu du jour, depuis 26 jusqu'à 32 degrés ; mais lorsque les vents soufflent de la partie du désert, une vapeur embrasée se répand quelquefois dans l'air ; on se renferme dans les maisons et l'on a peine à y respirer.

De l'autre côté de l'Atlas, c'est-à-dire à 100 ou 120 lieues au sud de la côte, on éprouve une température fort différente. Ces contrées brûlantes ne sont presque jamais rafraîchies par les pluies, et les sables sans cesse échauffés par l'ardeur du soleil, entretiennent une vive chaleur. Pendant les mois de janvier et février 1784, que je passai dans le désert, le thermomètre se soutint à l'ombre, au milieu du jour, à 15 ou 16 degrés ; il monta même jusqu'à 24. Les orges étaient en épis et l'on en fit la récolte en mars. Les chaleurs y sont excessives pendant l'été, et les habitans abandonnent leurs maisons pour chercher la fraîcheur dans leurs jardins à l'ombre des dattiers. Les bords du Sahara, jusqu'à 50 ou 60 lieues du sud du mont Atlas, quoique rarement arrosés par les pluies, sont néanmoins fertiles en beaucoup d'endroits ; à la vérité on y récolte peu de blé, mais le dattier y croît en abondance. Cet arbre précieux tient lieu de moissons aux habitans de ces contrées, et fournit presque entièrement à leur subsistance. La fertilité de ce sol sablonneux et en apparence si aride, est due aux rivières et aux ruisseaux qui découlent des montagnes de l'Atlas, et se perdent dans les sables du désert, comme dans une vaste mer, pour reparaître en divers lieux, où ils forment même des lacs d'une étendue considérable. Dans toute la partie qui s'étend au nord du Sahara, on cultive plusieurs espèces de blés, tels que le froment, l'orge, le maïs, le sorgho, le millet à chandelles.

Le sol est si fertile sur les côtes d'Afrique que, sans y mettre jamais d'engrais, il produit de très-belles moissons. A la vérité, le nombre des habitans étant peu considérable relativement à l'étendue du pays, on est dans l'usage de laisser reposer les terres pendant plusieurs années. La grande quantité de sel marin qui s'y trouve mêlée en beaucoup d'endroits, ne serait-elle point aussi une des causes principales de la grande fécondité de ces contrées ? Les bonnes terres rendent souvent depuis douze jusqu'à vingt pour un, et l'on m'a assuré que dans quelques cantons elles donnaient jusqu'à cinquante et plus.....

Les produits du blé sont fort différens de ceux d'Europe, et ne sont pas même tout-à-fait semblables dans tous les cantons de la Barbarie. 80 livres de bon blé des environs de Constantine, que j'ai fait moudre, ont donné 70 livres de semoule, 4 de farine et 6 de son; 30 livres de semoule ont produit environ 40 livres de très-bon pain blanc. Les blés de la partie occidentale du royaume d'Alger contiennent un peu plus de farine que ceux de Constantine, et par conséquent, ils ont moins de valeur. 70 livres de beau blé des environs de Mascar ont rendu 43 livres et demie de semoule, 11 et demie de farine et 14 de son; 29 livres de semoule ont produit 37 livres et demie de pain blanc.

Il est très-vraisemblable qu'une température plus ou

moins chaude, sèche ou humide, occasionne même d'une année à l'autre des différences sensibles dans ces divers produits des grains.

Les autres blés cultivés sur les côtes de Barbarie, tels que le maïs, le sorgho, le dreu ou millet à chandelles, se sèment dans le mois d'avril, de la même manière que le froment et l'orge, c'est-à-dire en jetant la semence sur la surface de la terre et en la recouvrant ensuite avec la charrue. On est obligé de les arroser souvent, depuis le commencement où le grain a été mis en terre presque jusqu'au temps de la récolte, soit en pratiquant des conduits qui communiquent avec les rivières et les ruisseaux du voisinage, soit en creusant des puits auprès des champs ensemencés.

Les grains dont nous venons de parler sont mûrs dans le mois d'août. La farine que l'on mêle ordinairement avec celle de froment ou d'orge, est employée à la nourriture des hommes; les feuilles offrent un très-bon fourrage pour les bestiaux, et sont très utiles dans une saison où la terre est absolument aride.

. . . .

Le dattier qui est d'une si grande ressource sur les côtes d'Afrique, croît presque indistinctement partout, mais on ne le cultive avec soin qu'au-delà de l'Atlas, parce que les chaleurs ne sont pas assez fortes le long de la côte pour en mûrir le fruit. Nous ne ferons point mention des caractères particuliers qui distinguent cet arbre si intéressant, il nous suffira de donner ici quelques observations sur la manière dont on le cultive et sur ses divers usages économiques.

Il n'est presque aucune partie du dattier qui n'ait son

utilité. Le bois, quoique d'un tissu assez lâché, se conserve pendant un si grand nombre d'années, que les gens du pays le disent incorruptible; ils en font des poutres, des solives, des instrumens de labourage, etc. Il brûle lentement et ne donne presque point de flammes, mais les charbons qui en résultent, sont très-ardens et produisent une forte chaleur.....

Les Arabes enlèvent l'écorce et les parties fibreuses des jeunes dattiers, et mangent la moelle qui est dans le centre. Cette moelle est placée dans l'intervalle des fibres qui vont toujours en se serrant du centre à la circonférence en sens contraire des autres arbres. Elle est nourrissante, d'un goût sucré et d'une couleur blanche. Les Arabes mangent aussi les feuilles assaisonnées avec le suc de citron lorsqu'elles sont encore tendres. Quant aux feuilles qu'ils laissent arriver à leur pleine croissance, ils les font sécher soigneusement; elles leur servent à faire des tapis et autres ouvrages de sparterie qui sont d'un usage très-fréquent, et dont on fait un commerce considérable dans l'intérieur du pays. Des côtés du pétiole, dans l'endroit où il s'unit au tronc, il se détache un grand nombre de filamens déliés avec lesquels on fabrique des cordes et que l'on pourrait convertir en toile.....

On retire aussi du dattier une liqueur blanche, connue sous le nom de lait. Le lait du dattier a un goût sucré et agréable lorsqu'il est frais. Il est rafraîchissant et on le donne à boire même aux malades; mais il s'aigrit ordinairement au bout de vingt-quatre heures.....

. . . .

L'olivier tient le second rang parmi les arbres utiles

que l'on cultive en Barbarie. Il est une des plus grandes sources de richesse dans le royaume de Tunis. J'en ai vu de superbes plantations le long des bords de la mer, depuis Bizerte jusqu'aux environs de la petite Syrte, dans une étendue de près de 100 lieues en longueur. Ces arbres qui sont beaucoup plus grands en Afrique que dans nos provinces méridionales, produisent chaque année d'abondantes récoltes d'olives. L'huile qu'on en retire est d'une qualité bien inférieure à celle de Provence, sans doute parce qu'ils ignorent l'art de la perfectionner. On en fait un commerce considérable avec les pays étrangers. Les négocians français en envoient tous les ans plusieurs chargemens pour les manufactures de savons à Marseille. On en embarque aussi beaucoup pour Livourne, Candie et autres lieux. L'huile la plus estimée de toute la Barbarie est celle de Souse, de Hammamet et d'Africa. Les Maures fabriquent des savons d'une consistance molle qui conservent la couleur verte de l'olive.....

La culture de l'olivier est fort négligée à Alger; on en voit néanmoins de belles plantations aux environs de Bone, de Bougie, de Bélide et de Tremessen.

La plupart des montagnes du petit Atlas sont couvertes d'oliviers sauvages; j'en ai vu de très-beaux en plusieurs endroits qui produisent d'excellentes olives que les gens du pays préfèrent même aux fruits des oliviers cultivés. Ces arbres fleurissent en mai, et on en recueille les fruits vers le commencement de l'hiver. Les Maures ont soin de bien labourer la terre au pied des oliviers et de les arroser souvent dans le printemps. L'arrosage leur donne plus de vigueur et les dispose à porter de plus beaux fruits. C'est presque à cela que se bornent les soins qu'ils prennent de leur culture.....

Le long de la côte, on se sert de pressoirs pour extraire l'huile des olives; mais dans l'intérieur du pays, et particulièrement dans quelques cantons du désert, les Arabes se contentent de les écraser sur une pierre plate, en faisant rouler dessus un tronçon de colonne ou quelqu'autre corps pesant, de forme cylindrique; ils mettent le marc dans de grandes jarres remplies d'eau, puis en le comprimant avec les mains, ils en expriment le plus d'huile qu'il est possible, et la ramassent sur la surface de l'eau où elle surnage; mais une si légère compression n'en saurait faire sortir qu'une assez petite quantité, et de plus, ils perdent toute celle qui est miscible à l'eau. Ceci fait voir, pour le dire en passant, combien ces peuples sont peu avancés, même dans les arts de première nécessité.

. . . .

Le *nicotiana tabacum* et le *nicotiana rustica* sont cultivés sur les côtes d'Afrique. La seconde espèce est la plus commune et la plus estimée; on sème le tabac vers le mois d'avril dans les terres grasses et humides; il s'en fait une grande consommation dans toute l'étendue du pays. La canne à sucre réussit très-bien à Alger et à Tunis, mais elle n'y est qu'un objet de curiosité; on ne cherche point à la multiplier, et on ignore entièrement les moyens d'en extraire le sucre.....

Les légumes, excepté le melouchier (*corchorus olitorius*) et le gombaut (*hibiscus esculentus*), sont les mêmes en Barbarie qu'en Europe. On mange les feuilles du premier bouillies et apprêtées à peu près comme nos épinards; les fruits du gombaut, quoique d'un goût fade, se mangent assaisonnés avec les viandes. Les Maures sèment en novembre et en décembre beaucoup de pois chiches, de lentilles et de fèves. Les négocians chrétiens en achètent tous les ans de grandes provisions qu'ils envoient à Marseille et sur les côtes d'Italie.....

La Barbarie produit en outre un grand nombre de fruits particuliers aux climats chauds, de grenades, d'oranges, de limons aigres et doux, de figues, de jujubes, de pistaches, de raisins, de pastèques et d'excellens melons. Les oranges d'Alger le disputent à celles de Candie et de Malte. A Tunis, elles sont d'une qualité inférieure.

Les melons et les pastèques croissent presque sans culture dans les terres sablonneuses : ces fruits offrent un grand nombre de variétés et sont infiniment meilleurs que ceux que l'on cultive en Europe avec beaucoup plus de soins.

Les vignes viennent très-bien le long des bords de la mer, sur les coteaux sablonneux et exposés à l'ardeur du soleil; elles produisent de très-bons raisins. L'espèce la plus commune est le muscat blanc; on n'en retire point de vin, l'usage de cette liqueur est défendu par la religion et par les lois, mais on en sèche tous les ans une grande quantité dont on fait commerce au dehors et dans l'intérieur du pays.

Quelques-uns de nos arbres fruitiers, tels que les pommiers et les poiriers qui ont été transportés en Afrique, y ont dégénéré, ce qui vient sans doute du peu de soin que l'on prend de les greffer et de les cultiver convenablement.

Les Maures qui habitent les villes aiment beaucoup les fleurs; leurs jardins plantés de myrthes, de lentisques, de jasmins, de grenadiers, d'orangers, de hennés, offrent un mélange qui plaît par son irrégularité même. Les eaux qui y sont conduites et distribuées avec art, y font naître beaucoup de tapis de verdure sur lesquels ils vont respirer le frais pendant les fortes chaleurs de l'été. Dans le printemps, les orangers fleuris répandent une odeur délicieuse. Le rouge éclatant des grenades et les couleurs variées des fleurs, font le plus beau contraste avec le vert foncé des lentisques, des orangers et des myrthes. Une multitude d'oiseaux attirés par la fraîcheur de ces ombrages, les embellissent encore par la diversité de leur plumage et les animent par leurs chants.—DESFONTAINES, Observations sur les plantes économiques qui croissent dans les royaumes de Tunis et d'Alger. Annales des Voyages, IIe série, t. XVII, p. 324-353.

La campagne d'Alger est des plus belles, et très-fertile en blé, en légumes, en fruits et en fleurs. Ses plaines et ses collines bien cultivées, offrent une agréable diversité à la vue. Elles jouissent d'une verdure continuelle, parce que l'humidité de la terre, toujours bien arrosée, garantit les feuilles des effets de la chaleur, tandis que la douceur de l'hiver les conserve sur les arbres. Les habitans semblent faire peu d'attention à cet avantage; car au lieu de l'employer à embellir le pays d'allées et de promenades, ils abandonnent la nature à elle-même.

Les vignes sont d'une beauté et d'un produit étonnans. Il y en a qui, après s'être portées au haut de grands arbres, s'étendent à d'autres pour former des berceaux naturels. Elles doivent leur première plantation aux Maures qui furent chassés de Grenade. Avant leur expulsion de ce royaume, les Algériens ne cultivaient point cette plante;

ils arrachaient au contraire les ceps plantés par les chrétiens, pour convertir le terrain à d'autres usages. Les arbres commencent ordinairement à fleurir en février, et les fruits sont parfaitement mûrs en mai ou en juin.

On compte vingt mille jardins ou plantations dans la campagne adjacente..... Plusieurs propriétaires de ces jardins n'y ont, à la vérité, que des huttes faites de branches d'arbres ; mais près d'Alger, les maisons sont de la même beauté que celles de la ville... Derrière le côté oriental de la montagne, se trouve une belle plaine baignée de plusieurs ruisseaux. Elle est abondamment peuplée de tribus arabes...

Les orangers, les citronniers et les autres arbres fruitiers sont ici en abondance ; mais, faute de soins, ils n'arrivent jamais à toute la beauté et la perfection dont ils sont susceptibles. Il est surprenant que les habitans ne profitent point en cela de l'exemple des consuls étrangers, dont les maisons de campagne ont un aspect ravissant. Celle du consul français est la plus enchantée que j'aie jamais vue nulle part. Parmi ses différentes beautés, elle est remarquable par la hauteur et le contour d'un superbe tilleul, dont les branches inférieures s'entrelaçant avec celles de plusieurs érables dont il est entouré, forment un cabinet de verdure d'environ soixante pieds de circonférence. Inaccessible aux rayons du soleil, on y respire un air frais et odoriférant dans les chaleurs les plus excessives. — LAUGIER DE TASSY, Histoire des États barbaresques, t. Ier, ch. IV, p. 304-309.

L'influence d'une température chaude sans être brûlante, jointe à celle du sol, donne à la végétation une très-grande force, dans la portion de la Barbarie que nous avons conquise.....

Les figuiers de Barbarie (*raquette, cactus opuntia*) forment d'épaisses haies qui s'élèvent à quatre et cinq mètres au-dessus du sol; les haies d'agaves présentent un coup d'œil réellement magnifique et imposant : ces longues feuilles vertes et pointues ressemblent à des palissades entrelacées les unes dans les autres, pour défendre l'approche d'un poste militaire; du milieu des touffes s'élève une hampe garnie de fleurs jaunes, qui porte sa tête au-dessus de celles de tous les autres arbres... Celle-ci croît avec une si grande vitesse, qu'on pourrait presque suivre de l'œil les progrès qu'elle fait.

Les oliviers sont aussi beaux que nos chênes d'Europe; les orangers, les citronniers le cèdent à peine, pour la taille, à quelques-uns de nos plus beaux arbres fruitiers. Dès le mois de février, toutes les portions de terrain qui sont incultes et non garnies de broussailles se couvrent de graminées qui croissent avec une si grande rapidité, qu'au bout d'un mois on a beaucoup de peine à marcher dedans. Le 12 mai 1831, en traversant plusieurs terrains de ce genre dans la plaine de la Mitidja, l'herbe nous venait jusqu'au-dessous des bras.....

Des bords de la mer au pied de l'Atlas, les portions de terrain qui n'ont jamais été cultivées, et on pourrait bien dire les deux tiers de la surface du sol, sont couvertes de fortes broussailles dont la hauteur dépasse souvent celle d'un homme.

Sur les collines du littoral, ces massifs de broussailles sont en grande partie composées de lentisques, parmi lesquels on voit, en plus ou moins grande quantité, des touffes d'arbousiers, d'oliviers, de dattiers nains, de chênes verts, et quelques buissons de myrthes et d'épines. Dans la plaine, les lentisques et les arbousiers sont beaucoup plus rares; ils sont remplacés par une grande quantité de genêts épineux qui s'élèvent à deux ou trois mètres. Il n'y a presque jamais d'arbres au milieu de ces broussailles.....

. . . .

Les endroits marécageux, les lits des ruisseaux, ceux des rivières et mêmes ceux des torrens qui se trouvent à sec pendant la plus grande partie de l'année, sont remplis de lauriers roses; ces arbustes, en fleur pendant l'été, présentent le coup d'œil le plus riant au milieu d'un pays sauvage. Dans la plaine et quelques parties des collines qui sont au nord, il existe des forêts peu étendues, il est vrai, d'oliviers magnifiques; on en trouve sur les bords de l'Oued-jer, de la Chiffa et du Mazafran. Ces forêts sont composées d'arbres aussi gros que nos chênes ordinaires.....

Au sud du petit Atlas, la force de la végétation est beaucoup moins grande qu'au nord. On y remarque une vaste étendue de terrain aride; les broussailles sont loin d'être aussi épaisses et aussi élevées que celles de la plaine de la Mitidja et des collines d'Alger. On n'y voit plus le dattier ni l'arbousier, mais toujours des lentisques, des genêts, des chênes verts et des épines; les lauriers roses ne décorent plus le cours des rivières et des ruisseaux, et les marais ne sont plus couverts que des joncs et des roseaux, que le sauvage berbère emploie à la construction de sa chétive cabane.....

On conçoit facilement que, dans une contrée où la

végétation est si active, toutes les plantes doivent y croître et s'y propager sans culture, même celles qui y ont été introduites des autres pays. C'est effectivement ce qui a lieu : nos plantes d'Europe, celles d'Afrique et même celles d'Amérique, qui ont probablement été apportées dans l'Algérie, y croissent naturellement et atteignent des dimensions extraordinaires. Cette circonstance est extrêmement heureuse, car les indigènes naturellement paresseux et insoucians, négligent tout-à-fait l'agriculture. — Rozet, Voyage dans la régence d'Alger, t. I*er*, ch. IX, p. 183-189.

Le climat de l'état d'Alger est le plus doux, le plus constant et le plus sain peut-être du globe entier. Point de neiges ni de froids excessifs en hiver, excepté dans les hautes montagnes; point de chaleurs insupportables en été; les plus fortes arrivent d'ordinaire vers l'époque de la canicule, et sont de 26 à 30 degrés. Point de typhus, point de choléra, point de fièvres épidémiques : aussi les habitans de la régence invoquent-ils rarement les secours de la médecine. La sobriété, la diète, et quelques herbes aromatiques, remplacent avantageusement, chez eux, les plus savans médecins de nos contrées civilisées. On ne peut pas dire que ces peuples soient une race de géans; au contraire, leur taille, peu élevée, est en général au-dessous de celle des Turcs; mais ils sont dispos, robustes et jouissent d'une bonne santé, surtout ceux qui habitent les frontières du royaume vers le désert.....

Aux approches du grand Sahara, le terrain plus plat, plus sablonneux, moins fertilisé par les pluies, n'offre pas autant de ressources que celui des côtes, où il semble que l'être suprême ait reposé ses regards avec complaisance lors de la formation du monde. Mais dans les endroits où l'eau prodigue ses trésors, tout est animé, vivant, varié, sans que la main de l'homme y ait jamais touché. Les plantes les plus rares, les fleurs les moins connues, forment les prairies et les bosquets les plus vivans. Les fruits et les racines qu'on se donne la peine de cultiver, sont d'une qualité infiniment supérieure à ceux de l'Europe. Ni à Malte, ni à Majorque, ni en Sicile, je n'ai mangé nulle part des oranges et des raisins plus exquis; de l'avis unanime des Européens, dans aucun pays, la pomme de terre n'est aussi délicieuse et aussi parfaite que dans cette contrée de l'Afrique.—TRAPANI, Alger tel qu'il est, p. 88-90.

La Barbarie, placée sous un ciel plus brûlant encore que le Portugal, l'Espagne et l'Italie, offre le long de ses côtes la masse des plantes que l'on trouve dans les provinces et les royaumes du midi de l'Europe; mais à mesure que l'on s'avance dans les terres, dès que l'on a traversé la pente des montagnes de l'Atlas qui regarde la mer, ces plantes disparaissent : ce n'est plus la même nature; ce ne sont plus ces bosquets fleuris, ces forêts verdoyantes, ces gazons couverts de mille espèces de fleurs; des rochers arides et pelés, des sables stériles, un sol brûlant succèdent à ces coteaux fertiles, à ces pâturages abondans, à ces vastes plaines couvertes de moissons. Le défaut de sources, l'air embrasé du midi s'opposent à la végétation sur le revers de l'Atlas, du côté du Sahara.

Cette partie est presque inhabitable, et en effet très-peu habitée. Revenons donc à cette riche végétation, et suivons un instant les travaux des Arabes cultivateurs ou bergers.

Dans ce fortuné climat, les productions naturelles n'ont point à craindre l'intempérie des saisons. Jamais les rigueurs de l'hiver, les froids tardifs, les pluies trop abondantes, les sécheresses trop longues, un brouillard empesté, une grêle pernicieuse ne détruisent l'espérance du cultivateur. Sous cet heureux ciel, le printemps est presque continuel, la température de l'hiver est à peu près celle de notre mois de mai : des pluies fréquentes, réunies aux rayons d'un soleil vivifiant, développent, pendant cette saison, une abondante végétation, et le mois de janvier offre, en Barbarie, tous les agrémens de notre printemps. Le sol, quoique peu cultivé, est très-fertile. Sa nature est une argile rendue légère par le sable qui s'y trouve en abondance, ou bien ce n'est que du sable mêlé aux débris annuels des plantes, d'où il résulte une terre noirâtre, légère, sans consistance, mais d'un excellent produit.

. . . .

Les Maures ne connaissent point du tout les engrais. Ils en ont cependant de deux sortes, et le hasard semble venir au secours de leur ignorance. Ils ont coutume tous les ans après la moisson (comme je l'ai déjà dit), de mettre le feu partout. Cet incendie général dure plus de deux mois. Les cendres abondantes qui en résultent bonifient le terrain, surtout après avoir été détrempées par les pluies de l'automne, et mélangées par le labour. Le second engrais vient de leurs nombreux troupeaux. Comme ils cultivent ordinairement les lieux qu'ils habitent ou qu'ils ont habités, et qu'ils changent souvent de local, le terrain insensiblement se trouve enfumé sans soins, sans fatigues, et qui plus est, sans que les Maures s'en doutent. Ajoutons à cela que, comme il y a peu de terre cultivée, il est rare qu'ils labourent le même champ plusieurs années de suite. Ils choisissent toujours celui qui est le plus à leur portée. La terre, par ce moyen, ne cesse point d'être neuve; elle répare, avec le temps, par la destruction des végétaux, ce qu'elle peut avoir perdu par la culture.

Il est aisé de juger d'après cela, combien ce pays presque inculte, deviendrait précieux entre les mains de bons agriculteurs. Quand l'homme y aurait les saisons et les élémens à sa disposition, il ne pourrait les rendre plus favorables. Quelques pluies d'automne disposent la terre au labour. Celles de l'hiver, réunies à une chaleur modérée, développent la végétation, la nourrissent. Dans le printemps, le soleil déjà brûlant, hâte la maturité et la perfectionne, de sorte qu'au mois de juin, au moment où commencent les grandes chaleurs, la terre n'a plus rien à produire, et le cultivateur a cessé de recueillir.

. . . .

L'olivier, la vigne, la grenade et l'arbousier qui croissent sur les coteaux en abondance et sans culture, prouvent combien il serait avantageux de les y cultiver. L'olivier croît par toute la Numidie, dans les terrains secs et sur les collines. Celui qui vient sans culture, varie beaucoup. J'y ai rencontré l'*olea buxifalia* (olivier à feuilles de buis) du jardin du Roi.

Les olives sauvages sont petites, allongées, peu charnues. Celles que l'on recueille à Bone sont plus grosses et plus rondes. Les oliviers cultivés en Barbarie sont plus beaux et plus élevés que ceux que j'ai vus en Provence. J'ignore s'ils donnent de meilleure huile. — POIRET, Voyage en Barbarie, IIe part., p. 73-81.

La campagne, aux environs d'Alger, est montueuse et agréable par ses vallées fraîches et fertiles. On y voit beaucoup de jardins plantés de vignes, d'orangers, d'amandiers et d'autres arbres fruitiers, ainsi que de cyprès. Les personnes que leurs affaires ne forcent pas à rester dans la ville, passent l'été dans ces habitations champêtres. Les routes sont bordées d'oliviers qui ne sont pas aussi féconds que ceux de la Provence, parce que les habitans, s'abandonnant à leur paresse habituelle, ne les cultivent pas.

Les cactus croissent en abondance, parviennent à une grande hauteur, et produisent tant de fruits, que les pauvres en font leur principale nourriture. Les dattiers viennent bien dans ces cantons; mais ils ne portent pas de fruits, ou bien n'en donnent que d'aigres ou sans noyaux. Peut-être l'espèce qui croît ici est-elle stérile, ou bien la chaleur, quoique très-grande, n'est-elle pas suffisante pour mûrir complètement les dattes. Le palmite croît en grande quantité. La moelle de l'intérieur sert de nourriture au peuple; elle est d'un goût très-agréable.

On trouve le long de tous les chemins le grand aloës, ou plutôt l'agave et l'aloës sucotrisé. Le premier pousse une tige haute de vingt pieds, avec de jolis rameaux, ce qui forme un superbe coup d'œil. L'arbousier, ou fraisier en arbre, est très-commun et chargé de fruits en ce moment. Le vin que les chrétiens récoltent dans leurs jardins est très-bon et très-agréable au goût. Les Turcs emploient des raisins secs ou bien ils les font bouillir pour en extraire une liqueur de bon goût, qui, avec le sorbet, est leur boisson ordinaire.

La terre est très-propre à la culture du froment. Les habitans de la plaine de la Mitidja et les Maures de la province d'Oran, en approvisionnent les greniers du dey. Celui-ci le vend aux étrangers qui en font un grand commerce en Espagne, en France et à Gibraltar. L'humidité de l'hiver, qui pénètre très-profondément la terre, compense le manque de pluie qui est extrêmement rare, depuis avril jusqu'en octobre. Aussi les fleurs et les plantes dont nous trouvons en ce moment une ample provision, ne parent-elles la terre que jusque vers la fin de mai : alors elles se dessèchent par suite de la grande chaleur. — Hebenstreit, Voyage à Alger, Tunis et Tripoli. Nouvelles annales des Voyages, IIe série, t. XVI, p. 27 et 28.

Ce n'est qu'après beaucoup d'instances que j'ai pu obtenir du gouvernement d'Alger la permission de faire le voyage dont je vais tracer le journal. Je pris une escorte suffisante, des mules pour porter toutes les choses dont j'avais besoin, quatre domestiques et un soldat de la régence. Nous partîmes le 4 mai 1784. Pendant la journée, nous fûmes sans cesse baignés par la pluie; elle ne nous empêcha cependant pas de marcher pendant dix heures, parce que nous désirions rejoindre un camp volant qui était parti la veille. Nous allâmes camper dans la plaine de la Mitije, dans le voisinage d'un douar d'arabe, à environ une lieue et demie au nord de Bélide.

. . . .

La Mitije est une plaine très-belle et très-fertile, située au pied du mont Atlas, à quelques lieues au nord d'Alger; elle s'étend de l'est à l'ouest, depuis le cap Matifou jusqu'à Cherchel. Sa longueur est d'environ vingt lieues, et sa largeur de cinq à six. Elle est arrosée par un grand nombre de rivières et de ruisseaux, et l'on y récolte chaque année de riches moissons d'orge, de maïs et de froment; elle est bornée au sud dans toute son étendue par un chaînon de l'Atlas, et, au nord, par une suite de collines et de jolis coteaux qui suivent le rivage de la mer, et sont couverts de lentisques, de cistes, de myrthes, de jasmins et d'oliviers sauvages. Les habitans d'Alger ont dans la Mitije un grand nombre de maisons de campagne et de jardins plantés d'orangers et de grenadiers; ils les appellent des macerics, et y vont y passer l'été avec leurs familles....

Bélide est une petite ville située au pied du mont Atlas, au bord de la Mitije. On n'y trouve aucun monument antique, et les édifices n'offrent rien de remarquable; mais, en revanche, tous les environs sont bien cultivés, les jardins sont fertiles et abondans en fruits excellens. Les eaux vives et pures, qui descendent du mont Atlas, y entretiennent une belle verdure dans presque toutes les saisons de l'année, et l'on y respire un air très-pur. Si cet heureux pays appartenait à des Européens, ils en feraient un séjour délicieux. Les eaux tombent en abondance du mont Atlas; elles se réunissent en une rivière au fond d'un grand vallon. Les gens aisés ont su en profiter pour leurs jardins.

Les montagnes voisines de Bélide sont fort élevées; leur sommet est souvent couvert de neige jusqu'à la mimai. J'ai fait diverses herborisations dans les montagnes. Leur cime est couronnée de chênes balottes, dont les glands nourrissent un grand nombre d'habitans de ces cantons. L'on y voit des ravins profonds très-fertiles, remplis d'arbres fruitiers, arrosés par des sources d'eaux vives et aussi pures que le cristal. Les frênes, les peupliers blancs, les micoucouliers s'y élèvent à une grande hauteur et offrent des ombrages où il est agréable de se reposer...

. . . .

Après avoir traversé l'Oued-jer, nous marchâmes encore au moins trois heures, et nous campâmes au milieu du mont Atlas, près des douars appartenant à la régence, un peu au-delà d'une ancienne forteresse bâtie par les Turcs, que l'on nomme Baokelourn. Ces lieux offrent un paysage agréable, parsemé de collines, de coteaux couverts de verdure, où la vue se repose avec plaisir dans le lointain des montagnes escarpées et très-pittoresques. On récolte ici, tous les ans, une si grande quantité de grains, que les Arabes appellent ces contrées le *grenier d'Alger*. Le chemin qui conduit de Baokelourn à Mayané est très-mauvais, et passe auprès de ravins profonds, au bord desquels il faut marcher avec précaution. Toutes ces montagnes sont couvertes d'épaisses forêts, où il règne un profond silence qui saisit d'un respect religieux.....

Au pied de la montagne de Mendia est une immense

plaine qui s'allonge de l'est à l'ouest, depuis Mayané jusqu'à Laïa Tella. Cette plaine est très-unie; elle est bornée au midi par une autre chaîne de l'Atlas, parallèle à celle dont j'ai parlé. Le Shélif, qui est une des plus grandes rivières du royaume, la traverse et l'arrose dans toute sa longueur; il y coule dans un lit profond et va se jeter dans la mer, à plus de trente lieues au-delà, et à peu de distance de Mostaganem... La plaine de Mayané est très-féconde; elle m'a paru fort élevée au-dessus de la Mitije.

. . . .

Il y a aux environs de Tremessen des jardins bien plantés de beaux arbres fruitiers. Les montagnes voisines sont calcaires; l'eau qui en découle en abondance les arrose et les fertilise. Derrière la ville, il y a de grandes montagnes composées de trois couches posées les unes sur les autres. La première est en plateau et présente des rochers nus, coupés à pic, d'où tombent en cascade plusieurs ruisseaux qui coulent au-dessous sur des lits de verdure émaillés de mille fleurs. La végétation y est forte. La base de la montagne et les bords de la plaine sont couverts de vieux oliviers dont la plupart tombent de vétusté, et tout le pays sera bientôt nu, parce que les habitans ne prennent pas soin de les remplacer...

Il y a au sud de la ville un des plus beaux vallons que j'aie jamais vus. Des sources abondantes, d'une eau aussi claire que le cristal, qui sortent de la première couche des montagnes, forment une rivière qui coulent sous des voûtes d'arbres fruitiers et se partageant en divers canaux. Sur les bords du vallon, elle forme une île charmante, plantée de beaux arbres, à l'ombre desquels on respire une fraîcheur délicieuse ; puis elle se présente tantôt en cascades, tantôt en nappes d'eau dans des abîmes dont l'œil ose à peine sonder la profondeur. Les rochers qui sont sur les bords du vallon offrent différens aspects. Dans le lointain, on aperçoit à l'embouchure du vallon, des collines et des montagnes pelées qui forment un contraste admirable avec la fécondité de ce lieu.....

Les abîmes sont couverts d'arbres qui semblent pendre des rochers. Les deux côtés du vallon sont formés par des rochers coupés à pic qui se perdent dans les nues, et d'où tombent plusieurs ruisseaux. A leurs bases sont des cavernes profondes qui servent de retraite à des Maures. Tout le fond du vallon est rempli de micoucouliers, de frênes, de cerisiers, de noyers et de saules qui s'élèvent à une grande hauteur et offrent un ombrage impénétrable aux rayons du soleil. Un ruisseau se précipite perpendiculairement de plus de deux cents pieds; on peut se promener entre le jet d'eau et la montagne qui est tapissée de mousse et de fougère. Ces lieux sont remplis de rossignols et d'autres oiseaux qui animent ce beau séjour, tandis que les plus beaux rochers servent de demeure aux aigles et à divers oiseaux de proie que l'on prend plaisir à voir planer au haut des airs.....

Je n'ai jamais vu un pays si bien arrosé que celui de Tremessen. Les habitans comptent environ deux mille fontaines dans l'espace d'environ trente lieues de longueur. Les plantes et les arbres y croissent avec force. La fraîcheur que les eaux répandent entretient dans ces lieux une douce température, et l'on y respire un air délicieux. Le paysage est si beau, si varié, que je ne me lassais point d'y rester... Les montagnards participent de la beauté du climat, malgré la misère à laquelle ils sont réduits par les Turcs ; j'y ai vu de beaux hommes, bien faits, et d'un teint plus clair que dans tout le reste de la Barbarie. Le pays est si fertile que les Algériens ne se soucient pas qu'il soit visité par des chrétiens, dans la crainte qu'il ne devienne un objet de conquête.....

. . . .

La ville de Mascar est située sur le penchant d'une montagne peu élevée du côté du midi. La plaine qui est au pied s'étend régulièrement de l'est à l'ouest, et de toutes parts elle est dominée par des monts peu escarpés, qui offrent des points de vue très-divers ; quelques-unes de ces montagnes s'avancent au milieu de la plaine qui est très-fertile et bien cultivée ; plusieurs ruisseaux l'arrosent en coulant du sud au nord. La principale récolte est celle de l'orge et du froment. Cette plaine est habitée par un grand nombre de familles arabes.....

La ville de Mascar peut avoir un mille de circuit ; elle est mal pavée et mal bâtie... Elle est bien fournie d'eau au moyen de conduits qui l'amènent des montagnes voisines... Ces eaux sont très-pures et excellentes à boire... Les jardins sont assez bien cultivés ; ils sont plantés de vignes, d'abricotiers, d'amandiers, de figuiers, de grenadiers ; et, placés pour la plupart en pente sur la montagne, ils présentent de loin un bel aspect. — Relation du voyage du professeur DESFONTAINES, d'Alger à Tremessen. Nouvelles annales des Voyages, II⁰ série, t. XVI, p. 318-348.

Le terroir de la régence d'Alger est généralement si

léger, qu'une paire de bœufs ordinaires peut sans peine en labourer un acre par jour, même dans les endroits où il a le plus de consistance. Sa couleur varie : dans les plaines d'Azydour, il est noirâtre, et, dans celles d'El-mildegah et ailleurs, il tire sur le rouge : il est cependant partout également fertile, et fort rempli de sel et de nitre.

Dans les salpêtrières de Tremessen, on tire environ six onces de nitre de chaque quintal de la terre ordinaire, qui est ici noirâtre; à Dowsan, à Cayrvan et en quelques autres endroits, on tire la même quantité de nitre d'une terre grasse, dont la couleur est entre le rouge et le jaune. Les bords de plusieurs rivières, quelquefois à deux ou trois brasses de profondeur, sont tout couverts en été de morceaux de sel ou de nitre ; ce qui fait voir non-seulement la profondeur du terroir, mais aussi combien il est chargé de ces minéraux.

C'est sans doute à ce fonds inépuisable de sels que l'on doit en bonne partie attribuer la grande fertilité de ce pays-ci, de laquelle même les anciens ont tant parlé, et qui continue encore aujourd'hui, quoique les habitans ne fassent rien pour engraisser leurs terres, si ce n'est qu'en quelques endroits ils mettent le feu au chaume. Il est cependant un peu surprenant que la province de Bysacium, qui était autrefois si fameuse pour sa fertilité, soit présentement la moins féconde de ces royaumes. — SHAW, Voyage dans plusieurs provinces de la Barbarie et du Levant, t. Ier, p. 295 et 296.

Comme tous les peuples pasteurs, les Arabes ne cherchent que dans la végétation naturelle et spontanée les produits nécessaires à l'entretien de leurs troupeaux. Lorsqu'ils ont mis à nu certains points, ils se portent sur d'autres : la culture artificielle, si répandue en Europe, est complètement ignorée chez eux; mais ne le serait-elle pas, leur indolence s'opposerait à ce qu'ils en fissent usage. Cette indomptable volonté de jouir sans travail a été funeste pour les bois : les Arabes mettent en automne le feu aux broussailles qui couvrent d'immenses superficies dans le pays; ils font brouter l'herbe qui croît sur le sol après l'incendie, et plus tard les jeunes pousses.

Les bois n'offrent à l'Arabe, qui passe sa vie sous la tente et dont la sobriété est réellement primitive, qu'un faible intérêt; aussi leur conservation le préoccupe-t-elle peu et n'a-t-il jamais eu la pensée d'une exploitation régulière. Il prend là où il se trouve, sans s'inquiéter de l'avenir, le peu de bois qui lui est nécessaire pour cuire ses alimens.

Cependant quelques forêts rares et séparées par de longues distances ont échappé à ce système d'incendie; voici l'indication rapide de celles dont nos expéditions et nos investigations ont constaté l'existence. Dans la province d'Alger, toute la partie comprise entre la montagne du Chenouan, auprès de Scherschel et de Coléah, est très-boisée. Au milieu des oliviers et des lentisques, on trouve dans la montée du col de Ténia, des chênes de la plus belle venue. La portion du Sahel qui s'étend entre Coléah et Alger, offre le bois du Mazafran dont l'étendue est considérable et qui se compose de lentisques, d'oliviers sauvages, de chênes, d'ormes et de frênes.

En général, dans la province d'Alger et jusqu'aux abords même de la ville, les coteaux sont plus ou moins couverts de broussailles. Les essences dominantes sont l'olivier sauvage, le lentisque et le chêne vert : on y rencontre aussi quelques pins d'une grande beauté. Il est hors de doute que tous les arbres de France y réussiraient parfaitement.

Quelques soins, l'obligation pour les exploitans de réserver un certain nombre de beaux sujets destinés à croître en futaie et à protéger les jeunes pousses, la prohibition de l'incendie, du pâturage désordonné, une surveillance active et une répression sévère, auront bientôt repeuplé cette terre qui n'est pas, comme on l'a cru, condamnée par sa nature à ne point produire de bois.

La province d'Oran offre aussi de l'intérêt sous le point de vue forestier. Dans le défilé qui va de la plaine de Tlélat jusqu'au Sig, à dix lieues d'Oran, est la forêt de Muley Ismaël, peuplée de lentisques et d'oliviers sauvages. Entre la plaine de Ceirat et Mostaganem, au lieu dit El Mascra, il existe un beau bois de lentisques. Nos troupes ont trouvé la vallée du Schélif ornée de bois assez vigoureux et en assez grande quantité, pour prouver que le sol supporterait de belles forêts, si la nature était aidée ou seulement n'était pas contrariée par l'homme.

A ces indications, on croit devoir ajouter des détails plus précis sur les ressources forestières qui existent dans les parties du territoire de la province d'Oran les plus rapprochées de nos établissemens. La forêt d'Emsila est située à quatre lieues d'Oran, sur le versant méridional du Gamara, au-dessus de Messerguin et de Bridia. Le peu de ressources qu'offraient en bois les environs de cette ville, a été bientôt épuisé; la forêt d'Emsila pourra être exploitée, mais avec réserve, pour ne pas dépouiller les roches calcaires d'ombrages qui attirent l'humidité et conservent ainsi des ruisseaux auxquels la plaine doit sa fertilité.

Cette forêt peut avoir trois à quatre lieues de superficie; elle est séparée de la mer par une plaine d'une lieue environ, bordée au sud par des montagnes escarpées, sur le versant desquelles se trouvent les bois : d'étroits défilés sont les seules communications avec la plaine des Beni Ammer. Les essences qui dominent sont des ormes, des chênes de diverses espèces, des hêtres, des pins dont quelques-uns ont atteint de fortes dimensions.

Le bois de la Stidia ou de la Macta, situé sur la côte, entre l'embouchure de l'Habra et Mazagran, ressemble à un taillis de 15 à 20 ans en France : son étendue est de deux lieues environ : parmi les arbres qui s'y trouvent, on remarque en grand nombre le *thuya articulata*.

La province de Constantine est mieux partagée que les deux autres. Entre l'Oued-el-Akral et l'Oued-Nougha, on remarque un beau bois de pins agrestes, entremêlés d'oliviers sauvages, de lentisques et de genêts épineux. Il existe entre Bougie et le cap de Fer, sur les montagnes qui avoisinent le cap Bougarone, des forêts de haute futaie d'une étendue considérable, mais qu'on n'a encore mesurées que de l'œil, personne n'ayant pu, jusqu'à ce jour, pénétrer dans l'intérieur des montagnes. Dans les premières années de notre occupation, Bone tirait de là tous ses approvisionnemens en bois de chauffage et même de construction, par l'entremise des habitans de Collo. Ces mêmes habitans écrivirent depuis cette époque à M. le maréchal Clauzel, pour offrir de lui vendre tout le bois de construction dont il pourrait avoir besoin. Les hostilités ont empêché qu'il fût donné suite à ces propositions; les circonstances semblent maintenant plus favorables.

De Bone à Ghelma, on ne trouve que des broussailles;

on aperçoit cependant, de divers points de la route, des montagnes boisées à leur sommet; les renseignemens recueillis s'accordent à les dire couvertes de pins. Le versant nord et les débouchés de la deuxième chaîne de l'Atlas qui commence derrière Ghelma, sont boisés toujours de lentisques et d'oliviers sauvages. Une fois arrivé à la crête de cette chaîne, le bois disparaît totalement jusqu'à Constantine. Les indications manquent pour esquisser, même par aperçu, le sol forestier au sud de cette ville.

Des reconnaissances poussées assez loin dans la direction de Stora et de Djigelli, signalent à l'extrémité des plaines, et, conséquemment, dans une zone de huit à dix lieues le long de la mer, l'existence de forêts sur lesquelles on ne tardera pas à avoir des renseignemens plus précis. Mais de tous les points de cette province et de nos possessions, le mieux connu, celui qui, par les produits qu'il peut immédiatement fournir, par les garanties qu'il donne pour l'avenir, mérite le plus de fixer l'attention du gouvernement, c'est sans contredit le territoire de la Calle.

La Calle est environnée de forêts qui occupent une surface immense de terrain. Celles qui sont les plus rapprochées de la ville sont un peu dévastées par le feu; toutefois, elles peuvent encore offrir de beaux produits; le chêne-liége est l'essence dominante. A mesure que l'on s'enfonce dans l'intérieur, les traces de feu disparaissent, les bois se présentent plus serrés, plus élancés. Il en est qui paraissent n'avoir jamais vu la cognée et sous lesquels il n'y a aucune végétation. Ces bois sont en général des futaies pleines : on y retrouve l'orme, le frêne et l'aulne; le chêne vert et surtout le chêne-liége y abondent.

Ces bois pourront alimenter notre consommation, soit pour le chauffage, soit pour les constructions; et l'exploitation de l'écorce du chêne-liége, conduite selon les règles pratiquées dans les pays où cette culture est familière, sera encore une source de revenus.

La forêt la plus considérable par son étendue comme par sa beauté, est celle que l'on trouve sur la route de Bone, dans la partie qui avoisine le Monte-Rotondo; on y voit, en grande quantité, des ormes, des frênes, des aulnes et des chênes rouvres; cette partie dépend du territoire de Djeb-Allah. Il faut deux heures et demie de marche pour se rendre de cette tribu à la grande plaine de la Mafrag qui conduit à Bone. On ne connaît personne qui ait traversé cette forêt dans cette largeur; les Arabes prétendent qu'il faudrait plusieurs journées de marche, mais comme ils exagèrent tout, on ne peut avoir une grande confiance dans leurs rapports.

Les indications qui précèdent ne signalent qu'une infiniment petite partie du sol forestier de l'Algérie. Les côtes reconnues par nos navigateurs leur apparaissent presque toutes garnies de bois à une distance plus ou moins grande du rivage. Le pays, chaque jour mieux connu ou plus profondément pénétré, se trouve autre qu'on ne l'avait d'abord dépeint. Il devient évident que les points occupés sur le littoral sont les moins fertiles et les plus dépouillés. Après trois siècles de la domination turque, dans les villes où nous l'avons remplacée, il n'en pouvait être autrement. Des routes nouvelles, des communications plus faciles et plus promptes, nous permettront bientôt de mieux apprécier les ressources forestières que peut offrir la terre d'Afrique, et de les utiliser quand elles seront à notre portée.

Le dey tirait des bois de construction de Bougie, de Collo, de Djigelli et même de la Calle. La régence, dont la population consommait, il est vrai, immensément moins que ne le ferait une population égale d'Européens, ne demandait pas de bois à l'étranger; et nous, jusqu'ici, nous n'avons presque rien tiré du pays même. — Tableau des établissemens français dans l'Algérie, publié par le ministre de la guerre, II⁣e part., ch. IV, p. 290-292.

DEUXIÈME APPENDICE.

APTITUDES COLONIALES ET RESSOURCES PRODUCTIVES.

Si les puissances de l'Europe entendaient leurs vrais intérêts, les immenses armées, la tactique, les trésors qu'elles emploient à se faire du mal mutuellement, seraient employés à introduire la civilisation européenne dans l'Afrique septentionale; elles pourraient toutes y former des colonies qui bientôt devenues indépendantes, comme toutes les colonies devraient l'être, fourniraient des denrées alimentaires précieuses, et ouvriraient un nouvel et vaste débouché aux marchandises de l'Europe. Mais non; l'Europe, toute puissante qu'elle est, supporte la honte de payer tribut à des forbans, et souffre que ces forbans, lorsqu'ils sont de mauvaise humeur, réduisent ses enfans en esclavage! Les améliorations possibles sont immenses, celles qui s'opèrent réellement sont lentes et bornées; mais l'avenir est pour nous. — J.-B. Say, Cours complet d'économie politique, t. IV, ch. XII, p. 451.

Dans quel dessein conserve-t-on pendant une paix profonde, des armées si considérables et dont l'entretien empêche les nations de jouir des avantages de la cessation d'une guerre trop long-temps prolongée? Ces troupes sont-elles destinées à jouer le rôle des prétoriens à Rome, des janissaires à Constantinople, des Mameloucks en Égypte, des Strélitz des Czars? Doivent-elles convertir l'Europe en de grandes casernes, et établir dans le monde civilisé un pouvoir despotique et militaire, semblable à celui des beys et des empereurs d'Afrique? Pourquoi une faible partie de ces trois millions d'hommes, qu'on dit avoir produit tous les maux de la guerre, sans aucun de ses avantages, n'a-t-elle pas été mise à bord de quelques vaisseaux? Pourquoi n'a-t-elle pas été chargée d'aller prendre Bone et Oran, et, par là, de réduire le pacha d'Alger à une conduite plus modérée?

De quelle conséquence est-il que Gênes ait été donné à la Savoie, qu'un territoire de plusieurs milliers d'habitans, entre Rhin et Meuse, ait été réuni à la Prusse? Sans doute, il est naturel que chaque puissance cherche à étendre la ligne de ses frontières, et à augmenter le nombre de ses sujets; mais ce qu'il importe surtout, c'est d'assurer la liberté des mers, c'est de mettre un terme au pillage des pirates maures, c'est d'établir de franches communications entre les nations......

. . . .

Les diverses contrées du midi de l'Europe, tant qu'elles ont ont été placées sous la domination de l'ex-empereur Napoléon, n'ont eu rien à redouter des corsaires barbaresques. Maintenant qu'un autre ordre politique les a privées de cette haute protection, elles se voient exposées, de nouveau, aux déprédations des pirates. On assure que les chefs africains ont appris avec joie cette séparation qui devait leur permettre de donner un libre cours à leur haine et à leur amour du pillage. Napoléon, qui aimait les entreprises vastes, éprouvait, dit-on, un plaisir particulier, en songeant à l'extrême facilité avec laquelle on pourrait exécuter la conquête du nord de l'Afrique, et j'ai souvent vu les Maures trembler à la seule idée de l'invasion d'une armée française. Ceux qui ont renversé le pouvoir gigantesque de la France, ont contracté l'obligation tacite d'accomplir tout le bien que son chef aurait pu faire.....

. . . .

Si les motifs d'honneur et de justice ne sont pas écoutés, le sentiment de l'intérêt et de l'utilité générale aura peut-être assez de pouvoir pour se faire entendre et pour amener une guerre de représailles. Où l'Europe peut-elle trouver une acquisition plus importante que celle des rivages de l'Afrique? Aucune des colonies établies jusqu'à ce jour, sur quelque point de l'univers que ce soit, ne peut entrer en comparaison avec cette côte, soit pour le climat, soit pour les productions naturelles. Dans aucuns parages, les peuples de l'Europe ne rencontreront les ressources inépuisables de cette belle contrée, où croissent presque spontanément les productions de la plupart des autres pays du monde. Les Romains avaient placé leur principale gloire à coloniser l'Afrique, si justement appelée par eux le jardin de la nature. Aussi ne cessa-t-elle de leur fournir des blés, du vin et de l'huile, et de pourvoir abondamment à leurs besoins.

On a toujours représenté l'Afrique comme une belle femme, dont la tête est couronnée d'épis de blé, symbole de son étonnante fécondité. C'est un fait curieux et certain que pendant les années les moins favorables aux moissons en Europe, il y en a toujours d'abondantes en Barbarie, et il est naturel de croire que si cette contrée devenait une colonie ou une conquête des Européens, une agriculture mieux entendue la rendrait encore plus productive. Les avantages que l'Europe retirerait d'une réciprocié d'intérêts entre elle et l'Afrique sont infinis. Nous pourrions recevoir des côtes de la Barbarie tous les objets de première nécessité et tous les articles de luxe, qui nous viennent des divers points du globe. Si la proposition de coloniser l'Afrique sourit au philosophe, au savant, au négociant, elle ne doit pas avoir moins d'attrait pour le soldat entreprenant. Celui-ci, en contribuant à faire entrer cette région sans bornes dans la grande famille européenne, serait sûr d'y trouver la fortune et l'indépendance, pour prix de son courage.

. . . .

Une guerre semblable aurait donc le rare avantage d'être d'accord avec l'humanité et une saine politique, et d'être à la fois juste et populaire. Elle serait une sorte d'expiation de tant de guerres, ruineuses entreprises sans motif et enfantées seulement par le caprice, par l'amour d'une vaine gloire et le désir de régner. C'est surtout aux peuples subjugués que celle-là deviendrait utile. Ils recevraient de leurs vainqueurs, des lois, les sciences, les arts et le commerce; les mœurs de la civilisation remplaceraient la barbarie. Les terres ne seraient plus sans culture, et les productions du sol cesseraient d'etre un fardeau pour leurs propriétaires. La contrée de la terre la mieux traitée par la nature se trouverait affranchie du joug du fer d'une milice féroce et étrangère.

Combien n'est-il pas doux d'arrêter sa pensée sur le grand mouvement que donnerait aux affaires humaines l'occupation trop long-temps négligée de cette contrée? De nouvelles cités s'élèveraient sur les ruines de celles qui n'existent plus et compenseraient les malheurs causés par tant de guerre destructives..... La foi du rédempteur reprendrait son empire sur une terre où le christianisme a compté autrefois plus de six cents évêques..... Et s'il faut descendre à de moindres intérêts, la colonie ouvrirait un vaste champ de recherches utiles aux naturalistes, à l'antiquaire et à l'homme de lettres. — PANANTI, Relation d'un séjour à Alger, ch. XXII, p. 574-582.

Quand on considère avec réflexion les révolutions qu'éprouvent les empires, on ne peut voir, sans le plus grand étonnement, que l'Espagne, qui fut ravagée pendant huit siècles par les mahométans, soit parvenu au plus haut degré de puissance, si l'on doit en juger par l'étendue de ses domaines, un instant après avoir secoué le joug de ces peuples; tel est le secret des événemens que la providence se plaît à cacher aux hommes, et qu'elle dirige au gré de sa volonté.

Il paraît cependant que de tous les projets d'agrandissement que l'Espagne conçut sous le règne de Ferdinand, de Charles-Quint et de Philippe II, la conquête des bords de l'Afrique, dont elle ne s'occupa que par occasion et presque par orgueil, eût été le plus naturel et le plus utile peut-être; c'était de toutes les colonies à former, la seule qui eût dû tenter l'ambition de l'Espagne, puisque, par sa proximité, cette conquête était aussi facile à faire qu'à garder. Les bords de l'Afrique, d'ailleurs, par leur fertilité, par la pureté et la douceur du climat, eussent été d'un plus grand prix pour elle, que toutes les mines du Mexique et du Pérou; possessions qui, vues politiquement, et dans l'état de mobilité que présentent l'inquiétude des hommes et l'incertitude des événemens, peuvent devenir ruineuses pour cette monarchie, par une division continuelle de ses forces, et parce que l'autorité se trouve trop éloignée de son centre; tandis que, d'autre part, ces mêmes bords de l'Afrique, envahis par des brigands, que l'Europe est dans le cas de ménager, tiennent l'Espagne elle-même dans cette défiance qu'inspirent des pirates qui n'ont jamais d'autres convenances que celle de leur intérêt.—CHÉNIER, Recherches historiques sur les Maures, t. II, ch. V, p. 389 et 390.

En principe général, il peut être intéressant de chercher à connaître quelle pourra être la destinée de ce beau pays, placé si près du centre de la civilisation, renfermant dans son sein les moyens de nourrir une population nombreuse; un climat qui ne le cède en fertilité à aucun autre; et, enfin, les élémens d'une puissance qui ne peut être surpassée par aucun état d'une même étendue géographique.

Si cette partie de l'Afrique était la propriété d'un

peuple actif et civilisé, elle pourrait, même dans la génération présente, aspirer à la plus grande prospérité, et à la gloire de civiliser ce vaste continent, dont les habitans sont encore plongés dans les ténèbres de la barbarie.

La position d'Alger paraît être le seul point que l'on devrait choisir pour arriver à un but aussi important. Nous nous sommes livrés à des réflexions assez étendues dans les pages qui précèdent pour démontrer que le gouvernement algérien, tel qu'il existe aujourd'hui, n'est nullement susceptible de perfectionnement, et que le caractère barbare et l'ignorance des Turcs ne permettent pas d'espérer la moindre amélioration. Ce gouvernement absurde périra le jour où on le forcera tout-à-fait de renoncer à la piraterie; et, suivant le cours des événemens, cette époque n'est pas bien éloignée.

Alors, l'état d'abaissement des naturels et l'absence complète d'instruction politique, seraient cause que ce peuple se partagerait en plusieurs tribus indépendantes; la guerre naîtrait de petites jalousies locales, et toute espèce d'esprit de perfectionnement périrait par suite du caractère naturellement inconstant et féroce des habitans, qui rentreraient dans l'état sauvage et feraient un désert de ce beau pays.

Mon but n'est nullement de combattre les raisons politiques, s'il en existe réellement, qui semblent s'opposer à l'occupation de cette contrée par un état européen, surtout, lorsque dans sa sagesse la sainte-alliance a jugé convenable de faire descendre l'Espagne jusqu'à n'être, sous le rapport politique, que l'égale de l'empire de Maroc..... Il me paraît aussi inutile de discuter la question des colonies comme principe général. Leur inutilité positive pour les états qui les fondent, en prenant pour règle le système de colonisation des temps modernes, a été, je le crois, pleinement démontré aux nations de l'Europe. Les États-Unis, par une communauté toujours si puissante de langage, de mœurs et de lois, quoique séparés de l'Angleterre, ont été pour elle et sont encore une source d'avantages bien supérieurs à ceux qu'ils lui procuraient, n'étant encore qu'une simple colonie dépendante.

Il reste encore à faire des tentatives, d'après les principes suivis par les anciens, et, autant que peut le prévoir la raison humaine, aidée de l'expérience, il semble qu'on serait en droit de promettre les plus grands succès à une pareille tentative, si le choix local était judicieux, et si les premières années de la colonie naissante étaient protégées par tous les moyens capables d'assurer son existence et sa prospérité.

. . . .

Il n'est pas donné à la prévision de l'homme de calculer les avantages immenses que retirait le genre humain de l'établissement d'une colonie anglaise dans la Numidie, si cette colonie recevait les institutions de sa métropole, et une organisation qui lui laissât le privilége d'une certaine indépendance, sans autres obligations à remplir que celles qui résulteraient d'une affection naturelle, du souvenir d'anciens bienfaits, et d'une communauté d'intérêts. Telles étaient Syracuse et Carthage à l'égard de leur métropole, tels de nos jours sont les nouveaux états de la confédération américaine, et telle deviendrait l'Irlande, si le gouvernement anglais adoptait un système de politique mieux entendu à son égard.

Outre les grands avantages qu'offre la régence d'Alger, comme les diverses parties des côtes occidentales de l'Afrique, pour former des plantations, elle peut se prêter aux développemens d'un grand empire. En effet, cette partie de la Barbarie fournirait plus de blé, de vin, d'huile, de soie, de laine, de bestiaux que toute autre contrée; on verrait renaître le commerce intérieur de l'Afrique qui, sous la domination des Romains, porta plusieurs villes de cette portion de la Mauritanie à un degré de splendeur qui nous semble aujourd'hui incroyable. Les produits des arts et les principes de la civilisation européenne iraient, par ces canaux, se répandre dans le centre même de ce malheureux continent, abolir le trafic inhumain des esclaves, et, peut-être produire dans l'état social des nations, une révolution aussi importante que celle qui résulta, pour l'Europe, de la découverte et de la colonisation de 'Amérique.

Des principes d'économie politique bien entendus démontrent combien sont rapides les progrès d'une colonie sous un bon climat et sur un sol fertile. Quand on emploie des moyens dignes de l'objet qu'on se propose, l'expérience a fait voir que les effets dépassent toutes les espérances : si le surplus de la population de la Grande-Bretagne, qui aujourd'hui est déjà pour elle un fardeau insupportable, était transporté ici graduellement, en suivant un système régulier; enfin, si ses immenses capitaux étaient employés au développement des ressources naturelles de ce pays, il est probable que dans l'espace d'un siècle, ce nouvel empire pourrait devenir une seconde

Angleterre.—WILLIAM SHALER, Esquisse de l'état d'Alger, ch. VI, p. 205-211 [1].

Que d'objets se présentent à nos réflexions ! Tous les grands hommes du christianisme, nés dans ce pays autrefois si chrétien, qui l'avaient instruit des vérités de la foi, qui avaient soutenu et fortifié la religion par leurs écrits, leurs sermons ou leur martyre; un saint Augustin, un saint Cyprien, saint Fulgence, Tertullien et tant d'autres.

De célèbres conciles qui y ont été assemblés, où tant de saints évêques et en si grand nombre avaient paru comme autant d'étoiles que Dieu y avait fait briller pour éclairer les chrétiens des autres parties du monde. L'Afrique, si peuplée de savans hommes, devenue le séjour d'un peuple plongé dans l'ignorance....... Une terre si abondante et si fertile par elle-même, desséchée par la faute de ses habitans qui, sans émulation, sans industrie, n'ont d'autre commerce que celui de vendre des hommes dont ils ne connaissent pas le prix..... Voilà de quoi nous entretenir dans notre loisir forcé.— Voyage à Maroc et à Alger, pour la rédemption des captifs, par les P. P. JEAN DE LA FAYE, DENIS MACKAR, etc., ch. CXIX, p. 250-252.

Ce que je viens d'exposer sur les différentes espèces de végétaux qui croissent naturellement par la culture dans

---

[1] Toutes ces pages ont été écrites avant la conquête d'Alger par les Français. Ainsi, Chénier dès 1788, Pananti et Shaler vers 1816, et Say, en 1829, signalaient déjà les grands avantages qui pouvaient résulter pour l'Europe de la colonisation du nord de l'Afrique.

la portion de la régence d'Alger que j'ai pu visiter prouve, il me semble, que cette contrée est une des plus fertiles que nous connaissions. Si l'agriculture y était, lors de notre arrivée, dans un si grand état de dépérissement; si plus de la moitié de la surface du sol était couverte de broussailles, on doit l'attribuer à la paresse des habitans, et au despotisme sanguinaire sous lequel ils vivaient. Mais aujourd'hui qu'une grande nation a jeté les premiers fondemens de colonisation dans cette belle contrée, espérons que l'agriculture va y fleurir, et que nous verrons renaître pour l'Afrique les beaux jours des Lucullus, des Caton, etc.

Je ne sais pas si le café, le sucre, l'indigo, le coton, etc., pourront être cultivés sur la côte d'Alger. Mais sans ces plantes, il y en a beaucoup d'autres dont on pourrait tirer de grands avantages.

Des hivers rigoureux ont presque détruit tous les oliviers de la Provence, et nous manquerons peut-être bientôt d'huile d'olive en France. Eh bien! en Afrique, on aurait des plantations d'oliviers qui ne craindraient pas la gelée, et qui fourniraient des récoltes abondantes. Quand on serait obligé de donner l'huile à un franc le kilogramme, il y aurait encore du bénéfice à en fabriquer.

Les mûriers cultivés comme ils le sont dans nos provinces méridionales, permettraient d'élever une grande quantité de vers à soie, et d'obtenir ainsi la soie à bien meilleur marché que nous ne l'avons maintenant.....

La culture de la vigne est certainement une des meilleures entreprises que l'on puisse faire dans la nouvelle colonie que nous voulons former : avec de la persévérance, on pourrait obtenir à Alger toutes les qualités de vin que l'on a en Espagne.

Beaucoup de fruits que l'on tire de l'Espagne et du Portugal nous seraient donnés par l'Afrique. Si on ne peut pas y naturaliser la canne à sucre, qu'on y plante des betteraves, on en aura de fort belles et en très-grande quantité. Elles seront amenées en France, ou bien on établira des sucreries dans nos villes d'Afrique.

Le coton et l'indigo y viendront certainement; il suffira de chercher les expositions convenables pour les placer, et les accidens du sol montueux compris entre la mer et la grande plaine de la Mitidja, ne manqueront pas d'en offrir en foule. On pourrait peut-être, en suivant cette méthode, cultiver avec succès, dans les environs d'Alger, plusieurs plantes de l'Amérique et des Indes orientales, dont les graines et les fruits sont l'objet d'un grand commerce; mais quoi qu'on fasse, je ne pense pas qu'on parvienne jamais à naturaliser le café; cet arbuste demande un climat plus chaud et moins humide que celui de la côte de Barbarie.

Je termine ici ce qui a rapport au règne végétal, et j'engage les cultivateurs qui sont allés s'établir dans nos possessions de la côte nord de l'Afrique, à faire beaucoup d'essais, mais en petit, afin de ne pas épuiser leurs capitaux, dont ils doivent d'abord employer la plus grande partie à des entreprises d'un succès certain, comme les plantations d'oliviers, de mûriers, la culture de la vigne, du froment, des betteraves, etc. — Rozet, Voyage dans la régence d'Alger, t. Ier, ch. IX, p. 206-216.

L'occupation permanente d'Alger fait surgir une question qu'il est du devoir du gouvernement d'examiner avant qu'il n'en soit plus temps. C'est celle de savoir quelles cultures, quelles industries on interdira, et si l'on peut et doit tout livrer en ce genre au régime de la plus entière liberté? Les cultures éminemment propres à l'Afrique septentrionale, notamment à la partie que nous occupons, sont les céréales, l'olivier, la vigne, le mûrier, le bétail fissipède et solipède. Le coton y prospérerait-il? cela est probable. Cependant il n'y a jamais été cultivé [1]. La laine et le lin sont les élémens des tissus domestiques.

On a parlé de faire réussir les plantes intertropicales dans notre nouvelle colonie. En deçà de l'Atlas, je ne le crois pas praticable en grand. J'ai vu à Mustapha quelques cannes et quelques bananiers, mais dans des lieux très-abrités. On a aussi parlé de l'indigo et de la cochenille : je ne pense pas que la chaleur y soit assez forte pour la première production. Le cactus sans épine y est d'une extrême abondance : qu'on essaye d'y naturaliser l'insecte qu'il nourrit dans le Nouveau-Monde.

Mais il ne faut qu'avoir des yeux pour voir que l'huile, le grain, le vin et la soie seront les produits spéciaux d'exportation et de consommation. Avec de la sécurité, je maintiens que, dans six ans, Alger pourrait fournir de vin toute la population européenne qui s'y trouvera, sans en excepter la garnison. Le vin d'Alger est connu : j'en ai bu. C'est le vin de Provence presque sans différence, quand les étrangers le fabriquent. Nous n'aurons jamais trop d'huile, mais nous pourrions avoir trop de vin, et les

---

[1] C'est une erreur, le cotonnier a été cultivé autrefois dans l'Algérie.

colons nous querellerons bientôt si nous voulons leur imposer les nôtres. — M. Pichon, Alger sous la domination française, l. II, ch. VI, p. 311 et 312.

———

Disposés à tout déprécier, les anti-colonistes prétendent que les huiles d'Alger ne pourront pas devenir, avant un grand nombre d'années, assez abondantes pour subvenir à la consommation de la France, et que, comme la végétation de l'olivier est extrêmement lente, il est probable que les colons ne s'attacheront pas à cette branche d'agriculture, dont il leur faudrait attendre les bénéfices pendant trente ans.

L'olivier croît naturellement sur presque toute la surface de la régence d'Alger. Enlevé à sa stérilité par l'action de la greffe, il donne des olives, non-seulement à trente ans, mais même dès l'âge de dix ans. On en obtient des produits beaucoup plus tôt si la greffe est insérée dans un sujet déjà robuste.

Comme cet arbre, favorisé par l'humidité souterraine du sol africain, prend un développement extraordinaire, et n'a jamais à redouter l'action destructive d'un froid rigoureux, on peut être convaincu que la France pourra s'approvisionner à Alger, dans quelques années, de toutes les huiles d'olive dont elle a besoin pour sa consommation et ses fabriques. Elle ne sera pas alors dans l'obligation d'envoyer, tous les ans, en Espagne et en Italie, une somme de dix-huit millions de francs pour les huiles d'olive qu'elle achète dans ces contrées étrangères.

La cire qui, sous le gouvernement tyrannique et destructeur des deys, entrait pour 300,000 francs dans les exportations de la régence, n'est pas indigne de l'attention de la France, quoique les anti-colonistes représentent cet article comme ne méritant pas qu'on en fasse mention. Les Romains tiraient de la Numidie une grande partie des cires nécessaires à leur consommation.....

Malgré leur forte antipathie contre tout système de colonisation dans le royaume d'Alger, les anti-colonistes avouent que la France pourra retirer des provinces algériennes la totalité des soies brutes qu'elle achète annuellement, dans les pays étrangers, pour une valeur d'au moins cinquante millions. « Mais que d'années, disent-ils, » il lui faudra attendre pour recueillir les fruits des plan- » tations qu'il s'agit de créer dans cette colonie. » Non contens de présenter ce motif de découragement, ils ajoutent que les vers à soie seront exposés à périr par les ébranlemens violens qu'impriment à l'air atmosphérique les orages et les coups de tonnerre, pendant les chaleurs de l'été.

Nous commencerons par observer que les mûriers des plus grandes dimensions ne nécessitent pas plus de 7 à 8 ans pour donner des feuilles en abondance, et que les mûriers nains qu'on cultive avec succès dans les départemens de l'Ardèche et du Gard, sont très-productifs à l'âge de trois ans.

Les femmes mauresques élevaient autrefois une grande quantité de vers à soie. Mais la tyrannie du gouvernement, qui avait étendu l'action paralysante de son système de monopole sur cette branche d'industrie, l'avait tarie entièrement depuis plusieurs années. Ce n'était plus qu'avec des soies filées, importées de Smyrne, que les fabricans de soieries d'Alger, dont les produits étaient assez beaux, pouvaient entretenir leur commerce industriel.

Quant aux prétendus désastres causés parmi les vers à soie par la détonation de la foudre, nous nous contentons de déclarer qu'il résulte de l'examen de plusieurs tableaux météorologiques, tenus avec soin par des Européens à Alger, que le tonnerre ne se fait jamais entendre durant l'époque de l'éducation de ces insectes. Ce n'est qu'à la fin de l'automne et durant l'hiver que les orages sont assez fréquens et que les coups de tonnerre retentissent avec fracas dans les provinces algériennes. Loin d'avoir à craindre la rivalité des soies de la Crimée et de la Bessarabie, dont parlent, avec éloge, les écrivains anti-colonistes, les provinces algériennes auront l'avantage de pouvoir procurer à la France les soies fortes qui lui sont indispensables pour donner du nerf et de la solidité aux étoffes lyonnaises, et que, jusqu'à présent, elle a été obligée d'acheter en Italie.

Toutes les expériences qui ont été faites, tous les soins qu'on s'est donnés pour obtenir des soies fortes en France n'ont pas encore réussi. On attribue cette non-réussite à la froidure du climat. Le froid qui resserre et durcit la texture des feuilles du mûrier doit être encore plus nuisible à cette plante dans les provinces du midi de la Russie, où le terme moyen de la température est bien au-dessous de celle du midi de la France. Alger, après avoir fourni à la France toutes les soies dont elle a besoin, pourra encore en expédier en Allemagne, en Angleterre et même en Russie.

. . . .

Tout en reconnaissant que le coton doit prospérer dans

la régence d'Alger, les anti-colonistes pensent que cette culture n'offre pas assez d'avantages pour fournir à des exportations. « Les cotons des Florides et de la Géorgie, » disent-ils, ne peuvent être égalés par leurs belles qua-» lités, à ceux de l'Inde par leur bas prix ; et quant à ceux » des Antilles, ils sont très-supérieurs aux produits de » l'Égypte et de la Barbarie. »

En admettant que cela soit vrai, ne doit-on pas se demander quel motif pourrait empêcher les cultivateurs de cette denrée, dans les États barbaresques, de préférer les semences des cotonniers des Florides et de la Géorgie à celles du Levant, dont, par l'effet de la routine et de l'ignorance, les Égyptiens et les Barbaresques n'ont pas encore cessé de faire usage ?

Le coton, qui ne prospère pas en Amérique au delà du 37ᵉ degré de latitude nord, réussit très-bien en Europe jusqu'au 40ᵉ degré. Dans le tableau isotherme des climats d'Europe et d'Amérique, la régence d'Alger peut être classée, sous le rapport de la température, sur la même ligne que la Géorgie et les Florides. On peut en conclure que les cotons de ces provinces américaines réussiraient très-bien dans la régence d'Alger. Malgré l'emploi des esclaves noirs dans les États du sud de l'union américaine, la main-d'œuvre y est très-chère et tend à croître tous les jours, à cause des émigrations conti-nuelles qui se portent vers les fertiles bassins de l'Ohio et du Missouri.

On peut donc espérer qu'avec des soins intelligens, et en faisant usage des meilleures espèces de semences, on parviendra à obtenir, dans la régence d'Alger, des cotons d'excellente qualité, et que leurs produits seront un jour assez considérables pour fournir à la France les

54 millions de kilogrammes de coton qu'elle tire de l'étranger.

. . . .

Les écrivains anti-colonistes, dont nous avons réfuté quelques opinions, n'ont pas poussé leurs recherches et leurs observations au-delà des produits agricoles que nous venons de signaler. Il est d'autres produits qui, quoique d'une moindre importance, méritent pourtant une attention sérieuse. Ce sont le riz, le tabac, le chanvre, le lin, les plantations d'arbres de toutes essences, et le vin.

Le riz pourrait être cultivé avec succès près de l'embouchure de quelques-unes des principales rivières, telles que le Schélif, la Seybouse et le Oued-el-Kébir, où les eaux n'ayant qu'un écoulement très-lent, se débordent et couvrent des terrains qui seraient très-propres à la culture de cette plante. On a fait quelques essais de ce genre dans le voisinage de Bone, et ils ont eu un plein succès. Si cette culture reçoit l'encouragement qu'elle mérite, la France pourra retirer, avant une vingtaine d'années, de ses possessions d'Alger, les huit millions de kilogrammes de riz qu'elle achète à l'étranger.

Le tabac d'Alger ressemble à celui de l'Asie mineure. Cette plante n'a été cultivée jusqu'ici qu'en très-petite quantité dans les États algériens. Les parties inférieures des grands bassins qui sont couvertes d'une couche épaisse d'humus végétal, sont très-favorables à cette culture. Le gouvernement français pourra s'y procurer facilement une grande partie des six millions de kilogrammes de tabac étranger dont il a besoin pour ses manufactures royales.

Le chanvre et le lin ne peuvent pas manquer de prospérer sur un sol riche, facile à travailler, dont la base, à peu de pieds au-dessous de la surface extérieure, est constamment saturée d'humidité. : si la culture en était très-restreinte dans l'ancienne régence, c'est que les Turcs et les indigènes faisaient peu d'usage de matières de chanvre et de lin. Quelques essais en ce genre faits par des Européens ont été couronnés par le plus grand succès.

Les campagnes des provinces algériennes sont partout couvertes, comme nous l'avons déjà observé, d'une multitude d'arbustes toujours verts, dont la végétation excessivement active et vorace, étouffe le développement des plantes des autres espèces, si l'on n'a pas l'attention de les isoler. On ne voit de forêts d'arbres à grandes dimensions que sur les montagnes de Bougie et des environs de Stora, et près des sommités du grand Atlas. Partout ailleurs, les arbres de futaie sont extrêmement rares.

Cependant tous les arbres de cette espèce qui ont été plantés près d'Alger, et particulièrement dans les jardins occupés par les consuls étrangers, ont acquis un aussi grand développement qu'en Europe.

Le petit bois de chauffage ne manque pas, puisque toutes les campagnes en sont couvertes. Mais il est indispensable d'obvier aux inconvéniens qui proviennent de la rareté des bois de charpente. On s'en procurera facilement et en grande quantité, en faisant des plantations dans les plaines, et surtout près des nombreuses rivières qui sillonnent la surface de ce royaume. Ces plantations auront, en outre, l'avantage d'assainir quelques parties marécageuses dans le voisinage de l'embouchure des fleuves.

Sous le régime des mahométans, la vigne n'était cultivée que pour son fruit agréable et sain. Les juifs seuls en faisaient du vin pour leur usage particulier. Celui que nous avons goûté est agréable et ressemble beaucoup aux crus du midi de l'Espagne. Des plants de Xérès et de Malaga réussiraient donc à merveille dans l'Afrique française. — JUCHEREAU DE SAINT-DENIS, Considérations sur la régence d'Alger en 1831, p. 292-301.

Quant aux cultures permanentes, elles sont susceptibles d'atteindre le plus haut degré de prospérité; les arbres ont une vigueur miraculeuse, et l'on peut affirmer, sans plus de recherches, que la production de l'huile, de la soie, des oranges et du vin, par exemple, peut acquérir dans la régence un développement gigantesque.

Depuis long-temps, la dévastation était l'état ordinaire; cependant on retrouve partout encore, et jusque dans les terrains les plus arides, des restes nombreux de la culture de l'olivier. Cet arbre paraît indestructible dans le pays, toutes les natures de terrains lui sont propres. Livré aujourd'hui à l'état sauvage, on peut, à l'aide des simples ressources actuelles du sol, transplanter convenablement une grande quantité de rejetons et greffer les autres.

Des essais en grand de plantations et de greffes ont été faits sur l'olivier par plusieurs colons intelligens, et ils sont concluans; l'expérience prouve également que l'on peut obtenir, à l'aide d'olives franches et de procédés convenables, d'aussi bonne huile qu'à Aix. L'indigène paraît ignorer l'art de la greffe ; tous les oliviers sont sauvages, et l'huile du pays est détestable.

Le mûrier, peu cultivé dans la régence autrefois, y réussit cependant admirablement; les soins particuliers que la préparation de la soie exige étaient, sans doute, l'obstacle qui s'opposait à ce genre de production, si apprécié cependant chez les Orientaux; les vallées et les plaines lui conviendront de préférence. — M. DE LA PINSONNIÈRE, Rapport sur la colonisation de la régence d'Alger, IIe part., p. 67 et 68.

L'olivier, qui est fort beau dans toute la régence, est admirable à Trémecen, où on le cultive avec un soin remarquable. Il y est greffé, si ce n'est dans les bois où il n'est plus considéré que comme arbre forestier.

Dans cette riche contrée, ce précieux végétal qui atteint une grosseur extraordinaire, forme d'immenses vergers où l'art sait aider la nature. Dans la province d'Alger, il y a plus d'oliviers sauvages que d'oliviers greffés. Sous le règne d'Omar-Pacha, qui était un prince éclairé, le gouvernement ordonna de greffer tous les oliviers. Le dey en donna l'exemple sur ses terres. Mais cette mesure, qui ne fut prise qu'à la fin du règne d'Omar, ne fut que partiellement exécutée.

A notre arrivée à Alger, nous trouvâmes beaucoup plus de vignes que ne semblait le comporter l'abstinence du vin prescrite aux musulmans par leur religion; les plus rigides se contentaient d'en manger les fruits, ou d'en faire du vinaigre; mais il paraît que d'autres en tiraient du vin, ou en faisaient fabriquer par les juifs. Les consuls européens en ont souvent fait d'une excellente qualité. Celui de Suède en avait qui ressemblait beaucoup au vin de Malaga. La cave de sa maison de campagne, qui en était abondamment pourvue, fut souvent visitée par nos soldats, pendant le siége du fort l'Empereur.

L'horticulture est en progrès sensible chez les Européens d'Alger depuis deux ans. Les jardiniers qui travaillent pour leur compte, font d'assez bonnes affaires, qui seraient meilleures s'il n'avaient pas été obligés d'acheter leurs terres aux spéculateurs qui ont bénéficié sur eux. Les Espagnols, les Mahonnais et quelques Provençaux sont les meilleurs jardiniers que nous ayons. Ils cultivent tous les légumes d'Europe et les mêmes arbres fruitiers que les Maures. La plupart des jardins, tant ceux des Européens que ceux des indigènes, sont arrosés par des puits à roue.

Quelques Européens ont planté des mûriers, ce qui implique le projet d'élever des vers à soie. M. le docteur Chevrau fut le premier qui se livra à des essais de cette nature. On a essayé au jardin de naturalisation d'élever les vers sur l'arbre même; ils vinrent bien, mais ils furent dévorés par les oiseaux. Au reste, la seule inspection du climat suffit pour prouver qu'on peut facilement avoir de la soie dans la régence. C'est une source de richesses qui ne peut nous manquer. La prospérité future de la colonie est principalement basée sur l'huile, la soie et peut-être le coton. Ce sont trois branches de l'industrie agricole que la métropole a tout intérêt à encourager chez nous, puisqu'elle est, à cet égard, tributaire de l'étranger. Le bambou a réussi au jardin de naturalisation. S'il se propage, il sera très-utile dans un pays où il y a pénurie de bois de construction.

. . . .

La régence d'Alger nourrit une grande quantité de bétail. La plupart des tribus n'ont pas d'autres richesses; mais la propagation s'en fait au hasard, sans que personne prenne le moindre soin du croisement des races; aussi sont-elles fort abâtardies. Les bœufs sont infiniment plus petits qu'en Europe. On trouve encore d'assez beaux moutons, débris d'une race qui s'éteint chaque jour, et qu'il serait cependant bien utile de conserver, car elle donne une laine superbe.

Les chevaux n'ont en général rien de bien remarquable. Il est difficile d'en trouver un véritablement beau; cependant, en les examinant bien, on trouve chez eux beaucoup de traits du cheval arabe, et l'on voit qu'avec un peu de soin, cette race se releverait. Les personnes les plus versées, en pareille matière, croient qu'on obtiendrait de superbes produits avec des étalons indigènes et des jumens andalouses.

Les Arabes ont une grande quantité de chameaux, souvent bien au-delà de leurs besoins, ce qui ne s'explique que par la facilité que l'on a de les nourrir. Les plus beaux se trouvent dans la province d'Oran. Ces animaux appartiennent à l'espèce appelée dromadaire, c'est-à-dire qu'ils n'ont qu'une bosse, tandis que les véritables chameaux en ont deux.

M. Genty de Bussy avait proposé l'établissement d'un haras et d'un troupeau modèle pour restaurer nos races

de chevaux et de bétail. Ce serait une très-bonne mesure.
— M. Pelissier, Annales algériennes, t. II, chap. V, p. 325-334.

Il est difficile d'établir d'une manière précise quel était, à l'époque de l'expédition de 1830, l'état réel de l'agriculture en ce pays. Mais, quoique les renseignemens positifs manquent à cet égard, il est encore possible, par les souvenirs et les témoignages, de remonter jusqu'à ce passé qui est si voisin de nous.

Le massif et surtout les coteaux les plus rapprochés de la ville étaient couverts de maisons et de jardins ; la plus grande partie existe encore : chaque jour efface les traces de la dévastation que la guerre avait produites. Mais ces maisons et ces jardins n'étaient que des lieux de plaisance plus ou moins remarquables par leur élégance et leur richesse, traditions affaiblies de l'ancienne architecture mauresque, pâle et dernier reflet des splendeurs de Cordoue et de l'Alhambrah. Du reste, au temps des Turcs, il fallait considérer cette partie du territoire de la régence, qui entre nos mains a déjà acquis une certaine importance, comme nulle pour l'agriculture. On n'y labourait pas les champs, on n'y greffait pas l'olivier, qui croît partout naturellement, avec tant de facilité et de vigueur.

Depuis quelques années, la culture française a changé en partie l'aspect général du sol. Les plantations de toute espèce se multiplient ; la plupart des légumes d'Europe sont aujourd'hui acclimatés, et la douceur du ciel donne à Alger, au cœur de l'hiver et à un prix peu élevé, ces primeurs que l'on n'obtient en France qu'avec tant de frais et d'industrie ; les céréales croissent là où, de mémoire d'homme, jamais charrue n'était venue tracer un sillon.

La plaine de la Mitidja présente, en beaucoup d'endroits, les traces d'une culture ancienne que la paix fait déjà renaître. L'insalubrité de quelques parties de cette plaine, bien connue des Arabes, insalubrité à laquelle ils étaient hors d'état de remédier, s'opposait à ce que l'agriculture y prît de grands développemens. On était d'ailleurs trop rapproché des Turcs pour ne pas craindre d'attirer leur soupçonneuse avidité par le spectacle d'une trop grande abondance. Dans nos expéditions à l'ouest et surtout à l'est, lors de la dernière insurrection des Issers, nous avons rencontré les preuves éclatantes des soins que les Arabes et surtout les Kabaïles savent donner au sol qu'ils habitent.

Les progrès de la culture autour d'Alger eussent été plus rapides, si la sécurité n'eût manqué souvent aux travailleurs : la ligne de nos postes était moins favorable à la protection que ne le sera celle qui circonscrit le territoire réservé par la convention du 30 mai. Toute la campagne en arrière de cette ligne sera couverte par l'occupation de points avancés dans toutes les directions. Jusqu'ici, ce résultat n'était pas obtenu ; aussi, pendant que l'outhan de Khachna, qui est au fond de la plaine, et que le camp de Bouffarick a protégé contre les incursions et les brigandages des Hadjoutes, s'est couvert de cultures, ceux de Beni-Khalil et de Beni-Moussa, plus fertiles que le premier, sont restés à peu près incultes. Les vastes terrains qui séparent le Mazafran de Delhy-Ibrahim sont déserts.....

L'agriculture a pris un développement énergique et rapide. Les effets en sont matériellement sensibles pour quiconque parcourt le massif et la plaine, et surtout les revoit de temps à autre, même à des intervalles fort rapprochés. La plupart des maisons qui décoraient les environs d'Alger se relèvent et les jardins se rétablissent; la plaine du Hamma, depuis son entrée jusqu'au champ de manœuvre, ne forme qu'un beau et riche jardin. Le village de Delhy-Ibrahim a tiré bon parti de sa position sur la route de Doueira. En général, c'est du côté de l'est que se porte l'activité des colons : quelques-uns d'entre eux ont déjà franchi la plaine et se sont établis au pied de l'Atlas, sur le territoire de Beni-Moussa et de Khachna.

Du côté de l'ouest et au sud, les Européens se hasardent avec plus de peine; toute cette étendue de terrains située entre la route et Doueira, le camp de Mahelma et la mer, qui a pour centre le champ de bataille de Staouéli, ne forme qu'un désert. La petite tribu de Ben-Omar, qui formait un point dans ce vide, a émigré naguère et n'a pas été remplacée.

. . . .

Voici le détail des diverses cultures qui occupent spécialement les Européens. Les céréales remplissent plus de la moitié des terrains cultivés, c'est-à-dire 3,700 hectares. Cinq cents quintaux de blé ont été livrés par les colons à l'administration militaire. En orge, elle n'a rien reçu d'eux; ce qui s'en récolte est destiné à la consommation particulière et ne paraît pas sur les marchés.....

Sur les terrains élevés, comme dans les vallées, une végétation puissante a créé des prairies naturelles; elles ont été améliorées et s'exploitent maintenant avec avantage. Pendant les premières années qui ont suivi la conquête, les chevaux de l'armée n'ont été nourris que des foins venus par mer et à des prix exorbitans : le quintal métrique coûtait de 15 à 16 francs. En 1837, les foins du pays achetés par l'administration militaire ne lui ont coûté, en moyenne, que 9 fr. 50 c. La difficulté et la cherté des transports sont encore pour beaucoup dans l'élévation de ces prix, qui tendront journellement à s'abaisser.....

La vigne est également cultivée sur presque tous les points de l'Algérie, et ses produits, si l'on en croit le témoignage du docteur Shaw, rivaliseraient aisément avec les meilleurs vins de l'Espagne ; mais jusqu'ici, les Européens ont négligé cette culture, qui ne leur a pas paru offrir assez d'avantages. Les indigènes possèdent à peu près seuls les vignobles, généralement peu étendus, dont les raisins sont portés au marché ou desséchés.

L'olivier est véritablement l'arbre du pays : partout il croît de lui-même, et nos troupes, de quelque côté qu'elles aient porté leurs pas, en ont trouvé de petites forêts. Dans le massif, les Maures mêmes ne prenaient pas la peine de le greffer ; chez quelques tribus arabes et surtout chez les Kabaïles, la culture est mieux entendue : celles-ci apportent à Alger des quantités considérables d'huile.

Le nombre d'oliviers greffés par les colons s'élève déjà à plus de 60,000 : tous les ans, cette quantité doit s'accroître. C'est beaucoup, si l'on fait entrer en ligne de compte les difficultés que le propriétaire européen rencontre à Alger dans la cherté de la main-d'œuvre et surtout dans la rareté d'ouvriers familiers avec ce genre de travail ; c'est bien peu, si l'on compare ce qui est avec ce qui pourrait être. Le produit de l'olivier peut être compté comme assuré, puisque, par une heureuse exception, la douceur du climat le garantit contre ces gelées destructives qui désolent si souvent les départemens du midi de la France, et quelquefois les provinces du nord de l'Italie.

Les plantations de mûriers ont pris faveur : le chiffre présenté de 85,000 serait plutôt en deçà qu'au-delà de la vérité. Cette année, le jardin d'essais a reçu des demandes pour 86,000 francs.

La culture du coton a été essayée et les essais promettent beaucoup. Ils suffisent pour démontrer que cette culture a des chances de succès, qu'elle doit être observée avec bienveillance et étudiée sans préjugé. Chez les Arabes eux-mêmes, on ne regarde pas l'entreprise comme absolument impossible, et Abd-el-Kader vient de charger un négociant d'Alger de lui faire venir d'Égypte de la graine de coton et vingt fellahs habitués à cette culture, qu'il se rappelle fort bien avoir remarquée, lorsque, jeune encore, il se rendait en pélerinage à la Mecque. —Tableau des établissemens français dans l'Algérie, publié par le ministre de la guerre, IIe part., ch. XIII, p. 278-281.

La végétation est prodigieuse en Afrique; quelques faits que j'ai observés au Jardin d'Essais et de naturalisation pourront en donner une idée. Ils ont d'ailleurs été constatés par une commission dont les membres avaient été choisis dans le sein de la société coloniale de l'état d'Alger.

Des pourrettes de mûriers blancs repiquées en pépinière, en février 1833, furent greffés à l'écusson au mois de septembre de la même année; au printemps de 1835, quinze ou dix-huit mois après que l'opération avait été pratiquée, beaucoup de ces greffes avaient des tiges de trois pouces ($0^m,08$ environ de diamètre). Vers la soudure et les trois ou quatre branches formant la tête de l'arbre, ils avaient un pouce et plus ou environ $0^m,03$.

Un semis de noix avait généralement atteint, à sa première pousse, un mètre de hauteur; mais un de ces fruits, semé dans toutes les conditions les plus favorables, présentait à la fin de la seconde pousse, la hauteur vraiment prodigieuse de plus de $4^m,00$. Pris au niveau du sol, le diamètre de cette plante était d'environ $0^m,04$.

Un semis de pepins d'orange, sans qu'on lui eut donné de soins particuliers, atteignit près d'un mètre de hauteur à sa première pousse.

J'avais reçu du Jardin-des-Plantes de Paris deux filaos à feuilles étroites (*casnarina stricta*), dont les tiges avaient seulement quelques millimètres de diamètre, et douze ou quinze centimètres de hauteur. L'un d'eux, placé à découvert au milieu du jardin, exposé à tous les vents, surtout à ceux de la mer qui humectaient ses jeunes rameaux d'une vapeur chargée de sel, ne fit pas de très-grands progrès pendant les deux premières années de sa plantation; il atteignit pourtant $1^m,50$ de hauteur au bout de ce temps, et sa tige, à sa naissance, avait environ $0^m,02$; mais l'autre plante, qui avait été placée dans une terre meilleure et mieux exposée, avait atteint, dans le même temps, $4^m,00$ de hauteur, et $0^m,07$ de diamètre au-dessus du collet des racines.

J'ai vu à la Rassauta, ferme située dans l'est de la

plaine[2], un semis de filao de la même variété qui, à la première pousse, avait atteint plus de 0^m,50 de hauteur. J'en fis transplanter en pépinière, et peu moururent à la suite de cette opération.

Cet arbre qui, comme on le voit, se plaît sur le sol de l'Algérie, est originaire de l'Inde; ses feuilles qu'il conserve l'hiver et ses rameaux grêles, ressemblent assez à ceux du tamarisc de Narbonne. C'est un arbre pyramidal dont la flèche droite s'élève considérablement, et donne de bonnes mâtures.

Un figuier élastique, reçu à la même époque, placé à une exposition et dans une terre peu convenables, avait atteint dans ces deux années plus de 2^m,00 de hauteur, et son tronc assez fort, était garni de branches latérales qui permirent de faire bon nombre de marcottes en pots.

Des acacias et des mûriers de la Chine, multipliés par des morceaux de racine mis en terre, ont généralement atteint, à la fin de leur première pousse, de 2^m,00 à 3^m,00 de hauteur. Un morceau de racine, oublié sous une touffe de pelargonium, poussa spontanément et sans soins : sa tige, à la fin de la seconde pousse, avait atteint 5^m,00 de hauteur; il est vrai qu'exposition, nature et fraîcheur du sol, rien ne lui manquait.

Des graines de parkinsonnia, de baobab, de papayer (*carica papaya*), etc., reçues de Cayenne par la voie de Paris, non-seulement avaient bien levé, mais les sujets avaient atteint à la fin de leur première pousse, de 1^m,00 à 2^m,00 de hauteur.

---

[1] La Rassanta est une ferme de la Mitidja.

Je dois faire remarquer ici que les papayers avaient fleuri abondamment, et sans une circonstance vraiment déplorable, j'aurais pu vérifier s'ils porteraient quelques fruits. Les fleurs qui ressemblent assez à celles de l'oranger, et qui répandent une odeur suave, furent cueillies peu à peu, à mon insu, et je n'ai connu qu'après leur totale disparution, l'auteur de ce délit.

Les plantes du tabac recueilli dans le Jardin-d'Essais étaient d'une dimension monstrueuse. J'avais laissé douze feuilles par pied, tant à la qualité de Virginie, qu'à celle de la Havane; la commission nommée par la société coloniale mesura des feuilles de la qualité de Virginie, qui avaient jusqu'à $0^m,75$ de longueur, et trouva qu'au lieu de douze feuilles, j'aurais pu en laisser vingt sur un seul pied. Les pieds de tabac espacés, comme on le fait en France, portant un si grand nombre de feuilles d'une pareille dimension, on peut juger du rendement de cette récolte. Les feuilles de la qualité Havane étaient naturellement moins grandes, mais dans leur espèce toute aussi monstrueuses.

Selon l'usage suivi en France, j'avais abrité les lignes de tabac avec du maïs semé en lignes. Cette semence à grains blancs aplatis, était venue de l'Amérique (de la Caroline, je crois); les feuilles étaient nombreuses, très-larges et très-longues. Des épis avaient de $0^m,25$ à $0^m,30$ de longueur; et un assez grand nombre de plantes qui étaient parvenues à la hauteur de $1^m,50$ en portaient souvent deux et quelquefois trois.

Divers colons ont cultivé du tabac, et l'on a pu juger des produits avantageux de cette plante, par l'essai en grand qui a été fait à Delhy-Ibrahim, sur la propriété de MM. **Barri-Dervieux**, de Marseille.

J'ajouterai que, presque partout, les foins naturels dans la plaine de la Mitidja sont si beaux, que ce n'est pas une exagération de dire, qu'en beaucoup d'endroits, ils égalent en hauteur la taille de l'homme. A la Rassauta, je me suis quelquefois trouvé dans des prairies où dominait l'espèce du grand sainfoin, ces plantes y avaient une hauteur telle que je ne pouvais voir autour de moi.

Dans les pâturages de la plaine, il est curieux de rencontrer des hommes à cheval : les sainfoins masquent les montures, et les cavaliers dont on n'aperçoit que le buste, paraissent de vrais géans. Voici une observation non moins intéressante. Vers la fin d'avril, on voit arriver à Alger des chameaux chargés de fourrages verts et de bottes de sainfoin, dont les sommités traînent presqu'à terre, quoiqu'elles soient fixées sur le dos très-élevé de ces animaux.— Notes inédites sur les cultures du Jardin-d'Essais, par M. BARNIER, jardinier en chef de cet établissement [1].

---

[1] Nous devons à l'obligeance de M. Barnier, la communication de ces notes intéressantes.

TROISIÈME APPENDICE.

POPULATIONS INDIGÈNES ET RELATIONS COMMERCIALES.

Les Maures, qui forment la grande majorité de la population des villes, sont un mélange d'anciens Africains, d'Arabes et d'émigrés andaloux, qui se modifient continuellement par des alliances avec les Turcs et avec les peuplades de l'intérieur. Leur langue est un dialecte de l'arabe, qu'on pourrait appeler dialecte maure. Ils suivent la loi de Mahomet, et, quoiqu'ils appartiennent à plusieurs races, ils forment un peuple distinct, qui a son caractère national; et, sous ce rapport, ils ont une grande analogie avec les peuples de la Grande-Bretagne et des États-Unis. L'esprit naturel des Maures, et la souplesse de leur caractère, me feraient croire qu'ils pourraient s'élever au plus haut degré de civilisation, s'ils étaient secondés par les circonstances.....

Les Arabes habitent les plaines de ce royaume : ils

vivent sous des tentes, et changent continuellement le lieu de leur résidence, selon les saisons et l'abondance des pâturages. Ils ont les mœurs des peuples pasteurs, et, probablement aussi, les vices et les vertus de leurs ancêtres primitifs. On ne sait rien de positif sur la nature des rapports qui se sont formés entre cette race d'hommes et les anciens habitans des plaines de la Mauritanie, dont ils sont devenus les conquérans et les maîtres. Ils parlent l'arabe, professent le mahométisme; et leur caractère moral et physique, leurs mœurs et leurs coutumes rappellent si exactement les populations nomades de l'Arabie, que tant d'illustres voyageurs nous ont fait connaître, qu'il me paraît inutile d'en parler ici.

Les Arabes, malgré le tribut qu'ils paient au gouvernement algérien, sont régis par leurs propres lois et administrés par des sheicks tirés de leur sein. Quand le despotisme des beys leur paraît trop pesant, ils sont dans l'usage de s'y soustraire en passant dans une autre province, ou en se retirant dans le désert. C'est ainsi que les plaines fertiles de Bone, dans ces derniers temps, sont devenues presque désertes par l'éloignement des Arabes, qui ont fui devant une tyrannie trop accablante pour qu'ils pussent la supporter. Dans ces diverses émigrations, c'est presque toujours le royaume de Tunis qu'ils ont choisi pour le lieu de leur retraite. Les Arabes composent la cavalerie auxiliaire, qui fait avec les Turcs le service des provinces.....

Les Biskris habitent le midi du royaume d'Alger, sur les confins du désert, au sud du grand lac de Chott. Ils ont le teint brun, l'esprit sérieux; leurs manières, leurs mœurs, leur caractère, diffèrent essentiellement de ceux des Arabes et des autres tribus africaines. Cependant, leur langue, qui est un dialecte corrompu de l'arabe, semble indiquer qu'ils sont un débris de ce peuple célèbre, et que leurs coutumes se sont altérées dans la vie sédentaire des cités et par leurs alliances avec les Africains. Cette conjecture acquiert une nouvelle force, quand on réfléchit que le pays où ils sont le plus répandus a dû être nécessairement traversé par le torrent d'Arabes qui envahit l'Afrique dans le septième siècle. Les Biskris sont soumis à la régence, et celle-ci n'a pas de sujets plus fidèles.

Le gouvernement maintient sur leur territoire une garnison turque, quoiqu'il leur ait concédé le privilége de vivre à Alger sous la juridiction d'un amine de leur race. Le naturel des Biskris est la complaisance et la fidélité. On les prend, dans les principales maisons, pour domestiques de confiance : ils ont le monopole des boulangeries, sont les seuls commissionnaires de la capitale, et les seuls ouvriers que le gouvernement emploient dans ses ateliers publics. Ils sont encore les agens du commerce entre Alger et Gadamès. La cécité est une maladie très-commune parmi eux, et probablement elle est due à leur séjour dans le désert. On trouve ici beaucoup de Biskris aveugles, qui sont chargés de la surveillance des rues et des portes intérieures pendant la nuit. Ils sont tous élevés dans la foi mahométane.

. . . .

Les Beni-M'zab de Shaw, ou Mozabites, habitent un district du désert, au sud d'Alger, à vingt jours de marche environ de cette ville. Ce sont des hommes tranquilles, actifs et commerçans, connus par leur probité et leur bonne foi en affaires. Ils sont tout à-fait indépendans du gouvernement du dey. Leurs priviléges et leur commerce sont protégés par des contrats écrits, consentis par la régence, et, dans les affaires civiles, ils ne connaissent que la juridiction de leur amine, qui réside toujours au milieu d'eux à Alger.

Je crois qu'ils jouissent ici de beaucoup d'avantages. Agens privilégiés du commerce de la capitale avec l'intérieur de l'Afrique, ils ont le monopole des bains publics, des boucheries et des moulins. Les Mozabites sont blancs, mais leurs traits et leur air sont ceux des Arabes. Ils remplissent les pratiques de la loi de Mahomet, à quelques différences près qu'il nous serait difficile d'expliquer. Ils parlent le dialecte commun à toutes les tribus que l'on désigne sous le nom de Kabaïles; mais on trouve dans leur langage plus de pureté et d'élégance, ce qui provient, sans doute, de leurs habitudes pacifiques et de leur vie commerciale. Du reste, ils échangent à Alger, contre les grains et les produits des manufactures étrangères, des esclaves, des chameaux, de la poudre d'or, des plumes d'autruche et des dattes.....

De tous les peuples de l'Afrique septentrionale, aucun n'est plus digne de notre attention que les Kabaïles. C'est une race indomptable, qui descend probablement des anciens Numido-Mauritaniens, et qui a toujours maintenu son indépendance au milieu de l'asservissement des autres populations de l'Afrique, depuis les Carthaginois jusqu'à nos jours. La dénomination collective, sous laquelle nous les connaissons, vient du mot arabe *Kabilet*, qui veut dire tribu. Chaque montagne de l'Atlas a son état ou république indépendante. On les appelle aussi *Béreber* ou

Berber, d'où est venu le nom de Barbarie qui sert à désigner cette partie de l'Afrique, et qui doit être une corruption du mot espagnol Beraberia.....

Les Kabaïles sont blancs, de taille moyenne, maigres de corps, nerveux, robustes et actifs. Ils ont l'esprit vif, les mœurs sociales et d'heureuses dispositions. Beaucoup d'entre eux, qui ont le teint clair et des cheveux blonds, ressemblent plutôt à des paysans du nord de l'Europe, qu'à des habitans de l'Afrique. Nous sommes porté à croire que leur langue, à laquelle Shaw donne le nom de chouiah, est de la plus haute antiquité. Elle est parlée par toutes les peuplades des montagnes de l'Atlas, dans les royaumes d'Alger et de Tunis, et par celles du désert, depuis Maroc jusqu'à Siouah. En général, la langue des Kabaïles est si peu modifiée par la diversité des circonstances locales, qu'on peut, en parlant le dialecte d'une tribu, se faire comprendre de toutes les autres.

Le gouvernement algérien, qui paraît craindre l'intelligence et le courage des Kabaïles, ne leur confie aucun emploi dans les établissemens publics. Il n'y a guère plus de vingt ans que les consuls européens se sont affranchis du préjugé que l'on cherche à entretenir contre ces hommes, en les recevant comme domestiques à gages dans leurs maisons. Les Kabaïles ont pour le lieu qui les a vu naître un si grand attachement, qu'il m'est arrivé une fois d'être abandonné tout à coup par tous mes gens, parce qu'ils ne pouvaient se dispenser, disaient-ils, d'aller combattre pour leur pays où la guerre venait d'éclater. Ce sentiment national l'emporte chez eux sur l'attachement qu'ils témoignent pour leurs maîtres qui les traitent généralement, il est vrai, avec beaucoup de douceur. En ce qui touche les croyances religieuses, ils remplissent toutes les pratiques du culte musulman, tant qu'ils vivent au milieu des Algériens; mais plusieurs m'ont avoué que dans leur pays, ils n'observent point ces formes extérieures, et qu'ils n'ont même rien qui les remplace [1]. — WILLIAM SHALER, Esquisse de l'état d'Alger, chap. IV, p. 110-132.

Après ce que je viens de dire sur l'état actuel de l'éducation de la jeunesse dans ce pays-ci, on ne doit pas s'attendre à y voir aucun art, ni aucune science portés à un grand degré de perfection. Ce n'est pas qu'on ne rencontre des hommes versés dans plusieurs professions, dont l'exercice suppose quelque connaissance de la physique ou des mathématiques; mais, dans l'application, les traditions, la routine et une mémoire fort heureuse sont leurs guides ordinaires. On se tromperait cependant si on attribuait au défaut de capacité ou d'intelligence le peu de progrès qu'ils font dans les arts et les sciences. Leur esprit est naturellement fort délié; ils ont une grande vivacité de conception, et, pour réussir, il ne leur manque que l'émulation, le travail et le goût de l'étude. — SHAW, Voyages dans plusieurs provinces de la Barbarie, t. Ier, p. 340.

L'industrie est en souffrance dans la régence d'Alger. Cependant, il est difficile de trouver des peuples plus

---

[1] Ritter a discuté avec beaucoup d'intérêt, de science et de profondeur les diverses questions qui se rattachent à l'origine, à la langue et aux mœurs des Berbères. Voyez sa Géographie générale comparée, t. II, p. 229-240, et t. III, p. 178-189.

adroits et plus intelligens que ceux qui l'habitent; mais un gouvernement destructif de toute prospérité a si long-temps pesé sur eux, ou bien l'anarchie plus destructive encore les a si long-temps dévorés, que toutes les sources de richesses se sont, sinon taries, du moins arrêtées. C'est à la France qu'est réservée la gloire de rendre leur cours aux ondes fécondantes de l'industrie et du commerce. Nous n'avons malheureusement rien fait encore pour atteindre ce but. Bien au contraindre; le résultat de presque toutes nos opérations a été d'aggraver un état de choses si peu satisfaisant. Mais l'industrie et le zèle de quelques particuliers tendent en ceci, comme en bien d'autres choses, à réparer le mal que l'administration a fait ou laissé faire.

Les habitans de la régence font des tissus de laine pour bournous et kaïks, dont quelques-uns sont d'une très-grande finesse. Avant les malheurs qui ont accablé Bélidah, on en fabriquait beaucoup dans cette charmante ville. Au reste, chaque tente arabe est un atelier où les femmes tissent les étoffes nécessaires au vêtement de la famille.

Les broderies d'or et d'argent d'Alger sont très-estimées dans tout le Levant, et méritent de l'être. Cette branche d'industrie a beaucoup souffert depuis notre arrivée. Elle n'existe presque plus à Mostaganem où elle avait pris une grande extension. Il en est de même de la fabrication du maroquin qui est considérablement réduite, depuis 1830, sur tous les points où on s'y livrait autrefois.

Les tissus de soie, soie et or, soie et argent, les mousselines brodées d'or, d'argent et de soie pour ceintures et écharpes, forment encore une branche de l'industrie indigène, bien appauvrie depuis quelque temps. Ces tissus sont magnifiques, mais chers. L'Europe pourrait les fabriquer à meilleur marché, mais ils n'auraient pas la perfection ni le fini qu'une fabrication lente et purement manuelle peut seule donner. Les Maures sont très-aptes à ce genre de fabrication. Les commandes seules leur manquent. Le capitaliste qui dirigerait ses fonds vers cette industrie ferait de bonnes affaires, tirerait bien des familles indigènes de la misère et empêcherait bien des pauvres filles d'aller s'engloutir dans de mauvais lieux.

La fabrication des tapis de laine est une industrie précieuse qu'il convient d'encourager. On en faisait autrefois beaucoup à Oran, à Mostaganem et à Calah. Maintenant la petite ville de Calah est à peu près le seul point où les tapis soient encore fabriqués. Les droits qui les frappent à l'entrée en France, leur ferment les marchés de l'Europe; mais ceux de Tunis et du Levant leur sont ouverts. Ils trouvent en outre des débouchés faciles dans l'intérieur de la régence, où on en fait un grand usage. Ils sont beaux, bien tissés et bien teints. L'art de la teinture est en général dans un état satisfaisant dans la régence. La petite ville de Dellys passe pour le point où on l'entend le mieux.

Les élémens et les encouragemens manquent seuls aux Maures et aux Arabes pour revenir à l'état de prospérité de leurs ancêtres. Ils ont du reste l'intelligence et la dextérité convenables pour se livrer avec succès aux arts mécaniques, et même un esprit d'invention et d'observation propre au perfectionnement. — M. PELISSIER, Annales algériennes, t. II, ch. VII, p. 335-337.

Il y a encore plusieurs familles riches à Alger : quelques-unes vivent des rentes de leur maison et du revenu de leurs terres, d'autres sont engagées dans le commerce; mais en général, depuis la cessation de la piraterie, la richesse de la population maure n'a fait que décliner. Il y a cinquante ans, Leweson décrivait les Maures comme aussi hostiles aux chrétiens que les Turcs, « ceux-ci sont, dit-il, insolens d'orgueil, mais non de fanatisme. » Les circonstances changent peu à peu le caractère national. Si l'Algérien est encore fanatique, c'est du moins un fanatique bien élevé. J'entre fréquemment dans les boutiques des artisans maures, dont plusieurs parlent français, ou assez de langue franque pour que je puisse causer avec eux : ils me montrent leurs marchandises avec autant de complaisance que les chrétiens, et ils me paraissent d'ingénieux ouvriers, surtout en broderie; mais ils conviennent de bonne foi que les manufactures d'Europe menacent de supplanter leur industrie. Un horloger maure, qui était allé faire un apprentissage à Paris, me disait que depuis l'arrivée des Français, il ne pouvait plus gagner de quoi acheter du coucoussou pour sa famille.

J'ai parlé des Maures comme d'une classe distincte des Turcs, des juifs et des Arabes. Selon les antiquaires, les Kabaïles ou les Bérébères, sont les aborigènes du pays; et les *Mauri* du temps des Romains descendaient d'une armée de Mèdes qui firent la conquête de la Mauritanie, et mêlèrent leur sang à celui des habitans. D'autres font remonter jusqu'à Hercule cette généalogie. Je crois, sans aller si loin que ces chronologistes, que les Maures d'Alger et de la régence sont une race mêlée, issue des anciens Africains, des Arabes, des émigrans d'Espagne, des janissaires Turcs, et, si l'on veut aussi, des Vandales et des Romains. Les Maures valent mieux que leur réputation : ils sont, en général, sobres, et ne consomment pas, en nourriture animale, le quart de ce que mange un européen. Un très-petit nombre profite de la polygamie; et, comme pères, ils sont bons pour leurs enfans; ils ont la prétention d'avoir inventé, avant nous, l'éducation à la lancastre. C'est assez douteux. J'ai vu leurs écoles qui m'ont paru un peu bruyantes. Chaque pauvre maître d'école maure dirige une vingtaine d'enfans, traçant sur des ardoises ou des planches, les uns des chiffres, les autres des versets du Koran. Il est armé d'une verge, mais il s'en sert rarement; la bastonnade, qui était autrefois en usage dans les écoles, y est abolie ou tombe en désuétude. — THOMAS CAMPBELL, Voyage à Alger, Revue britannique, t. XVII, octobre 1835, p. 324-326.

Il importe de bien apprécier quelle est la condition que la guerre a faite aux Arabes jusqu'à ce jour. L'Arabe tient à son sol plus qu'on ne pense. Sa propriété y est mieux assise qu'on ne le dit, et, à cet égard, nous avons encore beaucoup à apprendre. L'Arabe qui touche au désert, est nomade, parce qu'il lui faut faire paître les troupeaux, sa seule richesse; mais c'est là l'exception, et si dans chaque tribu il existe, comme dans nos communes, des terrains de vaine pâture, augmentés, il est vrai, par la faiblesse de la population, le plus grand nombre possède d'une manière déterminée la terre qu'il occupe.

Les tentes ne se plient pas aussi souvent qu'on pourrait le croire, et les douars, astreints au voisinage des sources et des rivières, ne se déplacent que pour satisfaire à la condition de l'engrais successif des biens de chaque famille. Si l'on avait quelques doutes à ce sujet, il faudrait consulter la rédaction des titres de propriété, rechercher sur les lieux même ces arbres respectés, ces bornes anciennes qui, à défaut de limites naturelles, servent de témoignages et de preuves.

On aurait donc tort de croire que, peu nombreux sur un sol immense, les Arabes, indifférens à nos ravages, sauront toujours dans leurs émigrations trouver un dédommagement, par l'occupation nouvelle d'une terre sans possesseurs. Nos courses atteignent toujours la propriété directe, et, quand nous sortons, les Arabes ont à choisir entre l'abandon momentané de leurs communes ou la soumission momentanée aussi qui préservera leurs moissons; car leur chef ne fera rien pour eux. Il sait bien qu'il ne peut les défendre, qu'il peut nous échapper, mais non pas nous atteindre, et c'est là presque toute sa tactique.

Placé dans cette alternative, l'Arabe voudra-t-il se soustraire à notre présence? Tout est perdu pour lui; voudra-t-il nous attendre et nous fléchir? C'est alors à son maître qu'il devra en répondre; car que l'on ne croie pas que réduit à abandonner ceux qui lui obéissent, l'émir leur tiendra compte de sa faiblesse. S'ils pouvaient croire à sa durée, les Arabes préféreraient bientôt à une autorité qui les livre, celle qui se montre à eux redoutable et capable de leur nuire. Mais Abd-el-Kader viendra après nous châtier les Arabes qui n'auront pas fui à notre approche. Il livrera à d'autres plus obéissans leurs moissons, leurs troupeaux. Impitoyable surtout pour les chefs, il les punira par les fers ou par la mort.

Telle est la condition des Arabes. Placés entre deux ennemis qui se les disputent, ils n'attendent de tous deux que la ruine et la misère. Ils ne savent à qui demander cette protection qu'on leur promet ou qu'on leur offre ; leur haine se reporte sur ceux qu'ils regardent comme les premiers auteurs de tous leurs maux.

C'est là un des plus grands vices de notre guerre d'Afrique. Non-seulement elle n'a eu jusqu'à ce jour ni cet ensemble qui pourrait imposer aux Arabes, ni cette suite qui pourrait les faire croire à des projets étendus ; mais si quelques-uns d'entre eux ont voulu chercher dans la confiance à nos paroles un moyen de salut, un gage de sécurité, ils en ont été après bien terriblement punis par l'abandon où les a laissés notre retraite. Nous n'en citerons pour preuve que ce qu'ont eu à souffrir de l'émir les tribus qui ont accueilli nos troupes vers le Shélif, après l'expédition de Mascara ; ce que souffrent encore les Kouglouglis, qui nous ont appelé dans les villes, livrés ensuite par nous-mêmes aux Arabes, et que l'émir persécute ou détruit en détail dans ses aventureuses entreprises.

Ce ne sera donc pas assez que la guerre soit active et imposante, pour ôter aux Arabes le désir de la résistance : il faudra que chaque pas fait par nous soit définitif. N'allons chez eux que si nous sommes assez forts pour les soumettre ; n'y allons surtout que si nous sommes décidés à y rester, sûrs de pouvoir leur fournir la protection qu'ils implorent, la protection sans laquelle notre présence est pour eux un arrêt de ruine. — EUGÈNE CAVAIGNAC, De la régence d'Alger, note VI, § Iᵉʳ, p. 208-212.

Le vice essentiel de l'occupation, c'est qu'on n'ait point adopté et suivi un système définitif. La domination française n'a protégé personne ; il suit que ses partisans l'ont abandonné, et que ceux qui auraient voulu faire leur soumission n'ont plus osé se déclarer.

Il est de la plus haute importance de faire connaître à tout le monde, par une proclamation, ce que la France exige, 1° des tribus qui ont fait leur soumission et qui ont accepté son protectorat; 2° de celles qui voudront venir faire leur soumission; 3° et enfin, ce qu'auront à redouter les tribus qui, refusant son patronage, voudront rester en hostilité avec elle.

Les coalitions de tribus ne sont pas à craindre, si on les gouverne convenablement : car il existe entre elles des haines tellement profondes, que la réunion d'une force considérable sur un seul point est à peu près impossible. Les Kabaïles sont en général assez pacifiques. Si vous n'allez pas chez eux, ils ne viendront jamais vous attaquer; et c'est toujours par les Arabes que les Français ont été attaqués, même dans l'expédition de Médéah.

Chaque tribu se compose de cinquante à soixante hameaux. Chaque hameau a son scheick qui sait lire et écrire, et, qui, en général, est plus riche que les hommes placés sous sa dépendance.

On a demandé s'il convenait d'établir un impôt. L'impôt est la marque et la base du commandement; il est donc nécessaire de l'établir : mais en même temps, il faudra fixer les appointemens des kaïds et des scheicks, qui devront être payés par les tribus. Il ne faut pas pourtant écraser les indigènes d'impôts vexatoires, et pour cela il conviendra de veiller avec grand soin à ce que les scheicks et les kaïds n'outre-passent point les ordres qu'ils auront à cet égard. En cas de résistance de la part des tribus, tous les coupables doivent être punis, mais suivant des règles fixes et stables qui auront été posées par la proclamation, et que les indigènes apprendront certainement comme un catéchisme.

Les constructions de villages et les plantations devront être encouragées par des primes. Il ne conviendrait pas que des Français s'établissent dans les douars des Arabes; mais si les Arabes voulaient venir dans les villages français, il n'y aurait aucun inconvénient à les admettre, comme cela se pratique dans d'autres parties du Levant. Les tribus qui compteraient dans la population de leur territoire un quart d'Européens, devraient avoir le droit d'être soustraits à l'autorité de l'aga et administrés directement par les autorités françaises.

Il serait avantageux d'avoir un journal : les Arabes, naturellement curieux, le liraient avec avidité, surtout si l'on n'y parle pas de religion, mais seulement d'industrie, d'agriculture et d'autres arts utiles. Presque tous les Arabes savent lire et écrire. Dans chaque village, il y a deux écoles. Parmi les Kabaïles, au contraire, il n'y a guère que les scheicks qui aient ces premiers élémens d'instruction.

Le commerce de l'huile et celui de la soie doivent être libres, si l'on veut les rendre avantageux pour Alger.

Éprouvez ce système pendant un an, annoncez-vous par des actes de bienveillance et de protection, et non par des violences, marchez dans d'autres voies que celles suivies depuis trois ans, et ensuite vous pourrez faire la comparaison. — Le général VALAZÉ, Procès-verbaux et rapports de la commission d'Afrique, n° XIII, p. 40-42, séance du 20 janvier 1834.

M. le président.—Comment pourvoyiez-vous pendant

que vous commandiez à Oran, dont les Arabes ont aujourd'hui abandonné le marché à l'approvisionnement de la place ?

M. le général Boyer.—La place d'Oran était alimentée par trois tribus voisines qui ne laissaient pas approcher de notre marché les autres tribus, ou qui accaparaient leurs denrées dont elles se réservaient le monopole.

Les tribus éloignées ne pardonnaient pas à nos voisins leurs relations amicales, et ces derniers étaient souvent forcés de se joindre à elles lorsqu'une attaque de nos postes était arrêtée entre leurs co-religionnaires musulmans. Alors, ils nous prévenaient, nous annonçaient sur quel point se tiendraient leurs tribus, nous priant de ne pas tirer sur eux, et qu'ils tireraient en l'air. Ces conventions étaient observées de part et d'autre. Pour nous prouver leurs bonnes intentions, dans la nnit même du jour qui précédait l'attaque, nous recevions de ces tribus amies, des troupeaux et d'autres approvisionnemens.

Plus tard, par suite d'erreurs bien tristes, sans doute, nos troupes ont pensé qu'elles devaient exercer des représailles contre les tribus voisines : ces peuplades se sont alors éloignées et n'ont plus reparu depuis. — Procès-verbaux et rapports, n° XIV, p. 53, séance du 23 janvier 1834.

———

M. le président.—Ayant commandé quelque temps à Bone, pensez-vous qu'on puisse avec sécurité et sans grands frais pour l'État former un établissement solide dans ce pays ?

M. d'Armandy, chef d'escadron d'artillerie. — Oui, à peu de frais, et avec deux ou trois mille hommes d'infanterie et mille hommes de cavalerie, on peut occuper Bone et les environs, de manière à donner aux colons toute sécurité pour leurs travaux et leurs propriétés. Le pays est fertile, et la plaine qui s'étend dans un rayon de plus de quatre lieues, peut produire beaucoup sans grands efforts. La culture serait suffisamment protégée contre toute agression avec trois mille hommes d'infanterie et un régiment de cavalerie. Ces cavaliers auraient eux-mêmes pour auxiliaires des volontaires arabes faisant l'office d'éclaireurs. Huit cents hommes suffiront pour la garnison de Bone. Le surplus des troupes doit être réparti en avant de la plaine pour la protéger.

M. le président. — Que pensez-vous de nos relations avec les Arabes ?

M. d'Armandy. — Elles sont, en général, peu sûres, et il ne faut pas se reposer sur leur parole. Toute transaction avec eux, pour être observée fidèlement, doit être garantie par la force ou par des motifs d'intérêt bien clairement démontrés.

M. le président. — Quels sont les moyens que vous croyez les plus propres à assurer la possession et la culture du pays ?

M. d'Armandy. — Il faudrait surtout favoriser l'établissement des colons réunis en formant des espèces de villages. On trouvera sur les lieux les matériaux suffisans pour de petites constructions. Cependant le bois manque généralement aux environs de Bone. Il faut l'aller chercher dans les montagnes. Ces villages, protégés par nos troupes, cultiveraient le territoire avec sécurité. On ne pourrait pas, sans doute, empêcher quelques crimes partiels, mais ils seraient aussi rares qu'en Europe.

M. le président. — Comment pourrait-on parvenir à fixer les tribus arabes sur le territoire de Bone ?

M. d'Armandy.—Jadis, sous la domination des Maures, ces mêmes tribus d'Arabes consentaient à exploiter les terres comme métayers. On leur fournissait des instrumens aratoires et quelques bestiaux; ils partageaient par moitié les revenus de l'année...... Les environs de la ville sont habités par deux tribus qui vivent avec nous en bonne intelligence; elles sont dans l'état nomade et fort misérables. Elles nous amènent souvent des bestiaux que nous leur achetons, mais ne prennent rien en échange, pas même des instrumens aratoires; ceux dont ils se servent étaient fabriqués d'une manière grossière par les indigènes.

La végétation est superbe, et, dans nos expéditions, les herbes couvraient par leur hauteur nos cavaliers presque en entier. Jusqu'ici, nos approvisionnemens ont été faciles. Cependant, le prix des bestiaux a triplé; il en a été de même de tous les objets de consommation.

Les deux tribus qui nous environnent tirent un grand parti de leurs rapports avec nous; elles ne laissent point approcher les peuplades voisines qui voudraient trafiquer avec nous, mais leur achètent leurs bestiaux qu'ils nous revendent avec le bénéfice d'une très-forte commission.— Procès-verbaux et rapports, p. 59 61, n° XIV, séance du 25 janvier 1834.

Pourrait-on faire travailler les indigènes ? En quel nombre et à quelles conditions ?

Les Arabes nous ont été d'un grand secours pour tous

nos transports. Pendant la fenaison, ils nous ont apporté jusqu'à 500 quintaux métriques de foin par jour; ils seraient moins utiles pour d'autres travaux. Nomades et habitués à conduire de nombreux troupeaux, ils passent une partie de la journée à cheval; cependant, ils se livrent, aux environs de leurs douars, aux travaux de l'agriculture; mais ce sont surtout les Kabaïles qui travaillent avec ardeur. Habitans des montagnes, ils apportent à la ville du bois, du charbon et quelques-unes de leurs denrées. Ils sont moins civilisés que les Arabes de la plaine et moins riches; ils logent dans des baraques et sont à demi-nus. Les Arabes, au contraire, se mettent avec un certain luxe, et quoique habitués à vivre sous la tente, ils préféreraient loger dans des maisons; nous en avons acquis la certitude ici.

On pourra un jour tirer un grand parti des Arabes; c'est par eux et avec eux surtout que la colonisation est possible. Plus de 6,000 d'entr'eux vivent avec nous ou près de nous, sous notre protection. En deux ans, ils ont fait des progrès étonnans en civilisation; dans leur contact avec nous, ils ont gagné un grand bien-être qu'ils apprécient déjà; ils se sont créés des besoins pour lesquels nous leur devenons indispensables. Mais pour que ces besoins augmentent, il est essentiel, il est aussi dans l'intérêt de nos manufactures, que les produits français leur soient livrés à bon marché, afin qu'ils n'aillent plus s'approvisionner aux marchés de Tunis, où ils trouvent à bas prix les quincailleries, les toileries, les draps d'Italie, de Toscane et de Malte. Nos toiles étaient fort appréciées autrefois à la Calle; elles le seraient encore aujourd'hui, ainsi que notre quincaillerie et nos instrumens aratoires, si la douane, par les droits dont elle frappe tous ces objets, n'en rendait l'achat impossible aux indigènes. Les Arabes se serviraient bientôt de voitures pour les transports, s'ils en trouvaient à bon compte. Ainsi, ils m'ont demandé, il y a peu de jours, les prolonges de l'artillerie, du génie et de l'administration, pour les aider dans leur déménagement, quand ils se rendirent à une nouvelle position que j'avais assignée à une tribu près de nos avant-postes.

. . . .

Quels seraient, à Bone, le mode et les moyens de culture ?

Près de quarante tribus occupaient, il y a peu d'années, la grande plaine de la Seybouse, et y cultivaient le froment, l'orge, le maïs et le tabac. Elles possédaient des troupeaux immenses qui faisaient leur richesse; elles élevaient des chevaux excellens et dont la race pourrait encore être améliorée par des soins. Ces tribus qui se sont retirées dans les montagnes ont monté notre cavalerie au prix moyen de 280 francs par cheval, et pourront nous fournir un jour des remontes pour toute la cavalerie légère de France. Elles élèvent aussi d'excellens mulets, du prix de 200 à 250 francs, doux et propres aux transports, surtout, mais pouvant être employés aux attelages. D'une taille peu élevée, à la vérité, ils sont râblus et doublent de valeur après avoir reçu des soins pendant quelque temps dans nos écuries. Les Arabes ont aussi des troupeaux de moutons considérables.

On pourrait cultiver en grand dans la plaine les oliviers, dont une assez grande partie est greffée, les mûriers, les orangers et les ceps des crûs d'Espagne, le coton et l'indigo. Toute espèce d'arbres réussirait aussi parfaitement sous ce beau climat.

Toutes les terres ont-elles des propriétaires ? N'en trouvent-on pas dans la plaine qui n'appartiennent à personne ?

Les terres aux environs de Bone, et jusqu'à trois ou quatre lieues, ont la plupart des propriétaires ; et des Européens en ont acheté déjà sur plusieurs points, surtout parmi celles qui sont plantées d'oliviers, de figuiers ou d'autres arbres fruitiers. Le gouvernement n'en possède qu'en petite quantité aux environs de la ville, mais à quatre lieues au sud, vers Sidi-Hamdem, et près de l'Oraïscha et du lac Efzara, il possède des terrains immenses en prairies et en terres labourables de première qualité, qu'il pourra concéder, quand il se décidera à faire occuper ces points. Entre la Seybouse et la Mafrag, le terrain d'une grande fertilité est planté sur plusieurs points d'oliviers et d'arbres fruitiers, et l'on y trouve des jardins de toute beauté. Toute cette partie du territoire de Bone sera d'un grand produit ; elle appartient tout entière à des particuliers.

Quels sont les moyens de donner de la sécurité à la culture et de défendre les colons contre les Arabes ?

Pour accorder protection et sécurité aux colons et aux Arabes, il faudra construire une trentaine de maisons crénelées, disposées de manière à pouvoir loger cent hommes au premier étage, et à recevoir au rez-de-chaussée des chevaux, des bestiaux et des instrumens aratoires. Dans quelques localités, il conviendrait davantage d'avoir deux maisons de cinquante hommes chacune, qu'une seule pour cent hommes. Ces trente maisons coûteraient 10,000 francs l'une, et suffiraient pour défendre une plaine de vingt lieues, dont la fertilité est au-delà de toute expression. Dès la première année, sous leur protection, il sera possible de faire dans notre plaine pour un million de francs de fourrage.—Rapports et procès-verbaux, communication de M. le général Monck-d'Uzer, n° 54, p. 366-370, séance du 18 avril 1834.

Voyons maintenant quelles sont les compensations commerciales que nous pourrons trouver dans notre nouvelle colonie.

A part le commerce déjà si important que les Européens font en Afrique, ce serait une grave erreur de supposer que l'Algérie ne présente à la France qu'un marché sans importance. Sans doute, les populations stationnaires et pauvres, comparativement à nous, ont peu de besoins encore; mais cet état stationnaire tient à l'isolement dans lequel elles ont vécu ; cette pauvreté tient à la fois et à ce même isolement et au régime de fer sous lequel elles ont été placées, et qui, en dépouillant tout ce qui était riche, faisait, en quelque sorte, une obligation de la pauvreté, devenue ensuite une habitude.

Sous un régime de paix et de sécurité, ces habitudes changeraient insensiblement; nulle part l'homme ne reste volontairement pauvre, mal vêtu, mal nourri, mal logé, et les Arabes, sensibles au luxe, à l'éclat des vêtemens et des armes, aux distinctions de tout genre qui tirent un homme de la foule, ne resteront pas plus que d'autres indifférens à tout ce qui peut les enrichir et leur donner du bien-être. Et d'ailleurs leur peu de besoins, dont on a souvent appuyé les réflexions contre la colonie, est bien plutôt une ignorance profonde des moyens de les satisfaire qu'un stoïcisme qui se contente de ce qui est strictement nécessaire à l'homme. Sur une échelle moins étendue, il y a chez eux, comme en Europe, des pauvres, des classes d'une fortune moyenne et des riches; et, comme en Europe aussi, le pauvre ambitionne de devenir riche.

Si parfois, dans leur orgueil, ils affectent de mépriser nos produits, nos arts, nos routes même, les plus éclairés d'entre eux rendent hommage à notre supériorité intellectuelle; ils admirent, sans les comprendre, nos bateaux à vapeur, nos bâtimens de guerre, nos fusils à percussion, etc.; leur admiration calme se manifeste, non par la vivacité, mais par l'originalité des gestes et de l'expression dont ils l'accompagnent.

En Afrique, comme ailleurs, lorsque le travail sera payé, il y aura du travail; lorsqu'il y aura consommation, il y aura production; lorsqu'il y aura sécurité pour la richesse, il y aura emploi de la richesse.

Tôt ou tard l'argent ne s'enfuira plus, et celui qui est caché sortira des montagnes, soit pour donner un nouvel aliment à la production, soit pour s'échanger contre les produits d'Europe. Nous en avons déjà plus d'un exemple.

Les jardins, les prairies voisines de nous sont mieux cultivées que dans la première année; les olives, les céréales, sont recueillies avec plus de soin, parce que la vente en est assurée.

Des négocians nous ont appris que depuis 1831, la quantité de draps fins vendue aux Arabes, qui en consommaient très-rarement autrefois, s'est augmentée d'années en années; le pain français est aujourd'hui préféré au leur;

plus d'un vieux musulman, qui fait exactement ses prières, ne respecte pas aussi bien, dans le secret de sa tente, le chapitre du Koran qui interdit le vin ; des produits d'une consommation générale entrent aujourd'hui dans leurs achats ; les sentiers escarpés que les plus fiers s'obstinaient à suivre, sont insensiblement désertés pour les voies larges et faciles dont nous avons déjà sillonné le terrain africain. Il n'est pas rare aujourd'hui de voir, sur ces belles routes, un jeune arabe qui, il y a peu de temps, n'avait pas l'idée d'une voiture, conduire un attelage de plusieurs colliers, pour le compte d'un colon ; nous en avons vu un grand nombre travailler soit dans la plaine, soit dans les villes, aux canaux de dessèchement, aux routes, aux jardins, aux constructions ; enfin, nous en avons connu qui, employés chez un cultivateur, demandaient des maisons au lieu des tentes sous lesquelles ils étaient nés.

Il y a en Afrique, pour un observateur attentif, des symptômes faibles encore, mais positifs, de toutes les améliorations que nous pouvons désirer dans l'intérêt de l'ordre, de la paix et du commerce. — M. L. BLONDEL, Nouvel aperçu sur l'Algérie, ch. III, p. 46-53.

Antérieurement à notre établissement à Alger, le commerce de l'intérieur, celui des tribus voisines du désert, celui du désert même, ne se faisait pas toujours directement avec la côte. Les juifs, qui, comme négocians ou comme courtiers, accaparaient toutes les affaires du pays, n'osaient guère s'aventurer au-delà des premières villes de l'intérieur. Les Arabes, de leur côté, ne se souciaient pas de parcourir de longues distances, ou de venir exposer à la rapacité des agens inférieurs de l'autorité turque, les objets de leur commerce. Les caravanes lointaines et importantes étaient à peu près les seules qui vinssent jusqu'aux villes du littoral, après avoir assuré leur marche par de grands sacrifices.

Les Arabes du sud de la régence, dont la richesse consiste en troupeaux si nombreux, que l'on y compte les moutons par cinq cents, à peu près, comme le bataillon est l'unité de force de nos armées, échangeaient avec les tribus intermédiaires leurs laines contre les grains et l'huile qui leur manquent, contre les étoffes qu'ils ne savent pas fabriquer.

Les Arabes du désert livraient aussi à leurs voisins la poudre d'or, les plumes d'autruche et quelques autres produits qui, par une série d'échanges, arrivaient à la côte.

Quant aux caravanes de l'intérieur de l'Afrique, elles apportaient, soit à Constantine, soit à Tlemsen, ou enfin à Alger même, la poudre, l'ivoire, les nègres et leurs autres richesses. S'arrêtant aux limites du désert, elles envoyaient à Alger des députés qui, payant cher aux Arabes le droit de passage, venaient solliciter la protection des Turcs. Il fallait acheter cette protection, qui consistait, selon les lieux et selon les temps, en une escorte ou un simple firman du dey. Munies de cette garantie, les caravanes s'engageaient alors dans la régence, abandonnant encore, pour leur sécurité, soit aux chefs arabes, soit aux agens turcs, une partie des denrées qu'elles allaient vendre. S'il avait fallu payer cher pour arriver, il fallait encore payer pour le retour; car dans ce pays tout se payait.

Il devait résulter de ces nombreux échanges, de ces

dangers sans cesse renaissans, une grande difficulté de commerce, un grand accroissement dans le prix. Et que l'on ne s'étonne pas que les Turcs n'aient point mis les choses dans des conditions meilleures. Ainsi que nous l'avons dit, leur autorité était loin d'être assurée partout. Solidement établie dans le voisinage des grandes villes, leur influence décroissait à mesure qu'augmentait le rayon de leur occupation. Leurs agens ne résidaient pas au-delà de certaines villes. Plus loin, le tribut n'était plus guère levé que les armes à la main, et les Arabes étaient maintenus plutôt par la crainte que par une soumission réelle.

Il y aurait donc eu danger pour les conquérans, à trop exiger des Arabes soustraits à leur action constante ; et les entraves que la cupidité de ceux-ci apportaient au commerce étaient peut-être difficiles à lever. D'ailleurs les Turcs trouvaient plus simple de se faire rendre, par un impôt plus fort, une partie des bénéfices qu'une surveillance plus grande, une autorité plus réelle, auraient rendus impossibles. En légitimant ainsi l'avidité des Arabes, ils augmentaient le mal au lieu de le détruire. Il était donc difficile que le commerce prît un grand développement.

Depuis, la guerre que nous avons faite aux Arabes a dû rendre les échanges à peu près nuls ; car le producteur et le marchand n'ont pas assez de confiance dans l'état actuel des choses, pour aventurer leur denrée ou leur argent. Quelque forte qu'ait pu devenir la position de l'émir dans le rayon qu'il occupe, il est loin de pouvoir veiller à la sûreté du pays en général, et s'il pouvait d'ailleurs présider au commerce, il le ferait d'après ses idées, d'après celles qu'ont enracinées dans le pays de longues habitudes et l'exemple des derniers possesseurs. Ainsi, quant à la prospérité du commerce entravé, il nous importe de rendre les communications faciles, sûres, peu onéreuses, les relations plus simples. Cela ne peut résulter que de notre présence sur les lieux, de la confiance que l'on aura dans nos vues, du respect des Arabes pour notre volonté. L'intérêt de notre avenir militaire, dans la régence, celui de notre commerce nous tracent la même marche. Tous deux nous conseillent de ne pas nous arrêter, pour ainsi dire, sur le seuil de la régence d'Alger, et de nous assurer la domination du pays, par son occupation complète. — Eugène Cavaignac, De la régence d'Alger, note IV, p. 138-143.

Les exportations sont susceptibles de prendre beaucoup de développement. La marche en est essentiellement liée à la tranquillité du pays. Si les Arabes étaient sagement gouvernés, s'ils pouvaient se livrer avec sécurité aux affaires, si les routes étaient partout libres, les immenses avantages qu'ils trouvent dans leurs relations commerciales avec nous les attireraient en foule sur nos marchés. La paix faite avec Abd-el-Kader, quoique si peu favorable à la consolidation de notre domination en Afrique, et malgré le vice du monopole qui lui avait imprudemment été accordé, donna cependant une grande impulsion au commerce. Le pays ne demande véritablement qu'à prospérer.

Dans l'état actuel des choses, les Arabes éloignés enfouissent beaucoup de produits, ou exportent par Tunis et le Maroc. Il serait donc à désirer que l'on pût fermer à l'intérieur de la régence les débouchés que lui offrent ces deux contrées; mais la chose est très-difficile. Il ne le serait pas peut-être d'obtenir des souverains de Tunis et de Maroc, des actes de prohibition ; mais comme ils n'ont pas de lignes de douanes sur leurs frontières de terre, ces actes, même en leur supposant la volonté de les faire exécuter, ne seraient qu'une fiction diplomatique.

Au reste, le commerce tombera naturellement dans nos mains, lorsque le pays sera pacifié ; non-seulement celui de la régence, mais encore une bonne partie de celui du Soudan. On sait que le commerce de cette contrée, presque encore inconnue, consiste en poudre d'or, plumes d'autruche, peaux de lion et de tigre, gomme et ivoire. Il ne tient qu'à nous de nous en emparer et de le rendre très-productif. Pour l'attirer sur les places de la régence, il faudrait vaincre quelques habitudes commerciales déjà anciennes, et étendre les connaissances géographiques pour découvrir de nouvelles lignes de communication avec Tembouctou et Cabra. Bien que nous soyons en principe peu favorables au système des primes, nous pensons qu'il serait avantageux d'en promettre de très-élevées aux premières caravanes qui arriveraient directement du Soudan à Alger. Il faudrait aussi faire explorer le Sahara dans tous les sens, soit par des indigènes intelligens, soit par des Européens éclairés et connaissant la langue arabe.

On découvrirait de cette manière bien des choses que nous ne connaissons encore assez que pour savoir qu'il nous serait fort utile de les connaître entièrement. De nobles récompenses devraient être offertes à ceux qui se consacreraient à ces dangereuses explorations. Leur résultat serait de faire refluer sur les ports de nos possessions, tout le commerce de l'intérieur de l'Afrique. Alors il n'y aurait plus de bornes à assigner à la prospérité de notre colonie d'Alger. — PÉLISSIER, Annales algériennes, t. II, IIe part., chap. VII, p. 347-349.

Les caravanes de Constantine, lorsque la guerre en permettait l'expédition, étaient d'un grand intérêt pour le commerce de Tunis; elles venaient ordinairement une fois par mois, et n'étaient pas moins considérables pour les valeurs qu'elles apportaient que pour les bénéfices qu'y faisait le marchand : en argent seulement, les sommes montaient quelquefois à 100,000 piastres fortes d'Espagne, qu'on recherchait à Tunis pour les retraits.....
Les articles bruts qu'apportaient les caravanes de Constantine, consistaient en cire vierge, en peaux sèches, tant de bœufs que de diverses espèces d'animaux sauvages, mais surtout en immenses troupeaux de bœufs et de moutons. Les retraits se composaient de drap, mousseline, toile, soie tant écrue que travaillée, marchandises coloniales, calottes de Tunis, drogues, essences et épices..... Aujourd'hui que ces caravanes n'arrivent plus, le commerce en ressent vivement la privation, et chacun maudit la guerre avec Alger, à cause de la stagnation des affaires, et aussi parce qu'elle produit, à tous autres égards, un état de malaise et d'incertitude dont on désire vivement la fin. — THOMAS M'GILL, Nouveau voyage à Tunis, ch. XVIII, p. 166-167.

QUATRIEME APPENDICE.

QUESTION MORALE, POLITIQUE, MARITIME ET MILITAIRE.

Les Tunisiens, livrés au commerce et accoutumés à voir beaucoup d'étrangers de différentes nations, dont ils sont obligés de se rapprocher par des besoins d'intérêts, sont, en général, beaucoup moins durs et moins insolens que les Algériens. Les chrétiens sont traités à Tunis avec douceur et même avec des égards. Un consul peut faire valoir et réclamer avec force, les droits de sa nation lorsqu'ils ont été violés. A Alger, au contraire, il faut toujours ramper, et encore obtient-on difficilement justice. On n'y réussit jamais en parlant avec fierté. Les Algériens font trembler toute la Barbarie; et les puissances européennes qui, pour des vues de commerce entretiennent la paix avec eux, souffrent patiemment les injustices, les vexations, les excès de toute espèce qu'ils ne cessent de commettre, les comblent de présens ou leur paient même annuellement de honteux tributs. La prospérité étonnante dont jouissent ces pirates, leur a tellement enflé le cœur qu'ils se croient les maîtres de toutes les nations de la terre, et je ne serais point étonné, si on ne réprime pas leurs prétentions et leurs brigandages, de les voir s'arroger, en peu de temps, le droit de vendre des passeports à tous ceux qui voudront naviguer sur la Méditerranée. — DESFONTAINES, Voyage dans les royaumes de Tunis et d'Alger, et dans les montagnes de l'Atlas. Nouvelles annales des Voyages, II° série, t. XVI, p. 202 et 203.

L'Espagne, directement exposée aux coups des pirates barbaresques, entreprit, à différentes époques, de les anéantir. Oran, Tunis, Bougie, etc., avaient déjà été soumis, lorsque Charles-Quint, en 1541, mena contre Alger, leur principal repaire, une flotte nombreuse portant une puissante armée. Le débarquement s'était effectué, on commençait à cerner la ville, lorsque les élémens déchaînés forcèrent les Espagnols à se rembarquer, après avoir éprouvé des pertes considérables.

Sous le règne de Louis XIV, les vaisseaux français réprimèrent souvent l'audace des corsaires barbaresques. En 1682 et 1683, l'amiral Duquesne bombarda Alger, le détruisit en partie, et força le dey à se soumettre aux conditions qu'il lui plut d'imposer ; mais les pertes des barbaresques furent bientôt réparées, et, en 1687, la France se vit obligée d'envoyer une nouvelle expédition contre Alger.

Tout cela n'aboutissait à rien. A peine les flottes avaient-elles quitté les côtes d'Afrique, que les corsaires recommençaient leurs courses, pillaient tous les navires qui leur tombaient sous la main, et réduisaient les équipages au plus rude esclavage.

En 1775, l'Espagne réunit à Carthagène tous les élémens d'une expédition formidable. Une armée de trente mille hommes, commandée par le comte d'O'Reilly, munie d'une nombreuse artillerie et bien approvisionnée, débarqua en Afrique au mois de juillet de la même année; mais après avoir éprouvé beaucoup de contrariétés et livré plusieurs combats, les troupes du comte d'O'Reilly furent vaincues et forcées de se rembarquer.

Postérieurement à cette malheureuse expédition, les Espagnols firent encore contre la ville d'Alger quelques tentatives qui ne servirent qu'à leur attirer le mépris des Algériens.....

. . . .

La guerre qui désola l'Europe pendant vingt ans, empêcha les puissances européennes de s'occuper des barbaresques. Au retour de la paix, l'Angleterre, à la suite de quelques démêlés avec le dey d'Alger, envoya contre lui lord Exmouth avec une flotte de trente vaisseaux, à laquelle se réunit une escadre hollandaise. Les deux divisions combinées se présentèrent devant la place le 7 août 1816, et dirigèrent un feu terrible contre elle et les batteries du môle, qui les détruisit presque en totalité.

Alors l'amiral déclara au dey d'Alger que la Grande-Bretagne ne faisait pas la guerre pour ruiner les villes, et qu'elle était prête à lui accorder la paix, s'il voulait consentir à l'abolition immédiate de l'esclavage des chrétiens, faire des réparations suffisantes au consul de S. M. britannique, qu'il avait insulté, et payer une indemnité pour les pertes éprouvées par les sujets anglais établis dans les États d'Alger.

Le dey vaincu, et n'ayant plus de moyens de défense, consentit à tout. Il rendit mille esclaves chrétiens qui languissaient depuis long-temps dans les fers. Les flottes combinées s'éloignèrent, et, un an après, non-seulement les fortifications d'Alger étaient réparées, mais encore de nouvelles batteries avaient été construites, et cette place était plus forte que jamais.

Bientôt les pirates recommencèrent leurs courses, et l'effroi se répandit de nouveau sur les côtes de la Méditerranée.

En 1819, le congrès d'Aix-la-Chapelle fit signifier au dey d'Alger, par une escadre composée de vaisseaux anglais et français, qu'il eût à cesser ses pirateries; mais il répondit avec arrogance, qu'il ferait la guerre à toutes les puissances qui ne traiteraient pas de la paix avec lui; et les amiraux furent obligés de s'en aller sans obtenir la moindre satisfaction.

Cependant, par leurs menaces et par la présence de quelques vaisseaux, la France, l'Angleterre et les États-Unis étaient parvenus à faire respecter leur pavillon.

Hussein-Pacha, arrivé au pouvoir en 1818, se montra hostile à l'égard de la France, dès le commencement de son règne. En 1824, il fit, contre la foi des traités, exercer des perquisitions vexatoires dans la maison du consul de France, à Bone, et une taxe arbitraire fut établie dans la province sur nos marchandises.

Deux ans après, le pavillon français fut insulté : des navires romains, qui en étaient couverts, furent capturés, et on refusa de les rendre. Le dey réclama avec hauteur des sommes qui ne lui étaient pas dues; et le 3 avril 1827, il s'oublia au point de frapper avec le chasse-mouche qu'il tenait à la main le consul de France qui était venu pour le complimenter à l'occasion de la fête du Beïram.

Instruit de cette insulte, le roi de France envoya à son consul l'ordre de quitter Alger. Aussitôt le dey fit détruire tous les établissemens français qui se trouvaient sur la côte, entre Alger et Bone, et se livra à toutes sortes d'excès contre les Français établis en Afrique.

Une escadre se rendit sur les côtes de la Barbarie pour faire la guerre aux Algériens et bloquer leur ville. Le blocus durait depuis trois ans et avait coûté près de vingt millions à la France, sans qu'elle en retirât aucun avantage, lorsque le bruit d'une expédition contre Alger se répandit de tous les côtés.

Mais avant de confier à l'inconstance des flots une armée assez formidable pour détruire Alger, le roi crut devoir faire une dernière tentative pour obtenir la paix.

Au mois de juillet 1829, l'amiral de la Bretonnière partit sur le vaisseau la *Provence*, et alla offrir des conditions au dey d'Alger. Le dey répondit avec hauteur et éleva des prétentions ridicules. Lorsque l'ambassadeur sortit de son palais, peu s'en fallut que la populace ne l'insultât, et à peine fut-il rendu à son bord, qu'à un signal parti de la Casauba, les batteries du port firent feu sur lui, et continuèrent jusqu'à ce qu'il fut hors de la portée du canon.

Une telle violation du droit des gens méritait une punition exemplaire, et au retour en France de M. de la Bretonnière, des cris de guerre se firent entendre.....

Les choses étaient dans cet état, lorsqu'une commission, composée de militaires, de marins et d'administrateurs, fut réunie au ministère de la guerre pour examiner la question sous tous ses points, et voir s'il était possible de transporter en Afrique une armée assez nombreuse pour détruire Alger, avec tout le matériel de guerre, les munitions et les vivres nécessaires. Cette commission décida qu'une armée de 37,000 hommes traverserait la Méditerranée, irait venger l'insulte faite au pavillon français et délivrer l'Europe d'une plaie qui l'affligeait depuis des siècles. — Rozet, Relation de la guerre d'Afrique pendant les années 1830 et 1831, t. Ier, ch. Ier, p. 1-9.

D'après plusieurs faits que m'a cités M. Saint-John, notre consul-général, il paraît que si la victoire de lord Exmouth avait été mieux mise à profit par notre gouvernement, la régence d'Alger n'eût pas montré tant d'audace après une si forte leçon. On continua de laisser subir toutes sortes d'avaries à nos consuls, qui ne pouvaient porter l'épée en présence du dey, ni aller à cheval près de la Casauba, quoique leurs propres domestiques pussent le faire s'ils étaient musulmans; on les forçait enfin à ce décourir lorsqu'ils passaient devant l'ancien palais des pachas, qui était cependant inhabité depuis douze ans.

Toutes ces concessions exaltèrent l'orgueil des Algériens; de là le coup d'éventail appliqué sur la face du consul de France et le refus de réparer cet outrage. Le blocus incomplet que la flotte française vint alors mettre devant Alger n'inspira au dey qu'une moqueuse insolence.....

Bientôt le consul anglais, apprenant que des captifs grecs, vendus à Alger et condamnés au service des esclaves, étaient privés de la solde et de l'entretien qu'on accordait à ceux-ci, s'en plaignit comme d'une violation du traité imposé par l'Angleterre à la régence. Il lui fut répondu que ces Grecs étaient des sujets de la Porte, et que l'Angleterre n'avait aucun droit d'intervenir. On se contenta de cette excuse. A peu près dans le même temps, le dey fait décapiter un riche marchand de Smyrne, George Nicholaidi, et confisque toutes ses marchandises, sous le prétexte d'une intrigue avec une femme maure, intrigue dont on ne peut fournir aucune preuve. Ces affronts, et d'autres encore, ont été enfin vengés par la France, qui, dans cette circonstance, a été le vrai champion de toute la chrétienté.—Thomas Campbell, Voyage à Alger, Revue britannique, IIIe série, t. XVII, p. 105-106.

Supposons-le pour un moment : une puissance quelconque, autre que la France, a été outragée à Alger, en 1830; conduite par une pensée de politique, ou par un besoin de circonstance, elle arme, elle descend, elle s'empare de la ville des pirates; le monde lui doit la liberté des mers. Au milieu des incertitudes qui naissaient de l'inexpérience du pays et de ses embarras intérieurs, emportée par les événemens ou suivant un plan raisonné, elle étend peu à peu son occupation. Elle s'établit à Oran et à Mers-el-Kébir, presque à l'entrée du détroit, à une demi-journée de Gibraltar et des côtes d'Espagne; elle occupe Arzew, susceptible de donner un port intéressant pour le commerce, comme Mers-el-Kébir, la *grande rade*, en donnera un pour la guerre; elle occupe Mostaganem, qui est une base d'opérations dans le pays; Bougie, point de relâche, dont un ennemi pourrait s'emparer; Bone, à l'autre extrémité, à peu de distance de la Sardaigne et de la Sicile; Constantine enfin, ville imprenable, au centre d'une province fertile, en relation avec Tunis qu'elle contient, avec l'intérieur de l'Afrique, qu'elle peut appeler à son secours.

Qu'adviendrait-il en France, quand le bruit de cette occupation accourrait vers nos villes commerçantes du midi? Que dirions-nous, quand nous saurions que ces côtes africaines, défendues par la nature et par l'art, en regard du Languedoc et de la Provence, à soixante lieues de Toulon, appartiennent aux Espagnols, maîtres de Ceuta, de Mahon et de Cadix; à l'Autriche, qui commande à Venise et à Trieste; à la Russie, qui pèse sur Constantinople; aux États-Unis, qui, depuis le 5 septembre 1795, date de leur premier traité avec la régence, demandent à la Barbarie et aux Baléares un port dans la Méditerranée; aux Anglais, qui possèdent Gibraltar, Malte et les îles Ioniennes.

Que dirions-nous, si l'une de ces puissances pouvait, de là, menacer nos côtes ou nos bâtimens, nous interdire le commerce de l'Afrique, et nous fermer l'entrée et la sortie du détroit et des Dardanelles? Trouverions-nous alors que la conquête de l'Afrique est une charge onéreuse pour cette nation? Nous applaudirions-nous de la voir consacrer des sommes importantes pour y asseoir sa puissance, en réparer les ports, et y développer son commerce? Non, il n'y aurait pas assez de cris de malédiction contre le gouvernement qui aurait souffert cette installation, contre le ministère qui ne l'aurait pas combattue. — M. Léon Blondel, Nouvel aperçu sur l'Algérie, ch. II, p. 22-24.

Et d'abord, une nation n'est-elle pas obligée, de même qu'un individu, d'acheter sa considération ? Sans doute, le prix qu'elle peut y mettre doit être limité par la raison; mais peut-on méconnaître que la France, dominant sur l'autre rive de la Méditerranée, faisant flotter ses drapeaux là où s'élevaient les étendards du Croissant, tranformant les places d'armes des pirates en ports hospitaliers, montrant à l'Afrique la justice et l'humanité de ses lois, les merveilles de l'industrie et des arts, grandira dans l'esprit des peuples ? L'idée de sa puissance et de sa force n'en sera-t-elle pas accrue, et n'en rejaillira-t-il pas dans le cœur de chaque Français un sentiment de noble satisfaction ? Pourrait-on nier que, si la France avait à déployer ses forces dans une guerre maritime, la possession de la côte d'Afrique ne donnât à notre marine militaire et marchande de nouveaux et utiles moyens de ravitaillement et d'abri ? La rade de Mers-el-Kébir ne peut-elle pas recevoir des vaisseaux de haut-bord qui, de cette station, protégeraient, surveilleraient le passage du détroit de Gibraltar ?

Mais l'on dit que, dans le cas où cette supposition de la guerre maritime viendrait à se réaliser, la France ne tarderait pas à perdre sa colonie; nous répondons qu'un examen attentif repousse cette crainte.

La colonie ne pourrait être attaquée que par les trbius indigènes, par une flotte ou par des troupes européennes qui auraient été débarquées. Les Arabes et les Kabaïles, qui peuvent harceler et même ruiner à la longue une armée obligée de marcher et de se diviser pour couvrir le pays, sont absolument hors d'état de forcer le moindre poste défendu par la mousqueterie et l'artillerie.

Les villes occupées par les troupes françaises seront toujours garanties des attaques des vaisseaux qui prétendraient les contraindre à capituler. La nature de la côte rend généralement très-dificile, pour les vaisseaux de guerre, l'approche de ces villes; s'ils parvenaient à s'en approcher, le feu des batteries, les boulets rouges ne tarderaient pas à les forcer de reprendre le large.

Quant à une attaque faite à la suite d'un débarquement, il doit suffire, pour montrer combien la chance en est peu probable, de rappeler que la France a employé 35,000 hommes de troupes de terre et 28,000 marins pour réduire Alger, défendu par les Turcs, et qu'une armée au moins aussi considérable serait certainement nécessaire pour entreprendre le siége de cette ville, fortifiée et défendue par le génie, l'artillerie et la valeur de l'armée française.

Les sacrifices en hommes et en argent, que la conservation de la conquête exigerait, ne sont d'ailleurs pas immenses, illimités, comme on l'a prétendu; il est facile de les restreindre dans de justes bornes et de les balancer avec les résultats obtenus. Ne jugeons point de ces résultats par le passé : des fautes ont été faites; elles serviront de leçons pour l'avenir. On peut adopter un système d'occupation tellement combiné, qu'en repoussant des dépenses exagérées, il assure cependant à la France, outre les avantages qu'on ne saurait contester, les avantages commerciaux qui dérivent de la possession des principaux marchés d'une côte aussi étendue, où les habitsns de l'intérieur viendront échanger les produits de leur sol contre ceux des arts de l'Europe; un système enfin qui, ayant la paix pour but, écarte des hostilités meurtrières et ruineuses, et prépare la voie aux développemens de la culture et de la population, favorisées par les villes françaises, qui seraient autant de centres de civilisation et de protection.

Ceux qui tirent de l'histoire la conclusion que jamais les musulmans ne consentiront à vivre sous la domination d'un peuple chrétien, que jamais un rapprochement entre les races des deux religions ne sera possible, nous paraissent n'avoir pas apprécié suffisamment les différences des temps et des circonstances. Pendant des siècles, les guerres entre les Européens, les Asiatiques et les Africains ont été excitées par les haines religieuses. L'extermination des infidèles était non-seulement le moyen, mais même le but avoué de la guerre; de là résultait qu'aucune paix n'était sincère; la vengeance et la haine couvaient au fond des cœurs des deux partis; mais depuis que chez l'un le fanatisme s'est tempéré, et que chez l'autre le véritable esprit du christianisme a triomphé; que la tolérance a désarmé la persécution, on a vu les musulmans se ranger sous la domination chrétienne, pourvu que la liberté de leur culte et de leurs coutumes fût suffisamment garantie. La Russie, l'Inde, les souvenirs que l'Égypte a conservés, en offrent assez de témoignages.

On ne serait donc pas autorisé à soutenir que la différence des religions ne permet point à la France de substituer son autorité à celle de la régence turque qui gouvernait Alger. Sans doute, c'est une difficulté à vaincre, que les préventions des indigènes contre les chrétiens, que l'inimitié encore gardée par la plupart des musulmans aux infidèles, mais ce n'est pas une difficulté insurmontable. Si nous n'avons pas, comme le dey, la conformité de loi à mettre dans la balance, nous y mettrons la justice ; tous les hommes comprennent la justice et ce sentiment compensera ce que nous ferait perdre l'opposition des croyances religieuses.

Des négocians français transporteront leurs établissemens dans les ports que la France possédera ; des artisans y exerceront leur industrie ; des agriculteurs tenteront d'arracher à la stérilité ces terres jadis fertiles, et de là ressort une considération qui ne saurait échapper à ceux qui sont appelés à examiner la situation de la France. A la suite de longues dissensions civiles, lorsque les jeux des révolutions ont souvent élevé les fortunes les plus imprévues, quand le retour du calme, quand le rétablissement du cours ordinaire des choses ont arrêté ce mouvement si rapide des destinées, il reste des hommes d'un esprit plus ardent, plus porté à l'inquiétude, pour qui la règle, l'uniformité sont un poids trop lourd. Alors une colonie, avec ces chances diverses, ces alternatives de succès et de revers, qu'offre un théâtre moins resserré dans les conditions de l'ordre d'une vieille société, est un moyen utile d'employer ces hommes et de faire tourner à l'avantage général leur inquiète activité.

Abandonner nos conquêtes serait offenser la nation dans son légitime orgueil, sacrifier des avantages de commerce et de puissance politique, et renoncer aux espérances que permet de former l'extension de la domination française sur les contrées qui environnent les villes que nous occupons.

D'après ces motifs, la commission a été d'avis, à la majorité de dix-sept voix contre deux, que la France devait conserver ses possessions sur la côte septentrionale de l'Afrique. — M. MOUNIER, Rapport général de la commission d'Afrique, Procès-verbaux, p. 402-403.

Sous le rapport militaire, la France peut tirer de grands avantages de l'occupation de la régence. Elle y trouve des places fortes, des rades excellentes, au moyen desquelles elle pourrait appuyer des opérations militaires, dans tout le midi de l'Europe. La ville d'Oran et la rade de Mers-el-Kébir sont particulièrement d'une grande importance, en raison de la proximité de Gibraltar; en outre, l'armée de terre et la marine trouveront, dans l'occupation, une excellente école pour former les officiers et les soldats [1]. — Rapport de M. le général BONNET, à la commission d'Afrique, sur la question militaire. Documens officiels déposés sur les bureaux de la Chambre des députés, p. 85.

L'histoire du passé nous apprend qu'il est toujours utile à une grande nation d'avoir au dehors des points d'appui; et, pour ne pas sortir du bassin de la Méditerranée, que je crois destiné à devenir le théâtre prochain de graves

---

[1] Au point de vue maritime, la question d'Alger est, en effet, de la plus haute importance. Pendant la dernière session, la Chambre des députés a acquis la triste conviction que le nombre de nos marins ne répond pas au développement de nos forces navales. Cette insuffisance est, selon nous, un grand malheur. Le passé nous a appris que le gain de cent batailles sur terre ne peut compenser la perte de deux batailles sur l'Océan. Que l'on ne s'y trompe pas, c'est l'amiral Nelson qui, en réalité, a ouvert la route de Paris à lord Wellington.

événemens, croyez-vous que Malte et Corfou ne soient pas d'une grande importance pour l'Angleterre, et que cette puissance soit décidée à en faire l'abandon, bien que ces possessions lui coûtent fort au-delà de ce qu'elles peuvent lui rapporter? Les événemens sont en germe; une grande ruine qui se prépare va faire des prétendans au partage des dépouilles; peut-être ne serait-il pas impossible que la France recueillît, à l'orient de la Méditerranée, quelques parcelles de l'empire turc, s'il est destiné à périr. L'Espagne aussi, au milieu de sa régénération et des vicissitudes qui la peuvent accompagner, sera peut-être obligée de faire quelques sacrifices au besoin de protection et de sécurité. Pourquoi les îles Baléares ne seraient-elles pas le prix d'un nouveau secours, ou le paiement d'une dette ancienne?

Eh bien! si une fois nous étions en possession soit d'un point insulaire plus près de Constantinople, soit des îles Baléares et de tout le littoral africain, qui oserait contester l'égalité et peut-être la supériorité de notre puissance dans la Méditerranée, même avec des forces comparativement plus faibles? Partout nos flottes trouveraient, à quelques heures de distance, des ports amis et des arsenaux; dans cette disposition, un échec maritime deviendrait peu probable, et dans tous les cas moins désastreux.

Je crois qu'il ne faut pas songer à conserver Alger, sans établir son influence dans l'intérieur du pays; il faut rester en Afrique, messieurs, mais, en y restant, se ménager quelques dédommagemens. On peut acheter une espérance, l'escompter un peu cher, peut-être, mais non pas faire des sacrifices inutiles, conséquence inévitable d'une occupation restreinte au littoral.

Pour acquérir quelque influence dans ce pays, il faut se mettre en contact avec les naturels, se mêler à eux, les rapprocher de nous constamment, leur communiquer, s'il se peut, nos idées, nos besoins, et nous familiariser avec les leurs, se faire à demi-africains, en un mot.

Si vous restez sur le littoral, quelles relations pourrez-vous entretenir ? quels secours pourrez-vous donner à un scheik, qui vous écrira pour vous demander appui, et pour vous dire qu'il se joindra à vos ennemis, si vous ne savez pas défendre vos amis ? quelle protection accorderez-vous à vos colons, si vous ne pouvez traverser la plaine qu'avec des colonnes de trois à quatre mille hommes, avec du canon ?

Si vous vous bornez à occuper certains points du littoral, vous risquez de voir quelque autre nation s'emparer de ceux que vous aurez abandonnés, et en cela, elle ne ferait rien qui ne fût conforme au droit des gens. Pour conserver le droit de propriété, il faut occuper, protéger, vivre au milieu de ses sujets, les toucher, les dominer par l'intelligence, comme par la force; autrement les naturels ne verront en vous que des pèlerins, des étrangers, qui ont planté pour un moment leur tente sur une terre qui leur appartient. C'est qu'en effet, il y a une grande différence entre l'occupation et la possession; par la première, comme on l'entend, vous n'arriverez jamais à la dernière, et je dis même que vous l'exclurez. — Un membre de la commission d'Afrique, Procès-verbaux et rapports, n° 19, p. 138-139, séance du 30 janvier 1834.

Dans la vie des nations, comme dans celle des hommes,

tout n'est pas calcul; on échappe parfois aux combinaisons étroites de l'intérêt actuel; on conçoit de grands et louables instincts; on éprouve le besoin de s'ennoblir à ses propres yeux; on recherche dans le bien que l'on fait, dans les grandes choses que l'on entreprend, cette dignité morale, qui assigne aux hommes et aux peuples le rang qu'ils doivent occuper dans le monde.

Ce noble instinct, avec les efforts qu'il a fait faire, a contribué plus que l'active habileté des intérêts nationaux, aux progrès de la civilisation. C'est lui, nous le croyons, qui, malgré les dépenses trop souvent inutiles, des fautes commises, des désastres éprouvés, attache vivement la France à la possession d'Alger.

Sur les côtes de cette mer méditerranée, où l'intelligence humaine s'agite et se développe avec une si merveilleuse activité, tous les peuples semblent appelés à de nouvelles destinées.

La Grèce a secoué les chaînes honteuses sous lesquelles elle dormait depuis tant de siècles; elle a recouvré la possession d'elle-même, et s'essaie à rentrer dans la carrière de la civilisation, qu'elle parcourut autrefois avec tant de gloire.

En Égypte, un homme habile et persévérant, profitant des germes que nous avons semés dans notre court et brillant passage, encourage les sciences, les arts, conçoit et accomplit des entreprises dignes des nations les plus avancées.

La Turquie elle-même, pour se relever de sa longue déchéance, s'affranchit de tous les vieux et sanglans préjugés, et essaie, sans troubles, l'imitation, autrefois impossible, des habitudes, des mœurs, de l'administration, des institutions de l'Europe.

Pendant que tout s'éveille et s'anime sur ces côtes, les vastes États qui forment la régence d'Alger pouvaient-ils conserver leur vieille et ordinaire existence ? Peuples barbares à l'extérieur, par la piraterie dont ils infestaient les mers; à l'intérieur, par le joug féroce et abrutissant sous lequel ils vivaient ? Non ! ce voisinage de la piraterie et des relations nationales les plus actives de la civilisation et de la barbarie ne pouvait durer.

. . . .

A la France est échue la sainte mission d'affranchir le commerce de l'Europe des tributs et des avanies que leur imposaient des barbares, et de rappeler à la civilisation des populations qui ont eu aussi leur jour de gloire avant d'être décimées et abaissées sous le sabre ottoman.

Ainsi, relever ces populations courbées depuis trois siècles sous un joug avilissant, réveiller en elle une intelligence et des vertus qui ont brillé en leur temps d'un si vif éclat, les rattacher à la grande famille dont le despotisme les isolait avec tant de soin, les attirer à nous par les avantages de notre commerce, par la liberté personnelle et la sécurité de tous les momens qu'offre notre ordre social, par la douceur de nos habitudes, par la séduction de nos arts, les former peu à peu à nos mœurs, les allier à nous, créer sur ces rivages un peuple ami de la France, et qui, plus tard, peut-être, s'identifiera avec elle; tel est le premier avantage que nous devons rechercher dans la possession de l'Afrique. Si nous sommes humains, habiles et patiens, il ne peut nous manquer.

Il en est un second que nous devons, dès à présent, y trouver.

Tandis que l'Angleterre est présente sur tous les points

de la Méditerranée, par Gibraltar, Malte et Corfou; au moment où le pacha d'Égypte augmente chaque année sa flotte; où la Russie menace, à chaque instant, de faire passer à la sienne le détroit des Dardanelles; où les côtes et les îles de la Grèce offrent 15,000 intrépides marins à la puissance qui saura conserver son alliance, nous n'avions encore qu'une petite île et qu'un port, la Corse et Toulon, resserrés dans le fond du golfe de Lyon, pressés entre l'Italie et l'Espagne. Notre conquête nous a donné maintenant, sur la rive opposée, deux cent quarante lieues de côtes, des ports qui peuvent devenir sûrs : Oran en face de l'Espagne, Bone, de la Sardaigne, Alger, des Baléares; tous trois sur le grand chemin que suivent les vaisseaux de l'Amérique et de l'Angleterre pour arriver dans le Levant.

Ces ports seront pour nous, à la fois, des moyens d'attaque et de refuge; leur seule possession ajoute à notre puissance. Sur ce littoral, en encourageant ici la pêche du corail; là, le commerce avec l'Espagne; à Alger, le commerce avec toute l'Italie; partout, le petit cabotage; nous pouvons créer une population maritime, qui, en temps de guerre, servirait à bord de nos vaisseaux, et augmenterait le nombre trop réduit de nos marins.

Propager la civilisation, étendre notre puissance maritime, tels sont les deux principaux résultats que la France doit rechercher dans la possession de l'ancienne régence.

Ajoutons, sans vouloir nous prêter à de trompeuses illusions, que l'agriculture peut rendre fertiles les plaines que nous nous sommes réservées et celles que nous n'occupons pas directement; qu'elle peut en tirer des produits qui seraient utilement échangés contre les produits de notre industrie; que le commerce de l'intérieur de l'Afrique peut reprendre le chemin de Bone et d'Oran, par Constantine et Tlemcen, qu'il suivait autrefois; et qu'il peut devenir plus important qu'il n'était, encouragé par la sécurité que nous substituerons aux désordres et au despotisme qui l'accueillaient habituellement.....

L'état de guerre perpétuerait les sacrifices que notre conquête nous impose; la paix nous permettra de les réduire chaque année. Des motifs, accidentels et passagers, exigent encore la présence de 48,000 hommes dans l'ancienne régence; mais nous avons lieu d'espérer qu'une partie de ces troupes pourra rentrer en France au commencement de 1839. Les travaux que vous autoriserez pour conserver la santé, la force et la vie de nos soldats, pour rendre les communications plus rapides, faciliteront encore la réduction de notre effectif militaire. Ainsi, la politique, que l'humanité et la raison nous conseillent de suivre, doit, à la fois, par un heureux accord, atténuer les charges que la France s'impose pour l'Afrique, et nous créer, sur cette côte, un établissement solide, puissant et glorieux. — M. DUFAURE, Rapport fait à la Chambre des députés dans la séance du 29 mai 1838, au nom de la commission chargée de l'examen des crédits d'Afrique. Le Moniteur, IIIe supplément au n° 152 du vendredi 1er juin 1838.

L'occupation territoriale nous met l'arme au bras sur cette rive de la Méditerranée; elle nous livre une étendue de deux cent quarante lieues de côtes, à trois jours de distance de Toulon et de Marseille; elle appuie toutes nos opérations militaires dans le midi de l'Europe; elle nous place entre Malte et Gibraltar, qui sont, pour l'Angleterre, les véritables clés de la mer Noire et de l'Océan ; elle est un contre-poids pour cette puissance, qui a éparpillé ses sentinelles dans toutes les mers, dans l'Archipel, au cap de Bonne-Espérance, à Sainte-Hélène, à l'Ile-de-France, et qui a pris position partout où il lui a paru nécessaire de protéger son commerce ; elle donne un refuge et des ports de relâche à nos vaisseaux, une belle école à nos marins ; elle nous rend enfin notre prépondérance sur ce lac français, d'où partiront peut-être long-temps encore les coups de canon qui troubleront la paix du monde ! — M. Genty de Bussy, De l'Établissement des Français dans la régence d'Alger, t. I, p. 13.

Quoi, vous abandonneriez le littoral de l'ancienne régence pour qu'il passât aux mains de vos rivaux ou des pirates ? Ne l'oubliez pas, ce n'est pas le hasard qui a fait que la piraterie s'est établie sur les côtes d'Afrique, c'est la nature de ces côtes, c'est leur situation, c'est la population qui les occupe.....

Si vous les abandonniez, la piraterie, soyez-en sûrs, s'y rétablirait plus violente qu'auparavant ; car elle serait faite, non par un gouvernement qui voudrait en tirer profit, mais par tous les hommes du littoral, qui voudraient se livrer au brigandage ; la Barbarie deviendrait inabordable pour tout le monde, et ses parages seraient plus funestes que dans les derniers siècles. Peut-être s'y passerait-il quelque chose de plus fâcheux encore ; tous les inconvéniens que j'ai signalés pourraient s'y réunir à la fois. Vous auriez quelques nations rivales qui iraient établir là d'autres Gibraltar ; et à côté des postes fortifiés occupés par des marines étrangères, comme celles-ci ne pourraient pas faire la police de toute la côte, vous auriez nécessairement la piraterie.....

Et quand je parle de la sorte, ce n'est pas une hypothèse que je fais. Je puis déclarer, sans entrer dans plus de détails, que j'ai trouvé à l'ouvrage un cabinet puissant, qui aurait souhaité avoir des possessions sur le continent du nord de l'Afrique.

Je puis l'affirmer, et je suis certain que si vous aviez la faiblesse, l'inconséquence d'abandonner l'Afrique, vous auriez des peuples plus avisés que vous qui songeraient à s'établir, au moins sur quelques points de la côte. Ce qui est incontestable, c'est qu'aujourd'hui vous ne pouvez pas renoncer à ces terres, sans manquer aux plus graves intérêts, non-seulement parce qu'il y aurait déshonneur, mais parce que vous les livreriez à la piraterie, ou à une rivalité dangereuse, ou à toutes deux à la fois.....

Mais, je le déclare au nom de mes collègues, l'opinion du gouvernement est formelle : il persiste à regarder l'occupation d'Alger comme une grande chose, comme une chose utile pour la France, et c'est avec une profonde conviction que je viens soutenir devant mon pays qu'il doit faire des efforts persévérans pour s'assurer cette belle possession. — M. THIERS, président du conseil des ministres, Discours prononcé à la Chambre des députés dans la séance du 9 juin 1836.

———

Placé sur la côte septentrionale de l'Afrique, à une distance égale du détroit de Gibraltar d'une part, et du canal de la Pantellerie de l'autre, le port d'Alger est le complément indispensable de notre puissance maritime assise dans la rade de Toulon; car il doit commander à toute la partie méridionale du bassin intérieur de la Méditerranée, comme cette dernière ville commande à sa partie septentrionale. Disons plus : il doit y avoir un jour une telle union entre ces deux points, que la ligne qui va de l'un à l'autre puisse devenir une barrière presque insurmontable à franchir en temps de guerre, et dont nous resterions maîtres quoi qu'on fasse. Si l'ennemi tentait de l'occuper, il faudrait qu'il divisât ses forces, qu'il s'affaiblît conséquemment, et qu'il s'exposât ainsi aux foudres lancées inopinément de l'une ou de l'autre extrémité.

Pour peu que l'on jette un coup d'œil sur la carte, on ne peut manquer d'être frappé de la position heureuse d'Alger, et l'on entrevoit aussitôt le rôle important que son port doit remplir un jour dans cette Méditerranée vers laquelle converge déjà la pensée de tous les peuples. On s'assure, en effet, qu'il domine toute la côte de Barbarie, et qu'il n'est pas moins à portée de l'empire de Maroc que de la régence de Tunis, puissances qui, toutes deux, sont plus intéressées que jamais à le respecter. Sa rade, ouverte au nord et sans abri, ne serait plus un défaut, dès qu'Alger aurait un grand port, car elle intimiderait les expéditions ennemies, et les rendrait difficiles; si sa mer orageuse présente quelques inconvéniens, au moins est-on sûr, depuis qu'une expérience de près de trois ans nous l'a prouvé, qu'elle ne nous laissera point insulter par la ténacité d'un blocus serré, car le moindre orage du nord le rendrait rigoureusement impossible.

Si l'on porte ses regards du côté de l'Europe, on voit se déroulant vers le nord-ouest cette longue étendue de la côte d'Espagne, qui commence au pied des Pyrénées-Orientales et va de cap en cap, de port en port, finir à Gibraltar. Deux journées suffisent pour transporter un vaisseau sur quelque point que ce soit de cette côte. Dans le nord et le nord-nord-est se prolonge le rivage de France avec ses rades et ses ports, toujours à portée de ravitailler Alger, et de lui envoyer ses flottes. Il ne faut que cent trente heures pour expédier une dépêche à Paris, et pour recevoir la réponse du gouvernement, tandis que l'Angleterre attendra pendant quinze jours les nouvelles de Malte, et se verra dans la nécessité de mettre le même temps pour y faire parvenir ses ordres. Dans le nord-est se dessinent tour à tour les côtes du Piémont, de la Toscane, des États romains et du royaume de Naples, qui complètent le contour du bassin, toutes riches de l'industrie de leurs ports, et intéressées à trouver des débouchés pour leurs productions. Aussi approvisionnent-elles Alger, où l'on doit les compter pour environ moitié dans le commerce d'importation. Enfin, dans le milieu du bassin se montrent les îles Baléares, si désireuses de ménager notre amitié; puis la Sardaigne et la Sicile, offrant à notre établissement maritime d'Afrique leurs produits, et, ce qui est encore plus important, des ports de relâche et des points de croisière précieux dans le cas d'une guerre avec les puissances du nord.

Ainsi donc, Alger, bien mieux situé que Malte, voit se développer autour de lui le littoral de plusieurs États, et un grand nombre de ports qui tous ont la plus grande part à la navigation inter-méditerranéenne. Il peut donc, en quelque sorte, les soumettre à sa police, car tout ce qui traversersera la ligne que nous avons tracée entre lui et Toulon, lui sera connu, et ne pourra échapper à sa vigilence. Tout navire de guerre ou de commerce, qui cinglera du détroit vers le canal de la Pantellerie pour s'acheminer dans le Levant, sera forcé de passer près de ses murs, et, par conséquent, le secret des expéditions maritimes ne devra pas lui échapper : il pourra déjouer les projets de l'ennemi et jeter le trouble dans son commerce. Grâce à cette seule considération, quelle importance n'est-il pas permis d'accorder au port d'Alger, surtout lorsqu'on songe à la quantité de navires anglais, russes, américains, hollandais et suédois, qui passent journellement en vue de ses hauteurs, et que l'on tourne sa pensée vers cette Égypte, qui semble, par sa situation exceptionnelle et la régénération de son peuple, appelée à de si brillantes destinées.

. . . .

Nous le répétons, quel que soit le parti que l'on prenne au sujet d'Alger, puisqu'il n'est plus question d'abandon, c'est un établissement maritime qu'il faut, mais tel qu'il puisse recevoir nos flottes et les convois du commerce. Ce port demande de nouveaux sacrifices, et nous ne pensons pas que la France puisse reculer devant eux, lorsqu'elle en a fait de si grands en Afrique pour des expéditions ou des reconnaissances dont les résultats ne sont, en dernier ressort, que l'incendie d'un village, l'expulsion momentanée des habitans d'une ville, la dévastation des champs, etc., toutes choses, à coup sûr, peu faites pour avancer nos affaires dans ce pays, puisque leur moindre inconvénient est de nous aliéner l'esprit des habitans, tandis qu'un commerce paisible et loyal les rapprocherait infailliblement. Ce sont là des principes fort simples, à coup sûr, mais que sentent tous les hommes, à quelque nation, à quelque religion qu'ils appartiennent. Les expéditions militaires, outre qu'elles brouillent tout, ont cela de déplorable (du moins les plus dispendieuses l'ont prouvé), qu'elles nécessitent généralement une nouvelle expédition, et, par conséquent, de nouveaux sacrifices.

A l'occasion d'un établissement maritime, M. Bresson disait à la tribune : « C'est, sans doute, une dépense considérable, mais je prie la Chambre de remarquer que nous voterons cette année dix-huit à vingt millions de crédits supplémentaires et extraordinaires pour des expéditions nécessaires, sans doute, mais dont il ne résultera peut-être que la nécessité d'expéditions et de dépenses nouvelles, tandis que, dans un jour que l'avenir recèle, un port indemniserait la France des sacrifices qu'elle a faits, et qu'elle est condamnée à faire en Afrique. »

Nous citerons également ces paroles de M. Jaubert, qui sont d'autant plus remarquables que ce député si loyal a toujours franchement avoué qu'il ne voulait pas de l'Afrique pour la France. « Conservez, disait-il dernièrement à la Chambre, conservez le littoral, Alger, Bone, Oran, et créez, soit à Alger, soit à Stora, un grand établissement maritime, qui puisse vous servir de refuge en temps de guerre; consacrez à cet établissement maritime, qui montrera formellement aux yeux de l'Europe votre intention de garder Alger, vingt, trente millions, s'il le faut, j'y consens; car, pour ma part, j'aime mieux dépenser cette somme que toutes celles que vous me montrez en perspective. J'aime mieux cela que toutes vos expéditions, et le résultat, rationnellement parlant, sera plus décisif; créez donc un port à Alger, et, je vous en réponds, la diplomatie sera bien plus émue de cet établissement que de vos expéditions aventureuses dans tout le territoire de la régence. »

Finissons-en donc une bonne fois pour toutes avec la question d'Afrique, et prouvons que la France n'est nullement liée par des considérations politiques peu honorables pour elle, comme on a voulu le faire croire. Pour cela, hâtons-nous d'asseoir sur les rochers d'Alger un établissement maritime, dont les môles hérissés de mâts et pavoisés de flammes, apprendront à tous les vaisseaux qui passeront à leur portée, que là est une sentinelle qui veille sur la Méditerranée, et derrière elle une force redoutable plus digne de lui commander que Gibraltar, car sa conquête est plus légitime, puisqu'elle ne s'est point effectuée dans l'ombre et par la trahison, mais qu'elle a été faite à la face du monde entier, au profit de tous les peuples, et qu'elle est due tout entière à l'habileté de nos marins et au courage de nos soldats ! — MM. Ferdinand Denis et Sander Rang, Histoire de la fondation de la régence d'Alger, t. II, App., p. 347-353.

Toutes les puissances du second ordre se trouvant ainsi écartées, on reste en face du seul concurrent réel que la Grande-Bretagne puisse avoir dans la Méditerranée. Ce concurrent, on l'a déjà nommé, c'est la France. La France, que la coalition des rois croyait avoir écrasée en 1815, marche par une voie d'agrandissemens successifs qui déjouent tous les calculs et déconcertent toutes les prévisions. Sur l'Océan, où notre position est formidable, il y a moins à s'inquiéter à cet égard que sur la Méditerranée, où elle peut être compromise.

Évidemment, les efforts de notre rivale se portent de ce côté, et l'on dirait qu'elle veut réaliser le mot de Napoléon au moment où il s'embarqua pour l'Égypte. La conquête d'Alger, présentée d'abord à l'Europe sous un point de vue chevaleresque et sentimental, s'est convertie en une colonisation réelle, et la France a maintenant sur la Méditerranée deux royaumes qui se font face, et qui sont à trois jours l'un de l'autre. La côte africaine se hérisse de forts : Oran, Bougie, Bone, Stora, sont garnis de redoutes, et Constantine, le Berg-op-Zoom de l'intérieur, est une ville française. Ce n'est pas tout : la France, on l'a vu, convoite Mahon, qui serait une belle station intermédiaire entre la métropole et l'Afrique, et il est avéré que des ouvertures ont été faites à ce sujet auprès du cabinet de Madrid. Les velléités d'empiètement sont donc évidentes, formelles, incontestables : le plus vaste des bassins de la Méditerranée se trouve bloqué sur deux côtés par une influence active, intelligente, et qui, si elle ne balance pas encore la nôtre, tend du moins chaque jour à se placer sur le même rang. Que serait-ce si, à un jour donné, un des fleurons de l'Orient allait compléter une couronne déjà si riche ? La Méditerranée serait alors interdite au pavillon britannique, à moins qu'il ne se résignât à y paraître sous des conditions d'abaissement et d'infériorité.

Les progrès de la France sur la Méditerranée, le mouvement de sa marine marchande et militaire, sont des faits sur lesquels on ne s'arrête pas assez dans les conseils de notre amirauté. On sait vaguement que Toulon est un des plus beaux havres du monde, garni de vaisseaux que l'on s'est habitué à regarder comme inférieurs aux nôtres. Il en était ainsi en 1815 ; mais aujourd'hui, les choses ont bien changé. Ceux des officiers de l'escadre de l'amiral Stopford qui avaient vu les lieux il y a vingt-cinq ans, ont eu quelque peine à les reconnaître. Quand la paix de Paris arriva, la marine française, sacrifiée sous l'Empire, n'était plus que l'ombre d'elle-même; la chaîne des traditions était brisée, l'esprit de corps se mourait; les règles de la discipline et de la hiérarchie, les rudimens de l'instruction, tout s'en allait dans la confusion et dans le trouble. La paix a tout restauré : les élémens épars se sont rejoints, se sont ravivés au contact d'une génération pleine d'ardeur et de sève. En concurrens loyaux, nous devons le dire : la marine de nos voisins est aujourd'hui une belle marine, avec des vaisseaux bien tenus, des équipages disciplinés et instruits, des officiers courageux et habiles. Nous avons donc des émules dans ces mers : si l'on n'y prend garde, bientôt nous y aurons des maîtres.

Si Toulon menace notre supériorité maritime, Marseille ne menace pas moins notre prépondérance commerciale. Dans aucune de ses phases, l'antique Lacydon, la fille des Phocéens, la ville grecque, n'a jeté un tel éclat et n'a marché vers une prospérité plus grande. A toute époque, elle a sans doute maintenu son autorité dans le Levant, où son commerce a jeté de profondes racines; mais en aucun temps cette autorité ne fut mieux justifiée et plus légitime.

Marseille est pour la Méditerranée la place aux grandes ressources et aux prompts débouchés. Le marché y est sûr, facile, riche en capitaux; les affaires s'y traitent avec aisance et avec grandeur. D'ailleurs, il en est d'elle comme de Toulon : la guerre continentale l'avait laissée agonisante avec une population de 80,000 âmes; elle est aujourd'hui florissante, et compte 160,000 habitans.

Tandis que, sous l'ancien régime, elle avait à peine pu atteindre un total de 2,442 navires pour le mouvement de son port, elle est arrivée, dans ces dernières années, presque au chiffre de 8,000 bâtimens. Les relevés statistiques constatent qu'il est entré à Marseille, en 1837, 7,468 navires, jaugeant 728,918 tonneaux; ce qui fait le quart à peu près de la navigation générale dans les ports de France. Sur toute la surface du globe, il n'y a que Londres et Liverpool qui présentent des chiffres plus élevés. Les autres grandes places de commerce doivent être rangées au-dessous de Marseille, dans les proportions qui suivent : Hambourg comme 93 sont à 100; Amsterdam, 64 : 100; Trieste, 59 : 100; Constantinople, 97 : 100; New-York, 63 : 100; Gênes, 59 : 100; Livourne, 44 : 100.

De 1814 à 1837, l'importance du commerce de Marseille a également quintuplé. Les recettes de la douane, thermomètre irrécusable, ont offert la progression suivante :

En 1810	4,993,005 fr.
1815	6,701,000
1820	14,766,984
1825	22,599,855
1833	30,997,886
1837	31,015,301

Pour compléter ce tableau rapide, il faut attribuer à Marseille le tiers environ du transit général des marchandises dans l'intérieur de la France. Ajoutons enfin que sur bien des points son industrie a vaincu la nôtre. Dans la ville même s'élèvent de magnifiques savonneries, des raffineries, des tanneries; hors de la ville, des fabriques de produits chimiques et les magnifiques salines de son littoral, comme celles de Rassuen, de la Valduc et de Bouc. Aucun élément de prospérité ne lui est étranger.

Ce n'était pas assez que Marseille fût ainsi une ville considérable et la reine de la Méditerranée, le gouvernement français vient d'en faire l'intermédiaire obligée de tout le continent pour le service des dépêches et le transport des passagers. Une ligne de paquebots à vapeur, armés en guerre et partant tous les dix jours, lie aujourd'hui la France à l'Orient, et contribue à créer tout un ordre de communications qu'il sera difficile de rompre. Ce serait en vain que l'Angleterre voudrait élever une concurrence : elle y échouerait. Trop d'avantages locaux militent en faveur de Marseille : Londres et Liverpool sont trop loin. Les voyageurs et les lettres ne font pas de la nationalité contre leur commodité ou contre leur intérêt. De sorte qu'aujourd'hui la route directe de la Grande-Bretagne aux Indes traverse la France jusqu'à Marseille, et se dirige de là sur Alexandrie par des paquebots français. On ne peut se le dissimuler, nos relations sont à la merci de nos voisins.

Qu'il survienne, en effet, une guerre, et voyez où nous en sommes. L'amirauté envoie des forces imposantes dans la Méditerranée; elle fait de Malte le rendez-vous d'une flotte formidable. Admettons les chances les plus belles : cette flotte maîtrise les escadres qui sortent de Toulon; elle les réduit à la défensive.

Mais les paquebots, qui les arrêtera ? La vapeur se rit de la voile; elle est destinée à changer sous peu d'années tout le système naval. Que le gouvernement français embarque sur ses pyroscaphes 10,000 hommes de bonnes troupes, et l'Égypte est à lui. Excitées par des communications plus fréquentes, les sympathies des Orientaux iront au-devant d'une nation préférée, et pour ne pas tomber entre les mains de l'Angleterre, ces peuples se donneront spontanément à la France. La clé des Indes écherra à nos ennemis. L'Orient, qui aurait pu être, si le calme eût prévalu, une succession long-temps vacante, décidera ainsi de lui-même au premier choc, et s'adjugera, pour ainsi dire. Qu'on juge alors du rôle qui resterait à l'Angleterre. Maîtresse de l'Égypte et de la régence d'Alger, la France reproduirait sur le littoral de l'Afrique les pompes de l'occupation romaine, et nous n'aurions gardé, nous autres Anglais, quelques stations militaires ou de méchans îlots sans territoire, que pour assister, en victimes, au spectacle de ce triomphe et aux gloires de cette double colonisation. C'est là pourtant qu'on nous mène.

On avait pu croire un moment que le génie français, peu propre à des objets qui exigent une application patiente et mécanique, nous abandonnerait durant de longues années le monopole de la vapeur, et ne s'en ferait pas une arme contre nous sur un théâtre à sa portée. Malheureusement cette prévision a été déçue. Marseille et Toulon ont compris que la vapeur était désormais le levier du monde, la puissance du jour, la loi matérielle de l'avenir. On y a construit des pyroscaphes sur une grande échelle, et l'Angleterre, pour avoir sommeillé une heure, s'est trouvée devancée. Elle en est aujourd'hui arrivée à ce point, que le service même des dépêches officielles entre Malte et Alexandrie s'effectue par des paquebots français. Nelson! Nelson! qu'en penses-tu? Les vaincus d'Aboukir et de Trafalgar prennent leur revanche.

D'autres empêchemens pouvaient retarder l'élan de

cette émancipation imprévue. Ils disparaissent peu à peu. Les gîtes de houille de Saint-Étienne, obligés de desservir tant d'usines, n'auraient pas suffi long-temps à défrayer un mouvement considérable de steamers de guerre ou de commerce, et déjà l'on s'était vu à Marseille dans la nécessité de tirer du combustible de Newcastle. Cet obstacle n'existera plus dans deux ans. Auprès d'Alais, et à quelques lieues du Rhône, existent les houillières de la Grand'Combe, les plus riches que l'on puisse voir, et bientôt une ligne de fer amènera leurs produits, à peu de frais, dans le bassin de la Méditerranée. Un autre obstacle existait dans la construction des machines, pour lesquelles la France est encore tributaire de l'industrie anglaise.

C'était un point décisif; car, en cas de guerre, nous aurions enlevé ces instrumens à nos ennemis et paralysé leurs moyens de résistance. Eh bien ! sur ce terrain même, la France marche à une indépendance, incomplète encore, mais réelle; elle y marche, il faut l'ajouter, malgré son gouvernement, et par le seul ressort de l'initiative particulière. Deux maisons de Marseille, MM. Benet et Luce, ont naturalisé, avec des frais énormes, à la Ciotat et à Menpenti, des ateliers de machines pour les bateaux à vapeur.

Si la douane française ne conspirait pas, en quelque sorte, pour l'Angleterre, si elle n'avait pas grevé de droits exorbitans l'importation de l'outillage; si elle ne cherchait pas à stériliser par mille chicanes de détail l'élan de cette fabrication naissante, sans doute l'expérience aurait déjà obtenu un triomphe complet, et cette dernière pierre d'achoppement eût entièrement disparu. Mais cet essai, tel qu'il est, n'en a pas moins une portée décisive. Pour que le despotisme fiscal pût arrêter longtemps un progrès, il faudrait qu'il pût également supprimer le besoin. Ce qui est nécessaire arrive toujours à point nommé.

Voilà où en sont les choses dans le bassin de la Méditerranée. En loyal Anglais, nous avons dit toute notre pensée sur ce que nous avons vu, observé avec sang-froid, jugé avec impartialité. Quand il s'agit de l'intérêt national, de la gloire et de l'honneur d'un pavillon, il ne faut flatter personne, les siens moins que les autres.

Il nous a paru que la Méditerranée, foyer des plus grands événemens historiques du monde ancien, allait, par un glorieux retour de fortune, devenir le théâtre le plus actif et le plus fécond des destinées modernes, le grand chemin de l'Asie, le centre commun où s'opérera une fusion inévitable entre l'Orient et l'Occident. Saisi de cette idée, nous avons dû rechercher quel rôle pourrait échoir à la Grande-Bretagne dans ce travail de recomposition, et si ce rôle serait digne d'elle et de ses enfans.

Nous avons jeté les yeux dans toutes les directions, et nous avons vu l'islamisme s'en allant par lambeaux, l'Égypte souterrainement minée par l'influence française, Constantinople à la merci des Russes, geôliers de la mer Noire, le reste du bassin s'effaçant sur un plan secondaire, tandis que, représentée par deux cités du premier ordre, Marseille et Toulon, la France, s'appuyant sur un grand commerce et sur une grande marine, marchait à la conquête d'une souveraineté qui nous échappe et d'une prépondérance qui fuit de nos mains. Pour conjurer ces premiers symptômes de déclin, nous avons indiqué quelques mesures décisives, sans croire à leur efficacité absolue. Nous avons signalé le mal ; laissons à d'autres l'honneur et la responsabilité du remède. — Twelve months in the Mediterranean. Traduction de la Revue britannique, IV° série, n° 37 du mois de janvier 1839, p. 36-42.

―――

J'arrive à la question suivante : La possession d'Alger par les Français serait-elle nuisible à la vieille Angleterre ? Est-il à craindre qu'une fois établis à Alger, les Français s'étendent à droite et à gauche, s'approchent de Maroc et de Tunis, et nous fassent perdre Gibraltar ? Tout cela n'est qu'une vision. La France, dans le moment actuel, entretient trente mille hommes, dont chacun lui revient à 40 livres sterlings par an, pour se maintenir dans un petit nombre de stations sur la côte d'Afrique. Que ses conquêtes s'étendent jusqu'à Maroc et Tunis, et son armée d'Afrique, nécessairement portée à 90,000 hommes, lui coûtera annuellement de quatre à cinq millions sterlings. (100 à 125,000,000 fr.)

Je pense que dans le cours des temps, Alger peut être une source de richesses ; mais ce n'est là qu'une conjecture. Admettons pour un moment l'hypothèse que cette colonie devienne productive pour la France, la richesse de nos voisins nous serait-elle nécessairement ruineuse ? Je ne le crois pas. Je soupçonne que le résultat serait directement contraire, et que la France, enrichie par Alger, ne pourrait qu'augmenter la consommation des produits de nos manufactures. Du reste, je suppose que nous revendiquions une partie de la côte et qu'on nous l'accorde : cette acquisition nous entraînera à des frais de garnison, et sera une source de querelles avec la France, comme autrefois la juxta-position de ses colonies et des nôtres dans le nord de l'Amérique : mais ce n'est là qu'une supposition, car les Français ne nous céderaient pas un pouce de la côte, à moins que l'Angleterre ne négociât la main sur la garde de son épée. Or, quel Anglais, par le temps qui court, laisserait taxer sa bière un farthing de plus par tonneau pour une guerre à propos d'Alger ? L'idée est absurde.

Enfin, vient la dernière question et la plus vaste. Jusqu'à quel point l'occupation d'Alger par les Français servira-t-elle la cause de l'humanité et de la civilisation? Je m'adresse à des hommes qui croient que si les mots *civilisation* et *bonheur* ne sont pas synonymes, la civilisation du moins diminue les horreurs des misères humaines ; si je pensais différemment, je ne discuterais pas cette question.

Du moment qu'un Anglais peut se dépouiller (et je crois qu'il le peut en toute sûreté) de l'appréhension que la France ne nuise à l'Angleterre en gardant Alger, la générosité de son cœur doit le faire de prime-abord raisonner ainsi : « La France est la plus civilisée des nations : son empire en Afrique y ouvrira donc la route à la civilisation. Alger lui doit déjà l'abolition de plusieurs supplices hideux, et l'importation des arts et des sciences qui diminuent le fanatisme et la barbarie. » Oui, cette influence des Français en Afrique est vraie, et cette vérité est une consolation pour moi. Quand je sors par la porte de Bab-Azoun, et qu'on me montre la place où les juifs étaient brûlés vifs, où les criminels précipités d'un mur étaient saisis à moitié chemin par des crocs de fer qui les retenaient suspendus au milieu d'affreuses tortures pendant une semaine peut-être, je bénis le ciel d'avoir fait tomber Alger sous un pouvoir qui a aboli ces atrocités. En dehors de cette horrible porte, en 1817, un de mes amis a vu un criminel d'état, homme robuste et au teint fleuri, enchaîné à un poteau pour y mourir de faim. Ce malheureux supporta pendant neuf jours avec héroïsme cette torture, mais le neuvième jour, il demanda enfin de l'eau pour étancher sa soif, et mourut la peau percée par ses os.

Malgré tout ce que j'entends dire et tout ce que je vois, quant à la difficulté de réconcilier les indigènes à leurs vainqueurs, je ne puis renoncer à l'idée que les Français finiront par naturaliser ici les arts et les sciences qui tendent à diminuer les misères humaines. La superstition musulmane se retirera devant la civilisation, et Dieu sait tout ce qu'il y a d'améliorations à introduire dans cette contrée barbare.

La population locale, quoiqu'elle vous offre quelquefois des têtes et des physionomies dignes de figurer dans un tableau des mœurs patriarcales, vous épouvante plus souvent par des scènes dégoûtantes qui ont disparu depuis long-temps de nos villes d'Europe. L'éléphantiasis et la cécité sont ici très-communs; on peut même dire que la maladie et l'indigence courent les rues. Avant l'arrivée des Français, la médecine et la chirurgie n'avaient d'autres adeptes que des échappés de quelques pharmacies européennes, et aujourd'hui on trouve à Alger une faculté dirigée par des hommes de talent. La doctrine du fatalisme est l'ennemie de l'art de guérir. On a vu un père supplier son fils de se refuser à une amputation nécessaire pour lui sauver un membre et la vie; le fils suivit son avis, et alla voir dans l'autre monde si Mahomet le récompenserait de sa piété. Il y a cependant quelques Maures et quelques juifs qui se prétendent docteurs. Mais les médecins et les chirurgiens du pays ne savent pas un mot d'anatomie et ignorent jusqu'au nom des drogues qu'ils administrent à leurs patiens. En chirurgie, ils ne savent pas même manier la lancette.....

De cette ignorance résulte nécessairement une énorme mortalité et beaucoup d'inutiles souffrances pour les malades. Il est une hideuse maladie contre laquelle les docteurs algériens ne connaissent aucun moyen curatif. Celui qui la gagne en est infecté toute sa vie et la transmet à ses enfans. Quand la peste était endémique sur cette côte, ses ravages étaient épouvantables; elle dépeuplait des villages et des villes entières : les moissons pourrissaient dans les champs faute de moissonneurs, les troupeaux erraient sans bergers et sans maîtres. On rencontrait de larges camps d'Arabes avec leurs morts sans sépulture sous leurs tentes, et Hemefra parle d'une soirée de 1787, où l'on n'entendait que les lamentations des funérailles et les hurlemens des chacals.

Ai-je besoin d'ajouter après tous ces détails que l'humanité doit faire des vœux pour le maintien des Français en Afrique ?

Les Français ont commis des fautes, et ils l'avouent eux-mêmes avec regret : mais le temps leur apprendra, comme aux Anglais dans l'Inde, que la politique la plus sûre est d'être justes et humains. Irai-je rappeler amèrement quelques cruautés reprochées aux conquérans d'Alger, moi, Anglais, à qui on pourrait répondre que nous avons été plus cruels encore dans la Cafrerie? J'élude donc cette question délicate, bien convaincu, comme je le suis, que le caractère français est, après tout, une garantie de la civilisation que la colonisation d'Alger promet à la régence. — THOMAS CAMPBELL, Voyage à Alger, traduction de la Revue britannique, III° série, t. XVIII, livraison du mois de décembre 1835, p. 329-333.

LISTE BIBLIOGRAPHIQUE

DES AUTEURS QUI ONT ÉCRIT SUR L'AFRIQUE SEPTENTRIONALE,
DEPUIS LA CONQUÊTE DE CETTE CONTRÉE PAR LES ARABES.

1. Abulfedæ africa, arabicè et latinè, curante Joannes Godofredus Eichhorn. Gottingæ, 1791, in-8°.

2. Géographie d'Aboulféda, texte arabe, publié d'après les manuscrits de Paris et de Leyde, aux frais de la société asiatique, par MM. Reynaud et Mac-Kuckin de Slane, in-4°. Paris, 1837.

Les deux savans éditeurs annoncent que cette première livraison sera suivie de deux autres.

3. Les Prairies d'or et les Mines de pierres précieuses, histoire universelle, par Aboul-Hassan-Aly, fils d'Alkaïr, fils d'Aly, fils d'Abderrahman et surnommé Masoudi; manuscrits arabes de la Bibliothèque royale, n° 598, in-4°.

M. de Guignes a donné un examen critique de l'histoire universelle d'Aboul-Hassan dans les Notices et Extraits des manuscrits de la Bibliothèque du Roi, t. Ier. On trouve aussi, dans le même recueil, t. VIII, un essai de M. Silvestre de Sacy sur les ouvrages de Masoudi, et particulièrement sur son livre de l'Indication et de l'Admonition. Cet historien arabe écrivait vers l'an de l'hégire 336, c'est-à-dire dans le dixième siècle de l'ère chrétienne.

4. Geschichte der Mauritanischen Könige. Verfasst von dem arabischen Geschichtschreiber Ebul-Hassan aly Ben Abdallah. Aus dem Arabischen übersetzt, und mit anmerkungen erlautert von Franz von Dombay. Agram, 1794, 1 vol. in-8°.

5. L'odeur des Fleurs dans les merveilles de l'univers; cosmographie composée en arabe par le savant historien Mohhammed, Ben-Ahhmed, Ben-Ayâs, de la secte orthodoxe d'Aboû-Hhanifah, natif de Circassie. Manuscrits de la Bibliothèque du Roi, n° 595.

M. Langlès, dans le tome VIII des Notices et Extraits, a fait l'analyse de cet ouvrage, où l'on trouve de précieuses indications et des remarques intéressantes sur l'Afrique septentrionale.

6. The oriental Geography of Ebn-Haukal, an arabian traveller of the tenth century. Translated by W. Ouseley. London, 1800, in-4°.

7. Notice d'un manuscrit arabe de la Bibliothèque du Roi, contenant la description de l'Afrique, par M. Quatremère, membre de l'Académie des Inscriptions et Belles-Lettres. Imprimerie royale, 1831, in-4°.

Cette analyse a été aussi insérée dans le tome XII des Notices et Extraits.

8. Geographia Nubiensis id est accuratissima totius orbis in septem climata divisi descriptio, continens præsertim exactum universæ Asiæ et Africæ rerumque in iis hactenus incognitarum explicationem. Recens ex Arabico in latinum versa a Gabriele Sionita Syriacarum et Arabicarum literarum Professore atque Interprete regio, et Joanne Hesronita earundem regio Interprete, Maronitis. Parisiis ex typographia Hieronymi Blageart prope Collegium Rhemense. 1619.

On sait qu'on a désigné pendant long-temps le schérif

Edrisi sous le nom de Géographe de Nubie. Cet écrivain arabe naquit à Ceuta, vers l'an 493 de l'hégire (1099) et fit ses études à Cordoue. On suppose que la composition de sa géographie, divisée en sept climats ou régions, se rapporte à l'année 548 de l'hégire, laquelle correspond à l'année 1153 de notre ère. Elle porte en arabe le titre de Délassemens de l'homme désireux de connaître à fond les diverses contrées du monde.

9. Géographie d'Edrisi, traduite de l'arabe en français, d'après deux manuscrits de la Bibliothèque du Roi, et accompagnée de notes par M. Amédée Jaubert, t. Ier, in-4°. Paris, 1836, Imprimerie royale.

Ce volume forme le tome V du Recueil de Voyages et de Mémoires publié par la Société de géographie.

10. Edrisii africa. Curavit Joannes Melchior Hartmann C. Philos. et Lingg. Orient. in Academia Marburgensi. P. P. O. Editio altera. Gottingæ, 1796, in-8°.

11. The travels of Ibn Batuta; translated from the abridged arabic manuscript copies preserved in the public library of Cambridge. With notes illustrative of the history, geography, botany, antiquities, etc., occuring throughout the work. By the Rev. Samuel Lee. B. D. Printed for the Oriental translation Committee. London, 1829, in-4°.

Le scheick Ibn Batuta nous apprend lui-même qu'il partit de Tanger, sa ville natale, pour accomplir ses voyages en Afrique et en Asie, dans l'année 725 de l'hégire, ce qui revient aux années 1324-1325 de notre ère (p. 2 et 3).

12. The seventh part of the Book of examples and of the Diwan of the Commencements and Accounts, on the times of the Arabs, Persians, and Berbers, and other contemporary with them, who came into supreme power; a publication of the Priest and learned Sheikh the very learned Wali Oddin, abu Zaid, Abd el Rahman.

L'histoire des Berbères d'Abd-el-Rahman paraît avoir été

terminée dans l'année 1008 de l'hégire, ou 1599 de l'ère chrétienne. Selon le révérend Samuel Lée, le manuscrit arabe, dont nous venons de donner le titre, fait actuellement partie de la collection du révérend Richard Edward Kerrick. Il est extrêmement rare et forme un volume in-4°. (Ibn Batuta, pref., p. xvi et xvij.)

13. Études de Géographie critique sur une partie de l'Afrique septentrionale, Itinéraires de Hhaggy Ebn-el-Dyn el Agouathy, avec des annotations et remarques géographiques, une notice sur la construction d'une carte de cette région, et un appendice sur l'emploi de quelques nouveaux documens pour la rectification du tracé géodésique des mêmes contrées, par M. Davesac, 1 vol. in-8°. Paris, 1836.

14. Historia dos soberanos mahometanos das primeiras quatro dynastias, e de parte da quinta, que Reinarâo na Mauritania, escripta em arabe por Abu-Mohammed Assaleh, filho de Abd-el-Halim, natural de Granada, e traduzida e annotada por Fr. Jose de Santo Antonio Moura. Lisboa, 1828, petit in-4°.

Abou-Mohammed écrivait au commencement du quatorzième siecle. « C'est le seul auteur vraiment classique, qui mérite le titre d'historien des Maures », selon l'observation de Jacques Graberg.

15. Primo volume e terza editione delle navigationi e viaggi raccolti gia da M. Gio Battista Ramusio, etc., nel quale si contengono la descrittione dell' Africa, per Giovan Leone Africano. Venetia, 1563, in-fol.

Une traduction française, avec des notes et un commentaire étendu de Léon l'Africain, est préparée en ce moment par M. Ch. Romey, que ses longues études sur l'Histoire d'Espagne ont conduit à s'occuper des langues et de l'Histoire de l'Orient et du nord de l'Afrique.

16. Joan. Leon. Africani Africæ. Descriptio Lugd. Batav. 1632, Elzevir, 2 vol. in-12.

17. Description de l'Afrique, tierce partie du monde, contenant ses royaumes, régions, villes, cités, châteaux, îles, fleuves, etc., écrite de notre temps par Jean Léon africain. Lyon, 1556, chez Jean Temporal, in-fol.

18. Primera parte de la descripcion general de Affrica, etc., por el veedor Luys del Marmol. Granada, 1573, 2 vol. in-fol.

19. Segunda parte de la descripcion general de Affrica, etc., dirigida al rey don Phelipe nuestro senor segundo deste nombre. Malaga, 1599, in-fol.

20. L'Afrique de Marmol, de la traduction de Nicholas Perrot, sieur d'Ablancourt, enrichie des cartes géographiques de M. Sanson, géographe ordinaire du Roi. Paris, 1657, 3 vol. in-4°.

Cette traduction est accompagnée d'une histoire des Chérifs, « traduite de l'espagnol de Diego Torrès, par le duc d'Angoulême, le père ».

21. La historia dell'impressa di Tripoli di Barbaria, fatta per ordine del sereniss. Re catolico, l'anno 1566. In Venezia, 1576.

22. Chronica de la vida y admirables hechos del muy alto y muy poderoso senor Muley-Abdelmelech emperador de Marruecos y rey de los reynos de Féez. Compuesta por Fray Juan Baptista. 1577, in-4°, sans désignation de lieu.

23. Relacion del origen y sucesso de los Xarifes y del estado de los reinos de Marruecos, Fez, Tarudate, etc. Compuesta por Diego de Torres. En Sevilla, 1585, in-4°.

24. J. B. Gramaye, Africæ illustratæ libri X. Tornac. Nerv., 1622, in-4°.

25. Relation des Voyages faits tant en Jérusalem, Terre sainte, Constantinople, Égypte, etc., qu'aux royaumes de Tunis et d'Alger, par de F. S. de Brèves. Paris, 1630, in-4°.

26. Voyages d'Afrique, où sont contenues les navigations des Français, entreprises en 1629 et en 1630, sous la conduite de Razilly, ès côtes occidentales des royaumes de Fez

et Maroc; le tout recueilli et illustré de curieuses observations par Jean Armand, dit Mustapha, turc de nation, 1 vol. in-8°. Paris, 1631, chez Trabouillet.

27. Relation de l'origine et succès des Chérifs et de l'état des royaumes de Maroc, Fez et Tarudant et autres provinces qu'ils usurpèrent; faite et écrite en espagnol par Diégo de Torrès, mise en français par C. D. V. D. D. Paris, 1637, in-4°.

28. A true historicall discourse of Muley Hamets rising to the three kingdomes of Moruecos, Fes and Sus. The disunion of the three kingdomes by civill warre. The religion and policy of the More, or Barbarian. London, 1609, in-8°.

29. Typographia e historia general de Argel, repartida en cinco tradados, ect., por el Maestro Fray Diego de Haedo. Valladolid, 1612, in-fol.

30. Late newes of Barbary. London, 1613, in-4°.

31. The arrivall and entertainment of the embassador Ben Abdella, with his associate M. Robert Blake, from the high and mighty prince, Mulley Mahamed Sheque, Emperor of Morocco, king of Fesse and Susse. Likewise God's exceeding mercy manifested in the happy redemption of three hundred and two of his majesty's poore subjects, who had beene long in miserable slavery at Salley in Barbary. London, 1637, in-4°.

32. A relation of seaven yeares slaverie under the Turkes of Argeire, suffered by an english captive merchant. Wherein is also conteined all memorable passages, fights, and accidents, which happined in that citie and at sea, etc. Whereunto is added a second book conteining a description of Argeire, with its originall manner of government, increase and present flourishing state. By Francis Knight. London, 1640, petit in-4°.

33. A relation of the whole proceding concerning the redemption of the captives of Algier and Tunis. London, 1647, in-4°.

34. Les triomphes de la charité du P. Lucien Hérault, ou relation de ce qui s'est passé dans la sortie des captifs de la ville d'Alger, qui y avaient été arrêtés après sa mort. Paris, 1648, in-8°, chez Boulanger.

35. Histoire de Barbarie et de ses corsaires, des royaumes et des villes d'Alger, de Tunis, de Salé, de Tripoli, où il est traité de leur gouvernement, de leurs mœurs, de leurs cruautés, de leurs brigandages, de leurs sortiléges et de plusieurs autres particularités remarquables, par le R. P. F. Dan, bachelier en théologie et supérieur du couvent de l'ordre de la Sainte-Trinité pour la rédemption des captifs. 2ᵉ édition, Paris, 1649, 1 fort vol. in-fol.

« Quant aux mémoires des choses de notre siècle, dit l'auteur, je les ai apprises en Barbarie des consuls français et de ceux de quelques autres nations qui y résident, comme aussi de plusieurs chrétiens esclaves, et même de quelques Turcs et renégats, de quoi j'ai toujours tâché de m'informer particulièrement, y ajoutant ce que j'en ai vu moi-même sur les lieux. » (Préface, p. ij.)

36. Historia dell' Africa, della divisione dell' imperio degli Arabi et dell' origine et dei progressi della monarchia de Mahometani distesa per l'Africa e per le Spagne ; scritta dal dottor Gio. Birago avogado. In Venetia, 1650, petit in-4°.

37. Le tableau de l'Afrique, où sont représentés les royaumes, républiques, principautés, îles, presqu'îles, forts, etc., de cette seconde partie du monde, par Chaulmer. Paris, 1654, in-12.

38. Oranu Virtute Ximeneii Catholicum, seu de Africano bello, etc., an. 1658. Romœ, in-4°.

39. Le miroir de la charité chrétienne, ou relation du Voyage que les religieux de l'ordre de Notre-Dame de la Merci, du royaume de France, ont fait l'année dernière, 1662, en la ville d'Alger, d'où ils ont ramené une centaine de chré-

tiens esclaves. Ouvrage composé par l'un des Pères rédempteurs du même ordre. Aix, 1663, in-12.

A la fin de cet ouvrage, l'auteur a ajouté, en forme d'appendice, une « suite de la même relation, où il est succinctement traité de plusieurs choses curieuses concernant le gouvernement, la milice et la religion des habitans d'Alger ».

40. Naukeurige Beschryvinge der Afrikaensche gewesten van Egypten, Barbaryen, Libyen, Biledulgerid, etc. Door. D. O. Dapper. Amsterdam, 1668, in-fol.

41. Description exacte des diverses contrées de l'Afrique, traduite du hollandais de Dapper. Amsterdam, 1686, in-fol.

42. Africa : Being an accurate description of the regions of Egypt, Lybia and Billedulgerid, the land of Negroes, Guinee, Æthiopia and the Abyssines, etc. Collected from most authentick authors by John Ogilby Esqre. London, 1670, in-fol.

Ogilby a traduit presqu'entièrement l'ouvrage de Dapper, qui, lui-même, a reproduit, en grande partie, les descriptions de Léon l'Africain et de Louis de Marmol. L'Afrique du géographe anglais est précédée d'une curieuse notice sur sa vie et ses ouvrages.

43. A short and strange relation of some parts of the Life of Tafiletta, the great conqueror and emperor of Barbary. London, 1669, in-4°.

44. Escuela de Trabajos, en quatro libros dividad : primero, del cavtiverio mas cruel y tyrano; secundo, noticias y governo de Argel; tercero, necessitad de la redempcion de cavtivos christianos; quarto, el mejor cavtivo rescatado. Madrid, 1670, in-4°.

45. Relation de la captivité du sieur Emmanuel d'Aranda, esclave à Alger; plusieurs particularités dignes de remarque. La Haye, 1657, et Leyde, 1671, in-12.

46. Lettre écrite en réponse de diverses questions sur les parties de l'Afrique où règne aujourd'hui Muley Arxid, roi

de Tafilete, par M. ***, qui a demeuré vingt-cinq ans dans la Mauritanie. Paris, 1670, chez Gervais Clouzier, in-12.

47. L'heureux Esclave, ou Relation des aventures de La Martinière, comme il fut pris par les corsaires de Barbarie et délivré. Paris, 1674, petit in-12, chez Olivier de Varenne.

48. Relation des mœurs et du gouvernement des Turcs d'Alger, par le sieur de Roqueville. Paris, 1675, in-12.

Roqueville nous apprend que, gentilhomme provençal et neveu du comte de Meslé, intendant de justice pour le roi en Provence, il a été esclave à Alger et réduit pendant neuf ans à la condition de porteur d'eau. (Avertissement, p. 1.)

49. La Barbarie occidentale, ou courte relation des révolutions opérées dans les royaumes de Fez et de Maroc, par Lancelot Addison. Londres, 1674, in-8°.

Le même auteur a publié un ouvrage intitulé : État présent des juifs, et particulièrement de ceux des États barbaresques. Londres, 1675, in-8°.

50. Relacion del viage espiritual y prodigioso que hizo a Marruecos el padre Fray Juan de Padro, escrita por el pad. Fray Matias de san Francisco. Cadiz, 1675, petit in-4°.

51. Relation curieuse des États du roi de Fez et de Maroc, qui règne aujourd'hui, avec une description des ports et places fortes des Espagnols, des Anglais, des Portugais et du roi de Maroc aux côtes de Barbarie. Paris, 1682, in-12.

52. Relation nouvelle et particulière du voyage des R. R. P. P. de la Merci, aux royaumes de Fez et de Maroc, pour la rédemption des captifs chrétiens, négociée en l'année 1681, avec Mouley-Ismaël, par L. Desmay. Paris, 1682, in-12.

53. Relation d'un voyage fait en 1666 aux royaumes de Maroc et de Fez, pour l'établissement du commerce avec la France, avec une description des États du roi de Tafilette, par Roland Fréjus. In-12, Paris, 1682, chez la veuve Clouzier.

54. Négociation de M. de Saint-Amand, ambassadeur de France à Maroc, en 1682. M. S.

Voyez le catalogue de la biblioth. de M. Langlès, p. 431

55. The spech of Hadgi Giafer aga, Embassador from the Divan of Algier to his most Christian Majesty at Versailles. London, 1684, in-fol.

56. Relation de la captivité du sieur Mouette, dans les royaumes de Fez et de Maroc, où il a demeuré pendant onze ans. Paris, 1683, in-12.

57. Histoire des conquêtes de Mouley-Archi, connu sous le nom de roi de Tafilette, et de Mouley-Ismaël, ou Sémein, son frère et son successeur; contenant une description de ces royaumes, des lois, des coutumes et des mœurs des habitans, par G. Mouette. Paris, 1683, in-12.

58. Le Bouclier de l'Europe ou la guerre Sainte, avec une relation de voyages faits dans la Turquie, la Thébaïde et la Barbarie, par le R. P. Jean Coppin. 1 vol. in-4°, à Lyon, 1686, chez Buisson.

59. Relation universelle de l'Afrique ancienne et moderne, où l'on voit ce qu'il y a de remarquable, tant dans la terre ferme que dans les îles, avec ce que le roi a fait de mémorable contre les corsaires de Barbarie, par le sieur de la Croix. Paris, 1688, chez Amaulry, 4 vol. in-12.

60. Histoire des dernières révolutions du royaume de Tunis et des mouvemens du royaume d'Alger. Paris, chez Jacques Lefebvre, 1689, in-12.

61. État présent de l'empire de Maroc, par Pidou de Saint-Olon. Paris, 1694, chez Brunet, in-12.

On doit aussi à ce diplomate une Relation de l'empire de Maroc, où l'on voit la situation du pays, les mœurs, coutumes, gouvernement, religion et politique des habitans. Paris, 1695, chez Cramoisy, in-12.

62. Schauplatz Barbarischer Sclaverei. Hambourg, 1694, in-8°.

63. Three miseries of Barbary : Plague, Famine and civill warre. With a relation of the death of Mahamet, the late Emperor : and a brief report of the now present warre bet

64. A copy of the Captives Petition as it was presented to the King's majesty, in-fol.

65. The case of many hundred poor english Captives in Algier. Folio.

Cet ouvrage est sans désignation de lieu et de date, comme le précédent. L'un et l'autre sont portés sur le catalogue de la bibliothèque du British Museum.

66. État des royaumes de Barbarie, Tripoli, Tunis et Alger : contenant l'histoire naturelle et politique de ces pays, la manière dont les Turcs y traitent les esclaves et comme on les rachète, avec la tradition de l'église pour le rachat ou le soulagement des captifs. Rouen, 1703, et La Haye, 1704, in-12.

67. Relation abrégée de la ville et du royaume de Barbarie, par F. P. de la Croix.

Manuscrit original, signé de l'auteur. Voyez le catalogue de la bibliothèque de M. Langlès, p. 430.

68. Mission historial de Marruecos, por Puerto. Séville, 1708, in-fol.

69. An account of south-west Barbary : containing what is most remarkable in the territories of the king of Fez and Morocco. Written by a person who has been a slave there a considerable time, etc. And published from his authentick ms. By Simon Ockley, in-8°. London, 1713.

70. Relation des États de Fez et de Maroc, publié par Simon Ockley, traduit de l'anglais. Paris, 1726, chez Pissot, in-12.

71. Histoire de Muley-Ismaël, par le père Busnot. Rouen, 1714, in-12.

72. Relation de ce qui s'est passé dans les trois voyages que les religieux de l'ordre de Notre-Dame de la Merci ont faits dans les États du roi de Maroc, pour la rédemption des captifs, en 1704, 1708 et 1712, par un des pères, député pour la rédemption de la congrégation de Paris du même

ordre. Dédié aux évêques de Bretagne. Paris, 1724, in-12.

73. Purchas his pilgrims in seven bookes. The seventh contayning navigations, voyages, and land discoveries, with other historical relations of Africa. London, 1625, 5 vol. in-fol.

74. Histoire du royaume d'Alger, avec l'état présent de son gouvernement, de ses forces de terre et de mer, de ses revenus, police, justice, politique et commerce, par Laugier de Tassy. Amsterdam, 1725, et Paris, 1787, 2 vol. in-12.

« On doit à Laugier de Tassy une histoire d'Alger, qui est un excellent ouvrage pour le temps, dit M. Larenaudière. Un libraire de Paris s'est avisé de le réimprimer sans nom d'auteur, en 1830, et de supprimer dans sa préface tout ce qui pouvait éclairer sur sa date. » (Nouv. ann. des Voyages, IIe série, t. XVI, p. 105.)

75. A journey to Mequinez the residence of the present emperor of Fez and Marocco, on the occasion of commodore Stewart's embassy in 1721. By John Windhus. London, 1725, in-4°.

76. Voyage en Afrique, par M. Peysonnel, membre de l'Académie des Sciences et de celle des Inscriptions et Belles-Lettres.

Ce voyage entrepris, en 1724, par ordre du roi Louis XV, est resté jusqu'à présent inédit. Voyez le journal des Débats du 21 mars 1837.

77. Voyage de A. de La Mottraye en Europe, Asie et Afrique. La Haye, 1727, 2 vol. in-fol.

78. Hogan and Robert's Embassies to Morocco.

On trouve cette narration dans le tome II de la collection de Hackluyt.

79. Relation en forme de journal, pour la rédemption des captifs, aux royaumes de Maroc et d'Alger, pendant les années 1723, 1724 et 1725, par les pères Jean de la Faye, Denis Mackar, Augustin d'Arcisas et Henry Leroy, députés de

l'ordre de la Sainte-Trinité, dit des Mathurins. Paris, 1726. Dédié à la reine. 1 vol. in-12.

Avec un portrait de Marie, princesse de Pologne, reine de France et de Navarre.

80. Voyage d'un missionnaire de la compagnie de Jésus (le père Vilotte) en Turquie, en Perse, en Arménie et en Barbarie. Paris, 1730, chez Jacques Vincent, in-12.

81. Voyage pour la rédemption des captifs aux royaumes d'Alger et de Tunis, fait en 1720, par les pères François Comelin, Philémon de la Motte et Joseph Besnard, de l'ordre de la Sainte-Trinité, dits des Mathurins. Dédié au roi. Rouen, 1731, in-12.

Avec un portrait du jeune roi Louis XV.

82. Histoire des révolutions de l'empire de Maroc, depuis la mort du dernier empereur Muley-Ismaël. Traduite de l'anglais de Braithwaite. Amsterdam, 1731, in-12.

83. Historia de Tanger, etc., por Menezes. Lisboa, 1731, in-fol.

84. A complete history of Algiers, to which is prefixed an epitome of the general history of Barbary, from the earliest times, interspersed with many curious passages, not touched on by any writer whatever, by J. Morgan. London, 1732, chez Betterworth, petit in-4°.

85. Algemeene Beschryvinge van Barbaryen, etc. In het engels vitgegeeven. Door Joh. Morgan. La Haye, 1730, chez van Lom, in-4°.

86. Hebenstreits Reise nach Algier, Tunis und Tripoli.

Jean Ernest Hebenstreit voyageait en 1732, aux frais et par ordre de Frédéric-Guillaume, électeur de Saxe et roi de Pologne. Les lettres qu'il adressa à ce prince, pendant le cours de son voyage, parurent pour la première fois à Berlin et à Leipsick, vers 1780, dans le Sammlung kleiner Reisen, ou Recueil de petits voyages, publié par Bernouilli. MM. Eyriès, Larenaudière et Klaproth en ont donné une traduction française en 1830, dans les Nouvelles annales des Voyages, IIe série, t. XVI.

87. Description géographique et historique des royaumes et provinces qui comprennent l'empire des Chérifs. Paris, 1733, in-12.

Le chapitre III est consacré à la description du royaume de Tlemsen.

88. Histoire du royaume d'Alger avec l'état présent de ses forces de terre et de mer, par Antonio de Clariana. Barcelonne, 1733, in-8°.

Nous citons cet ouvrage d'après la liste bibliographique qui accompagne la traduction française des Esquisses de William Shaler.

89. Histoire de l'empire des Chérifs en Afrique; relation de la prise d'Oran, par Philippe V; abrégé de la vie de M. de Santa-Cruz, gouverneur de cette ville, etc., par M. ***. Paris, 1733, in-12.

90. Mémoires du chevalier d'Arvieux, contenant ses voyages à Constantinople dans l'Asie, la Syrie, la Palestine, l'Égypte, la Barbarie, mis en ordre par le père Labat. Paris, 1735, 6 vol. in-12.

91. Des Herrn von Arvieux, etc., hinterlassene merkwürdige Nachrichten, etc. Kopenhagen und Leipzig, 1753-1756, 6 vol. in-8°.

92. Several voyages to Barbary, containing an historical and geographical account of the country, with the hardships, sufferings, and manner of redeeming christian slaves. By Henry Boyde. London, 1736, in-8°.

93. Mémoire sur les découvertes et les établissemens faits le long des côtes d'Afrique, par Hannon, amiral de Carthage, par M. de Bougainville. (Mémoires de l'Académie des Inscriptions et Belles-Lettres, t. XVII, p. 10-45.)

C'est une traduction du périple d'Hannon, accompagnée de quelques éclaircissemens. On trouve à la page 21, une carte de la navigation d'Hannon, où le géographe ordinaire du roi, Robert de Vaugondy, signale tous les points des côtes de l'Afrique septentrionale reconnus par les Carthaginois.

94. Mémoires historiques qui concernent le gouvernement de l'ancien et du nouveau royaume de Tunis, avec un détail du commerce, par de Saint-Gervais. Paris, 1736, in-12.

95. Navigation faite en Barbarie, par Fr. Brooks, contenant diverses choses curieuses, ouvrage traduit de l'anglais. Utrecht, 1737, chez Néaulme, in-8°.

96. Historift och politift Bestrifning ofwer Ritel och staden Algier, etc. Stockholm, 1737, chez Pierre Nystrom, in-8°.

Cette description historique et politique de l'état d'Alger est de Carl Reftelius. Elle s'étend depuis 1516 jusqu'à 1732.

97. Travels or observations relating to several parts of Barbary and the Levant. By Thomas Shaw, D. D. Fellow of queen's College Oxford and F. R. S. Oxford, 1738, in-fol.

Il a paru, en 1746, un supplément à ce savant ouvrage, dans la même ville et le même format.

On trouve à la fin du beau travail du docteur Shaw, de nombreux extraits, en forme d'appendice, puisés dans les ouvrages d'Hérodote, de Scylax, de Strabon, de Ptolomée, de Pomponius Méla, de Pline, de Solinus, d'Æthicus, de S. Rufus, de Paul Orosius, de Martianus Capella, d'Isidore de Séville et de l'anonyme de Ravenne.

Presque tous ces extraits sont relatifs à la géographie physique, aux productions naturelles et aux populations aborigènes de l'Afrique septentrionale.

98. Voyages de M. Shaw. M. D. dans plusieurs provinces de la Barbarie et du Levant. La Haye, 1743, chez Jean Néaulme, 2 vol. in-4°.

99. Voyage dans la régence d'Alger, ou description géographique, physique, physiologique, etc., de cet État, par le docteur Shaw. Traduit de l'anglais avec de nombreuses augmentations, par J. Maccarthy. Paris, 1830, 2 vol. in-18.

100. Herrn Thomas Shaws Reisen oder Anmerkungen verschiedene Theile der Barbarey und der Levante betreffend, etc. Leipzig, 1765, 4 vol. in-12.

101. Nouveau voyage fait au Levant, ès années 1731 et 1732, contenant les descriptions d'Alger, Tunis, etc. Paris, 1742, chez Cailleau, in-12.

102. The importance of effectually supporting the royal African Company of England, impartially considered. London, 1744, in-4°.

103. Histoire des Arabes sous le gouvernement des Califes, par l'abbé de Marigny. Paris, 1750, 4 vol. in-12.

104. Mémoires concernant l'état présent du royaume de Tunis et ce qui s'est passé de plus remarquable entre la France et cette régence, depuis 1701 jusqu'à 1752, par M. ***, commissaire de l'escadre de M. de Villarzel, en 1752.

Manuscrit de l'écriture du temps. Voyez le catalogue de la bibliothèque de M. Langlès, p. 431.

105. Die Staaten der Seeraüber ausführlich beschrieben von einem englischen Consul und aus dessen Sprache in die deutsche übersetzet. Nebst Kupfern. Rostock, 1753, in-8°.

106. Antigüedad maritima de la republica de Cartago, etc., por D. P. R. Campomanes. Madrid, 1756, petit in-4°.

Voyez aussi les travaux de Hendreich, Munter, Zander, Becker, Heeren, Bœtticher, Klüge, Letronne, Falbe et Dureau de la Malle, sur l'histoire, les antiquités, le gouvernement, la religion, les guerres et le commerce de Carthage.

107. Histoire des États barbaresques qui exercent la piraterie, contenant l'origine, les révolutions et l'état présent des royaumes d'Alger, de Tunis, de Tripoli et de Maroc, avec leurs forces, leurs revenus, leur politique et leur commerce. Traduit de l'anglais, par Boyer de Pébrandier. Paris, 1757, chez Chaubert et Herissant, 2 vol. in-12.

108. The universal Traveller : or, a compleat description of the several nations of the World, etc. By M. Salmon. London, 1759, 2 vol. in-fol.

Le premier volume contient une description de l'empire de Maroc, du Bildulgérid, etc.

109. Nouvelle histoire de l'Afrique française, enrichie de remarques sur les usages locaux, les mœurs, la religion et la nature du commerce général de cette partie du monde, par Demanet. Paris, 1767, 2 vol. in-12.

110. Histoire sommaire de l'Afrique septentrionale, principalement de Maroc, Alger, Tunis et Tripoli, par Auguste-Louis Schlœzer. Gottingue, 1775, in-8°.

111. D. Rothman's Briefe aus Tunis, etc.

La narration de Rothman a été insérée dans les Essais de Correspondance de Schlœzer. (Schlœzer's Versuch eines Briefwechsels. Gottingen, 1775, in-8°.)

112. Bibliothèque orientale, ou Dictionnaire universel, par M. d'Herbelot. La Haye, 1777 à 1778, 4 vol. in-4°.

113. Esterretniger om Marokos og Fes samlede der in Landen fra ao. 1760 til 1768 af Georg Host. Koobenhavn ao. 1779, in-4°.

114. Nachrichten von Maroko und Fes, im Lande selbst gesammelt, in den Jahren 1760 bis 1768 von Georg Host, etc. Aus dem Dænischen übersetzt. Kopenhagen, 1781, in-4°.

115. A series of adventures in the course of a voyage up to the red sea, on the coast of Arabia and Egypt, and of a route through the deserts of Thebais. By Eyles Irwin Esqre. London, 1780, in-4°.

116. Mémoires concernant les rivières de l'intérieur de l'Afrique, avec une carte de l'Afrique septentrionale et occidentale, par M. Danville. (Mémoires de l'Académie des Inscriptions et Belles-Lettres, t. XXVI, p. 64-81.)

117. Voyage dans les États barbaresques de Maroc, Alger, Tunis et Tripoli, ou Lettres d'un des captifs qui viennent d'être rachetés par MM. les chanoines réguliers de la Sainte-Trinité; avec un catalogue de leurs noms. Paris, 1785, in-12.

Cette relation est, en effet, terminée par une liste « des

trois cent treize esclaves français rachetés à Alger, en 1785, et arrivés à Marseille le 9 juillet de la même année. »

118. Premier fragment d'un voyage dans les royaumes de Tunis et d'Alger, et dans les montagnes de l'Atlas, par le professeur Desfontaines, de l'Académie des Sciences.

Relation du voyage du professeur Desfontaines, d'Alger à Tlemsen.

On trouve ces précieux fragmens dans les Nouvelles annales des Voyages, IIe série, t. XVI, p. 189-228 et 316-354.

119. Lettre de M. Desfontaines, datée de Tunis le 15 avril 1784, à M. Lemonnier de l'Académie des Sciences.

Journal d'un voyage d'Alger à Constantine, par M. Desfontaines.

Voyage de M. Desfontaines le long de la côte, depuis Tunis jusqu'à Sfax, sur les bords de la petite Syrte.

Voyez les Nouvelles annales des Voyages, IIe série, t. XVII, p. 60-77, 78-98, et 137-164.

La plus grande partie du manuscrit contenant les voyages de Desfontaines est malheureusement perdue. On doit à M. Walcknaer la conservation des fragmens que nous venons d'indiquer.

120. Observations sur les plantes économiques qui croissent dans les royaumes de Tunis et d'Alger, présentés à l'Académie des Sciences par M. Desfontaines.

Insérées dans les Nouvelles annales des Voyages, IIe série, t. XVII, p. 321-359.

121. Desfontaines, Flora Atlantica sive historiæ plantarum, quæ in Atlante agro Tunetano et Algeriensi crescunt. Paris, an XI, 2 vol. in-4°.

122. Lettre du professeur Desfontaines à M. le maréchal Clauzel, sur quelques questions relatives à la colonisation de l'Algérie.

Cette lettre intéressante, qui porte la date du 13 mai 1838, a été insérée dans l'appendice des Nouvelles observations de M. le maréchal Clauzel, p. 35-39.

« Excusez-moi, monsieur le maréchal, je suis aveugle et obligé d'employer la main de ma fille pour vous écrire, dit le célèbre botaniste. Je finis en vous protestant que je fais des vœux bien ardens pour qu'on n'abandonne pas une conquête que je crois si avantageuse à notre pays. »

123. Voyage en Barbarie, ou lettres écrites de l'ancienne Numidie, en 1785 et 1786, sur la religion, les coutumes et les mœurs des Maures et des Arabes bédouins, par l'abbé Poiret. Paris, 1789, 2 vol. in-8°.

L'abbé Poiret, pendant ses excursions, fit la rencontre du professeur Desfontaines, comme Hebenstreit avait fait celle du docteur Shaw, cinquante ans plus tôt.

124. Poiret's Reise in die Barbarey oder Briefe aus Alt-Numidien geschrieben in den Jahren 1786, etc. Strasburg, 1789, 2 vol. in-8°.

Jackson nous apprend dans la préface de ses Voyages, que les lettres de l'abbé Poiret, dont il parle avec éloge, ont été aussi traduites en anglais. (An account of Marocco, pref., p. vii.)

125. Grammaire de la langue Berbère et Dictionnaire Français-Arabe-Berber, par M. Venture, secrétaire interprète du gouvernement pour les langues arabes.

Immense et précieux travail, dit M. Langlès, dans son Mémoire sur les Oasis.

126. Observations on the city of Tunis and the adjacent country. London, 1786, in-4°.

127. Reise in den barbarischen Staaten von Marocco, Algier, Tunis und Tripoli, oder Briefe eines aus der barbarischen Gefangenschaft erlœseten Franzœsischen Officiers. Aus dem Franzœsischen übersetzt. Lubeck, 1786, in-8°.

128. Recherches historiques sur les Maures, et histoire de l'empire de Maroc, par M. Chenier, chargé des affaires du

roi auprès de l'empereur de Maroc. Paris, 1787, 3 vol. in-8°.

129. Histoire de la république de Carthage. Francfort-sur-le-Mein, 1787.

130. Letters from Barbary, France, Spain, etc. By an english officer. London, 1788, 2 vol in-8°.

131. Histoire du naufrage et de la captivité de M. Brisson, avec la description des déserts d'Afrique, depuis le Sénégal jusqu'à Maroc. Genève, 1789, in-8°.

132. Mémoire contenant le système de paix et de guerre que les puissances européennes pratiquent à l'égard des régences barbaresques. Traduit de l'italien, par le chevalier d'Hénin. Venise, 1788.

133. Jardinet's letters from Barbary. London, 1789, 2 vol. in-8°.

134. L'Afrique et le peuple africain, par Lamiral. Paris, 1789.

135. Relation de plusieurs voyages à la côte d'Afrique, à Maroc, au Sénégal, à Gorée, à Galam, etc., tirée des journaux de Saugnier. Paris, 1791, in-8°.

136. A. C. Borhecks. Neue Erdbeschreibung von ganz Africa. Francfort, 1789-1791, 2 vol. in-8°.

137. Nachricht von den innern Lændern von Africa auf einer 1785 nach Tunis unternommenen Reise, aus Berichten der Eingebohrnen gesammelt von August von Einsiedel.

Ce voyage fait partie de la collection de Wilhelm Cuhn : Sammlung merkwürdiger Reisen in das Innere von Africa. Leipzig, 1791.

138. Voyage dans les déserts du Sahara, par M. Follie, officier d'administration dans les colonies, contenant la relation de son naufrage et de ses aventures. Paris, 1792, in-8°.

139. Achmed Ibn Hassan Reiserute von Fes nach Tafilet. Inséré dans les Memorabilien de H. E. G. Paulus. Lips. 1792.

140. A tour from Gibraltar to Tangier, Sallee, Mogodore,

Santa-Cruz, Tarudans and thence, over mount Atlas, to Morocco, including a particular account of the royal harem. By William Lempriere. London, 1793, in-8°.

141. William Lempriere's, etc., Reise von Gibraltar über Tanger, Sallee, Santa-Cruz, nach Tarudans und von da über den Atlas nach Marokko, etc., mit erlæuternden Anmerkungen, etc., von W. Zimmermann. Berlin, 1793, in-8°.

142. Voyage dans l'empire de Maroc et le royaume de Fez, fait pendant les années 1790 et 1791, par G. Lemprière, accompagné d'une carte de l'Afrique, par le major Rennel. Traduit de l'anglais, par M. de Sainte-Suzanne, 1 vol. in-8°. Paris, an IX.

143. De Guigne's Allgemeine Bemerkungen über den Handel und die Verbindungen der Nationen in dem innern von Africa, sowohl unter sich selbst, als auch mit den Einwohnern der Barbarey, Ægyptens, und Arabiens, etc.

Voyez le Repertorium de D. Bruns et de Zimmermann, t. I.

144. An essay on colonisation particularly applied to the western coast of Africa, with some thougts on cultivation and commerce. B. C. B. Wadstrom. In two parts. London, 1794, in-4°.

145. Akrel bref om Moroko, etc. Stockholm, 1796, in-8°.

146. Bruns Neue systematiche Erdbeschreibung von Africa. Francfort et Nuremberg, 1793 à 1799.

147. Nouveau voyage à Maroc, contenant des notions intéressantes, recueillies dans le pays même jusque dans l'année 1797, par Olof Agrell, etc. Traduit du suédois en allemand, par Fr.-Gottl. Cauzer. Nuremberg, 1798, in-4°.

148. Relations et remarques sur les États algériens. 3 vol. in-8°, publiés à Altona, en allemand, de 1798 à 1800.

149. The journal of Frederick Hornemann's travels from Cairo to Mourzouck, the capital of the kingdom of Fezzan, in 1797 and 1798. London, 1802, 2 vol. in-8°.

M. Charles Kœnig a publié une traduction allemande de cet ouvrage à Weimar, en 1802.

150. Voyage de Hornemann dans l'Afrique septentrionale, depuis le Caire jusqu'à Murzouk, capitale du Fezzan, suivi d'éclaircissemens sur la géographie de l'Afrique, par Rennell. Traduit de l'anglais, par M.***, augmenté de notes et d'un mémoire, par M. Langlès. Paris, 1803, 2 vol. in-8°.

151. Remarques sur la description du pays et des antiquités de Syoùah, données par M. Hornemann, dans lesquelles on compare cette description avec ce que les anciens ont écrit touchant l'oasis et le temple d'Hammon; par sir W. Young, baronet, secrétaire de la société africaine.

Traduction française des Voyages de Hornemann. Appendice, n° 1, p. 294-340.

152. Mémoire sur les Oasis, composé principalement d'après les auteurs arabes, par le citoyen Langlès.

Voyage de Hornemann, Appendice, n° 11, p. 340-450.

153. Aperçu de la route de Tripoli de Barbarie à Fezzân. Renseignemens communiqués par un tripolitain au citoyen Venture, en 1788.

Appendice, n° 111, du Voyage de Hornemann, p. 451-474.

154. Histoire des Chérifs ou des Empereurs de la famille régnante à Maroc, par Fr. de Dombay. Agram, 1801, petit in-8°.

155. Description des monnaies d'or, d'argent et de cuivre ayant cours à Maroc, par F. de Dombay. Publié à Vienne, en allemand, 1803, in-8°

156. Fragment d'un voyage en Afrique, fait en 1785, 86 et 87, dans les contrées occidentales de ce continent, comprises entre le cap Blanc de Barbarie et le cap de Palmes, par Silv.-Meinrad-Xavier Golberry. Paris, 1802, 2 vol. in-8°.

157. Voyage à Madagascar, à Maroc et aux Indes orientales, par Alexis Rochon. Paris, an X, 3 vol in-8°.

158. A journal of travels in Barbary in 1801, by James Curtis, with observations on the gum trade of Senegal. London, 1803, in-12.

159. Tableau historique des découvertes et établissemens des Européens dans le nord et dans l'ouest de l'Afrique, jusqu'au commencement du dix-neuvième siècle. Ouvrage publié par la société de géographie. Paris, an XII, 2 vol. in-8°.

160. Haringman, dug-journal von een verbleef, etc., in Marokko, en Landreize naar Mequinez. Hag. 1803.

161. Tableau statistique et topographique de la régence d'Alger. 1808, in-8°.

Ouvrage allemand cité par le traducteur de W. Shaler.

162. Travels through the empire of Marocco. By John Buffa. London, 1810, in-8°.

163. Relation de l'esclavage d'un marchand de la ville de Cassis à Tunis, rédigée par A. Galland. Paris, 1810, in-12.

164. An account of Tunis, of its government, manners, customs and antiquities, etc. By Thomas M'Gill. Glascow, 1811, in-8°.

165. Nouveau voyage à Tunis, publié en 1811, par M. Thomas M'Gill, et traduit de l'anglais avec des notes, par M. ***. Paris, 1815, chez Panckoucke, in-8°.

166. An account of the empire of Marocco, and the districts of Suse and Tafilet; to which is added an account of shipwrecks on the western coast of Africa, and an interesting account of Timbuctoo, the great emporium of central Africa. By James Grey Jackson, esq. Second edition. London, 1811, in-4°.

167. Itinéraire de Paris à Jérusalem et de Jérusalem à Paris, en allant par la Grèce et revenant par l'Égypte, la Barbarie et l'Espagne, par F. A. de Châteaubriand. Paris, 1812, 3 vol. in-8°.

Chef-d'œuvre traduit dans toutes les langues, comme tous les **ouvrages de l'illustre auteur du Génie du Christianisme.**

168. Voyages d'Ali-Bey el Albani, en Afrique et en Asie, pendant les années 1803, 1804, 1805, 1806 et 1807, 3 vol. in-8°. Paris, 1814.

Les vingt premiers chapitres sont consacrés à la relation des voyages de l'auteur à Tanger, Fez, Maroc, Ouschda et Tripoli de Barbarie.

169. Travels of Ali bey in Morocco, Tripoli, Cyprus, etc., written by himself. London, 1816, 2 vol. in-4°.

170. Ragguaglio del viaggio compendioso di un dilettante antiquario sorpreso da' corsari, condotto in Barbaria e felicimente repatriato. Milano, 1816, 2 vol. in-8°.

171. Les Bédouins ou Arabes du désert, d'après les notes inédites de dom Raphaël, sur les mœurs, les usages, les lois et les coutumes civiles et religieuses de ces peuples, par F. J. Mayeux. Paris, 1816, 3 vol. in-8°.

172. Narrative of a ten years' residence at Tripoli in Africa, from the original correspondence of the late Richard Tully Esqre, comprising authentic memoirs and anecdotes of the reigning Bashaw. London, 1816, chez Colburn, in-4°.

Les lettres recueillies dans ce volume ont été écrites par la belle-sœur du consul anglais Richard Tully, qui l'avait suivi en Afrique. Une grande intimité s'était établie entre la famille du diplomate anglais et celle du pacha.

173. Voyage à Tripoli, ou relation d'un séjour de dix années en Afrique, contenant des renseignemens authentiques sur le pacha régnant et sur les mœurs privées des Maures, des Arabes et des Turcs. Traduit de l'anglais sur la seconde édition, par J. Mac Carthy. Paris, 1818, 2 vol. in-8°.

174. Historical account of discoveries and travels in Africa, etc. By the late John Leyden, enlarged and completed to the present time by Hugh Murray. Edinburgh, 4 vol. in-4°.

175. Histoire complète des voyages et découvertes en

Afrique, depuis les siècles les plus reculés jusqu'à nos jours ; accompagnée d'un précis géographique sur ce continent et les îles qui l'environnent ; de notices sur l'état physique et moral des divers peuples qui l'habitent, et d'un tableau de son histoire naturelle, par le docteur Leyden et M. Hugh Murray ; traduite de l'anglais et augmentée de toutes les découvertes faites jusqu'à ce jour, par M. A. C. Paris, 1821, 4 vol. in-8°.

176. Travels in Europe and Africa, by colonel Keatinge, comprising a journey through France, Spain and Morocco. London, 1816, in-4°.

177. Robert Adam's travels in the interior of Africa, etc. London, 1816, in-4°.

178. James Riley, loss of the american brig Commerce, etc. London, 1817, in-4°.

179. Pananti, Avventure e osservationi sopra la costa di Barberia, 2ᵉ edizione. Milano, Stella, 1817, 3 vol. in-12.

180. Narrative of a residence in Algiers, comprising an account of the regency, etc. By Pananti, with notes, by E. Blaquière, London, 1818, in-4°.

181. Relation d'un séjour à Alger, contenant des observations sur cette régence, par Pananti. Traduit de l'anglais. Paris, 1820, in-8°.

182. Paddock, narrative of the shipwreck of the Oswego. London, 1818, in-4°.

183. Viaggo da Tripoli di Barberia alle frontiere dell' Egitto, fatto nel 1817 dal Dʳᵉ P. Della Cella, e scritto in lettere al sig. D. Viviani, prof. di botanica. Genova, 1819, in-8°.

184. Compte rendu de l'expédition d'Alger, sous les ordres de lord Exmouth, par M. ***, interprète de l'expédition. Londres, 1819, in-8°.

185. Essai historique sur le commerce et la navigation de la mer Noire, ou voyages et entreprises pour établir des rapports commerciaux et maritimes entre les ports de la mer

Noire et ceux de la Méditerranée, par M. Anthoine, baron de Saint-Joseph. Paris, deuxième édition, 1820, in-8°.

186. An account of Timbuctoo and Housa, in the interior of Africa, by el Hadge Abd Salam Shabeemy, with notes. To which is added letters descriptive of travels through west and south Barbary and across the mountains of Atlas, etc., by James Grey Jackson. London, 1820, chez Longman, in-8°.

187. An essay on the geography of north western Africa. By T. E. Bowdich. Paris, 1821, in-8°.

C'est l'auteur du Voyage dans le pays des Aschantys.

188. Noah, Travels in Europe and Africa. New-York, 1819, in-8°.

189. F. J. Estrup, Lineæ topographicæ carthaginis Tyriæ, quas secundum Auctores veteres subjuncta Tabula topographica, duxit. Hafniæ, 1821, in-8°.

190. Historia de la dominacion de los Arabes en Espana, por D. Jose Antonio Conde. Madrid, imprenta que fue de Garcia, 1820 et 1821. 2 vol. in-8°.

191. A narrative of Travels in northern Africa, in 1818, 19 and 20, accompanied with geographical notices of Soudan and of the course of the Niger. By captain J. F. Lyon. London, 1821, in-4°.

192. Voyage dans l'intérieur de l'Afrique septentrionale, en 1818, 1819 et 1820, par le capitaine G. F. Lyon. Traduit de l'anglais, avec une grande carte. Paris, 1821, in-8°.

Le faux titre porte : Collection des meilleurs voyages modernes, t. XXXVI.

193. L'Afrique, ou histoire, mœurs, usages et coutumes des Africains (Fezzan), par G. F. Lyon; traduit de l'anglais, par Edouard Gauthier. Paris, 1821, 2 vol. in-18.

Ces deux volumes font partie du recueil intitulé : Mœurs, usages, arts et métiers de tous les peuples.

194. Recherches géographiques sur l'intérieur de l'Afrique septentrionale, comprenant l'histoire des voyages entrepris ou exécutés jusqu'à ce jour pour pénétrer dans l'intérieur du Soudan, etc. ; ouvrage accompagné d'une carte, par C. H. Walkenaer. Paris, 1821, in-8°.

195. Voyages et Découvertes dans le nord et dans les parties centrales de l'Afrique, au travers du grand désert, exécutés pendant les années 1822, 1823 et 1824, par le major Denham, le capitaine Clapperton et feu le docteur Oudeney, traduits de l'anglais, par MM. Larenaudière et Eyriès. Paris, 1826, 3 vol. in-8°.

196. Voyage dans la Marmarique et la Cyrénaïque, par M. J. N. Pacho. Paris, 1826, in-4°.

Voyez aussi les ouvrages que Della Cella, Beechey et Müller ont publiés sur ces contrées.

197. Heeren Ideen über die Politik, den Verkehr und den Handel der vornehmsten Vœlker der Alten Welt. 4 vol. in-8°. Gœttingen, 1821-1828.

198. De la politique et du commerce des peuples de l'antiquité. par L. Heeren ; traduit de l'allemand, par W. Suckau ; Paris, 1832, 4 vol. in-8°.

Ce savant ouvrage forme les cinq derniers tomes de la Collection des OEuvres historiques de Heeren, publiée en 15 vol. in-8°. Gottingue, 1821-1828.

199. Voyage dans le Maroc, par le lieutenant Washington, de la marine anglaise, 1829.

Cité avec éloge par M. Davesac, Esquisse générale de l'Afrique, p. 124.

200. Sketches of Algiers, political, historical and civil, etc., by William Shaler. Boston, 1826, in-8°.

201. Esquisses de l'état d'Alger, considéré sous les rapports politique, historique et civil, contenant un tableau statistique sur la géographie, la population, le gouvernement, les revenus, le commerce, l'agriculture, les arts, les manufactures,

les mœurs, les usages, etc., par William Shaler, consul-général des Etats-Unis à Alger; traduit de l'anglais, par M. X. Bianchi. Paris, 1829, in-8°.

202. Histoire de Carthage, par Guillaume Bœtticher, 1827. Ouvrage allemand fort estimé.

203. Lettre topographique et médicale sur Alger. Annales maritimes, année 1829, cahiers des mois de septembre et d'octobre, p. 469-491.

L'auteur nous donne, en plusieurs tableaux, le résultat des observations météorologiques qu'il a recueillies à la station d'Alger, comme médecin du vaisseau le Colosse, pendant les mois de janvier, février, mars, avril et mai 1829.

Le tome II des Annales maritimes, année 1828, contient un article intitulé : Esquisses de l'état d'Alger, considéré sous les rapports politique, historique et civil.

204. Esquisse historique et médicale de l'expédition d'Alger en 1830, par un officier de santé, attaché au quartier-général de l'armée d'Afrique. Paris, 1831, in-8°.

205. Relation de l'arrivée dans la rade d'Alger du vaisseau de S. M., la Provence, sous les ordres de M. le comte de la Bretonnière; excursion dans la ville et les environs d'Alger, et détails précis de l'insulte faite au pavillon du Roi par les Algériens, le 3 août 1830, par M. X. Bianchi, secrétaire interprète du Roi. Paris, 1830, in-8°.

206. Au Roi et aux Chambres, sur les véritables causes de la rupture avec Alger, par M. Alexandre de Laborde. Paris, 1830, in-8°.

207. Pièces à l'appui (relatives à Alger et à l'Afrique), par Alexandre de Laborde. Paris, 1830, in-8°.

208. Sur la guerre actuelle avec Alger, en réponse à un écrit de M. de Laborde. Paris, 1830, in-8°.

209. Réflexions d'un Français au sujet de l'expédition d'Alger, par M. Adrien Boissy. Paris, 1830, in-8°.

210. Souvenirs d'un officier français, prisonnier en Barbarie pendant les années 1811, 1812, 1813, par M. Contremoulins, capitaine en congé illimité. Paris, 1830, chez Anselin, in-8°.

211. Histoire d'Alger et du bombardement de cette ville en 1816. Paris, 1830, chez Piltan, in-8°.

C'est l'histoire de Laugier de Tassy, réimprimée avec quelques modifications et annoncée comme un ouvrage nouveau.

212. Alger tel qu'il est, ou Tableau statistique, moral et politique de cette régence, par M. D. G. Trapani, ex-agent diplomatique résident à Alger. Paris, 1830, in-8°.

213. Alger : Tableau du royaume et de ses environs, etc., par M. Renaudot, ancien officier de la garde du consul de France à Alger. 4e édition. Paris, 1830, in-8°.

214. Alger : Topographie, population, force militaire de terre et de mer, acclimatement et ressources que le pays peut offrir à l'armée d'expédition. Marseille, mai, 1830, chez Feissat, in-8°.

215. Alger : Description spéciale du port, des fortifications, des monumens et de la position de la ville d'Alger, etc., par Val Parisot; in-plano. Paris, mai 1830, imprimerie de Fain.

216. Alger et ses environs : Description historique, géographique et politique de la régence d'Alger. Paris, 1830, chez Pochard, in-fol.

217. Description de la régence d'Alger, par M. Larenaudière. (Nouvelles annales des Voyages, 2e série, t. XVI, p. 91-117, avril-juin 1830.)

218. Itinéraire du royaume d'Alger, comprenant la description des villes, villages, bourgades, tribus sujettes et indépendantes, ruines, antiquités, rivières, ruisseaux, montagnes, curiosités naturelles, par G. M. R. B. Toulon, 1830, chez L. Laurent, in-8°.

219. Abrégé de l'Histoire d'Alger, contenant la description

de l'expédition de lord Exmouth, en 1816. Auxonne, 1830, in-18.

220. Carte de la régence d'Alger, pour servir à l'intelligence des opérations de l'expédition, avec une notice historique. Paris, 1830.

221. Pièces curieuses, ou Alger en 1802. (Extrait du Moniteur.) Paris, 1830, chez Delaunay, in-8°.

222. Voyage à Alger, ou Description de cette ville, de ses environs et du royaume d'Alger. Avignon, 1830, in-8°.

223. Notice historique et statistique sur le royaume et la ville d'Alger. Clermont, 1830, chez Thibaud-Landriot, in-8°.

224. Topographie et Histoire du royaume et de la ville d'Alger, par Blismon. Lille, 1830, chez Castriaux, in-8°.

225. Itinéraire du royaume d'Alger, comprenant la description des villes, villages, bourgades, etc., par J. M. H. B. Toulon, 1830, in-8°.

226. Description de l'état d'Alger, de ses dépendances, de ses villes principales, de ses ports, etc. Agen, 1830, chez Noubel, in-12.

227. Coup d'œil sur la ville d'Alger et ses dépendances, par Louis Liskenné. Paris, in-8°.

228. Réflexions sur un Mémoire attribué à sir Sidney Smith et sur les intérêts de l'Angleterre dans la guerre d'Alger, par un officier de la marine royale de France. Paris, 1830, chez Denain, in-8°.

229. Du parti que l'on pourrait tirer de l'expédition d'Alger, ou de la possibilité de fonder dans le bassin de la Méditerranée un nouveau système maritime et colonial à l'épreuve de la puissance anglaise, par Alexandre Colombel. Paris, 1830, in-8°.

230. Esquisse topographique du royaume et de la ville d'Alger, par A. M. Perrot. Paris, 1830, in-8°.

231. La Conquête d'Alger, ou relation de la campagne

d'Afrique, d'après cinq documens officiels et particuliers, recueillis et mis en ordre par A. M. Perrot. Paris, 1830, in-8°.

232. Rapports sur la prise de la ville d'Alger, contenant un détail intéressant de toutes les opérations militaires. Paris, 1830, in-8°.

233. Réflexions sur la prise d'Alger. Marseille, 1830, chez Rouchon, in-8°.

234. Résumé historique de la guerre d'Alger, d'après plusieurs témoins occulaires, etc., suivi d'une biographie des principaux officiers de l'expédition et, autant que possible, de tous les officiers, sous-officiers et soldats qui se sont le plus particulièrement distingués. Paris, 1830, in-8°.

235. De l'armée française en Afrique et de la formation d'une légion d'éclaireurs, par le capitaine Contremoulins. Paris, 1830, in-8°.

236. Précis historique et administratif de la campagne d'Afrique, par le baron Denniée, intendant en chef de l'armée d'expédition. Paris, 1830, in-8°.

237. Journal d'un officier de l'armée d'Afrique, avec un plan des attaques dirigées contre le château de l'Empereur et la ville d'Alger, du 30 juin au 5 juillet 1830. Paris, chez Anselin, 1 vol. in-8°.

238. Il faut garder Alger, l'honneur français l'ordonne. Nécessité de conserver cette position maritime et militaire; réflexions sur l'impuissance actuelle de l'Angleterre pour s'opposer à toute colonisation française du royaume d'Alger; alliance désirable entre la France et la Russie, par Babron. Paris, 1830, imprimerie de Setier, in-8°.

239. Mémoire sur la possibilité de mettre les établissemens français de la côte septentrionale de l'Afrique en rapport avec ceux de la côte occidentale, en leur donnant pour point de raccord la ville centrale et commerciale de Tombuctou, par Augier La Sauzaie. Paris, 1830, imprimerie de Porthmann, in-8°.

240. Plan de colonisation des possessions françaises dans l'Afrique occidentale, au moyen de la civilisation de nègres indigènes, par L. B. Hautefeuille. Paris, 1830, in-8°.

241. De la domination française en Afrique, et des principales questions que fait naître l'occupation de ce pays. Paris, 1830, chez Dondey-Dupré, in-8°.

242. Considérations sur la difficulté de coloniser Alger, et sur les résultats probables de cette colonisation, par M. A. Paris, 1830, in-8°.

243. Mémoire présenté à M. le duc de Dalmatie, sur les moyens d'assurer la sécurité du territoire de la colonie d'Alger, par le général Brossard. Paris, 1830, chez Anselin, in-8°.

244. D'Alger et des moyens d'assurer sa tranquillité, par le général Brossard. Paris, 1832, in-8°.

245. Quatre-vingt-deux jours de commandement à Oran, par le général Brossard. Perpignan, 1837.

246. Mélanges sur l'Afrique, par le général Brossard. (Première partie.) Perpignan, 1838, chez Alzire, in-8°.

247. Post-scriptum des Mélanges sur l'Afrique, par le général Brossard. Perpignan, 1838, chez Alzire, in-8°.

248. Quelques mots sur le trésor d'Alger. Paris, 1830, chez Dondey-Dupré, in-8°.

249. Peut-on coloniser? Comment? Solution de ces questions, par J.-B. Flandin. Paris, 1833, in-8°.

250. Prise de possession des trésors d'Alger : Requête présentée par M. Flandin, sous-intendant militaire de première classe. Paris, 1835, in-4°.

251. Prise de possession des trésors d'Alger : Réponse au Mémoire présenté à la Cour de cassation (chambre criminelle), par Me Dalloz, avocat de MM. le général Tholozé, Denniée, Firino, Haguermann, Sellière, etc. Paris, 1835, in-4°.

252. Voyage au Maroc, par Waddington. Londres, 1830, in-8°.

253. Considérations statistiques, historiques et politiques sur la régence d'Alger, par le baron Juchereau de Saint-Denis. Paris, 1831, in-8°.

254. De la colonisation d'Alger, par Ajasson de Grandsagne. Paris, 1831.

255. Relation de la campagne d'Afrique en 1830, et des négociations qui l'ont précédée, avec les pièces officielles, par M. le marquis de Bartillat, commandant le quartier-général pendant la campagne. 3e édition. Paris, 1832, in-8°.

La première édition de cet ouvrage a paru sans nom d'auteur et sous le titre de : Coup d'œil sur la campagne d'Afrique en 1830, et sur les négociations qui l'ont précédée, etc.

256. Aperçu sur la colonisation d'Alger, par M. de Bartillat. Paris, 1837, imprimerie de Lenormand, in-8°.

257. Notice sur Alger, par F. Caze. Paris, 1831, imprimerie de Locquin, in-8°.

258. De la colonie d'Alger, considérée dans ses rapports avec nos manufactures, notre commerce et nos pays de vignobles, par le baron Lacuée. Paris, 1831, in-8°.

259. Possibilité de coloniser Alger, ou mémoire dans lequel on démontre les avantages industriels que la colonie d'Alger procurera aux cultivateurs et à la France, par J. Odolant-Desnos. Paris, 1831, in-8°.

260. Campagne d'Afrique, en 1830, avec un portrait du dey d'Alger, le tableau de l'organisation de l'armée et un plan des travaux de siége, par M. Fennel, chef de bataillon, attaché à l'état-major de l'armée d'expédition. 2e édition. Paris, 1831, in-8°.

261. Observations du général Clauzel, sur quelques actes de son commandement à Alger. Paris, 1831, chez Denain, in-8°.

262. Nouvelles observations de M. le maréchal Clauzel, sur la colonisation d'Alger, adressés à M. le maréchal ministre de la guerre. Paris, 1833, in-12.

M. e maréchal Clauzel se prononce énergiquement dans cette brochure pour la colonisation de l'Algérie qui, dit-il, « renferme un immense avenir pour la France, sous le triple rapport de l'utilité sociale, de la puissance politique et de la richesse commerciale » (p. 28).

263. Lettres à M. le maréchal Clauzel, sur l'administration et la colonisation d'Alger, par M. A. Billiard, ancien préfet.

Insérées dans la Nouvelle Minerve, t. III, livraisons des 15 et 22 novembre 1835.

264. Nouvelles officielles d'Alger. Précis du rapport de M. le maréchal Clauzel au ministre de la guerre, sur la victoire éclatante remportée par l'armée française en Afrique et sur la prise de Tlemcen. Imprimerie de Chassaignon, 1836, in-fol.

265. Relation officielle et circonstanciée de l'expédition de Mascara. Paris, 1836, in-fol.

266. Relation de l'expédition de Mascara, par A. Berbrugger, secrétaire de M. le maréchal Clauzel. Paris, 1836, in-8°.

267. Explications du maréchal Clauzel, suivies de pièces justificatives et d'un aperçu topographique des routes de Bone à Constantine et de Constantine à Stora. Paris, 1837, chez Ambroise Dupont, in-8°.

268. Statement of marshal count Clauzel, ex-governor general of Algiers, etc. Translated from the french, by James Ackland. Paris, 1837, in-8°.

269. Lettres de M. le maréchal Clauzel, sur les expéditions de Tlemsen et de Constantine.

Voyez la Nouvelle Minerve, t. IV, livraison du 27 mars 1836, et t. X, livraison du 17 décembre 1837.

270. Du rapport de M. Janvier, et du mémoire du maréchal Clauzel. Imprimerie de Locquin. Paris, 1837, in-8°.

271. Observations critiques sur la lettre de M. Dupin au maréchal Clauzel.

Voyez la Nouvelle Minerve, t. VIII, livraison du 12 février 1837.

272. Quelques mots à M. le maréchal Clauzel, par Germain Sarrut. Paris, 1837, chez Krabbe, in-8°.

273. Le Moniteur algérien, journal officiel du gouvernement de l'Afrique française.

La création de ce journal, précieux registre de tous les actes des autorités françaises, date du 27 janvier 1832.

274. Relation de la guerre d'Afrique pendant les années 1830 et 1831, par M. Rozet, capitaine au corps royal d'état-major, attaché à l'armée d'Afrique comme ingénieur-géographe. Paris, 2 vol. in-8°, 1832.

275. Voyage dans la régence d'Alger, par le capitaine Rozet. Paris, 1833, 3 vol. in-8°.

276. Mémoire géologique sur les provinces d'Alger et de Titterie, par M. Rozet.

Inséré dans les Nouvelles annales du Muséum d'histoire naturelle. T. II, p. 284 et suivantes.

277. Civilisation de l'Afrique centrale, ou appel à la formation d'une société dont le but serait de substituer l'influence française à l'influence maure dans les contrées de l'Afrique, situées au nord de l'équateur, par Aimé Payré. Paris, 1832, in-8°.

278. D'Alger et de sa colonisation, avec des considérations sur l'importance de ce pays, par Renoult. Paris, 1832, in-8°.

279. Du système de colonisation suivi par la France à Alger, par M. A. de Lachariere. Paris, 1832, in-8°.

280. Observations sur une brochure de M. de Lachariere, intitulée : Du système de colonisation, etc. Paris, 1832, in-8°.

Extrait du journal le Semeur.

281. Nécessité de la colonisation d'Alger et des émigrations. Moyens d'exécution. Objections. Détails statistiques. Compagnie générale d'exploitation. Culture. Résultats, etc., par V. H. Paris, 1832, in-8°.

282. A la nation sur Alger, par Victor-Armand Hain, membre fondateur de la société coloniale de l'état d'Alger. Paris, 1832, in-8°.

283. Anecdotes pour servir à l'histoire de la conquête d'Alger en 1830, par J. T. Merle, secrétaire de M. le comte de Bourmont, général en chef. 2ᵉ édition. Paris, 1832, in-8°.

284. Annuaire de l'état d'Alger, publié par la commission de la société coloniale. Marseille, 1832, in-18.

285. Alger et M. le duc de Rovigo en mars et avril 1832, par M. Carpentier. Paris, 1832, in-8°.

286. De la navigation à vapeur dans la Méditerranée, par M. Baude. Imprimerie royale. Paris, 1832, in-8°.

287. Note sur la colonisation d'Alger, par M. Baude, in-4°.

288. D'Alger, du système d'établissement à y suivre, par M. Baude. 1834, in-8°.

Extrait de la revue des Deux-Mondes.

289. Quelques considérations sur le projet de coloniser Alger, par M. de Saint-Martin.

Manuscrit cité par M. Genty de Bussy.

290. Réflexions sur la colonisation d'Alger, par M. Préaux. 1832, in-8°.

291. De l'expédition d'Afrique en 1830, par M. Dumesnil. Paris, 1832, in-8°.

292. Essai sur l'histoire des Arabes et des Maures, par Louis Viardot. Paris, 1832, chez Paulin, 2 vol. in-8°.

293. Inscriptiones antiquæ, a comite Carolo vidua, in Turcico collectæ. Paris, 1832, chez Dondey-Dupré, in-8°.

Cette précieuse collection d'inscriptions, qui se rattache à l'histoire archéologique des déserts de la Cyréanique, a été revue et classée par M. Letronne.

294. Alger sous la domination française, son état présent et son avenir, par M. Pichon, conseiller d'état, ancien intendant civil d'Alger. Paris, 1833, in-8°.

295. Quelques idées sur Alger et sur les travaux de la commission, par M. Robineau de Bougon. Paris, 1833, in-8°.

296. Notice sur Alger, par Hamelin. Paris, 1833, in-8°.

297. Alger, ou considérations sur l'état actuel de cette régence, sur la nécessité d'en achever la conquête et sur le moyen d'y établir des colonies, par un ancien payeur à l'armée d'Afrique. Paris, 1833, in-8°.

298. Coup d'œil sur les colonies et en particulier sur celle d'Alger. Paris, 1833, chez Delaunay, in-8°.

299. Essai de statistique raisonnée sur les colonies européennes des tropiques et sur les questions coloniales, par M. de Montvéran. Paris, 1833, 1 vol. in-8°.

300. Mémoire sur la colonisation de la régence d'Alger. Principes qui doivent servir de règles pour cette colonisation. Système de défense à adopter pour garantir la colonie, par M. de Férussac. Paris, 1833, in-8°.

301. Appel en faveur d'Alger et de l'Afrique du nord, par un Anglais. Paris, 1833, chez Galignani, in-8°.

302. De l'établissement des Français dans la régence d'Alger, et des moyens d'en assurer la prospérité, par M. Genty de Bussy, ex-intendant civil de la régence d'Alger. Alger, imprimerie royale, 1833 et 1834, 2 vol. in-4°.

« Cet ouvrage n'a été tiré qu'à huit exemplaires, rapporte M. Genty de Bussy, dans sa liste bibliographique des auteurs qui ont écrit sur l'Afrique septentrionale. Il est plus complet que celui qui a été publié in-8°. Il est resté moitié dans les mains du gouvernement, moitié dans celles de l'auteur. » (T. II, App., p. 476.)

303. De l'établissement des Français dans la régence d'Alger, etc., par M. Genty de Bussy. Paris, 1835, chez Firmin-Didot, 2 vol. in-8°.

L'ouvrage de M. Genty de Bussy a été couronné par l'Académie des Sciences, en 1835.

304. De l'établissement des Français dans la régence d'Alger, par M. Genty de Bussy. Deuxième édition, considérable

ment augmentée, et dans laquelle les faits sont conduits et appréciés jusqu'en 1839. Paris, 1839, 2 vol. in-8°.

305. Annuaire de l'état d'Alger, 2⁰ année. Paris, 1833, in-12.

306. Pétition des colons d'Alger à la Chambre des députés. Paris, 1833, in-8°.

307. Pétition des principaux habitans d'Alger, traduite de l'arabe, à MM. les membres de la Chambre des députés. Paris, 1833, in-4°.

308. Pétition des colons d'Alger à la Chambre des députés, suivie de celle des négocians de Marseille et des délibérations du conseil municipal et de la chambre du commerce de la même ville. Marseille, 1834, imprimerie de Feissat, in-8°.

309. Note de la Chambre de commerce d'Alger, en réponse au discours de M. Passy, sur les dépenses de l'occupation d'Afrique, adressée aux Chambres législatives. Toulon, 1835, imprimerie de Canquoin, in-fol.

310. Procès-verbal de l'audience donnée par le Roi, le 2 avril 1835, aux délégués des colons d'Alger. Paris, 1835, imprimerie d'Herhan, in-4°.

311. Pétition pour la réunion d'Alger à la France, à M. le président et à MM. les membres de la Chambre des députés. Paris, 1837, imprimerie de Grégoire, in-4°.

312. La société coloniale et les colons d'Alger, à MM. les membres de la Chambre des pairs. Paris, 1837, imprimerie de Grégoire, in-4°.

'313. Recherches sur l'emplacement de Carthage, suivies de renseignemens sur plusieurs inscriptions inédites, par M. Falbe, consul-général de Danemarck à Tunis. 1833.

314. Relation d'une excursion à Constantine, par MM. Temple et Falbe. Paris, 1838, in-8°.

315. Note traduite de l'arabe, adressée par les principaux habitans d'Alger; précédée d'un avant-propos, par le docteur

Barrachin, ex-sous-intendant civil d'Oran. Paris, 1833, chez Paulin, in-8°.

316. Discours préliminaire exposant les considérations qui doivent servir de bases au système administratif propre à la régence d'Alger, par le docteur Barrachin. Paris, 1833, in-8°.

317. Le docteur Barrachin, ex-sous-intendant civil de la province d'Oran, à MM. les membres de la Chambre des pairs et de la Chambre des députés. Paris, 1834, in-8°.

318. Voyage pittoresque en Espagne, en Portugal et sur la côte d'Afrique, de Tanger à Tétouan, par M. J. Taylor. Paris, 1833, in-4°.

319. Recherches sur la topographie de Carthage, par M. Dureau de la Malle; avec des notes par M. Dusgate. Paris, 1835, in-8°.

320. Vues sur la colonisation de la régence d'Alger, mémoire présenté en 1833 à M. le maréchal Soult, ministre de la guerre, par M. Dureau de la Malle.

Inséré dans la Revue africaine, t. Ier, décembre 1836.

321. Province de Constantine, Recueil de renseignemens pour l'expédition ou l'établissement des Français dans cette partie de l'Afrique septentrionale, par M. Dureau de la Malle. Paris, 1837, 1 vol. in-8°.

322. Mémoire sur la topographie de Constantine et des routes qui y conduisent, d'après les historiens grecs, latins et arabes, et les voyageurs modernes, avec une carte de l'Afrique septentrionale depuis la régence de Tunis jusqu'à l'empire de Maroc, par M. Dureau de la Malle.

Ce mémoire a paru dans les Nouvelles annales des Voyages, cahier du mois de février 1839.

323. Voyage dans la régence de Tunis et d'Alger, par M. Dureau de la Malle. Paris, 1838, 2 vol. in-8°.

324. Règlement pour déterminer la position des fonctionnaires, officiers et employés à bord des bâtimens de l'État. Ministère de la marine. Imprimerie royale. Paris, 1833, in-4°.

325. Rapport au ministre de la guerre, sur une réduction des droits sur la pêche du corail. Bureau d'Alger. Lithographie du ministère de la guerre. Paris, 1833, in-4°.

326. Note sur l'occupation d'Afrique; bureau d'Alger. Paris, 1833, in-4°.

327. Mémoire sur la régence d'Alger. Aperçu des moyens employés pour sa colonisation. Paris, 1833, 3 vol. in-8°.

328. Mémoire sur Alger, communiqué par le ministre de la guerre au lieutenant-général Voirol, commandant en chef par intérim.

Manuscrit cité par M. Genty de Bussy, t. II, p. 476.

329. Considérations militaires sur la régence d'Alger, par M. Tanski. Alger, imprimerie royale, 1833, 2 vol. in-4°.

330. Voyage dans l'empire de Maroc, par Graberg de Hemso. Gênes, 1834, in-8°.

331. Reconnaissance hydrographique faite sur les côtes de l'Algérie, par le capitaine de corvette Bérard, commandant le brick le Loiret, en 1833 et 1834.

« Les travaux de Gauthier, Hell, Richard, Beechey, Smith et Bérard, dit M. Davesac, ont procuré à l'hydrographie les documens les meilleurs et les plus récens sur la Méditerranée.» (Esquisse générale de l'Afrique, p. 111.)

332. Dix-huit mois à Alger, ou récit des événemens qui s'y sont passés depuis le 14 juin 1830, jusqu'à la fin de décembre 1831, par M. le baron Berthezène. Paris, 1834, in-8°.

333. Notice sur l'ouvrage du général Berthezène, intitulé : Dix mois à Alger, etc., par J. R. Delort, ex-chef de l'armée d'Afrique. Paris, 1834, in-8°.

334. Lettre à M. le lieutenant-général baron Berthezène, auteur de l'ouvage intitulé : Dix mois à Alger, etc., par le comte de Loverdo. Paris, 1834.

335. Seconde lettre du lieutenant-général comte de Loverdo, à M. le lieutenant-général baron Berthezène, avec un plan. Paris, 1834, in-8°.

336. De la régence d'Alger et des avantages que ce pays peut procurer à la France, par le général Loverdo. Paris, 1833, in-8°.

Extrait du Spectateur Militaire.

337. Opinion du lieutenant-général comte d'Erlon, sur ce qu'il convient de faire à Alger. Imprimerie de Dezauche. Paris, 1836, in-4°.

338. Note fournie à M. le lieutenant-général comte d'Erlon, gouverneur des possessions françaises dans le nord de l'Afrique, par M. Cappé, avocat, juge démissionnaire à Oran. Paris, 1834, in-8°.

339. Projet d'amélioration dans les possessions françaises d'Afrique du nord, sous le double rapport économique et organique, par M. Cappé. Paris, 1834, in-8°.

340. Quelques mots adressés à la grande commission d'Alger, par M. Cappé, avocat. Paris, 1834, in-8°.

241. Physiologie morale et physique d'Alger, 1833, par D. J. Montagne, ancien administrateur et agriculteur à Alger. Marseille, 1834, in-8°.

342. Voyage pittoresque dans la régence d'Alger, par MM. Lessore et Wyld. Première livraison, 1834, in-fol.

343. Observations sur la colonisation de la régence d'Alger, par J. A. Hedde, aîné. Paris, 1834, in-8°.

344. De l'Algérie et de sa colonisation, par M. le comte H. de B***, commissaire du Roi et juge royal à Bone en 1832 et 1833. Paris, 1834, chez Paulin, in-8°.

345. Alger. Paris, 1834, imprimerie de A. Pihan Delaforest, in-8°.

346. Du gouvernement d'Alger, par A. E. Cerfberr. Paris, 1834, in-8°.

347. Magistrature coloniale, à M. Laurence, membre de la Chambre des députés, commissaire du Roi, chargé de l'organisation judiciaire dans les possessions françaises du nord de l'Afrique, par M. H. Duquesne. Paris, 1834, in-8°.

348. Notice sur les travaux astronomiques et géodésiques, exécutés à Alger, de 1830 à 1833, par M. Filhon. Paris, 1834, imprimerie royale, in-8°.

349. Aperçu historique et statistique sur la régence d'Alger, intitulé en arabe : le Miroir, par Sidy Hamdam-Ben-Othman Khoja, fils de l'ancien secrétaire d'état (Makalagny) de la régence d'Alger, traduit de l'arabe, par M. H. D***, orientaliste. T. Ier, 1 vol. in-8°. Paris, 1833.

350. Réfutation de l'ouvrage de Sidy Hamdan-Ben-Othman-Khoja, intitulé : Aperçu historique et statistique sur la régence d'Alger. Paris, 1834, in-8°.

Extrait de l'Observateur des Tribunaux, Ire livraison du t. IV.

351. Réponse à la réfutation de l'ouvrage d'Hamdan-Khoja. Paris, 1834, in-8°.

L'Observateur des Tribunaux, t. IV, livraisons III et IV.

352. Colonisation de l'ex-régence d'Alger, documens officiels déposés sur le bureau de la Chambre des députés. Paris, 1834, in-8°.

Ce recueil contient : I. Le rapport sur la colonisation de l'ex-régence d'Alger, par M. de la Pinsonnière. II. Les rapports des différentes sections de la commission d'Afrique. III. Le rapport général du 10 mai 1834, signé par M. de Cazes, président, et M. Mounier, rapporteur.

353. Procès-verbaux et rapports de la commission d'Afrique, instituée par ordonnance du Roi du 12 décembre 1833. Imprimerie royale. Paris, 1834, in-4°.

Outre les procès-verbaux et rapports des cinquante-six séances de la commission d'Afrique, on a inséré dans ce volume les pièces suivantes : I. Rapport fait au Roi le 12 décembre 1833, par M. le président du conseil, ministre de la guerre. II. Ordonnance du Roi du même jour, portant nomination des membres de la commission d'Afrique. III. Rapport général sur l'occupation militaire des divers points de la régence. IV. Projet d'ordonnance pour l'organisation de la justice. V. Rapport relatif au séquestre sur les biens des Turcs. VI. Rapport relatif aux acquisitions d'immeubles. VII. Rapport sur le domaine public. VIII. Rapport sur les fondations pieuses. IX. Rapport sur le Beit-el-Mal. X. Rapport sur les contributions. XI. Rapport sur les douanes.

354. Supplément aux rapports de la commission d'Afrique instituée par ordonnance royale du 12 décembre 1833. Imprimerie royale, in-4°, 1834.

Les deux pièces contenues dans ce premier supplément sont : I. Le rapport sur le projet d'ordonnance pour l'organisation et l'administration de la justice. II. Le rapport sur les propriétés occupées par les services publics.

355. Supplément aux procès-verbaux de la commission d'Afrique instituée par ordonnance royale du 12 décembre 1833. Imprimerie royale, 1834, in-4°.

Ce supplément est composé des procès-verbaux des 57°, 58°, 59° et 60° séances de la commission d'Afrique.

356. Un Proscrit français en Afrique, sous la restauration, par M. Monnier.

Voyez la Nouvelle Minerve, t. II et III, livraisons XIX et XXXVII du 16 août et du 20 décembre 1835.

357. Un voyage en Afrique, ou Description d'Alger, par Louis Beaulard. Lyon, 1835, chez Ayné, in-12.

358. Réponse aux questions proposées par la société de géographie sur l'Afrique septentrionale, par M. Delaporte. 1835.

Voyez le Recueil de Voyages et de Mémoires publié par la société de géographie, t. II, p. 63-81.

359. Voyage à Alger, par Thomas Campbell.

Les esquisses si intéressantes du poète anglais ont paru originairement dans The new monthly magazine. La Revue britannique en a donné une traduction en 1835 et 1836.

360. Mémoire de M. Gaultier d'Arc, consul-général de

France à Valence, sur les cultures du royaume de Valence, dans leur rapport avec les possessions françaises dans le nord de l'Afrique, adressé au gouvernement, le 20 avril 1835, et communiqué à la société coloniale d'Alger, par M. le maréchal Clauzel, gouverneur-général.

Il a paru un extrait de ce mémoire dans la première livraison des Annales de la société coloniale, publiées à Alger, en 1836.

361. La France doit-elle conserver Alger? par un auditeur au Conseil d'état. Paris, 1835, in-8°.

On attribue cette brochure à M. Agénor Gasparin.

362. Mémoire sur la nécessité et sur les avantages de la colonisation d'Alger. Lyon, 1835, imprimerie de Barret, in-4°.

363. Notes sur Alger, à l'occasion du budget pour l'année 1836, par M. J. B. F. Lacrouts, négociant, président du tribunal de commerce à Alger. Paris, 1835, in-4°.

364. Première lettre à M. Passy, député, rapporteur du budget du ministère de la guerre, pour l'année 1836, par M. Eugène Renault, délégué d'Alger et avocat au Conseil d'état. Avril 1835, in-8°.

365. Deuxième lettre à M. Passy, rapporteur du budget du ministère de la guerre, pour l'année 1836, par M. Eugène Renault. Paris, mai 1835, in-8°.

366. Lettre de M. Eugène Renault, délégué d'Alger, sur l'expédition de Mascara. Nouvelle Minerve, t. III, livraison du 3 janvier 1836.

367. Réfutation du Rapport de la commission du budget, en ce qui concerne nos possessions en Afrique, par M. le baron Volland, intendant-militaire, délégué des colons d'Alger. Paris, 1835. In-8°.

368. Notice sur le mode de gouvernement provisoire établi dans le royaume d'Alger, in-8°.

Brochure de M. le baron Volland, sans faux-titre et sans désignation de date.

369. Alger : Nouveau système d'occupation et d'exploitation, par M. d'Aubignosc. Paris, 1835, in-4°.

370. Alger : De son occupation depuis la conquête, en 1830, jusqu'au moment actuel ; appel au public impartial, par M. d'Aubignosc. Paris, 1836, in-8°.

371. Lettre sur Alger, sa détresse et l'urgence d'un remaniement total dans son régime administratif, à MM. les membres de la Chambre des députés, par M. d'Aubignosc. Paris, 1836, in-4°.

372. Oran, sous le commandement du général Desmichels. Paris, 1835, chez Anselin, in-8°.

373. A M. le général baron Desmichels, commandant la division d'Oran, par J. H. Cahuac, l'un des médecins de l'hôpital du Jardin-du-Dey. Paris, 1835, in-8°.

374. Journal historique de la troisième division de l'armée d'Afrique, par M. Pétiet. Paris, 1835, in-8°.

375. Opinion sur Alger, par M. Charles Dupin. Paris, 1835, in-8°.

376. Recherches sur l'histoire de la régence d'Alger. (Académie des sciences.) Paris, 1833, imprimerie royale, in-8°.

M. Genty de Bussy, dans sa liste bibliographique, attribue aussi à cet illustre corps un autre travail relatif à l'Algérie, auquel il donne le titre de Compte-Rendu, et qui a paru, dit-il, en 1837, en un volume in-8°.

377. Note sur l'administration d'Alger, par M. de Larochefoucauld. Paris, 1835, in-8°.

378. Discours prononcé à l'hôpital d'instruction à Alger, par M. Guyon, chirurgien principal de l'armée d'Afrique. Alger, 1835, imprimerie royale, in-8°.

379. Journal de l'expédition dirigée de Bone sur Constantine, en novembre 1837, par M. Guyon. Paris, 1826, in-8°.

380. Alger : Appendice au rapport de M. Passy (ministère de la guerre), par M. le baron Vialar. Paris, 1835, in-8°.

381. Simples faits exposés à la réunion algérienne, du 14 avril 1835, par M. le baron Vialar, président du comité d'agriculture, délégué d'Alger. Paris, 1835, in-8°.

382. Opinion de M. Robineau de Bourgon, député d'Indre-et-Loire, sur la question d'Alger. Paris, 1835, in-8°.

383. De la législation française, musulmane et juive, à Alger, par M. Joanny Pharaon, professeur d'arabe au collége et à la chaire d'Alger. Paris, 1835, in-8°.

384. Les Cabyles et Boudgie, par M. Joanny Pharaon. Toulon, 1835, in-8°.

385. Etudes sur les législations anciennes et modernes : Première classe, législations orientales, droit musulman, par MM. Joanny Pharaon et Théodore Dulau. Paris, 1839, in-8°.

386. Histoire générale d'Alger, depuis les temps anciens jusqu'à nos jours, par M. Joanny Pharaon.

Ouvrage d'une haute importance, auquel M. Joanny Pharaon travaille depuis plusieurs années et qui doit paraître prochainement.

387. Histoire de la Piraterie dans les temps anciens, au moyen-âge, et dans les temps modernes.

Essai traduit du Naval and military magazine et inséré dans la Revue britannique du mois d'avril 1835.

388. Géographie générale comparée, ou Étude de la terre, dans ses rapports avec la nature et l'histoire de l'homme, par Karl Ritter, traduit de l'allemand, par E. Buret et E. Desor. Paris, 1835 et 1836, chez Paulin, 8 vol. in-8°.

Excellente traduction d'un admirable ouvrage. Le tome 3 est consacré en grande partie à l'Afrique septentrionale.

389. Description géographique et politique de la province de Constantine. Nouvelle Minerve, t. VII, livraison du 16 octobre 1836.

390. Essai sur la pacification, la colonisation et la civilisation de l'Algérie, par A Fromental. Nancy, 1836, in-8°.

391. Sommaire d'un plan de colonisation du royaume d'Al-

ger, indiquant les moyens de rendre la possession de cette belle conquête avantageuse à la France, par le général Dubourg. Paris, 1836, in-8°.

392. Colonisation d'Alger; causes qui en arrêtent le progrès. Paris, 1836, in-8°.

393. Colonisation de la régence d'Alger. Imprimerie de F. Didot. Paris, 1836, in-4°.

394. De l'emploi de quelques moyens de colonisation à Alger, par M. Poirel, avocat-général. Nancy, 1836, in-8°.

395. Réponse du général Henri Dembiski à l'article de M. Pagès (de l'Ariége), sur l'occupation d'Alger. Imprimerie de Bourgogne. Paris, 1836, in-8°.

396. Notice sur la question d'Orient et sur la possession d'Alger, par M. Fourcade, ancien consul à Smyrne. Paris, 1836, in-8°.

397. Guide du voyageur et du colon à Alger et dans l'Algérie, avec carte itinéraire, par A. Pignel. Paris, 1836, in-12.

398. Annales algériennes, par C. Pelissier, capitaine d'état-major, chef du bureau des Arabes, à Alger, en 1833 et 1834. Paris, 1839, 2 vol. in-8°.

Le tome III de cet important ouvrage a été publié récemment à Paris.

399. Lettre à M. Desjobert, sur la question d'Alger, par M. Pélissier. Revue africaine, juin 1837.

400. De la fausse direction donnée aux affaires d'Alger par le systeme d'expédition. Paris, 1836, in-8°.

401. Lettre sur la colonie d'Alger, à MM. les membres de la Chambre des députés, par J. Sabbathier. Paris, 1836, in-8°.

402. Considérations politiques sur la colonie d'Alger, par M. Peyronny, capitaine au 3e régiment des chasseurs d'Afrique. Paris, 1836, in-8°.

403. Quelques vérités sur Alger et sur l'expédition de Mascara, par un ex-employé militaire de l'armée d'Afrique. Paris, 1839, in-8°.

404. Contribution de Tlemsen. Imprimerie de Boudon. Paris, 1836, in-8°.

405. Aperçu sur la situation politique, commerciale et industrielle des possessions françaises dans le nord de l'Afrique, au commencement de 1836, par M. Léon Blondel. Alger, imprimerie du Gouvernement, avril 1836, in-8°.

406. Nouvel aperçu sur la régence d'Alger, par M. Léon Blondel. Paris, 1838, in-8°.

407. De la nécessité d'abandonner Alger, adresse aux deux Chambres législatives, par M. N. L. Planat de Lafaye. Paris, 1836, in-4°.

408. Supplément aux motifs pour l'abandon d'Alger : Ce que c'est que la colonisation, par M. Planat de la Faye. Paris, 1836, in-4°.

409. Examen critique des observations du maréchal Clauzel, par M. Planat de la Faye. Paris, 1837, chez Daubrée.

410. Revue africaine, recueil consacré aux intérêts matériels et moraux des possessions françaises en Afrique, et au succès de la colonisation d'Alger, etc., rédigée par MM. Jomard, Alexandre de Laborde, de Montvéran, Emile Bères, Théodore Fix, Chaho, etc., et dirigée par M. Franque, avocat à la Cour royale. 1re livraison, avril 1836.

Cette Revue a été continuée en 1837 et en 1838. Nous croyons qu'elle a cessé de paraître.

411. Réflexions sur l'état actuel d'Alger, par M. J. de la Moricière. Paris, 1836, in-8°.

412. Annales de la société coloniale de l'état d'Alger, rédigées par MM. Jobert, J. Pharaon et Solvet, membres de la commission centrale. 1re livraison. Alger, 1836, in-12.

On y trouve un rapport fort intéressant sur les cultures du jardin d'essais, fait par MM. Bouffey aîné, A. Mercier et A. Roux fils, membres de la Société coloniale d'Alger (p. 31-42).

413. Des différens systèmes d'occupation de la régence

d'Alger, par M. Châtelain. Paris, 1835, in-8°, chez P. Renouard.

414. Voyage à la Rassauta. Alger, 1836, imprimerie royale, in-8°.

415. De l'importance de la question d'Afrique et du choix d'un système de colonisation, par M. Aubel. Paris, 1837, in-8°.

416. Un mot sur la question d'Afrique, par M. Walewski. Paris, 1837, in-8°.

417. De l'occupation et de la colonisation militaire, agricole et pénale d'Alger, par M. Poirel. Nancy, 1837, chez Grimblot.

418. Sur Alger, par M. Gaillard. Imprimerie de Boniez-Lambert, à Châlons-sur-Marne, 1837, in-8°.

419. Gouvernement modèle pour la colonisation d'Alger et la civilisation de l'Afrique, par M. Estienne, ancien officier supérieur. Chez Delloye, 1837, in-8°.

420. Sur la colonie d'Alger, par un ancien fonctionnaire de l'empire. Paris, 1837, chez Dentu, in-4°.

421. Lettre sur la colonisation des possessions françaises dans le nord de l'Afrique, adressée au directoire de la confédération suisse, par M. A. Cherbullier. Paris, 1837, in-8°.

422. Sur la régence d'Alger, par M. Baudran. Paris, 1837, in-8°.

423. Relation de l'expédition de Bougie, du 20 septembre au 28 octobre 1833, par M. Touffait. Paris, 1837, in-8°.

424. L'Algérie, Youssef-Bey et Abd-el-Kader, par J. Ottone. Paris, 1837, in-8°.

425. Les prisonniers d'Ab-el-Kader, ou Cinq mois de captivité chez les Arabes, par M. A. de France, enseigne de vaisseau. Paris, 1837, 2 vol. in-8°.

426. La question d'Alger : Politique, colonisation, commerce, par A. Desjobert, député de la Seine-Inférieure. Paris, 1837, chez Dufart, in-8°.

427. L'Algérie en 1838, par A. Desjobert. Paris, 1838, chez Crapelet, in-8°.

428. Réponse à l'ouvrage de M. Desjobert, qui a pour titre : La Question d'Alger, etc., par M. Franque. Paris, 1837, in-8°.

429. L'Afrique française : Revue coloniale, politique, administrative, militaire, agricole, commerciale et scientifique, publiée par Levavasseur. Paris, 1837 et 1838, in-8°.

Nous ne connaissons que six livraisons de cette Revue, et nous ignorons s'il en a paru un plus grand nombre.

430. Esquisse générale de l'Afrique, aspect et constitution physique, histoire naturelle, ethnologie, linguistique, état social, histoire, exploration et géographie, par M. Davesac, des sociétés géographiques de Paris et de Londres. Paris, 1837, in-12.

431. Description physique, morale et politique de la régence d'Alger, par M. Davesac.

Cet excellent travail a paru dans le tome **** de l'Encyclopédie pittoresque de MM. P. Leroux et J. Reynaud, et dans le tome III de la traduction française de la Géographie de Ritter, par MM. E. Buret et E. Desor.

432. De l'application du système de Fourier à la colonisation de l'Algérie, par Jean Czynski. Paris, 1838, in-12.

Voyez aussi l'Essai de madame Gatti de Gammon, intitulé : Fourier et son système, ch. XV, p. 340-371.

433. Mémoire sur la guerre dans la province d'Oran et sur les moyens de la terminer, par le général Bugeaud.

Revue africaine, livraison du mois d'avril 1837.

434. Mémoire sur notre établissement dans la province d'Oran, par le général Bugeaud. Paris, 1838, chez Laguionie, in-8°.

435. De l'établissement de légions de colons militaires dans les possessions françaises du nord de l'Afrique, suivi

d'un projet d'ordonnance adressé au Gouvernement et aux Chambres, par M. Bugeaud, lieutenant-général. Paris, 1838, in-8°.

Extrait de la Revue des Deux-Mondes.

436. Lettre d'un lieutenant de l'armée d'Afrique à son oncle, vieux soldat de la révolution et de l'empire. Paris, 1839, in-12.

437. La régence de Tunis : son administration, ses ressources, ses habitans et leurs mœurs.

Esquisse traduite du journal anglais The Athenœum, et insérée dans la Revue britannique des mois de mars et d'avril 1837.

438. Fondation de la régence d'Alger, histoire des Barberousse, chronique arabe du XVIe siècle, publiée sur un manuscrit de la Bibliothèque royale, avec un appendice et des notes. Expédition de Charles-Quint. Aperçu historique et statistique du port d'Alger, etc., par MM. Sander Rang et Ferdinand Denis. Paris, 1837, 2 vol. in-8°.

MM. Sander Rang et Ferdinand Denis ont traité la question du port d'Alger dans un essai d'une haute importance, et qui suppose un rare talent d'observation, une vive intelligence des choses et une profonde connaissance de l'histoire et des localités. Ces qualités éminentes se font d'ailleurs remarquer dans les développemens, les notes et les commentaires qui accompagnent la traduction française de la chronique des Barberousse.

439. Chambre des députés, discours prononcé par M. Robineau de Bougon, sur la question d'Alger, dans la séance du 25 avril 1837. Paris, 1837, in-8°.

440. Question d'Afrique, discours prononcé par M. le duc de Mortemart, dans la discussion des crédits extraordinaires de l'exercice 1836. Chambre des pairs, séance du 23 juin 1837. Paris, 1837, imprimerie de Crapelet.

441. Chambre des pairs. Opinion de M. le duc de Valen-

tinois, sur Alger. Paris, 1837, imprimerie de madame veuve Agasse, in-8°.

442. Discussion sur Alger. Discours prononcé à la Chambre des députés dans la séance du 26 avril 1837, par A. de Lamartine. Paris, 1837, in-8°.

443. Discours que M. de la Pinsonnière devait prononcer dans la discussion des crédits extraordinaires pour Alger, dans la séance du 9 juin 1837. Paris, 1837, in-8°.

444. Cinq collections de journaux traitant de la question d'Alger pendant les années 1832, 1833, 1834, 1835, 1836 et 1837, et contenant les discussions législatives qui ont eu lieu à ces diverses époques, in-fol., numérotées 1, 2, 3, 4 et 5.

Ces collections appartiennent à M. Genty de Bussy. Voyez sa liste bibliographique, t. II, p. 479.

445. Défense et occupation de la ville d'Alger, notes laissées par le capitaine Emile Grand et publiées par le capitaine du génie Guillemon. Toulon, 1837, in-8°.

446. Chroniques, lettres et journal de voyage, deuxième partie. Afrique. Par le prince Puckler de Muskan. Paris, 1837, 3 vol. in-8°.

Ce sont des lettres écrites des côtes de la Barbarie, pendant l'année 1835. Le premier volume et une partie du second sont consacrés à la description de la régence d'Alger.

447. Un dernier mot sur Alger, par M. Cavalier Bénezet. Paris, 1837, imprimerie de Mévrel, in-8°.

448. Expédition de Constantine, par un officier de l'armée. Revue de Paris du 15 janvier 1837.

Seconde expédition de Constantine, par un officier de l'armée d'Afrique. Revue des Deux-Mondes du 1er mai 1838.

On doit ces belles pages d'histoire à M. de la Tour-Dupin, officier d'un esprit élevé, profond et observateur.

449. Désastre de Constantine et système de colonisation de la régence d'Alger, par M. J. Adolphe Corrach, docteur en droit. Paris, 1837, in-8°.

450. De Constantine et de la domination française en Afrique, par E. Desmarets et H. Rodrigues. Paris, 1837, in-8°.

451. Vues et portraits dessinés pendant l'expédition de Constantine (1836), avec un texte, par M. V. Desvoisins. Paris, 1837.

452. Détails sur l'expédition, l'assaut et la prise de Constantine, par un témoin oculaire, membre de la commission scientifique de l'expédition. Lyon, 1838, imprimerie de Rossary, in-12.

453. Journal de l'expédition et de la retraite de Constantine en 1836, par un officier de l'armée d'Afrique. Paris, 1838, in-8°.

454. Campagne de Constantine de 1837, par le docteur C. Sédillot. Paris, 1838, in-8°.

455. Journal des opérations de l'artillerie pendant l'expédition de Constantine, publié par le gouvernement, imprimerie royale. Paris, 1838, in-4°.

456. De la politique de la France en Afrique, par M. T. Jouffroy. Paris, 1838, chez H. Fournier, in-8°.
Extrait de la Revue des Deux-Mondes.

457. Discours prononcé par M. Mérilhou, dans la discussion du projet de loi relatif aux crédits d'Afrique, séance du 5 juillet 1838. Paris, 1838, chez Mme veuve Agasse, in-8°.

458. Note sur la commission explorative et scientifique d'Algérie, présentée à M. le ministre de la guerre, par le colonel Bory-de-Saint-Vincent, de l'Institut. Paris, novembre 1838, in-4°.

M. Bory-de-Saint-Vincent, dont le nom se rattache à toutes les idées de géographie philosophique et transcendante, vient d'être nommé président de la commission instituée pour l'exploration scientifique de l'Algérie.

459. Considérations politiques et militaires sur l'Algérie,

par M. D. Pélion, officier supérieur au corps royal d'état-major. Paris, 1838, chez Baudoin, in-8°.

460. Alger en 1835, par Joseph Loubon. Marseille, 1838, chez Feissat, in-8°.

461. Notes de voyage sur les forêts des environs de la Calle.

Voyez la Revue africaine, 2ᵉ année, livraisons des mois de décembre 1837 et janvier 1838.

462. De quel intérêt est pour la France la conservation de la colonie d'Alger, par M. Édouard de Solms, consul-général de Wurtemberg à Alger.

Essai inséré dans la Revue africaine, 2ᵉ année, livraisons de février et mars 1838.

463. Documens curieux sur Alger, depuis 427 jusqu'à l'époque actuelle, par A. G. Paris, 1838, chez Dentu, in-8°.

464. Exposé des conditions d'hygiène et de traitement, propres à prévenir les maladies et à diminuer la mortalité dans l'armée, en Afrique, et spécialement dans la province de Constantine, par M. Worms. Paris, 1838, chez Baillière, in-8°.

465. Ministère de la guerre. Tableau de la situation des établissemens français dans l'Algérie, précédé de l'exposé des motifs et du projet de loi portant demande de crédits extraordinaires, au titre de l'exercice 1838. Imprimerie royale, février 1838, 2 vol. in-4°.

466. Ministère de la guerre. Tableau de la situation des établissemens français dans l'Algérie, en 1838. Paris, imprimerie royale, juin 1839, 1 vol. in-4°.

Ce compte-rendu, comme celui de l'année précédente, se compose d'une suite de notices sur l'histoire contemporaine, la statistique, l'occupation militaire, les finances, l'administration civile, l'agriculture, les ressources industrielles et le commerce de l'Algérie. On y trouve aussi plusieurs aperçus sur les lois, le culte, la civilisation, les mœurs et les habitudes des populations indigènes.

467. Le Maroc, Tanger et Tétouan, par Charles Didier.

Relation intéressante, insérée dans la Revue des Deux-Mondes, années 1838 et 1839

468. De la situation actuelle d'Abd-el-Kader en Afrique, par M. le lieutenant-général Oudinot. Paris, 1839.

469. Voyage pittoresque en Algérie, ou Recueil de vues, costumes et portraits, par Alexandre Genet, le texte par M. Berbrugger. Paris, 1839, in-fol.

470. De la régence d'Alger, notes sur l'occupation, par Eugène Cavaignac, chef de bataillon en non-activité. Paris, 1839, in-8°.

471. Histoire d'Espagne, depuis les premiers temps jusqu'à nos jours, par M. Ch. Romey, 2° édition, t. III, IV et V. Paris, 1839, chez Furne, in-8°.

Ces trois volumes renferment une excellente histoire épisodique de l'Afrique septentrionale.

TABLE DES MATIÈRES.

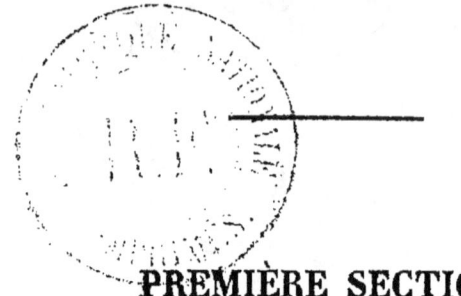

PREMIÈRE SECTION.

GOUVERNEMENT, ADMINISTRATION, COLONISATION, AGRICULTURE, COMMERCE ET INDUSTRIE DE L'AFRIQUE FRANÇAISE DEPUIS LA CONQUÊTE.

	Pages
I. Avantages de l'Afrique septentrionale sur les anciennes colonies de la France.	1
II. Irrésolutions du pouvoir, et fautes des premiers colons.	7
III. Le gouvernement se déclare enfin pour la colonisation. — Travaux extraordinaires d'établissement.	17
IV. Situation actuelle de l'Algérie. — Pacification intérieure. — Ligne de protection militaire.	27
V. Développement du mouvement colonial.—Prospérité agricole.	41
VI. Importance des relations commerciales de l'Algérie.	51
VII. Progression toujours croissante des importations et des exportations générales. — Commerce intérieur.	57

Pages

VIII. L'insuffisance des capitaux s'oppose aux entreprises de la colonisation. — Valeur et importance des acquisitions de terres. 67

IX. Impôts et revenus. — Signes remarquables de prospérité industrielle. 77

X. Grandeur des améliorations accomplies depuis huit ans. — Travaux militaires, publics et particuliers. 85

XI. Accroissement de la population coloniale.—Principaux objets de consommation. 97

DEUXIÈME SECTION.

NÉCESSITÉ D'UNE ASSOCIATION NATIONALE POUR L'EXPLOITATION DE L'ALGÉRIE.—GARANTIES PHYSIQUES ET MORALES DE SUCCÈS.

XII. Ce qui a manqué jusqu'à présent aux entreprises de la colonisation. 107

XIII. L'Afrique septentrionale sous la domination carthaginoise et romaine. 111

XIV. Pourquoi la conquête de l'Afrique par les Arabes n'a point profité à ce pays. 123

XV. Domination des Turcs. — Combien elle a été funeste à l'Algérie. 129

XVI. Situation de l'agriculture indigène en 1830. . . 137

XVII. Le climat. 149

Pages

XVIII. Configuration et aspect de l'Algérie. 163
XIX. Le sol. 181
XX. La végétation. — Nature sauvage. 201
XXI. Nature cultivée. — Puissance de la végétation africaine. 213

TROISIÈME SECTION.

ORGANISATION, TRAVAUX ET CULTURES DE L'ASSOCIATION NATIONALE.

XXII. Cultures spéciales de l'association nationale. . . 229
XXIII. Les céréales. — Les bestiaux. — Les ruches à miel. 235
XXIV. Le cotonnier. 251
XXV. Le mûrier et le ver à soie. 259
XXVI. L'olivier. 269
XXVII. La vigne, l'oranger, le tabac, etc. — Plantations de bois. — Mines. 277
XXVIII. Étendue du sol cultivable. — Deux grands centres d'exploitation. 289
XXIX. Acquisitions de terres. — Comment et à quels titres elles se font. 293
XXX. Culture par les émigrans d'Europe. 303

XXXI. Culture par les indigènes. 315
XXXII. Point de colonisation sans la fusion des races et des intérêts. 323
XXXIII. Résultats généraux. 335
XXXIV. Conclusion. 349

APPENDICES

Extraits, opinions et jugemens sur l'Algérie, puisés dans les voyages, les relations et les mémoires relatifs a l'Afrique septentrionale, qui ont été publiés depuis le XVIIe siècle jusqu'a notre temps.

I. Climat, sol et productions naturelles de l'Algérie. 357
II. Aptitudes coloniales et ressources productives. . 399
III. Populations indigènes et relations commerciales. 431
IV. Question morale, politique, maritime et militaire. 458

Liste bibliographique des auteurs qui ont écrit sur l'Afrique septentrionale, depuis la conquête de cette contrée par les Arabes. 497

ERRATA.

Page 24, ligne 25, note, *au lieu de* : recueil des renseignemens, *lisez :* de renseignemens.

Page 26, titre, mettre un point après ligne de protection militaire.

Page 29, ligne 19, note, *au lieu de :* Coléoh, *lisez :* Coléah.

Page 31, ligne 3, *au lieu de :* émigrations, *lisez :* immigrations ; et, ligne 6, mettre une virgule après : par des conquêtes pacifiques.

Page 91, ligne 8, *au lieu de :* 2, mettre 1.

Page 102, ligne 8, après Medjez-el-Amar, supprimer etc.

Page 108, ligne 18, *au lieu de :* ses ressources, *lisez :* ces ressources.

Pages 164 et 167, lignes 23 et 28, notes, *au lieu de :* Géographie générale et comparée, *lisez :* Géographie générale comparée.

Page 212, ligne 3, *au lieu de :* porte une empreinte européenne, *lisez :* portent, etc.

Page 238, ligne 3, *au lieu de :* quarante pour un, *lisez :* quatre-vingts pour un ; et, ligne 9, *au lieu de :* soixante tiges, *lisez :* cent vingt tiges.

Page 320, ligne 1, *au lieu de :* l'appât du gain et du bien-être l'emportent, *lisez :* l'appât du gain et du bien-être l'emporte.

Page 344, ligne 29, après les Egyptiens, ajoutez les.

Page 245, ligne 8, mettre une virgule après le plus de prospérités.

Page 357, ligne 2, *au lieu de :* située entre le 34° et le 37° degrés, *lisez :* entre le 34° et le 37° degré.

www.ingramcontent.com/pod-product-compliance
Lightning Source LLC
Chambersburg PA
CBHW060748230426
43667CB00010B/1483